Lars Lepperhoff

Aras

118 Farbfotos
14 Zeichnungen
17 Verbreitungskarten

Ulmer

Inhalt

Vorwort 4
Danksagung 4

■ Allgemeines 6

Ursprung und Entwicklung 6
Systematik 6
Ein Beispiel: der Gebirgsara 10
Aras in ihren Lebensräumen 12
    An der Lehmlecke 14
Gefährdung und Schutz 18
    Natürliche Feinde 19
    Handel 20
    Schutzmaßnahmen 21
    Reisebericht 24

■ Aras als Heimvögel 26

Kulturgeschichte 26
Ethische Überlegungen 26
Haltung zahmer Aras 29
    Arterhaltung durch Zucht – ein Beispiel 30
Zuchtvögel, der ideale Weg 31

■ Anschaffung 32

Gesetzliche Bestimmungen 34
    Deutschland 35
    Österreich 36
    Schweiz 36
Wo kaufe ich einen Ara? 36
Herausfangen aus der Voliere 37
Transport 37
    Grenzüberschreitende Transporte 38
Quarantäne 39
Ein Ara wird neues Familienmitglied 39
Das Zusammenbringen von Aras 40
Aras und andere Tiere 41

■ Haltung von Zuchtvögeln 42

Lebensraumbereicherung 42
Haltung in Innenräumen 44
    Beleuchtung 45
    Bepflanzung 48
    Volierenausstattung 49
    Bewässerung 51
    Belüftung 51
    Elektrische Installationen 52
    Reinigungsarbeiten 52
Innen- und Außenvolieren 52
Hängekäfige 54
Koloniehaltung 55
Stutzen der Schwingen 57
Freiflug 57

Volieren mit gemischtem Besatz 60
Alterungsprozess 61
    Der Tod eines Aras 63
Verwaltung des Vogelbestandes 64
Wenn ein Ara entfliegt 65

■ Fütterung 66

Körnerfutter 68
Nüsse und Palmfrüchte 68
Keimfutter 70
Obst und Gemüse 72
Tierische Kost 72
Pellets 73
Vitamine, Mineralstoffe, Spurenelemente und Magensteinchen 74
Lagerung von Futter 74
Trinkwasser 75

■ Zucht 76

Voraussetzungen für die Zucht 76
Geschlechtsbestimmung 79
Der Nistkasten 79

Stimulation der Zuchtvögel 81
Paarungsverhalten, Balz und Bruttrieb 83
Reproduktionszeitspanne 84
Befruchtung 84
Gelege und Embryonalentwicklung 84
Elternaufzucht 86
Ausfliegen der Jungen 89
Selbstständigwerden 90
Aggressionen 90
Kunstbrut 91
Ammenbrut 92
Produktivität 93
Entnahme eines Eies 93
Brutapparat und Aufzuchtgerät 94
Schlupf 96
Embryotod 97
Handaufzucht 99
Entwicklung der Jungen 104
Entwöhnungsphase 104
Kennzeichnung 106
Haltung der Jungvögel 107
Erhaltungszuchtprogramme 108
Hybridaras und Mutationen 109

Gesundheitsvorsorge 110

Vorbeugende Maßnahmen 110
Krallen und Schnabel 110
Mauser 112
Psychische Störungen 112
Entwurmung 113
Gefahren 114
Mäuse und Ratten 115
Desinfektion 115

Arakrankheiten (Tierarzt: W. Häfeli)

Einleitung 116
Häufige Erkrankungen 116
    Kakadu-Federverlustsyndrom 116
    Magenlähmung 118
    Papillomatose 118
    Pacheco'sche Papageienkrankheit 119
    Newcastle Disease 119
    Psittakose 119

Pilzerkrankungen, Mykosen 120
Verletzungen 120
    Hautwunden 120
    Brüche, Frakturen 120
    Ringtrauma 121

Arten 122

Gattung Blauaras 122
    Hyazinthara 122
    Lear-Ara 133
Gattung Spix-Blauaras 138
    Spix-Ara 138
Gattung *Ara* 143
    Gelbbrustara oder Ararauna-Ara 143
    Blaukehlara 148
    Kleiner Soldatenara 152
    Großer Soldatenara 157
    Hellroter Ara 164
    Dunkelroter Ara 170
    Rotohrara 177
    Rotbugara 182
    Rotbauchara 187
    Blaukopfara oder Gebirgsara 192
    Rotrückenara oder Marakana 196
    Goldnackenara 199
Gattung Zwergara 202
    Hahns Zwergara 202
Ausgestorbene Aras 206
    Meerblauer Ara 206
    Kuba-Ara oder Dreifarbener Ara 207
    Hypothetische Arten 207

Verzeichnisse

Literatur 208
Adressen und Bezugsquellen 214
Namensegister 216
Sachregister 216
Impressum 222
Bildquellen 222

Vorwort

Papageien, ganz besonders Aras, faszinieren und beschäftigen mich schon lange, ja, seit ich mich erinnern kann. Mit jedem Jahr wurden die Erlebnisse, Erfahrungen und Erkenntnisse zahlreicher. Auf der Suche nach Aras begab ich mich in entfernte Winkel der Neotropis, in Museen, Vogelparks und zu Züchtern in aller Welt. Und schließlich gehören sie zu meiner täglichen Arbeit.

Schon immer war ich zutiefst in den Bann gezogen von der wunderbaren Schönheit der Aras, von ihrem anmutigen, manchmal auch drolligen Verhalten, von ihren lauten Schreien und von ihren interessanten Angewohnheiten. Wer das Privileg hat, näher mit Aras in Kontakt sein zu dürfen, realisiert sofort, dass sie eine nie versiegende Freudenquelle sind, starke, unterschiedliche Charaktere haben und höchst empfindsame Kreaturen sind.

Mit diesem Buch sollen Erfahrungen mit Aras in aller Welt und ganz besonders in der Zucht weitergegeben werden, damit sie anderen Araliebhabern und ihren Tieren von Nutzen sind. Es soll unterhalten, über das Leben der Aras in Freiheit und ihre Gefährdung sowie über Haltung und Zucht unterrichten und weitere wissenswerte Angaben enthalten.

Der allgemeine Teil ist in diesem Werk recht umfangreich. Der Grund dafür ist, dass für die meisten Vertreter der Aras die gleichen oder ähnliche Bedingungen für Haltung, Zucht, Ernährung und im Verhalten und Freileben gelten. Besonderheiten zu den einzelnen Arten lassen sich in den Artenporträts finden.

Um Aras richtig zu verstehen, ist es sehr wichtig, dass man weiß, wie sie in Freiheit leben. Darum bilden Lebensraumbeschreibungen und Beobachtungen von Aras in Freiheit einen wichtigen Teil in diesem Buch. Ich hoffe, dass von der Freude und Begeisterung, die mir Aras in all ihren Facetten bereiten, etwas auf den Leser überspringt.

Danksagung

Es ist ein Privileg, jeden Tag mit Papageien in Kontakt sein zu können und mit ihnen arbeiten zu dürfen. In diesem Buch sind all die Erfahrungen, die ich bei meiner Arbeit in der Voliere Hyacinthinus machen konnte, verwertet. Ich bedanke mich an dieser Stelle ganz herzlich bei Walter und Esther Squindo, meinen Arbeitgebern, die in uneigennütziger, großzügiger Weise den Betrieb der Voliere Hyacinthinus ermöglichen! Dank ihnen konnten Verhaltensbeobachtungen, Ernährungsgewohnheiten, brutbiologische Daten und zahlreiche weitere Erkenntnisse in der Haltung und Zucht von Aras gewonnen werden!

Des Weiteren haben zum Entstehen dieses Buches viele Personen beigetragen, indem sie mich an ihren Erfahrungen teilhaben ließen und mir in vielen Stunden Einzelheiten ihrer Arazucht anvertraut haben, mich in ihren Vogelparks arbeiten oder ihre private Zuchtanlage besichtigen ließen. Zudem haben mich etliche in den verzweigten Einzelbereichen rund um die Aras fachlich beraten.

Es sind ganz besonders:

In der Schweiz: Dölf Bischofberger; Prof. Dr. Dr. Marcel Güntert, Naturhistorisches Museum, Bern; Tierarzt Willi Häfeli, Klein- und Zootierpraxis, Ostermundigen; Jean-Paul Haenni, Musée d'histoire Naturelle, Neuchâtel; Peter Hegnauer; Heinz Hunn; Eduard Iseli; Fredy Knie jun.; Karl-Heinz Koch; Kurt Krebs; Octavio Mejia; Walter Oser; Paul Heinrich Stettler; Eva Styner, Illustrationen.

In Costa Rica: Olivier Chassot, Guiselle Monge Arias, Centro Cientifico Tropical.

VORWORT

In Deutschland: Marianne Fitschen; Hans-Jürgen Geil; Prof. Dr. Dr. Helga Gerlach; Norbert Hebel; Karl-Heinz Lambert; Werner und Maria Neumann, Vogel- und Blumenpark Plantaria, Kevelaer; Franz Pfeffer; Dr. Harald Pieper, Zoologisches Museum, Kiel; Holger Schneider; Dr. Hans Strunden; Walter Wolters, Tierpark Hagenbeck, Hamburg.

In Großbritannien: Mike Curcon, The Tropical Bird Gardens, Rode, Somerset; Rosemary Low; Chris und Martha Mason, Macaws Direct; Geoff Masson, Paultons Park, Hampshire; John Meek; Mike Reynolds, Paradise Park, Hayle, Cornwall; Donald und Betty Risdon (verstorben), The Tropical Bird Gardens, Rode, Somerset; Raymond Sawyer; James und Dale Sutton; Terry und Sheila Thorpe und Hugo (verstorben), Gatwick Zoo, Surrey.

In Frankreich: Eric Bureau und Jean-François Lefevre, Parc des Oiseaux, Villars-les-Dombes; Dr. Rosina Sonnenschmidt.

In Italien: Dr. Gianni Genova; Dr. Martinat, Park Martinat, Pinerolo; Walter und Ilona Kobler; Giuseppe Tomasi di Lampedusa.

In Malta: Ludwig und Ulrike Nüchter.

In Schweden: Jonas Wahlström, Skanson Akvariet, Stockholm.

In Spanien: Klaus Paulmann, Palmitos Park, Maspalomas, Gran Canaria.

In Belgien: Guido Brockmans; Steffen Patzwahl, Parc Paradisio, Cambron Casteau.

In Südafrika: Walter Mangold, World of Birds, Hout Bay.

In Australien: Joseph Forshaw.

In den USA: Dr. Donald Brightsmith, Duke University; Dr. Susan und Kevin Clubb; Marc Dragiewicz; Kerry Gerisher, ABRC; Michelle Leonard, ABRC; Carla Marquardt, ABRC, Loxahatchee; Dr. Richard und Luanne Porter; Dr. Paul Reillo und Karen McGovern, Rare Species Conservatory Foundation, Loxahatchee; Sharon Wolf, ABRC; Scott Schubott, ABRC, Loxahatchee.

In Peru: Vladimir Poutrat Oyarzún; Edwin Salazar Zapata.

In Brasilien: Agameno Aquino; Leonardo Colombo Fleck, Mamiraua-Reserve; Fernanda Junqueira Vaz, Jardim Zoológico de Sao Paulo; Lourival und Antonia Lima; Paulo Lima; Armondo Machado; Sido Machado; Luiz Francisco Sanfilippo, Jardim Zoológico de Sao Paulo; Gill Serique, Biobrasil.

Ich bedanke mich ganz besonders auch bei meinen Eltern, die mich in all meinen Vorhaben und in meiner Tierliebe zeitlebens unterstützten. Meinem Vater danke ich für die kritische Durchsicht des Manuskriptes. Dem Verlag Eugen Ulmer danke ich, dass er die Herausgabe dieses Buches ermöglichte. Besonderer Dank gilt auch Frau Dr. Eva-Maria Götz, Verlag Eugen Ulmer, für die gute und angenehme Zusammenarbeit.

Ittigen, bei Bern (Schweiz)
im Frühjahr 2004
Lars Lepperhoff

Allgemeines

Rechte Seite: Gelbbrustara: sich Strecken gehört zum Wohlfühlverhalten, regt den Kreislauf an und bringt das Gefieder in Ordnung.

Ursprung und Entwicklung

Die Zahl der prähistorischen Papageienfunde ist gering, denn bereits die Entstehungsgeschichte der Vögel ist nur sehr lückenhaft dokumentiert. Die Vorfahren der heutigen Neuweltpapageien wurden durch die Kontinentaldrift vor bereits 65 Millionen Jahren, gegen Ende der Kreidezeit, von der Alten Welt isoliert. Die Separation der Neuweltpapageien begann aber nach jüngsten biochemischen Untersuchungen bereits vor mindestens 80 Millionen Jahren. Der älteste bekannte Vertreter einer neuzeitlichen Papageiengattung in der Neuen Welt lebte vor rund 20 Millionen Jahren im Tertiär und stammte aus dem Oberen Miozän Nordamerikas. Funde von Überresten araähnlicher Papageien aus der Urzeit sind nicht bekannt.

In der Neotropis lebt heute fast ein Drittel aller 340 Papageienarten der Erde. Der wuchtige Schnabel der großen Aras entstand wohl als Anpassung an eine spezielle Ernährung. Die Vertreter der Gattung *Ara* zählen zu den erfolgreichsten Neuweltpapageien, da sie ein riesiges Verbreitungsgebiet haben, das vom nördlichen Mittelamerika bis nach Nord-Argentinien reicht. Die einzigen Gattungen, die ein noch größeres Verbreitungsgebiet haben, sind *Aratinga* und *Amazona*.

Systematik

Systematik ist ganz allgemein die Wissenschaft, die sich mit der Vielgestaltigkeit (Diversität) der Organismen befasst. Für die Klassifikation werden systematische Untersuchungen zugrunde gelegt. Arten fasst man in Gattungen zusammen, diese wiederum in Familien und Familien in Ordnungen. In der systematischen Gliederung der Vögel gibt es oft noch Unterordnungen, Unterfamilien und Untergattungen, so wie es auch Unterarten gibt.

Die Aras zählen zur Familie der *Psittacidae*, zur Unterfamilie der *Psittacinae* und zur Gattungsgruppe der *Arini*, der so genannten Neuweltpapageien. Bei den *Arini* handelt es sich um eine monophyletische Gruppe, also um eine Gruppe, die von einer Urform abstammt, welche die Neue Welt erobern konnte. In den Neotropen entwickelte sich in stammesgeschichtlich kurzer Zeit eine beeindruckend große Artenvielfalt. Allerdings unterscheiden sich die Papageien der Neotropen im Knochenbau und aufgrund ihrer Chromosomen nur sehr wenig. Trotz des großen Formenreichtums der *Arini* werden zwei Drittel von ihnen nur sechs Gattungen zugerechnet. Die wohl spektakulärsten, bekanntesten und auffälligsten Vertreter der Neuweltpapageien sind zweifellos die Aras, zu denen die größten Vertreter der Papageienwelt gehören. Allerdings variieren die verschiedenen Arten außerordentlich stark in Größe und Aussehen. Die Palette reicht vom Hyazinthara mit einer ungefähren Gesamtlänge von einem Meter bis zum kleinen Hahns Zwergara, dessen Gesamtlänge rund 31 cm beträgt. Trotzdem kann aber auch ein Laie rein äußerlich sofort die offensichtlichen Gemeinsamkeiten erkennen, die alle Aras miteinander verbinden.

Oberflächlich betrachtet haben alle lange Schwänze und eine federlose Gesichtsmaske. Trotzdem bildet die Gattung der Aras seit jeher für Taxonomen ein rätselhaftes Feld. Derzeit lassen sich praktisch keine zwei Werke mehr finden, in denen die wissenschaftlichen Bezeichnungen der Aras übereinstimmen. Früher unterschied man die Gattung der Blauaras (*Anodorhynchus*) von den eigentlichen Aras (*Ara*). Auch der Spix-Ara zählte früher zur Gattung Ara, wurde dann aber einem monotypischen Genus zugeordnet. Das bedeutet,

ALLGEMEINES

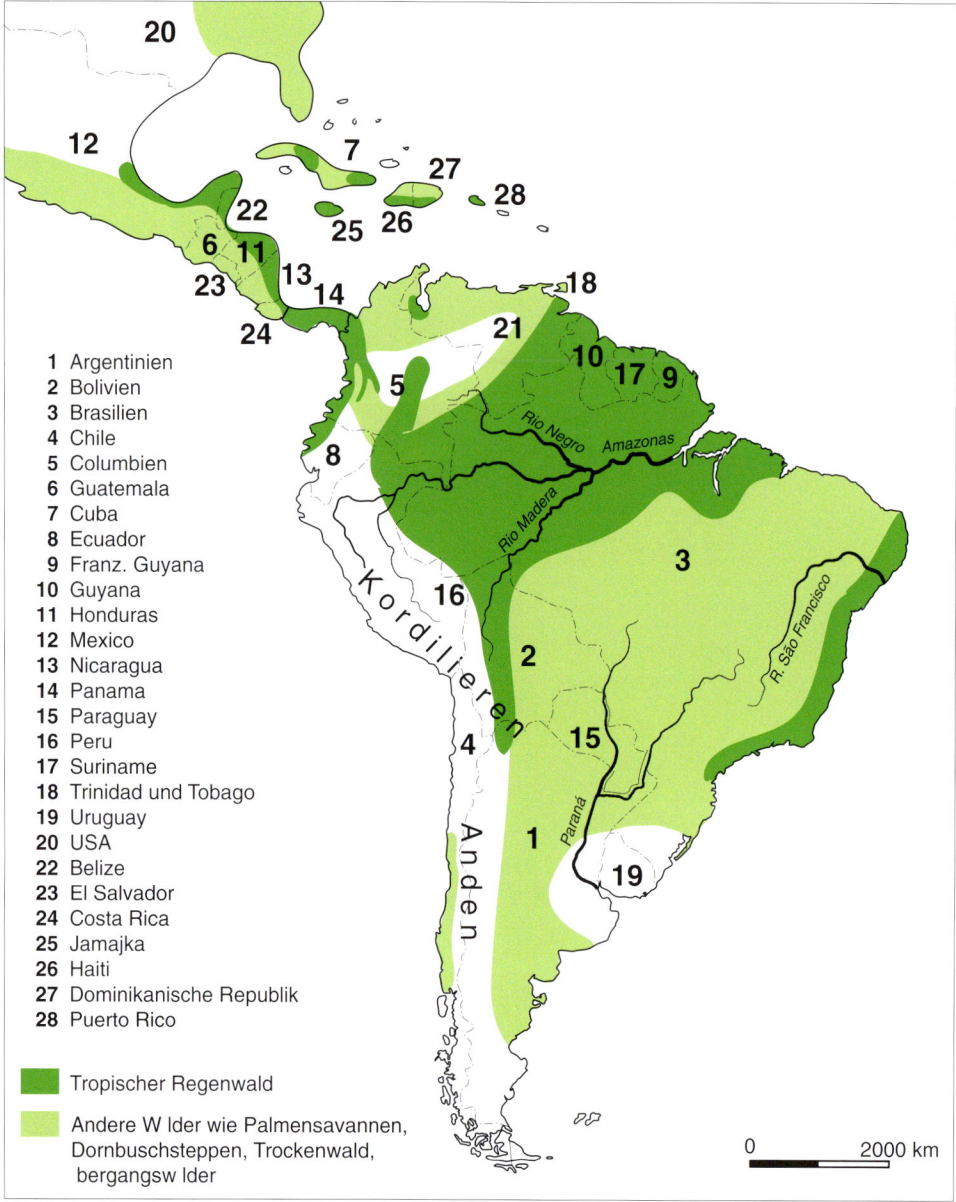

Vegetationszonen der Neotropis. Aras bewohnen hauptsächlich den tropischen Regenwald sowie Palmensavannen, Überschwemmungswälder, Dornbuschsteppen, Trockenwald, Bergregenwälder, Übergangswälder und selten auch Kulturland.

1 Argentinien
2 Bolivien
3 Brasilien
4 Chile
5 Columbien
6 Guatemala
7 Cuba
8 Ecuador
9 Franz. Guyana
10 Guyana
11 Honduras
12 Mexico
13 Nicaragua
14 Panama
15 Paraguay
16 Peru
17 Suriname
18 Trinidad und Tobago
19 Uruguay
20 USA
22 Belize
23 El Salvador
24 Costa Rica
25 Jamajka
26 Haiti
27 Dominikanische Republik
28 Puerto Rico

■ Tropischer Regenwald
■ Andere Wälder wie Palmensavannen, Dornbuschsteppen, Trockenwald, Übergangswälder

dass diese Gattung nur eine Art umfasst. Nach neuesten biochemischen Untersuchungen sollte der Spix-Ara sogar der Gattung der Keilschwanzsittiche *(Aratinga)* zugerechnet werden (COLLAR in ARNDT, 1990 – 1996, 1999).

Aufgrund der Lautäußerungen und des Flugverhaltens bildeten einige Autoren für den Hahns Zwergara *(Ara nobilis)* die Gattung *Diopsittaca* (WOLTERS, 1975; LOW, 1990). Manche führen ihn aber auch weiter in der Gattung *Ara* (FORSHAW, pers. Mitteilung, 2000). Wenn man beim Hahns Zwergara die kleine nackte Gesichtspartie wegdenkt, so erscheint er in der Tat rein äußerlich und auch aufgrund seines Verhaltens wie ein Vertreter der Gattung *Aratinga*. Darum ist beim Hahns Zwergara die Einteilung in einen monotypischen Genus gerechtfertigt.

Einige Wissenschaftler, Taxonomen und Forscher fanden, dass die Gattung *Ara* immer noch ein zu breites Spektrum von sehr unterschiedlichen Vogelarten zusammengefasst hat. Sie meinen auch, dass die großen Aras den Blauaras verwandtschaftlich

SYSTEMATIK

näher stehen als den kleinen Aras. Dies führte dazu, dass in neuesten, vor allem englischen Werken der Rotbauchara (*Ara manilata*) zu *Orthopsittaca manilata*, der Blaukopfara (*Ara couloni*) zu *Orthopsittaca couloni*, der Rotrückenara (*Ara maracana*) zu *Propyrrhura maracana* und der Goldnackenara (*Ara auricollis*) zu *Propyrrhura auricollis* wurden. Diese Neubenennungen gehen insbesondere auf die Taxonomen SIBLEY und MONROE (1990) zurück, welche diese Umbenennungen in Anlehnung an die Vorgaben von SICK und WHITNEY vorgenommen haben. Der Rotbugara (*Ara severa*) wurde nicht umbenannt, obwohl er ja auch zu den kleinen Aras gehört. Der Grund könnte sein, dass der Kopf, die Gesichtsmaske und die kleinen Federchen, die sich von der Stirn um die Augen ziehen, sehr denjenigen der großen Aras gleichen. Lediglich HOPPE (1998) geht noch einen Schritt weiter und schlägt auch für den Rotbugara den Gattungsnamen *Hemipsittacus* vor, der 1920 erstmals von ALIPIO DE MIRANDA-RIBEIRO für den Rotbugara verwendet wurde.

Bei all den „neuen" Gattungsnamen handelt es sich bloß um die Wiederbelebung alter Bezeichnungen, wobei es den Autoren freigestellt ist, die Unterschiede zwischen den Arten durch spezielle Gattungsnamen stärker zu betonen – das bekannte Aufsplitten oder Zusammenfassen von Gattungen. Kaum waren die Gattungseinteilungen publiziert worden, wurden sie aber auch schon von JOHN PENHALLURIK (2001) angezweifelt. Er ist der Meinung, dass der Name *Propyrrhura*, der 1920 von ALIPIO DE MIRANDA-RIBEIRO in das wissenschaftliche Schrifttum eingeführt wurde, gemäß der Prioritätsregel in der zoologischen Nomenklatur durch das ältere *Primolius* zu ersetzen sei, das auf Prinz CHARLES L.J.L. BONAPARTE (1857) zurückzuführen ist.

FORSHAW (1989) und ABRAMSON (1995) betonen, dass alle Aras sehr eng miteinander verwandt sind und nahe den Keilschwanzsittichen *Aratinga* stehen. Die enge Verwandtschaft beweisen im Übrigen auch die Chromosomenuntersuchungen von VALENTINE (in Abramson 1995). Besonders FORSHAW streicht heraus, dass er die neuen Gattungen, und dabei schließt er die schon früher gebildete neue Gattung *Diopsittaca* ein, nicht befürwortet. „Wenn die kleinen Aras schon von den großen Aras abgespalten werden sollten, dann höchstens im Bereich der Unterarten," sagt FORSHAW und meint weiter, „doch ich bin nicht einmal sicher, ob dies gerechtfertigt wäre, eventuell bei *Diopsittaca* und *Orthopsittaca*." FORSHAW hält fest, dass alle Angehörigen der Gattung *Ara* nahe miteinander verwandt sind und den *Aratinga* am nächsten stehen. Klar ist für ihn die Unterschiedlichkeit von *Anodorhynchus* und *Cyanopsitta*.

Wie konträr die Meinungen in dieser Angelegenheit sein können, zeigt auch SICK (1993), der die meiste Zeit seines Lebens mit der Beobachtung von Vögeln in Brasilien verbrachte: „Das Problem ist, dass der Gattungsnahme *Ara* später, um 1800, aber auch in neuer Literatur auf andere Arten mit nackter Gesichtsgegend übertragen wurde, die sicherlich keine Aras sind." Er unterscheidet als richtige Aras den Gelbbrust-, Hellroten, Dunkelroten, Hyazinth-, Lear- und den Meerblauen Ara. Er führt weiter an, dass der Rotbugara nicht weit von ihnen entfernt ist. Den Spix-Ara aber rechnet er nicht zu den Aras. Nach SICK sind der Rotrücken-, Goldnacken-, Rotbauch-, Gebirgs- und Zwergara keine eigentlichen Aras. Er bezeichnet sie als näher verwandt mit den Keilschwanzsittichen aufgrund ihres Verhaltens und ihrer Stimme. Interessant ist, dass in Brasilien die eben erwähnten Kleinaras niemand als Ara bezeichnet, sondern alle nennen sie „Maracana".

> **HINWEIS** Tatsächlich enthält das Stimmrepertoire der Kleinaras die Rufe „ara" oder „arara" nicht. Sie sind den großen Aras eigen. Deswegen entstand auch die lautmalend gebildete indianische Bezeichnung Ara oder Arara.

Manchmal werden auch taxonomische Veränderungen willkürlich und eigenmächtig vorgenommen. Es gibt in der Tat immer wieder neuere Erkenntnisse, die manchmal eine Neuorientierung verlangen. Die Systematik ist keinesfalls vollendet, sie kann und muss stetig weiterentwickelt werden.

Während LINNÉ die Vögel anhand äußerer und innerer Merkmale einteilte und HUXLEY (1861) eine Systematik unter Zuhilfenahme der Anordnung der vielen Knochen an der Schädelbasis und am Gaumen betrieb, greift man heute auf die molekularbiologische Systematik zurück. Die Erbinformationen für alle Strukturen und Funktionen eines Vogels sind in den Genen vorhanden, die in den Chromosomen aller Zellen eingelagert sind. Die Systematiker, die auch einige Ara-Arten neu einteilten, wandten die Methode der DNA-DNA-Hybridisierung an. Es handelt sich um SIBLEY und AHLQUIST (1990). Mit ihrer Methode lassen sich die Regionen (einzelne Abschnitte der Gene) im Genom von eher verwandten als auch von nicht verwandten Vogelarten erkennen und unterscheiden. Damit zeigt sich, dass die molekularbiologische Systematik unbeeinflusst ist von der äußeren Ausprägung von Körperstrukturen.

Die genetische Verwandtschaft zwischen Arten und Familien wird mit einer bioche-

---

Ein Beispiel: Der Gebirgsara oder Blaukopfara Ara couloni SCLATER, 1876

Als am 25. Juli 1818 JOHANN JAKOB VON TSCHUDI im von hohen Bergen umgebenen Glarus in der Ostschweiz das Licht der Welt erblickte, dachte niemand, dass er einmal vom engen Schweizer Bergtal hinaus in die Tropen Südamerikas reisen würde. Bereits mit 15 Jahren widmete sich der Glarner dem Studium der Naturwissenschaften. Im Frühling 1834 übersiedelte er nach Neuchâtel in die französischsprachige Schweiz, wo auf Initiative von LOUIS COULON (1804-1894) hin ein naturhistorisches Museum gegründet wurde. Als Genfer Fabrikanten ein Schiff mieteten, das Güter aus der Schweiz nach Übersee schaffen sollte, sah es Coulon als eine gute Gelegenheit für das Museum, exotische Tiere zu erwerben. Er setzte sich dafür ein, dass der junge Schweizer Naturforscher TSCHUDI mitreisen konnte. Der Glarner schrieb im August 1837 seinem Bruder: „Ich fahre mutig aus und werde mein fernes, aber hohes Ziel stets im Auge behalten."

Am 27. Februar 1838 lief die „Edmond" von Le Havre aus. Eine Reise um die Welt war vorgesehen, es sollte aber anders kommen. Nach fast hunderttägiger Fahrt über den Atlantik legte das Schiff in Chile an. In der peruanischen Hafenstadt Callas wurde das Schiff längere Zeit festgehalten, denn es war Krieg zwischen Chile und Peru ausgebrochen. Der noch nicht ganz zwanzigjährige Tschudi konnte an Land gehen und durchschritt schon bald die Tore der alten Königsstadt Lima. Nach etlichen Wirren erhielt die „Edmond" freie Fahrt, was sich der Kapitän nicht zweimal sagen ließ. Das Schiff lief ohne seinen Schweizer Passagier aus! Mittellos und 6000 Meilen von der Heimat entfernt fand sich der junge Schweizer in einem ihm fremden südamerikanischen Land wieder. Es gelang ihm, sich in Lima als Arzt zu betätigen. Dank glücklicher Umstände traf TSCHUDI auf den deutschen Matrosen EDWARD KLEE, den er für eine Forschungsreise ins Hinterland Perus gewinnen konnte, denn der junge Naturkundler wollte unbedingt seinem Forschungs- und Sammelauftrag nachkommen. Zusammen trotzten sie allen Unbilden der Natur und überquerten die Anden, um anschließend in die noch unbekannten Tropenwälder des peruanischen Hinterlandes entlang der Kordilleren einzutauchen. In der Einsamkeit, im Gebiet feindseliger Indianer, bauten sich die beiden eine Blockhütte und konnten mit dem Beobachten und Sammeln etwas südlich des Oberlaufes des Huallaga beginnen. Hier war es vermutlich auch, als Tschudi den ersten Gebirgsara schoss und ihn in seinen Notizen als *Conurus illigeri* bezeichnete, nach TEMMINCK, der den Gattungsnamen *Conurus* begründete.

Der Transport über die Anden und der Versand des gesamten vielfältigen Sammelguts nach Europa verlangte fast übermenschliche Kräfte von TSCHUDI, der sich noch im Hinterland von KLEE trennte. Im Januar 1843, nach fünf Jahren, erreichte er Europa wieder. Das Sammelgut gelangte nach Neuchâtel zu LOUIS COULON, der den Balg des *Conurus illigeri* nach London zu PHILIP LUTLEY SCLATER (1829-1913), einem der bedeutendsten Ornithologen, der von 1859 bis 1902 Geschäfts- und Schriftführer der Londoner Zoological Society war. Er gilt als Verfasser von rund 1500 wissenschaftlichen Arbeiten. So führte er auch den Gebirgs- oder Blaukopfara, entdeckt und erlegt von TSCHUDI, als *Ara couloni* 1876 zu Ehren von Louis Coulon in die Wissenschaft ein. Das so genannte Typusexemplar, also der Balg des Vogels, den Tschudi im letzten Jahrhundert schoss, befindet sich noch immer im Archiv des von Coulon gegründeten Musée d'histoire Naturelle de Neuchâtel und trägt die Nummer MHNN 92.2585 (Peru).

mischen Methode analysiert. Für den Halter und Züchter sind viele taxonomische Veränderungen – besonders, wenn sie durch DNA-Analysen und biochemische Untersuchungen begründet werden – schwer nachvollziehbar. Sie stiften in vielen Belangen Unsicherheit. Schade ist, dass Freilandornithologen und Züchter selten berücksichtigt oder konsultiert werden.

Die Beibehaltung der Gattungen *Cyanopsitta*, *Anodorhynchus*, *Diopsittaca* und *Ara* ist gerechtfertigt und daher werden sie in diesem Buch auch so beschrieben. Halter, Züchter und Liebhaber haben sich daran gewöhnt und es wäre dem Verständnis nicht zuträglich, nun andere wissenschaftliche Bezeichnungen einzuführen, denn auch der Verfasser ist der Ansicht, dass alle Aras eng miteinander verwandt sind. Um Missverständnissen oder Unsicherheiten vorzubeugen, sind im Artenteil immer auch noch die anderen kursierenden, wissenschaftlichen Bezeichnungen der jeweiligen Arten angeführt. Langfristig wird sich dann international wohl wieder eine einheitliche Bezeichnung durchsetzen.

COLLAR ist der Überzeugung, dass auch die Arasittiche (*Rhynchopsitta*) und der Gelbohrsittich (*Ognorhynchus*) zu den Aras gestellt werden sollten. Trotz der kürzeren Schwänze sollen sie mit den Aras strukturell identisch sein. Wenn man die federlose Gesichtspartie der Arasittiche betrachtet und auch den federlosen Gesichtsstreifen an der Basis des Unterschnabels des Gelbohrsittichs, kann man diese Ansicht vielleicht etwas besser verstehen. LOW (1998) weist darauf hin, dass die Felsensittiche (*Cyanoliseus* sp.) in vieler Hinsicht den Aras ähneln. Sie schreibt: „Wären ihre Zügel nackt oder fast federlos, hätte man sie möglicherweise zu den Aras gerechnet (Felsenaras)."

Wie gelang jedoch die einheitliche Einteilung? Sie war erst ab dem Jahre 1735 möglich, als das „Systema naturae" in Holland vom schwedischen Arzt und Naturforscher LINNÉ (1707-1778) erschien. Nun kamen geordnete Verhältnisse in die Benennung der Tier- und Pflanzenarten. In diesem grundlegenden Werk erhielten die Begriffe Klasse, Ordnung, Gattung und Art

ihre endgültige Bedeutung. Nachdem es mehrmals überarbeitet wurde, konnten die Wissenschaftler jetzt Tiere und Pflanzen nach einem einheitlichen System einteilen.

Lateinisch war schon lange die Sprache der Gelehrten Europas. 1758 hat LINNÉ in der 10. Auflage seines Werkes die **binäre Nomenklatur** eingeführt, die jeder Tier- und Pflanzenart eine Doppelbezeichnung gibt. Sie besteht aus einem vorangestellten, groß geschriebenen Gattungsnamen, der sich innerhalb der zoologischen Nomenklatur nicht wiederholen darf, und einer klein geschriebenen Artbezeichnung. So entstand Anfang des 20. Jahrhunderts die **ternäre Nomenklatur** für Formen, die einander verwandtschaftlich sehr nahe stehen und nicht mehr als eigenständige Arten angesehen werden können, sondern als Unterarten (Subspezies) oder Rassen einer gemeinsamen Art. Die Bezeichnung einer Unterart wird dem Gattungs- und Artnamen als drittes Wort hinzugefügt. Alle drei Namen können gleich lauten. Sind Art- und Unterartnamen gleich (zum Beispiel *Ara ambigua ambigua*), spricht man von **Nominatform**, die aber gegenüber den anderen Formen der Art keinesfalls eine Sonderstellung einnimmt. Als Subspezies (Unterart, geografische Rasse) bezeichnet man eine geografisch definierte Gruppe von Populationen, die sich von anderen Populationen so weit unterscheidet, dass

■ Das lichtdurchflutete Kronendach des tropischen Regenwaldes ist der Hauptaufenthaltsort der Aras. Im Flug orientieren sie sich an Überständen und Flussläufen, die sich von oben gesehen aus dem eher einheitlich grünen Untergrund abheben.

Heute werden die Regeln für die zoologische Fachsprache von der **Internationalen Kommission für zoologische Nomenklatur** den Erkenntnissen und Erfordernissen entsprechend ergänzt.

ALLGEMEINES

man sie taxonomisch einordnen kann. Eine Einteilung in eine Unterart ist gerechtfertigt, wenn 90, besser 95 % der Individuen einer Populationsgruppe von denen einer anderen unterschieden werden können. Hinter der wissenschaftlichen Bezeichnung steht der Name des Erstbeschreibers.

Aras in ihren Lebensräumen

Im riesigen Verbreitungsgebiet der Aras findet man die verschiedensten Lebensräume, Vegetationsformen und Klimate. Ein zentraler Biotop ist der tropische **Tieflandregenwald**. Der Dschungel Amazoniens ist das größte, weitgehend geschlossene Regenwaldgebiet der Erde mit **immerfeuchtem Äquatorklima**, auch Hylaea genannt. Es breitet sich vom Mündungsgebiet des Amazonas bis zu seinen Zu- und Nebenflüssen auf das ganze Amazonasgebiet aus, reicht westlich bis an die regenreichen Hänge der östlichen Anden und geht dort in **immergrünen Bergregenwald** und **Nebelwald** – ein weiterer Aralebensraum – über. Im tropischen, immergrünen Tieflandregenwald des festen, nicht überschwemmten Landes herrscht eine Jahresmitteltemperatur von 25 bis 27 °C vor mit Schwankungen von 9 bis 11 °C. Die Niederschläge liegen immer über 1800 bis 2000 mm. Die Luftfeuchtigkeit schwankt im Laufe stark mit 100 % in der Nacht und 25 bis 30 % am Tag. Während über dem Kronendach ein großes Sättigungsdefizit herrscht (ca. 30 %), beträgt die Luftfeuchtigkeit im unteren Stockwerk noch am Tag bis 95 %.

Zur Landschaft des Amazonasbeckens gehört auch der **tropische, immergrüne Überschwemmungswald**, der vor allem an den Flüssen ausgedehnte Flächen einnimmt. Der Wasserstand kann bis zu elf Meter betragen, sodass sich das Leben aus-

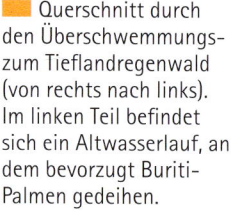

Querschnitt durch den Überschwemmungs- zum Tieflandregenwald (von rechts nach links). Im linken Teil befindet sich ein Altwasserlauf, an dem bevorzugt Buriti-Palmen gedeihen.

schließlich auf die über den Wasserspiegel ragenden Baumkronen konzentriert. Weiter bewohnen Aras auch das Übergangsgebiet: **hygrophile Palmenwälder** auf ausgedehnten Flächen zwischen dem Amazonaswald und den laubabwerfenden Trockenwäldern, die wiederum Aras beheimaten. Es gibt auch Arten, die Bergtäler in **Höhenlagen** bis zu 2000 Meter bewohnen. Es handelt sich um eine Klimazone, wie sie auch an der Alpensüdseite vorherrscht. Laubabwerfende Kiefern- und Eichenwälder gedeihen dort.

Bei allen Aras ist das **Sozialverhalten** sehr ausgeprägt. Paare sind sich lebenslang treu (**monogam**). Das Gefieder wird gegenseitig gepflegt, Nahrung wird gemeinsam aufgenommen, die Paarpartner füttern sich gegenseitig. Hierbei handelt es sich um beschwichtigende Elemente, die der Festigung der Paarbindung dienen. Große Aras leben paarweise, manchmal auch in lockeren, kleinen Gruppen, kleine Ara-Arten hingegen treten in großen Schwärmen auf. Besondere **Aktivitätsphasen** sind die ersten Morgenstunden nach Sonnenaufgang sowie die späten Nachmittagsstunden. Über Mittag sitzen sie meist ruhig in den Schlaf- und Ruhebäumen. Der Flug ist direkt, elegant und schnell. Das Leben der Aras in Freiheit kann heimlich und vorsichtig sein, in äußerst einsamen Gebieten sind sie aber noch auffällig und laut. Beim Kontakt untereinander zeigen sie

▮ Altwasserlauf im Varzea-Wald (Überschwemmungswald) im Mamiraua-Schutzgebiet in Brasilien mit den kuchenblechartigen, großen Schwimmblättern der *Victoria regia*.

ALLGEMEINES

Reisebericht – An der Lehmlecke

Es ist 5.15 Uhr. Wir sitzen auf einem in die Flussbank umgestürzten Baumstamm. Es beginnt Tag zu werden im westlichen Amazonien. Die Silhouetten der schneebedeckten Anden tauchen im Westen auf. Plötzlich hallen die ersten Papageienschreie über den Regenwald. Rotbaucharas, ein ganzer Schwarm, fliegen aus der Richtung der Anden her über unsere Köpfe. Dabei kann ich gut die hellgelben Flügelunterseiten erkennen. Die Rotbaucharas haben einen hellen Schrei. Immer mehr tauchen auf. Darunter hat es aber auch Rotbugaras, die durch ihre dunkelbraunen Flügelunterseiten und einen rauen Schrei auffallen. Nun taucht das feuerrote Sonnenlicht vom Osten her die Collpa in einen fast unwirklichen, ockerfarbenen Schein. Collpa ist das Quetchua-Wort für „salzige Erde". Wir verwenden auch die Begriffe Mineralfelsen oder Lehmlecke. Im englischen Sprachraum spricht man von „clay lick".

Auch Gelbbrustaras fliegen nun paarweise, zu dritt (wohl Familien) oder in Schwärmen von bis zu acht Vögeln über den von Sedimenten getrübten Fluss. Sie setzen sich anschließend auf die *Cecropia*-Bäume an der Flussbank. Sie bevorzugen die obersten, kahlen Äste. Immer mehr sammeln sich an. Oben auf den Bäumen, die aus dem Bambuswald auf der Krete wachsen, sitzen plötzlich Hellrote- und Dunkelrote Aras. Große, gemischte Schwärme von Rotbug- und Rotbaucharas durchsetzt mit Gelbbrustaras kreisen vor dem langen, roten Felsen, der sich am Fluss entlangzieht. Plötzlich landen die ersten Rotbaucharas und krallen sich am Felsen fest. Ängstlich und unsicher schauen die vier Vögel um sich und lösen sich sogleich wieder, um sich dem kreischenden und kreisenden Schwarm wieder anzuschließen. Es scheint ihnen noch zu unsicher.

Immer wieder fiel mir auf, wie vorsichtig die Papageien waren und wie leicht sie sich durch äußere Einflüsse aufscheuchen und irritieren ließen. Das Verlassen der schützenden Vegetation in den Baumkronen und das sich Sammeln in Bodennähe an der Lehmwand zählt sicher zu den gefährlichsten Aktivitäten für die Papageien. Immer wieder saßen Greifvögel in der Nähe der Collpa. Sie hatten es aber mehrheitlich auf kleinere Arten wie Sittiche oder Schwarzohrpapageien (*Pionus menstruus*) abgesehen und ließen eher von den Aras ab. Nun haben wieder drei Rotbaucharas angesetzt und werden sogleich von Rotbugaras nachgeahmt. Immer mehr setzen sich an den Felsen. Mit dem Fernglas kann ich beobachten, wie die Vögel gierig den Lehm aufnehmen (Geophagie). Manche fliegen auch wieder mit Stücken davon und lassen sich auf umliegenden Bäumen nieder, um den Lehm mit dem Fuß festzuhalten und Stück für Stück mit dem Schnabel abzubeißen. Auch zehn Gelbbrustaras machen sich nun über den Lehm her. Nur selten gesellen sich Hellrote Aras oder gar Dunkelrote Aras hinzu. Interessanterweise gingen sie jeweils später am Vormittag, so gegen 9.30 bis 10.00 Uhr an die Collpa, jedoch aber weiter unten am Fluss.

Warum finden sich die Papageien allmorgendlich an der Collpa ein? Zum einen hat dieses eindrückliche Zusammentreffen für die Vögel sicher einen sozialen Charakter, andererseits benötigen die Papageien die Erde zum Abbauen toxischer Stoffe, die sich durch die Aufnahme von bestimmten Sämereien und Früchten im Körper angesammelt haben. Dies könnte auch die hohe Bestandsdichte an Aras im Tabopata-Candamo-Schutzgebiet im peruanischen Department Madre de Dios erklären, die man in anderen vergleichbaren Gebieten vergeblich sucht. Man weiß, dass gerade in Zeiten der Nahrungsknappheit die Aras neue Futterpflanzen erschließen, die eigentlich giftig sind. Dank der Geophagie, dem Fressen von Erde, können sie diese Stoffe aber wieder abbauen. Eine Analyse des Lehms ergab, dass darin Kalzium, Magnesium und Natrium in höheren Konzentrationen vorkommen als in den Schichten darüber. Allerdings kommt es auf den Standort

■ Die bekannte Collpa oder Lehmlecke in Tambopata. In den Bäumen oberhalb ruhen sich verschiedene Aras zur Mittagszeit gerne im schützenden Blättergewirr aus.

der Collpa an, denn es gibt sie überall in Amazonien, die Lehmlecken, von Brasilien über Ekuador, Bolivien und Peru. Gerade in Peru kommt Natrium in grösseren Konzentrationen in der Erde vor als in den Pflanzensamen, welche die Vögel konsumieren.

Es kann gut sein, dass die Papageien aus Mineral- oder Salzmangel Lehm aufnehmen. Dass die Aufnahme der Erde auch der Verdauung dient, kann jedoch ausgeschlossen werden, denn Gritkörner variieren in der Regel zwischen 0,5 und 3,5 mm Durchmesser abhängig von der Grösse der Vögel. Bei der mineralhaltigen Erde in Tambopata ist aber die Körnung viel geringer. Gemäss Versuchen nehmen auch Papageien, die unter menschlicher Obhut gehalten werden, gerne von der mineralhaltigen Erde auf. Manchmal, bei ungünstigen Bedingungen, dauert die effektive Aufnahme bei allen Arten nur 5 Minuten. Es kann aber auch bis zu 25 Minuten dauern. Bei Regen erscheinen die Papageien nicht.

■ Links: Ein Dunkelroter Ara ist bei der gierigen Aufnahme von Lehm in den darunter fliessenden Fluss gefallen und rettet sich mit letzter Kraft mit den Schwingen rudernd an Land.

■ Mitte: Er hat es geschafft und verweilt etliche Sekunden am sicheren Ufer.

■ Rechts: Triefend nass hat er die Lehmwand erklommen und trocknet sein Gefieder an der Sonne.

■ Seite 16/17: Schwarzohrpapageien (*Pionus menstruus*), Gelbbrustaras, Hellrote Aras, Rotbugaras und Amazonen versammeln sich an einer der vielen Lehmlecken, die verborgen im amazonischen Regenwald liegen

15

Forschung in Tambopata, Peru

Dank der Forschungen im TRC (Tambopata Research Center) weiß man heute erheblich mehr über das Leben der Aras. Trotzdem es so farbenprächtige, große Vögel sind, blieb die Biologie dieser Krummschnäbel lange Zeit ein Rätsel und war nur ungenügend erforscht. In Tambopata wurde man auf die geringe Reproduktionsrate der Aras aufmerksam. Nur etwa jedes zweite oder dritte Jahr wird eine Brut unternommen. Von 100 Arapärchen pflanzen sich in einem bestimmten Jahr nur zehn bis 20 fort, wobei schließlich nur sechs bis 14 Junge überleben und das Nest verlassen. Für gewöhnlich paaren sich die Aras im Dezember. Das Weibchen legt zwei Eier in eine Baumhöhle, die oft 30 bis 40 Meter über dem Boden ist. Jedoch kommt immer nur ein Junges auch wirklich hoch, das im Alter von drei bis vier Monaten die Nisthöhle verlässt. Das Junge bleibt zwei bis drei Jahre bei den Eltern, bevor es sich absetzt und selber einen Partner sucht. So trifft man im Gebiet häufig auf drei Aras, die eng zusammenhalten.

Ein Grund für die niedrige Fortpflanzungsrate der Aras ist akuter Wohnungsmangel. Darum haben Biologen im TRC künstliche Nisthöhlen aus PVC angebracht. Meist hängen sie an den Bäumen *Dipterix alata* oder an *Hymenea* sp. in 30 bis 40 Meter Höhe. Hellrote Aras und Dunkelrote Aras brüten in diesen Höhlen bereits erfolgreich.

Die Tambopata-Candamo-Schutzzone ist gerade auch für die Aras ein außerordentlich wichtiges Gebiet. Sie leben dort bis heute noch in intakten Verhältnissen ohne größere Störungen oder gar Bejagung durch den Menschen. Die Ziele des Araprojektes im TRC sind zum einen, unser Wissen über diese Vögel zu vergrößern, damit man Populationen, die unter menschlichen Einwirkungen zu leiden haben, effektiver schützen kann. Zum anderen hofft man, die schwache Reproduktionsrate durch die Anbringung von künstlichen Nisthöhlen zu steigern, was wiederum Populationen zugute kommen kann, die durch den Fang erheblich gelitten haben. Allein 4 qkm Regenwald bei Tambopata beherbergen etwa 1200 Arten von Gefäßpflanzen. Man hat beobachtet, dass Aras 85 Arten als Nahrung nutzen. Der Hellrote Ara beispielsweise nimmt wenigstens von 38 verschiedenen Pflanzenarten Nahrung auf.

---

ein beachtlich vielfältiges **Stimmenrepertoire**. Wir hören in der freien Natur meist nur das typische Krächzen und Schreien.

Als monogam lebende Vögel führen die Aras keine eigentliche Balz aus. Dafür wird die Nisthöhle häufiger besucht und verteidigt. Die Lautäußerungen sind verstärkt, der Futterkonsum lässt etwas nach. Mit Ablage des ersten Eies werden die Vögel heimlich und still. Besonders die großen Aras brüten nicht jedes Jahr. Die Jungvögel verbleiben über ein Jahr nach dem Ausfliegen bei ihren Eltern.

Gefährdung und Schutz

Viele große Papageienarten wie die Aras stehen bereits am Rande des Aussterbens, bevor überhaupt eine eigentliche **Lebensraumzerstörung** begonnen hat, da Fänger von Mexiko bis Argentinien durch intakte Wälder streifen und den bunten Aras, die beliebte Heim- und Volierenvögel sind, nachstellen. Da den Fängern diese Wälder, in denen sie tätig sind, nicht gehören, haben sie keine Möglichkeit und kein Interesse einer nachhaltigen Nutzung der Ressource Ara. So wurde der Arabestand in Südamerika um 50 bis 60 % – nur durch den Fang für den Handel – dezimiert.

Die Kombination von Fang, Zerstörung des Lebensraumes und siedelnden Menschen hat die großen Aras in weiten Teilen Südamerikas dann ganz zum Verschwinden gebracht. Durch menschliche Eingriffe in das Ökosystem Regenwald fehlen auch immer mehr alte, mächtige Urwaldbäume, die geeignete Nisthöhlen beherbergen. Oder typische Nahrungsbäume werden für die Tropenholzgewinnung gezielt geschlagen.

Große Papageien, besonders Aras, reagieren sehr anfällig auf menschliche Eingriffe. Sie haben auch eine viel geringere **Reproduktionsrate** als kleine Papageienvögel. Große Aras werden immer wieder von der einheimischen Bevölkerung gefangen und gehalten, was verständlich und nicht weiter schlimm ist. Die farbenfrohen Schwanzfedern haben noch immer bei vielen Volksgruppen lateinamerikanischer Länder eine große, zeremonielle Bedeutung. In armen Gegenden der Neotropis bieten die großen Aras außerdem eine willkommene Proteinquelle für die darbende Bevölkerung, sodass sie manchmal gejagt werden. Der Hauptgrund für die stetige Bestandsabnahme ist aber sicher die Zerstörung der Lebensräume. Die immer weiter zunehmende Bevölkerung dringt in bisher noch unberührte Gebiete vor, fällt Bäume, brennt Felder ab und versucht einige weni-

GEFÄHRDUNG UND SCHUTZ

ge Jahre dem kleinen Grundstück etwas Nahrung abzuwirtschaften, um dann wieder weiter in den Wald vorzudringen, wo sich dasselbe wiederholt. 80 % der Bäume, die in Amazonien gefällt werden, sind illegal geschlagen. Häufig ist Korruption mit im Spiel. Zudem agieren Großfirmen im Auftrag der Industrienationen und holzen die Regenwälder großflächig ab. Auf den abgebrannten Flächen wächst anschließend Gras, das in weiten Teilen Südamerikas eine Viehwirtschaft ermöglicht. Das Fleisch wird größtenteils in die Industrieländer verkauft. Tiere, die nicht zu Kulturfolgern werden und denen die Nähe des Menschen bedrohlich und störend erscheint, wozu beinahe alle Aras gerechnet werden müssen, verschwinden nach und nach.

Die geringe Reproduktionsrate der großen Aras kann die Verluste durch den Fang nicht ausgleichen, zumal wenn noch großflächige Eingriffe in ihren Lebensräumen erfolgen. Zusammenfassend lässt sich sagen, dass in erster Linie die Rodungen über Tausende von Quadratkilometern, eine rücksichtslose Edelholzgewinnung, die Industrialisierung und das unaufhörliche Bevölkerungswachstum für die Aras eine Bedrohung darstellen. Der Fang von Vögeln aus kleinen, verbliebenen Populationen oder aus endemisch lebenden Beständen trägt außerdem zur akuten Bedrohung so mancher Ara-Art bei, besonders der klassischen, farbenprächtigen Arten.

Natürliche Feinde

Ein ausgewachsener großer Ara hat praktisch keine natürlichen Feinde. Selten kann es vorkommen, dass ein Ara von einer Harpyie (*Harpia harpyja*) erbeutet wird. Meist fallen diesem größten Adler allerdings unerfahrene, frisch ausgeflogene Junge zum Opfer, die während der ersten Tage nach dem Ausfliegen noch unbeholfen und ungeschützt in einem Baum oder Strauch hängen oder sitzen. Die kleinen Ara-Arten werden manchmal zur Beute von Greifvögeln und reagieren auch sensi-

■ Gelbbrustaras brüten hauptsächlich in den Stämmen abgestorbener Buriti-Palmen.

ALLGEMEINES

Vor und nach der Aufnahme von Lehm sitzen Aras, hier Gelbbrust- und Hellrote Aras, gerne auf den Baum- und Strauchspitzen. Eine Besonderheit der Natur: dem Hellroten Ara in der Mitte fehlen größtenteils die Blauanteile, das Gelb im Gefieder ist dadurch wesentlich ausgedehnter.

bel und warnend, sobald sie einen Greifvogel in der Nähe erspähen, wogegen ihn die großen Arten nicht sonderlich beachten. Der Prachthaubenadler (*Spizaetus ornatus*) ist auch als natürlicher Feind von großen Aras beobachtet worden und könnte sogar als Nesträuber auftreten (BRIGHTSMITH, pers. Mitteilung 2000). Bei Feldstudien am ekuadorianischen Großen Soldatenara im Cerro-Blanco-Naturreservat in der ekuadorianischen Provinz Guayas wurde ein Paar Kappen-Waldfalken (*Micrastur semitorquatus*) beobachtet, die eine Nisthöhle ausraubten. Als gegen Mitte Juli das den Höhleneingang verdeckende Laub des Baumes *Cavanillesia platanifolia* wegen der Trockenheit verdorrte und abfiel, wurden die Falken auf die Bruthöhle aufmerksam. Im August drang das Falkenweibchen erstmals während der Abwesenheit der Aras in die Höhle ein. Fortan wurde das Nest bis zu 18-mal täglich attackiert. Meist wurde das Ara-Männchen angegriffen, was manchmal zu einem Kampf führte, der erst kurz vor dem Aufschlagen der Vögel auf dem Boden endete. Am 8. November dann zog das Falkenweibchen ein Ara-Jungtier aus dem Nest. Fortan näherten sich die Aras nur noch bis zu 100 Meter dem Nest, denn die Falken hatten es übernommen (LOPEZ-LANUS, 2000). Auch der Zieradler (*Spizeatus ornatus*) und der Ozelot (*Leopardus pardalis*) kommen als mögliche Feinde in Frage (MUNN, 1990).

Wenn auch den ausgewachsenen Papageien nicht viele Gefahren seitens der Greifvögel lauern, so sind doch die Brutphase und die Jungenaufzucht sehr verlustreich. Bienen mögen Nisthöhlen in Beschlag nehmen, Tukane machen sich über die Eier und Jungen her, wenn das Nest gerade nicht bewacht wird. Affen und Tayras *(Eira barbara)* rauben die Eier oder fressen die Kleinen. So lauern die meisten Gefahren in der Phase der Jugendzeit. Selten werden auch Raubkatzen zu Zufallsfeinden der Aras.

Handel

Der Anziehungskraft der großen, farbenprächtigen Aras waren bereits die präkolumbianischen Kulturen der Pueblos erlegen. Kein Wunder, dass die Vögel Jahrhunderte später auch zu begehrten Objekten in den so genannten zivilisierten Ländern wurden. Als dann noch Lebensraumzerstörungen großräumig voranschritten und immer mehr Menschen in die vorher unberührte Natur als Folge der Übervölkerung vordrangen, brachte der Fang einige Arten, wie beispielsweise alle blauen Aras, an den Rand der Ausrottung. Mittlerweile ist der Meerblaue Ara ausgestorben und der Spix-Ara existiert in Freiheit nicht mehr.

Gewissenlose, gut zahlende Auftraggeber lassen sich immer wieder seltene Arten fangen, um sie zu Höchstpreisen von Zwischenhändlern und Mittelsmännern zu erstehen und ihre Volieren damit zu bestücken. Dem eigentlichen Fänger, der die Vögel und ihr Verbreitungsgebiet bestens

---

Beim Handel mit Aras lassen sich vier Kategorien unterscheiden:

- Der Handel mit nicht gefährdeten Arten auf Straßenmärkten.
- Seltene Arten werden versteckt gehalten und auf öffentlichen Märkten im Versteckten gehandelt. Sie wurden auf Bestellung gefangen.
- Extrem seltene Arten, die nur für ganz spezielle, solvente Kunden bestimmt sind und im Versteckten diskret gehandelt werden.
- Schmuggel von Eiern seltener Arten.

GEFÄHRDUNG UND SCHUTZ

> **HINWEIS** Man geht davon aus, dass zwischen 1970 und 1990 etwa 1,8 Millionen Papageien legal als Käfigvögel aus den Neotropen exportiert wurden, davon gingen 80 % in die USA, 15 % nach Westeuropa und 5 % nach Japan. Unter Berücksichtigung der Sterberate und der geschmuggelten Vögel kommt man auf etwa 5,4 Millionen gefangene Papageien.

kennt, bleibt eine geringe Bezahlung, jedoch ist auch sie um ein Vielfaches höher als andere Lohnarbeit in der Region. Gefangen werden die Aras meist durch Lockvögel und Netze. Oft werden aber auch Jungvögel den Nestern entnommen und dann von Hand aufgezogen.

In der zweiten Hälfte des 20. Jahrhunderts gelangten Aras in außerordentlich großer Zahl in die Industrieländer. Von Ende der 70er-Jahre bis 1990 wurden weit über 1 Million Aras für den Handel gefangen. Allein in Bolivien wurden innerhalb von zehn Jahren mehr als 130 000 Aras gefangen und exportiert (MUNN, 1995). Ende des 20. Jahrhunderts waren weite Regenwaldteile abgeholzt und einige Ara-Arten bereits an den Rand des Aussterbens gebracht worden.

Die Hauptabnahmegebiete von wild gefangenen Aras sind in erster Linie Mittel- und Nordeuropa sowie Japan. Die USA erlauben seit kurzem die Einfuhr von Wildfängen nicht mehr.

Es ist heute nicht mehr notwendig und nicht mehr zu verantworten Wildfänge einzuführen, zumal es auch dem Ansehen der Vogelzucht außerordentlich schadet. Dass der Arahandel heute eine weitaus geringere Rolle spielt, ist einerseits den Bemühungen der Züchter und den Kontrollvorschriften der einführenden Länder zu verdanken, andererseits aber auch den Maßnahmen vieler exportierender Länder. Eine positive Entwicklung ist auch, dass neben vielen kleineren **privaten Arazuchten** heute auch große **kommerzielle Zuchtbetriebe** für Aras existieren, welche die nachgezüchteten Vögel zu Vogelzüchtern in aller Welt versenden. So sind in den Handelsstatistiken der Industrienationen heute immer mehr Aras verzeichnet, die bereits in Menschenobhut gezüchtet wurden.

Schutzmaßnahmen

"Wenn wir die Papageien retten können, können wir vielleicht sogar uns selber retten", steht auf der Titelseite von „Psitta Scene" der Mitteilungszeitschrift des World Parrot Trust, einer weltweit tätigen Papageienschutzorganisation. Wenn Tierarten aussterben, hat das immer auch Auswirkungen auf die Menschheit. Wenn der Mensch ganze Ökosysteme schädigt oder auslöscht, bleibt das nicht ohne Folgen. Wenn die Zerstörung der Natur weiter so rasant fortschreitet, wird das Überleben des Menschen langfristig gesehen immer zweifelhafter. Zum Glück haben sich heute einige Organisationen dem Schutz der natürlichen Lebensräume, so auch dem Schutz der Tropenwälder, verschrieben. Es gibt auch Organisationen wie etwa der World Parrot Trust oder der Fonds für bedrohte Papageien, die sich besonders dem Schutz der Papageien angenommen haben. Die finanziellen Möglichkeiten all dieser Organisationen sind leider gering in Anbetracht der Übermacht der wirtschaftlichen Interessen.

Schutzmaßnahmen für so spektakuläre Papageien wie die Aras sind vielfältig. In erster Linie sollten große Teile der natürlichen **Verbreitungsgebiete** der Aras **unter Schutz** gestellt werden, was nicht nur den Papageien zugute kommt. So stimmt beispielsweise die Gründung des Amana-Schutzgebietes „Amana Sustainable Development Reserve" in Südamerika zwischen den Flüssen Negro und Japura im zentralen Amazonasbecken optimistisch. Mit 2 350 000 Hektar bildet es das größte zusammenhängende Schutzgebiet der Erde. Auch in Peru wurde im Jahre 2000 der Bahuaja-Sonene-Nationalpark auf mehr als das Doppelte vergrößert. Eine Möglichkeit ist auch eine **ökologische Nutzung des Waldes** wie dies die Zürcher Firma Precious Woods im Gebiet von Itocoatiara, östlich von Manaus, betreibt. Der bewirtschafteten Fläche wird nur so viel Biomasse entnommen, wie natürlicherweise nachwächst.

Ein richtiges **Biosphärenreservat** besteht gemäß Unesco aus einer Kernzone, einer Pflegezone und einer Entwicklungszone. Es handelt sich um großflächige, typische und qualitativ herausragende Ausschnitte von Kultur- und Naturlandschaft. Gemeinsam mit den dort lebenden und wirtschaftenden Menschen werden Konzepte zu Schutz, Pflege und nachhaltiger Entwicklung erarbeitet und realisiert. Immer muss es gelingen, die **lokale Bevölkerung** für die einheimische Tierwelt und ganz besonders für die Papageien zu sensibilisieren. Dank außerordentlich ausdauernder und guter Arbeit von Schutzorganisationen gelingt es immer wieder, der einheimischen Bevölkerung ein Gefühl des Stolzes für ihre Papageien zu geben, was langfristig ein Bejagen oder Wegfangen verhindert, weil die Kontrollfunktionen innerhalb von Dorfgemeinschaften dann sehr gut greifen. Der Schutz der Papageien gelingt aber erst, wenn die lokale Bevölkerung auch einen Nutzen daraus ziehen kann. So ist es besonders bei den allseits attraktiven und bekannten Aras in manchen Gegenden bereits erfolgreich gelungen den **Ökotourismus** anzukurbeln. Touristen zahlen gut, damit ihnen die farbenprächtigen Aras gezeigt werden. Langfristig gesehen nützt dies der ansässigen Bevölkerung mehr als ein kurzzeitiger Ertrag von in Brandrodung gewonnenem Land, das nach wenigen Jahren der Erosion preisgegeben wird. Es konnten mancherorts auch Fänger, die die Aras, ihre Aufenthaltsorte und Lebensgewohnheiten bestens kennen, als Touristenführer gewonnen werden. Sie haben fortan ein direktes Interesse am Erhalt der frei lebenden Populationen, da ihnen die Erträge aus dem Tourismus langfristig mehr nutzen als kurzfristige hohe Gewinne vom Fang der Vögel, deren Populationen in kurzer Zeit durch die Verluste zerstört sind.

Was in manchen Gebieten niemand für möglich hielt, wurde Wirklichkeit: Aus den Wilderern sind Hüter der kostbaren Vögel geworden. Der Ökotourismus wurde in Südamerika erst vor wenigen Jahren entwickelt. Wie und ob ihn die Aras überhaupt verkraften, ist noch zu wenig untersucht und wird sich erst längerfristig herausstellen. Es muss allerdings auch darauf geachtet werden, dass der Ökotourismus nicht schleichend vom Massentourismus überrollt und von den großen Tourismuskonzernen manipuliert wird.

Schutzmaßnahmen für Aras bestehen auch darin, dass **Bestandsaufnahmen von Wildpopulationen** durchgeführt und die Vögel und deren Verhaltensweisen eingehend beobachtet werden. Ohne genaue Kenntnisse ihrer Lebensgewohnheiten gelingt ein Schutz kaum. So wurden beispielsweise in Tambopata Studien über die Brutbiologie der großen Aras durchgeführt, so wie auch am Rio Branco im gleichen Departement Madre de Dios in Peru. Es wurden die Wachstumsrate erfasst, Nestlinge untersucht, gewogen und vermessen und deren Entwicklung verfolgt und verzeichnet. So konnten wertvolle Informationen über die lange verborgen gebliebene Biologie der großen Aras gewonnen werden. Weiterhin kann zum Schutz von Aras eine bestimmte Baumart wieder angepflanzt oder aufgeforstet werden. Denn Nahrungsspezialisten sind oft auf Nüsse einer bestimmten Baumart angewiesen oder manche Aras bevorzugen Bruthöhlen in bestimmten Bäumen.

Die Vogelhaltung und -zucht ist keine einfache Freizeitbeschäftigung, die man in

---

Wie kann sich der einzelne Arahalter und -züchter an den Schutzmaßnahmen beteiligen?

Zunächst sollte auf Wildfänge jeglicher Art verzichtet werden. Für den seriösen Züchter ist dies eine Selbstverständlichkeit. Er soll in weiten Kreisen den Handel mit gezüchteten Vögeln unterstützen und fördern. Als Halter und Züchter ist es von größter Wichtigkeit, dass die Arazucht seriös und sachlich vorangetrieben wird. Bei seltenen Arten empfiehlt es sich auch, an internationalen Zuchtprogrammen teilzunehmen. Zudem sollte es eine Selbstverständlichkeit sein, dass sich jemand, der so teure Vögel wie Aras hält, um die frei lebenden Artgenossen seiner Volierenvögel kümmert, indem er ganz sicher Mitglied in einer der genannten Organisationen wird (Adressen siehe Anhang). Zudem sollte man voraussetzen, dass auch gezielt gespendet wird, wenn man schon die finanziellen Möglichkeiten zur Arahaltung hat.

GEFÄHRDUNG UND SCHUTZ

einem geschlossenen, isolierten Umfeld betreiben kann. Man ist unwillkürlich international verstrickt und hat auch eine moralische Verpflichtung zum Schutz der frei lebenden Artgenossen seiner Pfleglinge.

Schutzmaßnahmen können auch darin bestehen, dass in Menschenobhut gezüchtete Vögel wieder in die Natur ausgesetzt werden. Einerseits kann es sich um eine **Wiederansiedlung** einer ausgerotteten Art, andererseits kann es zur Unterstützung noch verbliebener Populationen geschehen. Die Wiederauswilderung von Papageien ist allerdings ein äußerst schwieriges Unterfangen. Wenn ein solches Projekt aber sorgsam vorbereitet und geplant wird, kann es durchaus erfolgreich sein.

Angesichts der fortschreitenden Lebensraumzerstörungen kommt der **Zucht** eine große Bedeutung zu. So können die Arten wenigstens in menschlicher Obhut erhalten werden. Nur wenn von den Vogelhaltern eine verantwortungsvolle, seriöse Zucht betrieben wird, kann mit der Wiederansiedlung einer Art begonnen werden. Priorität hat aber der Schutz noch bestehender Populationen.

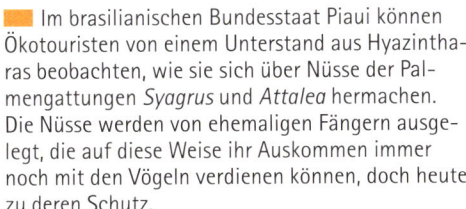

■ Im brasilianischen Bundesstaat Piaui können Ökotouristen von einem Unterstand aus Hyazintharas beobachten, wie sie sich über Nüsse der Palmengattungen *Syagrus* und *Attalea* hermachen. Die Nüsse werden von ehemaligen Fängern ausgelegt, die auf diese Weise ihr Auskommen immer noch mit den Vögeln verdienen können, doch heute zu deren Schutz.

Reisebericht – Hyazintharas in Brasilien

Armondo Machado baumelt abgrundtief an einem selbst gefertigten, alten Seil, das oberhalb der rostrot in der glühenden, tropischen Sonne leuchtenden Felswand an einem strauchartigen Baum mit dickem, borkigem Stamm (*Palicourea rigida*) angebunden ist. Behände gleitet er an der Felswand entlang in die Tiefe bis er vor einer Höhle mit einem ca. 50 cm großen runden Einschlupf hängt, sich geschickt an den Felsen zieht, um sich daran festzukrallen und anschließend im Loch zu verschwinden. Alles hat nur wenige Sekunden gedauert. Ich stehe weit unten an der Felswand und blicke gebannt empor. Lourival Lima sitzt ganz oben auf dem tafelartigen Berg beim Baum, wo das Seil angebunden ist, und blickt sinnierend in die Weite des Landes. Derweil ist sein Kollege unten in der Höhle tätig. Es handelt sich um eine Bruthöhle von Hyazintharas, die jährlich darin mindestens einen Jungvogel aufziehen. Seit seiner Kindheit hat Armondo Machado junge, etwa ein oder zwei Monate alte Hyazintharajungvögel diesem Nest entnommen, um sie anschließend von Hand aufzuziehen und an Carlinhos dos Araras, dem Ararakarlchen, einem Händler in Petrolina, zu verkaufen. Heute jedoch ist er mit ganz anderem Ziel unterwegs.

Jetzt im April ist nicht Brutzeit, sodass er die Höhle leer antrifft. Er ist mit einem Thermometer und einem Hygrometer ausgestattet, denn ich habe ihn gebeten, für mich die Luftfeuchtigkeit in der Höhle zu messen. Nach einer Viertelstunde klettert Armondo schon wieder im Nu am Seil empor, krallt sich an der Krete fest und zieht sich scheinbar mühelos zum oben wartenden Lourival empor. Eine dreiviertel Stunde später sind beide wieder bei mir unten, der ich gemütlich im Schatten der Felswand warten konnte und verblüfft dem Kunststück zusah. „Die Luftfeuchtigkeit in der Höhle betrug zwischen 85 und 90 %, die Temperatur belief sich auf 28 °C," führt Armondo aus. Weiter weiß er zu berichten: „Der Eingang dieser Höhle ist zwar ziemlich klein, innen aber konnte ich teilweise stehen. Etwas Wasser rann an den Wänden herunter, teilweise hatten sich Stalaktiten gebildet." Ich frage verblüfft: „Wo aber brüten die Hyazintharas jeweils?" Armondo antwortet sicher: „Sie brüten in einer kleinen Nische auf trockenem, rötlichem Sand".

Später dann am Abend im Schein der Kerze im ehemaligen Fängercamp vernehme ich noch mehr. Paulo Lima, der Bruder Lourivals, wurde bereits im Alter von acht Jahren an einem Seil an den Klippen hinunter gelassen, damit er durch die besonders kleinen Höhleneingänge kriechen konnte, um die Jungen zu entnehmen. Er freute sich immer auf diese Aktion und bettelte seinen Vater geradezu an, ihn abzuseilen. Er erinnert sich: „Am erfolgreichsten in Bezug auf Arajunge waren komplett windstille Höhlen. Ich war jeweils froh, wenn ich wieder draußen war, denn das Atmen in diesen Höhlen fiel mir schwer. Die Aras brüteten immer in einer abgeschotteten Ecke, meist aber in einem Winkel, der sich entweder am Ende der Höhle bildete oder irgendwo in der Seite, wo es ganz dunkel war. Der Brutplatz war immer trocken und mit etwas Sand unterlegt. In der Höhle traf ich meist Fledermäuse, nicht aber Schlangen an." Lourival mischt sich ein: „In der Regel aber waren feuchte Höhlen mit Windzug und zu viel Wasser, das von den Wänden rann, meist von Paaren besetzt, die dann auch ihre Jungvögel verloren oder wo gar keine schlüpften." Armondo fügt hinzu: „Gute Höhlen werden jedes Jahr von den gleichen Paaren früh besetzt und gut verteidigt; sie brüten darum jährlich. Paare aber mit ungeeigneten Höhlen setzen meist mehrere Jahre aus. Die Weibchen verlassen die Höhlen nur ganz selten. Einige Höhlen gehen bis 8 Meter tief in den Berg hinein!" Paulo ergänzt: „In einer Felswand können problemlos mehrere Paare brüten, wenn sich ausreichend Höhlen darin befinden. Es kam vor, dass die Aras drei Eier legten, zwei Junge schlüpften meist. Wenn wir sie nicht entnahmen, so starb meist eines."

Ja, Lourival Lima und seine Männer kennen die Hyazintharas im Cerrado, dem wundersamen Trockenwald in Piaui, wie niemand sonst. Wie kommt es aber, dass sie seit Jahrzehnten Vögel fangen und heute immer noch eine so große Population im Gebiet vorhanden ist? Sie waren äußerst weise und gingen sorgfältig mit den Tieren um. Sie entnahmen nur Junge und jeweils nicht alle. Wenn sie den Auftrag erhielten Altvögel zu fangen, so reisten sie viele Kilometer weit in ein anderes Gebiet, wo sie Altvögel mit Leim oder Netzen fingen. Ihre Population aber nutzten sie nachhaltig und mit Erfolg.

In der Weite des Trockenwaldes in Piaui und Bahia ist das Leben hart. Lourivals und Paulos Mutter stand jeweils frühmorgens um 2.00 Uhr auf, um Trinkwasser für die Familie zu holen, und kehrte erst um 11.00 Uhr wieder zurück. Man entschloss sich, in ein besseres Gebiet zu ziehen und ließ sich in Sao Goncalo do Gurguéira nieder. In der Nähe eines Buriti-Palmensumpfes, wo Gelbbrustaras und Rotbaucharas nisten, sah der kleine Lourival dann erstmals einen ganzen Schwarm der Arara Pretas oder Schwarzaras (Hyazintharas). Es ist nur zu verständlich, dass die arme Familie mit dem Papageien-, insbesondere mit dem Arahandel begann.

Heute aber sind Lourival Lima und seine Männer die Beschützer der Aras. Sie erzählen mir, dass sie bereits im Januar begannen, die Hyazintharas mit Palmnüssen zu füttern, um sie auf dem Gebiet ihres Landes zu halten, damit sie nicht weiter streiften und etwa in Gefahr gerieten, denn andere schießen gelegentlich auf die Vögel zu Nahrungs-

■ Eine Population Hyazintharas lebt im Cerrado (Trockenwald) des trockenen Nordostens von Brasilien. Die Vögel brüten in Höhlen der tafelartigen Felsen im Hintergrund.

zwecken. Dr. Charles Munn war es, der diese Hyazintharakolonie in der Abgeschiedenheit Piauis überhaupt der Wissenschaft bekannt machte. Ihm gelang es, die Männer davon zu überzeugen, dass es wichtig ist, diese Arakolonie nicht nur zu erhalten, sondern auch wachsen zu lassen. Man baute einen langen, etwas in die Erde eingegrabenen und mit Palmenblättern zu beiden Seiten und zum Himmel hin überdeckten Tunnel, der in einem bequemen Versteck mit Gucklöchern endet. 5 Meter davor liegt die natürliche Nahrung der Hyazintharas von Piaui: Palmnüsse der Gattungen *Attalea* und *Syagrus*.

Auf zwei in der Nähe stehenden Bäumen sitzen etliche Hyazintharas und äugen auf den Boden, der übersät ist von herrlich azurblau schimmernden Aras, die hier eine Nuss wenden, da eine anknacken und schließlich eine bestimmte auslesen, um sie ganz zu knacken. Einige frischere Nüsse enthalten noch etwas Saft, der sofort von den Vögeln getrunken wird. Manche der Hyazintharas fressen auf dem Boden, andere aber sammeln zwei Nüsse im Schnabel und halten noch eine im Fuß, bevor sie auf einen kahlen Ast in einigen Metern Höhe mit sichtlicher Anstrengung und heftigem, rauschendem Flügelschlag flattern, um die Nüsse dort nach und nach zu verspeisen.

Einige Exemplare weisen viele schwarze Federn im Gefieder auf. Es handelt sich um Jungvögel. Die Hyazintharas ziehen es vor, die Nüsse irgendwo im Schatten zu verspeisen und sind sichtlich aktiver bei bedecktem Wetter. Verschiedentlich konnte ich zwei Vögel zusammen beim Spielen beobachten. Sie sträuben ihre Nacken- und Kopffedern, hüpften aufeinander zu, verkrallten sich ineinander, wälzten sich auf dem Boden, bis ein Exemplar auf dem Rücken lag und in dieser Position auch einige Sekunden verharrte.

Während des Tages konnte ich die Hyazintharas meist paarweise, manchmal aber auch in Gruppen von etwa sechs Vögeln im Cerrado beobachten. Die Brutzeit fällt in die Regenzeit und reicht vom Oktober bis in den Februar, dann fliegen die Jungvögel aus. Auch zum Zeitpunkt meines Aufenthaltes, Ende April 2001, regnete es noch, begleitet von heftigen Winden. Ich maß jeweils eine relative Luftfeuchtigkeit von 80 %.

Der Cerrado (sprich Cehado) ist ein einzigartiger Lebensraum, der sich auf regelmäßige Brände einstellt. So sind die borkigen Rinden der Bäume teilweise stark verkohlt. Die beiden Nahrungspalmenarten der Hyazintharas *Syagrus* und *Attalea* bilden ihre Kronen in den meisten Fällen direkt über dem Boden. Der ganze Stamm ist als Schutz vor dem Feuer im Boden verborgen. Die Frucht von *Attalea* ist innerhalb der Nuss gehäuseartig in Sektoren aufgeteilt, diejenige von *Syagrus* ist ganz.

Der Cerrado im Gebiet des Dorfes Sao Goncalo do Gurguéira ist immer wieder durchzogen von Sumpfgebieten mit Grasbewuchs und Buriti-Palmenhainen. Ganze Bachläufe führen durch das Gelände. Im Brutgebiet der Hyazintharas ragen tafelartige, rote Felsen schroff in den meist tiefblauen Himmel. Das Rot der eisenhaltigen Felsen schimmert bei jedem Sonnenstand während des ganzen Tages anders. Die Höhlen dienen nicht nur Hyazintharas zum Brüten, sondern auch Dunkelrote Aras suchen sie zu diesem Zweck auf. Sie entstanden vermutlich vor Jahrmillionen, als das Gebiet noch ganz unter Wasser stand.

Aras als Heimvögel

■ Rechte Seite: Große Aras, wie dieser Dunkelrote Ara, können in der Wohnung nicht artgerecht in einem Käfig oder auf dem Ständer gehalten werden. Sie brauchen eine großzügige Voliere.

■ Im Kopfschmuck dieses bolivianischen Kindes stecken Arafedern. Diese Vögel waren seit jeher als Heimtiere und Federlieferanten wichtig für die Ureinwohner Südamerikas.

Kulturgeschichte

Die Haltung von Wildtieren, ohne einen direkten Nutzen aus ihnen zu ziehen, ist seit jeher ein Bedürfnis des Menschen. Besonders die Papageienhaltung hat schon immer bei Urvölkern existiert, wenn oft auch Papageien als Federlieferanten gehalten wurden. An der Decke einer Kalksteinhöhle im Nordosten Brasiliens fand man **Höhlenzeichnungen**, die Säugetiere und Vögel, darunter ganz eindeutig Aras, darstellen. Experten schätzen das Alter der Höhlenmalereien auf 3000 bis 5000 Jahre. Es handelt sich um die ältesten bekannten Abbildungen von Aras (PITTMANN, 1994).

Archäologische Ausgrabungen im Südwesten der USA haben Skelettteile von Aras in verschiedenen Ausgrabungsstätten freigelegt. Zudem fand man Darstellungen auf Tongefäßen, Textilien und an Wänden, die eine Arahaltung in den **präkolumbianischen Pueblo-Siedlungen** belegen. Es handelte sich hauptsächlich um Hellrote Aras und Kleine Soldatenaras. Man vermutet, dass es unter den Stämmen einen gut organisierten Handel gab und die Vögel darum so weit nach Norden gelangten. Manchmal dienten Aras auch als Grabbeigaben.

Die Tradition der Arahaltung reicht weit zurück in die Geschichte der mittel- und südamerikanischen Indianerstämme. Sie beherrschen auch die Handaufzucht. Als CHRISTOPH KOLUMBUS und seine Männer am 28. Oktober 1492 auf Kuba landeten, sahen sie vermutlich als erste Europäer die heute ausgestorbenen Kuba-Aras. Nach weiteren Seefahrten trafen dann auch Aras als exotische Boten in Europa ein und hielten als außergewöhnliche Kostbarkeiten Einzug in die **europäischen Königshöfe** und Fürstenhäuser. Mit der Gründung der eigentlichen so genannten bürgerlichen **Zoologischen Gärten**, die jedermann offen standen (der erste war der in Wien 1752 gegründete Tiergarten Schönbrunn), konnte ein breites Publikum exotische Tiere, darunter auch Aras, bewundern. Besonders im Londoner Zoo, der 1828 gegründet wurde, war die Arahaltung herausragend. Allerdings war es bis in die zweite Hälfte des 20. Jahrhunderts allgemein üblich, die Aras als Schauvögel auf Bügel angekettet zu halten.

Ab der zweiten Hälfte des 19. Jahrhunderts begann sich die Papageienhaltung zu einer **volkstümlichen Liebhaberei** zu entwickeln. Erste Nachzuchten des Gelbbrustaras gab es im Jahre 1818 bei Monsieur ESNAULT, einem französischen Vogelliebhaber, im Département du Calvados. Aranachzuchten waren aber bis ins 20. Jahrhundert eine große Ausnahme. Ab dem 20. Jahrhundert wurden Aras in großen Stückzahlen nach Europa eingeführt und somit für viele verfügbar.

Ethische Überlegungen

Die Haltung von Aras zieht sich wie ein roter Faden durch die menschliche Kulturgeschichte und hat sich über die Jahrhunderte

> **Indikatoren für den Gemütszustand und das Wohlbefinden eines Aras:**
>
> - Aufgewecktes Verhalten
> - Guter Gefiederzustand (glänzend)
> - Soziale Interaktionen mit dem Partnervogel
> - Ausgiebige Gefiederpflege
> - Ruhiges, gelöstes Schlafen
> - Aktives Verhalten wie Nagen, Fliegen, Klettern, Duschen oder Baden
> - Verschiedenartigste Lautäußerungen
> - Aufsuchen der Nisthöhle
> - Kopulationen
> - Brut und Aufzucht von Jungen
>
> **Bei nicht adäquater Haltung:**
>
> - Verhaltensstereotypien
> - Ruckartiges Beißen ins Gefieder
> - Aufgeplustertes, mattes Gefieder
> - Unterdrückung durch den Partnervogel
> - Sitzen in den unteren Bereichen der Voliere
> - Schreckhaftes Verhalten

enorm entwickelt. Trotzdem kommt manchmal ein beklemmendes Gefühl in einem hoch, wenn man Bilder dieser Vögel im tropischen Regenwald sieht und anschließend vor seinen Volieren steht. Warum halten wir Aras? Fühlen sie sich auch wirklich wohl? Haben wir ein Recht dazu, Wildtiere zu halten? Verantwortungsbewusste Halter und Züchter stellen sich diese Fragen immer wieder. Außer der Faszination, die von der Haltung solch herrlicher, exotischer Vögel ausgeht, spielt die Wissbegierde und das naturkundliche Interesse, die Neugier sowie die persönliche Beziehung von Mensch und Tier eine Rolle.

Finden Aras in ihren Volieren Lebensbedingungen vor, unter denen sie sich wohl fühlen, sollten sie nicht als Gefangene betrachtet werden, sondern als Bewohner eines Lebensraumes, die in Menschenhand auch Vorteile gegenüber ihren wild lebenden Artgenossen haben. Zudem halten wir ja in Menschenobhut gezüchtete Vögel, welche die Neotropis nie gesehen haben, sondern immer in der unmittelbaren Nähe des Menschen lebten. Schon früh haben sie ihren Pfleger als Futterbringer und freundlichen Kumpan kennen gelernt und ein Vertrauensverhältnis zu ihm aufgebaut.

Aras langfristig richtig zu halten, zu züchten und ihr Leben interessant zu gestalten ist eine anspruchsvolle Aufgaben. Der Halter und Züchter sollte gewisse Eigenschaften besitzen, damit eine für beide Seiten befriedigende und erfolgreiche Haltung gelingen kann.

Der Arahalter sollte ruhig und geduldig im Umgang mit seinen Tieren sein. Zudem sollte er den natürlichen Blick für seine Vögel haben, das heißt, er sollte sich in die Situation der Tiere hineinversetzen können. Diese kreative Fähigkeit kommt ganz besonders bei der Gestaltung einer Voliere zum Tragen.

- Wo sitzen die Aras besonders gerne?
- Wo kann ich noch einen Ast anbringen, damit sie die Nisthöhle eher beachten und sie leichter anfliegen?
- Welche Strecke in der Voliere sollte offen sein, damit sie den Vögeln zum Fliegen dient?
- Wie komme ich dem natürlichen Sicherheitsbedürfnis der Vögel am ehesten nach?
- Wie kann ich ihren Lebensraum bereichern?

Dies sind bloß einige Fragen, die sich der künftige Arahalter stellen sollte.

Man sollte nicht nur zukünftige Ereignisse bei seinen Vögeln möglichst voraussehen, sondern auch kränkelnde oder unterdrückte Vögel sofort erkennen können. Die Haltung von Aras setzt großzügige Platzverhältnisse und tolerante Nachbarn voraus. Zudem muss man ihnen ein **beheizbares Schutzhaus** anbieten können. Das regelmäßige Beschaffen von **frischen Ästen und Wurzelstöcken** aus dem Wald erfordert eine kräftige Konstitution des Halters. Ist ein Wald in erreichbarer Nähe oder muss man das Astwerk von Waldarbeitern herbeischaffen lassen? Für Menschen mit schwacher körperlicher Konstitution empfiehlt sich die Haltung kleiner Ara-Arten. Die Haltung von mehreren Aras erfordert sehr viel Zeit und Geld.

Haltung zahmer Aras

Welcher Züchter kennt sie nicht, diese Anrufe: „Ich möchte gerne einen Ara kaufen, aber er muss ganz zahm sein. – Ich will ihn in der Wohnung halten und er soll möglichst viel auf meiner Schulter sitzen. – Nein, ich habe vorher noch nie einen Papagei besessen. – Er soll bunt sein und auch einige Worte nachahmen können." Dabei richtet sich das Hauptaugenmerk der Interessenten meist auf die großen Aras und praktisch nie auf einen kleinen Ara, denn die sind in den Augen vieler halt einfach nur unscheinbar grün gefärbt. Wie die oben angeführten Aussagen zeigen, sind sich die wenigsten Interessenten bewusst, auf was sie sich da einlassen.

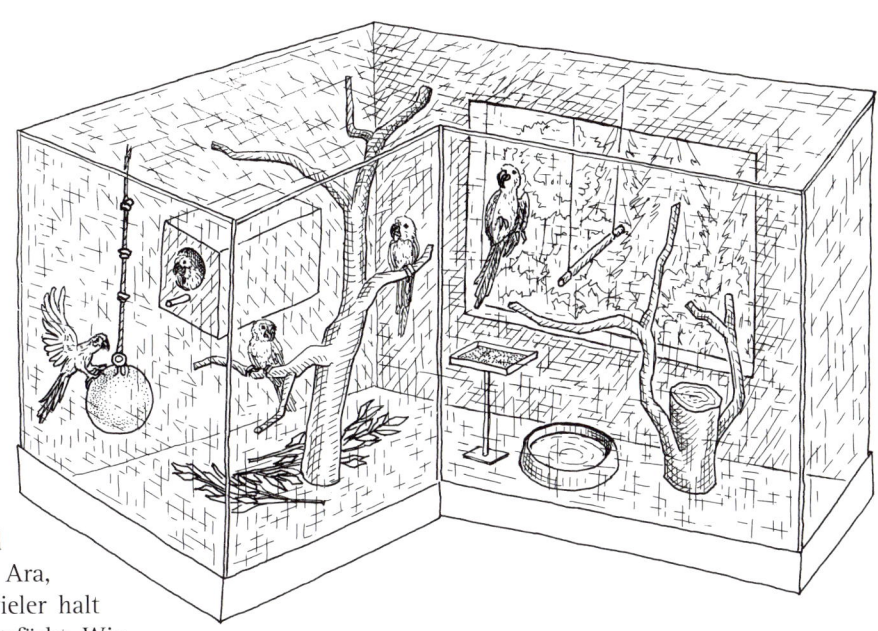

Zimmervoliere für die Haltung eines Ara-Paares: Sie sollte mindestens zwei Meter tief und jede der beiden Seiten zwei Meter lang sein. Werden zahme Aras im Wohnbereich in einer solchen Voliere gepflegt, gelingt sogar die Zucht.

> **HINWEIS** Wer Aras ohne Zuchtabsichten halten möchte, sollte sich auf Gelbbrustaras, Rotbugaras, Goldnackenaras oder Hahns Zwergaras beschränken. Alle anderen Ara-Arten sind zu selten und zu bedroht, als dass man die Vögel ohne Zuchtabsichten halten sollte.

In diesem Buch wird bewusst nur auf die Haltung von zwei oder mehr Vögeln eingegangen, da eine Einzelhaltung in vielen Fällen zu problematisch und darum abzulehnen ist. Die Haltung von zwei zahmen Aras erfordert viel Platz und Einfühlungsvermögen. Einzig vielleicht die Hahns Zwergaras können in kleineren Volieren gehalten werden. Allerdings sollten auch diese zumindest ausreichend lang sein, da die Tiere gute Flieger sind. Oder sie werden täglich aus ihrem Käfig gelassen, damit sie frei in der Wohnung fliegen können.

Die Haltung von zahmen Aras im Wohnbereich kann wegen der lauten, krächzenden oder schrillen Schreie und auch wegen der Staubentwicklung problematisch werden. Entweder man kann ihnen ein ganzes Zimmer zur Verfügung stellen oder man hat die Möglichkeit, an das Wohnzimmer einen Raum zur Arahaltung anzubauen, der dann durch eine Glasscheibe und eine Gittertür abgetrennt ist. So kann man die Aras gut beobachten und auch die Vögel haben die Möglichkeit des Sichtkontaktes. An diesen Vogelraum wird im Idealfall eine Außenvoliere angebaut.

Diesen Traum verwirklicht hat beispielsweise HOLGER SCHNEIDER, der in einem 18 qm großen **Wintergarten** mit angrenzender, viermal so großer **Außenvoliere** mit Felswänden und einem Wasserfall ein Paar Hyazintharas hält. Vom Wohnzimmer aus können die Vögel im Wintergarten sowie durch ein großes Fenster auch in der Außenvoliere beobachtet werden! Eine solche Arahaltung bereitet natürlich das höchste Maß an Befriedigung und Vergnügen, da man stetige Beobachtungsmöglichkeiten hat und sich die Vögel völlig ungehindert in nächster Nähe zum Wohnbereich in einer äußerst großzügigen Anlage tummeln können. Bei den Hyazintharas handelt es sich um ein blutsfremdes Nachzuchtpaar. Beide Vögel wurden von Hand aufgezogen. So sind sie die menschliche Nähe seit jeher gewohnt.

Auch wer ein **Vogelzimmer** hat, sollte eine Glastür anbringen, damit die Vögel nicht isoliert sind. Wenn man über ein großes Wohnzimmer verfügt, einem der Lärm nicht lästig wird und der Staub auch nichts ausmacht, kann man gerade für die kleinen Aras auch eine **Vogelstube** bauen, das heißt, einen Teil des Raums als Voliere gestalten und mit Volierenelementen zum Wohnraum hin abtrennen.

Eine **Zimmervoliere** kann nie groß genug sein. Sie sollte für zwei große Aras die Maße 2 × 2 × 2 m nicht unterschreiten und abwechslungsreich gestaltet sein. Planen Sie lieber von Anfang an eine große Voliere ein. Dies kommt billiger, als später nochmals eine neue zuzukaufen.

Bei der Haltung von zwei zahmen Aras darf man die Eifersucht der Vögel aufeinander nicht unterschätzen. Ein Beispiel dafür ist unsere Nina, ein äußerst liebenswürdiger, verspielter Gelbbrustara, der schon zornig wird, wenn ich einen anderen Ara auch nur etwas länger und aufmerksamer anschaue. Nina hackt dann energisch mit dem Schnabel in meine Kleider, um meine Aufmerksamkeit wieder zu erhalten. Ich muss sie dann erst mal regelrecht besänftigen und versöhnlich stimmen, bevor ich sie wieder anfassen kann.

Aras soll und darf man in der heutigen Zeit nicht in Käfigen oder mit gestutzten Schwingen auf Ständern halten. Die Haltung in einem gesonderten Raum oder in einer Zimmervoliere ermöglicht den Vögeln eine gewisse Bewegungsfreiheit, sodass sie etwas fliegen können. Zudem ist es den Papageien möglich, an Ästen und Seilen zu turnen und zu nagen sowie in einer flachen Wasserschale zu baden. Regelmäßig sollten sie frische Äste und Zweige zum Benagen erhalten. Zudem kann man ihnen beispielsweise eine Wurzel an einem Seil aufhängen. Steinaufbauten am Boden laden zum Klettern und Erkunden ein.

Ungiftige Pflanzen außerhalb der Voliere machen den Vogelraum angenehmer für den Halter und die Vögel. Für die Aras sti-

> Die Haltung in Käfigen ist langfristig gesehen nie gut und daher für alle Ara-Arten abzulehnen!

Arterhaltung durch Zucht – ein Beispiel

Der Schwede Jonas Wahlström wurde bereits im Jahre 1982 auf etwa 20 Hyazintharas aufmerksam, die aus Bolivien nach Schweden importiert wurden. Einige Jahre später stellte er enttäuscht fest, dass die wunderbaren Vögel überall im Land verstreut bei Haltern und Züchtern lebten, meist jedoch nicht ideal verpaart waren. So wurden etliche Vögel einzeln gehalten, andere lebten mit gleichgeschlechtlichen Tieren zusammen.

Wahlström hatte nun die Möglichkeit zur Haltung von Hyazintharas und trat mit den verschiedenen Besitzern in Kontakt. Nach und nach konnte er so Einzeltiere und auch schlecht verpaarte Vögel erwerben und setzte sie in seine Anlage. Zudem tauschte er Vögel mit Zoologischen Gärten und privaten Züchtern Europas aus. Nach eingehenden Beobachtungen der Vögel und aufgrund ihres ungefähren Alters wurden sie neu verpaart. Im Jahre 1991 stellte sich der erste Zuchterfolg ein. Bis zum Jahre 2000 züchteten Wahlström und Rolf Fischer, sein Kurator, 54 Hyazintharas! Normalerweise wurden die ersten Gelege zur Handaufzucht entnommen. Die zweiten Gelege wurden den Paaren belassen, sodass sie ihre Jungen selber aufziehen konnten.

Wahlström hat sich auf die Haltung und Zucht von Hyazintharas spezialisiert. So sitzen heute verschiedenste Zuchtpaare in Innen- und Außenvolieren nebeneinander ohne Sichtkontakt, da die Trennwände gemauert sind. Die Vögel brüten in Aluminiumnistkästen, die in den Innenräumen angebracht sind. Im Winter muss tagsüber natürlich künstlich beleuchtet werden. Die Vögel können in der kalten Jahreszeit nicht nach draußen. Sie scheinen sich interessanterweise aber gut an das skandinavische Klima und den nordischen Jahresrhythmus angepasst zu haben.

Ohne die Initiative von Jonas Wahlström wären in Schweden wohl kaum jemals Hyazintharas gezüchtet worden. Dieses Beispiel zeigt wie die Züchter einen bedeutenden Beitrag zur Arterhaltung von Aras unter menschlicher Obhut leisten können, denn diese wird immer wichtiger.

mulierend ist auch, wenn sie zu einem Fenster herausblicken können und so am Geschehen draußen teilnehmen können. Der **Boden** des Innenraumes sollte **gefliest** sein, damit er abgespritzt oder zumindest feucht aufgewischt werden kann. An einer gesonderten Stelle sollten die Aras **Sand** zur Verfügung haben. Andererseits eignen sich als Einstreu staubfreie Buchenholzschnitzel gut.

Zahme Tiere kann man auch zu sich in den Wohnbereich nehmen, um sie zu kraulen oder ihr Gefieder zu streicheln. Aras krallen sich auf den Schultern und auf dem Arm fest und können einem dabei unabsichtlich recht weh tun. Wenn sie ihrem Artgenossen mit dem Schnabel ins Gefieder fahren, so ist dies nicht weiter schlimm, unsere Haut aber ist da viel empfindlicher. Idealerweise hat man in diesem Fall im Wohnbereich einen kleinen **Kletterbaum** oder einen **Freisitz**, der den Aras als Anflugplatz dienen kann.

Es ist wichtig, dass ein Ara schon früh **erzogen** wird, das heißt, dass man ihn gegebenenfalls auch in die Schranken weist. Man muss immer auch bedenken, dass handaufgezogene, einst verschmuste Aras bei Erreichen der Geschlechtsreife, wenn sie sich besonders für ihren Partner zu interessieren beginnen, aggressiv werden können. Nehmen Sie dieses Verhalten als etwas Natürliches hin und seien Sie keinesfalls verletzt oder wütend, wenn der Ara Sie plötzlich attackiert. Es ist der natürliche Lauf der Dinge und für den Ara sicher besser, wenn er sich jetzt ganz seinem Partner zuwendet. Wer bereits beim Erwerb der Vögel an eine spätere **Zucht** denkt, sollte darauf achten, dass er **blutsfremde Tiere** erwirbt, deren **Geschlecht** durch **Endoskopie** bestimmt wurde.

Zuchtanlage für Aras in Schweden. Die Paare haben keinen Sichtkontakt untereinander und können ein heizbares Schutzhaus aufsuchen. Auf dem Dach sitzt ein frei fliegender Kleiner Soldatenara.

Zuchtvögel, der ideale Weg

Verbindet man die Haltung von Aras mit deren Zucht, gibt es immer wieder die Gelegenheit, einzelne, überzählige Jungvögel aus zu großen Gelegen von Hand aufzuziehen. Somit hat man auch das beglückende Gefühl zahme Vögel zu halten, die sich einem eng anschließen und in großen Volieren mit anderen Aras zusammenleben. Die meisten Arahaltungen entwickeln sich langfristig zu Gemeinschaftshaltungen und nicht wenige Halter beginnen dann gerne mit der Zucht, wenn sie sehen, wie gut ihre Vögel harmonieren. Langfristig gesehen kann ein Ara so am natürlichsten und artgerechtesten gehalten werden, denn er kann zusammen mit einem Partner in einer Voliere all seine natürlichen Verhaltensweisen ausüben und auch das Brutgeschäft pflegen, was für das Wohlbefinden dieser Tiere wichtig ist und äußerst hingebungsvoll betrieben wird.

Anschaffung

Rechte Seite: Blaukehlara. Der Kauf eines solch anspruchsvollen Vogels muss gut überlegt und vorbereitet sein.

Kaufen Sie nie ein Tier halbherzig! Wählen Sie auf keinen Fall einen Wildfang! Achten Sie ganz bewusst darauf, dass Ihr Ara ein Nachzuchtvogel ist.

Aras werden weit älter als Hunde oder Katzen. Auch das sollte man bei der Anschaffung solcher Vögel berücksichtigen.

Die Anschaffung eines Aras ist eine große Herausforderung. Sie erwerben einen Vogel, der Jahrzehnte in Ihrer Obhut leben wird. Der Anschaffung eines Aras geht das eingehende Studium von Fachbüchern und Fachzeitschriften voraus. Es ist unerlässlich, mindestens eine Fachzeitschrift zu abonnieren, wenn man Aras hält, denn somit werden Sie regelmäßig über neue Erkenntnisse zum Verhalten, Freileben und über die Haltung und Zucht von Aras informiert und sind stets auf dem neusten Stand. Zudem sollte man das Gespräch mit Haltern und Züchtern dieser Vögel suchen. In Vogel- oder Papageienzüchtervereinigungen und deren Arbeitsgemeinschaften findet man Gleichgesinnte zum Erfahrungsaustausch. Darum ist sicher auch eine Mitgliedschaft in einem solchen Verein sowie in einer Papageienschutzvereinigung empfehlenswert.

In Vogelparks und Zoos lassen sich oft Aras betrachten. Dabei entwickelt man meist sofort eine bestimmte Sympathie für einzelne Gattungen, Arten oder gar Individuen. Der Ara ist der Traum oder die Krönung für viele Papageienhalter. Bei der Anschaffung sollte man bereits eine **langfristige Haltung** anstreben. Es ist schade, wenn Aras nach wenigen Jahren Haltung bereits wieder weitergegeben werden. Es ist eine Charaktersache des Halters, dass er seine Tiere so lange wie möglich optimal hält und sie nicht nach den ersten Jahren, wenn der Reiz des Neuen abgeklungen ist, wieder abgibt.

Es ist eine falsche Einstellung, wenn man meint, eine Art, bei der sich über einige Jahre kein Zuchterfolg eingestellt hat, abgeben zu müssen. Es ist ein überaus großer Gewinn, Aras jahrzehntelang zu pflegen, sie zu beobachten und sozusagen mit ihnen alt zu werden. Nur so kommt man den Individuen wirklich nahe und kennt sie sozusagen durch und durch, wie auch sie uns sehr gut kennen und einschätzen gelernt haben.

Beim Kauf von Aras sollte nicht in erster Linie der Preis ausschlaggebend sein. Wenn Sie von einem Vogel überzeugt sind, Ihnen die Haltungsbedingungen, aus denen er stammt, zusagen, und Sie das Gefühl haben, dass er in Ihre Voliere und zu Ihren Vögeln passt und sich dort gut einleben kann, dann sollten Sie sich für ihn entscheiden, auch wenn er teurer ist als ein anderer Ara, dessen Gesamterscheinung nicht optimal erscheint oder dessen Züchter und seine Anlage Ihnen nicht zusagen. Denn Sie sollten bedenken, dass Sie in der Regel über Jahrzehnte keine Vögel kaufen müssen, wenn der Bestand einmal aufgebaut ist.

Ausschlaggebend für den Erwerb eines Aras sollte immer der Gesamt- und Gesundheitszustand, das Erscheinungsbild, das Verhalten, die Haltungsbedingungen, unter denen er aufgewachsen ist, und die Seriosität sowie der Eindruck des Züchters oder Verkäufers sein. Bei der Anschaffung von Nachzuchtvögeln ist darauf zu achten, dass sie völlig entwöhnt sind und problemlos selbstständig fressen. Ein Kriterium kann sein, dass sie Baum- und Paranüsse selber aufknacken. Es ist ein Irrglaube, dass sich ein Jungara, der noch von Hand gefüttert werden muss, besser an Sie gewöhnt.

Wünscht man sich in erster Linie zahme Tiere, so eignen sich handaufgezogene Aras vorzüglich. Gerade wenn Sie ein zahmes Tier erwerben, achten Sie darauf, dass der Vogel in der Handaufzucht möglichst nicht alleine aufgezogen, sondern früh mit Artgenossen sozialisiert wurde. So ist er nicht bereits in seiner Anfangsphase fehlgeprägt worden.

Die **Entwöhnungsphase** ist von Art zu Art verschieden. Wir verkaufen beispielsweise Aras immer erst ab Erreichen des er-

ANSCHAFFUNG

Rotbugaras sind langlebig und bereiten als Volierenvögel viel Freude.

> Junge Aras gewöhnen sich besser an neue Situationen und lassen sich einfacher mit einem Artgenossen zusammenführen.

sten Lebensjahres, meist sind die Vögel noch älter. Es kommt natürlich sehr auf den Charakter des Vogels an, aber oft erlebe ich es, dass ein zehn Monate alter Ara in vielen Situationen noch etwas hilflos reagiert, im Alter von 18 Monaten aber völlig selbstbewusst ist, da er sich in einer gemischten Voliere mit anderen Jungaras behaupten musste. Ein selbstbewusster Vogel passt sich auch besser an die neuen Gegebenheiten an. Ein Jungara im Alter ab einem Jahr sollte möglichst in einer Voliere mit verschiedenen Jungvögeln ausgesucht werden, statt dass man ihn direkt von den Eltern wegfängt. In einer Junggesellenvoliere lernen die Aras, sich in eine Gemeinschaft zu integrieren und sich zu behaupten. Auch Handaufzuchten sollten so gehalten werden.

Die Anschaffung von jungen Vögeln ist in jedem Fall besser, auch wenn man sich noch einige Jahre gedulden muss, bis sie geschlechtsreif werden und mit dem Brutgeschäft beginnen.

Die gezüchteten Vögel sind in der Regel mit **geschlossenen Ringen**, mit **Endoskopieringen** oder mit **Mikrochips** versehen. Gerade bei den großen Aras verzichten etliche Züchter auf eine Beringung, da sie nicht die ideale Kennzeichnungsform für solche Vögel ist. Das Geschlecht des Vogels spielt für reine Heimvogelhalter keine große Rolle. Oft sind aber Weibchen einfacher zu halten, wenn sie in den Geschlechtstrieb kommen. Züchter aber wollen natürlich das **Geschlecht** der zu kaufenden Aras vorher kennen. Es kann heute mittels **Endoskopie** oder **DNA-Analyse** einer **Feder-** oder **Blutprobe** festgestellt werden. Verlassen sie sich nicht auf vage Aussagen eines Züchters, der bloß glaubt oder annimmt, dass es ein Weibchen oder ein Männchen sei. Nur Endoskopien oder DNA-Analysen geben eindeutig Aufschluss über das Geschlecht eines Aras, da es keine äußerlichen Geschlechtsunterschiede (kein Geschlechtsdimorphismus) bei Aras gibt.

Manchmal stimmt es, dass Weibchen den zierlicheren Kopf haben und Männchen einen wuchtigeren Schnabel, aber diese Zeichen sind nie eindeutig und oft verhält es sich sogar umgekehrt.

> **ACHTUNG** Immer wieder kommt es vor, dass Aras, aus welchen Gründen auch immer, nicht mehr gehalten werden können. Oft sind es so genannte **Problemvögel**. Es ist wichtig, dass man sich auch dieser Tiere annimmt und ihnen ein neues, dauerhaftes, gutes Zuhause bietet. Allerdings sollte man dann schon Erfahrung mit der Haltung von Aras haben, denn ein Anfänger ist mit einem solchen Vogel schnell überfordert.

Gesetzliche Bestimmungen

Vor der Anschaffung von Aras muss man sich, in welchem Land man auch immer wohnhaft ist, unbedingt bei den jeweiligen Behörden über die gesetzlichen Bestimmungen für die Haltung und Zucht von Aras informieren. Von den Gesetzen und Vorschriften sollte man sich aber nicht abschrecken lassen. Grundlage der gesetzlichen Bestimmungen sind in vielen Ländern die Verordnungen zum Schutz vor Psittakose, die jeweilige Tierseuchengesetzgebung und das Washingtoner Artenschutzübereinkommen. Da viele Tier- und Pflanzenarten, die weltweit von Handelsinteresse sind, in ihrem Bestand gefährdet sind, wurde 1973 das „Übereinkommen

GESETZLICHE BESTIMMUNGEN

über den internationalen Handel mit gefährdeten Arten frei lebender Tiere und Pflanzen" oder auch kurz „Washingtoner Artenschutzübereinkommen" (WA) geschlossen. Bis heute sind ihm mehr als 130 Staaten beigetreten. Das WA bezieht sich also rein auf den internationalen Handel. Die Arten sind im WA entsprechend dem Grad ihrer Schutzbedürftigkeit in drei Anhängen aufgelistet. Diese Anhanglisten werden alle zwei Jahre auf der WA-Vertragskonferenz aktualisiert. Obwohl die EU seit 1984 alle Mitgliedstaaten zur Anwendung des WA verpflichtet hat, wurden ab Juni 1997 für die EU neue Rechtsgrundlagen erarbeitet. Sie sollen den Erfordernissen des europäischen Binnenmarktes gerecht werden.

Die Ein- und Ausfuhr sowie die kommerzielle Verwendung der geschützten Exemplare werden für alle Mitgliedstaaten der EU einheitlich und verbindlich geregelt. Je nach Gefährdungsgrad werden die Arten in vier unterschiedlichen Anhängen aufgeführt. Jedes Mitgliedsland setzt in der Praxis jedoch eigene Maßstäbe an. Man muss daher immer Erkundigungen bei den zuständigen Ämtern (landesweit und auf der Ebene des Bundeslandes oder Departements) einholen, da gewisse Gesetze geändert und angepasst werden können. In etlichen Ländern Europas existieren Mindestanforderungen an die Größe der Volieren und Transportbehälter.

Deutschland

Die Europäische Artenschutzverordnung mit ihrer Umsetzung des Washingtoner Artenschutzübereinkommens für Europa sowie das deutsche Bundesnaturschutzgesetz und die darauf beruhende Bundesartenschutzverordnung sind die wichtigsten gesetzlichen Grundlagen. Das **Bundesamt für Naturschutz in Bonn** genehmigt die Ein- und Ausfuhr geschützter Tiere. Darüber hinaus sind die Ministerien in den Bundesländern zu kontaktieren, wenn man sich Aras anschaffen will. Jede Zucht von Papageienvögeln, also auch von Aras, ist anmelde- beziehungsweise genehmigungspflichtig. Beim zuständigen **Ordnungsamt** ist ein Antrag auf Erteilung einer Zuchtgenehmigung zu stellen und eine Prüfung abzulegen. Unterlagen zur Vorbereitung auf diese Prüfung sind meist auch von den zuständigen Behörden zu beziehen. Die Vogelzüchtervereine und Organisationen sowie viele Züchter beraten in diesen Belangen auch kompetent.

Sachkunde

Die **Sachkunde** ist eine Voraussetzung für die Haltung von Vögeln, die auf Verlangen der zuständigen Naturschutzbehörde nachzuweisen ist. Einzelne Elemente des **Sachkundenachweises** sind Kenntnisse über die Haltung und Pflege der Vögel, Gewähr für ausreichende Einrichtungen und persönliche Zuverlässigkeit des Halters.

Neben diesen grundsätzlichen Fragen zur Papageienhaltung werden auch **Kenntnisse** im Bereich der gesetzlichen Bestimmungen über die **Papageienkrankheit** (Psittakose) geprüft. Für die Zuchtanlage benötigt man einen gesetzlich vorgeschriebenen, getrennt liegenden **Quarantäneraum**. Die verschiedenen Bundesländer schreiben auch die **Mindestgrößen der Volieren** für Aras vor.

Diese Regelungen können sich aber von Bundesland zu Bundesland unterscheiden. Die Mindestanforderungen gelten auch für Transportboxen.

Da fast alle Papageienarten und somit auch die Aras artengeschützte Tiere sind, braucht man für jeden Vogel eine **CITES-Bescheinigung** ähnlich einer Identitätskarte oder eines Passes. Sie gibt Auskunft über Alter, Herkunft und Kennzeichnung (Ring- oder Mikrochipnummer) des Vogels. Für Papageienvögel besteht eine Kennzeichnungspflicht, das heißt, jeder Vogel muss einen amtlich anerkannten Ring tragen. Ist in Sonderfällen das Anbringen von Ringen nicht möglich, ist gegebenenfalls eine Kennzeichnung mit Transpondern zulässig. Jede von der geschlossenen Beringung abweichende **Kennzeichnung** bedarf der Genehmigung durch die **Naturschutzbehörde**. Der **geschlossene Ring** muss aus einem nahtlosen, fortlaufenden Band bestehen.

Die Fußringe bezieht man am besten bei einem großen Zuchtverein wie der AZ, beim BNA oder beim Zentralverband Zoologischer Fachbetriebe e. V. Die Ringgrößen für Papageien sind rechtlich vorgeschrieben. Den Nestlingen werden die geschlossenen Ringe übergezogen. Auf den Ringen müssen Ringgröße, Jahreszahl,

ANSCHAFFUNG

Züchternummer und die laufende Nummer eingraviert sein. Offene Ringe sind nur in Ausnahmefällen zulässig und müssen so beschaffen sein, dass sie nicht ein zweites Mal verwendet werden können, indem sie zum Beispiel eine Sollbruchstelle besitzen. Gerade bei Aras bewährt sich aber die Beringung mit herkömmlichen Ringen nicht immer. Ein Ring darf nicht lose mitgegeben werden.

Wenn auch in erster Linie eine Beringung vorgeschrieben ist, so werden in besonderen Fällen doch auch Mikrochips anerkannt. Die Implantation eines Mikrochips kann nur von einem Tierarzt vorgenommen werden. Für die Identifizierung braucht man ein Lesegerät.

Es besteht eine **Meldepflicht**. Der Züchter hat ein amtliches **Zuchtbuch** zu führen.

Zuchtbuchführung

Es sind folgende Eintragungen zu tätigen:
- Art der Tiere
- Ringnummer und Datum der Beringung
- Datum des Erwerbs oder der sonstigen Aufnahme (Zucht) in der Bestand
- Herkunft der Tiere
- Datum der Abgabe und Empfänger der Vögel oder Datum des Abgangs der Tiere
- Beginn, Dauer und Ergebnisse von Behandlungen gegen Psittakose sowie Art und Dosierung des verwendeten Arzneimittels

Die Naturschutzbehörden geben sich häufig mit der halbjährlichen Vorlage der Nachweisbücher zufrieden.

Österreich

Die Ein- und Ausfuhr regelt das entsprechende Bundesministerium in Wien. Der Tierschutz fällt in die Kompetenz der Bundesländer. Bestimmte Arten sind haltebewilligungspflichtig, wobei dies von Bundesland zu Bundesland verschieden gehandhabt wird. Es besteht eine Kennzeichnungspflicht. Es ist erforderlich, sich vor einer Anschaffung beim Magistratischen Bezirksamt bzw. bei der Bezirkshauptmannschaft nach den aktuellen, gesetzlichen Bestimmungen zu erkundigen.

Schweiz

Die Ein- und Ausfuhr genehmigt das **Bundesamt für Veterinärwesen in Liebefeld** bei Bern. Für die Haltung der großen Aras benötigt man eine Haltebewilligung. Gesetzlich vorgeschrieben ist für die Haltung der großen Aras eine Innenvoliere mit den Mindestmaßen $2 \times 2 \times 2$ m. Für den Vollzug dieses Gesetzes sowie für die Erteilung einer Haltebewilligung sind die **Veterinärämter der Kantone** zuständig. CITES-Papiere für die Aras, die innerhalb der Schweiz gehalten werden, benötigt man nicht. Empfehlenswert ist aber die Aufbewahrung von Kaufquittungen. Bei Importen ist ein internationales CITES-Papier erforderlich.

Wo kaufe ich einen Ara?

Da Sie sich vor dem Kauf ja bereits eingehend dem Studium von Fachliteratur gewidmet haben, sind Sie auch auf verschiedene Zeitschriften gestoßen, die sich mit der Haltung und Zucht von Vögeln, insbesondere von tropischen Vögeln, beschäftigen (Adressen im Anhang). In all diesen Zeitschriften befinden sich viele Kleininserate von Züchtern, die ihre Nachzuchten verkaufen. Zudem inserieren dort vielfach auch Zoohandlungen, die bewusst nur Nachzuchtvögel, seien es nun inländische Nachzuchten oder Nachzuchten von großen, kommerziellen Zuchtbetrieben fremder Länder, anbieten. Wenn Sie Mitglied in einer Vereinigung sind, die sich der Haltung und Zucht von tropischen Vögeln widmet, können Sie ein Beziehungsnetz zu verschiedenen Züchtern aufbauen. Am besten ist es, wenn Sie bereits einen Züchter favorisiert haben und vielleicht sogar auf eine Nachzucht warten. Sie kennen dann den Züchter, seine Vögel, wie sie gehalten und gefüttert werden und haben sich somit auch für eine Art entschieden.

Es gehört zu den Pflichten und Aufgaben eines Züchters, Interessenten kompetent zu beraten sowie Tipps und Anregungen zur Arahaltung weiterzugeben. Sie sollten den Ara immer zuerst selber sehen,

bevor Sie sich zum Kauf entschließen. Lassen Sie sich ruhig Bedenkzeit und handeln Sie nicht kurz entschlossen. Wenn Sie den Vogel bei einem Züchter kaufen, so können Sie ihn in der Regel bei Fragen und Problemen immer wieder kontaktieren, was bei einer Zoohandlung oft weniger gut möglich ist.

Lassen Sie sich vom Züchter immer auch die Daten des Vogels geben mit Angaben über das Schlupfdatum, die Entwicklung, das Ausflugsdatum und die verwandtschaftlichen Beziehungen.

Oft sind die Arazüchter im ganzen Land verstreut oder wohnen gar in einem anderen Land. Schrecken Sie nicht vor langen Fahrten zurück. Bei seltenen Arten kommt es oft vor, dass man lange suchen muss, um einen geeigneten Vogel zu finden.

Herausfangen aus der Voliere

Hat man sich für einen Ara entschieden, kommt einer der unangenehmsten Momente für den Züchter, da er das Tier aus der Voliere herausfangen muss. Das Herausfangen eines Aras, der nicht von Hand aufgezogen wurde, ist für alle Beteiligten immer recht aufregend. In jedem Fall empfiehlt sich ein großer **Kescher mit gut gepolstertem Reif**, der einen Durchmesser von etwa 25 cm oder größer haben sollte. Der **Stoffsack** sollte ungefähr 60 cm lang sein. Nie sollte ein Netz verwendet werden. Ein Papagei verfängt sich darin hoffnungslos. Das Herausfangen mit dem Kescher muss möglichst schnell und schonend vonstatten gehen. Man sollte bestimmt und gezielt vorgehen und nicht zögerlich oder ängstlich sein, wodurch man den Vogel immer wieder verfehlt. Man stresst so die Tiere und sich selber nur unnötig.

Betritt man mit dem Kescher die Voliere, geht ein infernalisches Gekreische durch die Papageienschar und die Vögel flattern umher und am Gitter entlang. Im Idealfall schafft man es, den Kescher beim ersten Versuch blitzschnell über das ausgewählte Tier zu stülpen. Falls nötig, muss man dann mit den Händen die Krallen vom Gitter lösen. Wenn der Vogel einmal im Kescher ist, rüttelt man ihn etwas, sodass er mit dem Kopf schnell ganz nach vorne rutscht. Hier kann man dann seinen Kopf mit der Hand fixieren und nötigenfalls den Stoff etwas zurückschlagen, sodass die Fußringnummer kontrolliert werden kann. Der Vogel wird anschließend schnell in die **Transportbox** gesetzt. Es ist erstaunlich, wie schnell sich die Tiere nach dem Fang wieder beruhigen. Vermutlich ist das Herausfangen mit einem Schreckerlebnis in der Natur zu vergleichen. Die Aras stoßen Warnschreie aus, suchen das Weite und gehen bald wieder zur Tagesordnung über.

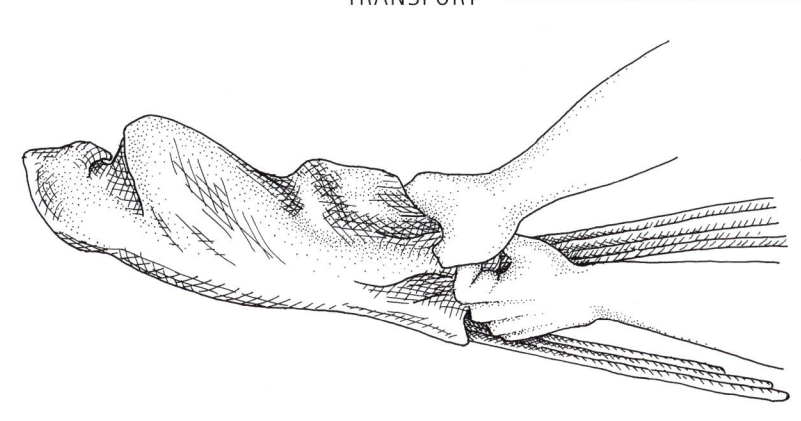

Transport

Transportkisten für Aras kann man entweder selber aus Hartholz zimmern oder man kauft spezielle Transportbehälter im Fachhandel. Meist werden Transportboxen für Hunde und Katzen angeboten, die sich in vielen Fällen auch eignen. Bis auf eine Gittertür und einen Gitterstreifen an der Seite sollten sie geschlossen sein. Ungeeignet für einen Transport sind Gitterkäfige. Der Ara fühlt sich darin nicht sicher und ist während der ganzen Reise unruhig und schreckhaft. Für Autotransporte bis zu sechs Stunden empfiehlt sich eine **längliche, geschlossene Holzkiste mit vergittertem Deckel**, über den ein Tuch gelegt werden sollte. Eine Fütterung oder Wasserreichung während dieser Zeit ist nicht nötig, da der Ara zu aufgeregt ist, um Futter zu sich zu nehmen oder zu trinken. Etwas **Holz zum Benagen** können Sie dem Ara in die Kiste legen, damit er sich bei Tatendrang abreagieren kann. Meist wird er aber sowieso das Kis-

▪ Am schonendsten gelingt das Herausfangen eines Aras aus der Voliere mit einem Kescher, der mit einem gepolsterten Ring und Stoffsack ausgestattet ist.

Ganz wichtig ist, dass Aras immer **einzeln** in den Kisten sitzen. Nie dürfen zwei Tiere in derselben Kiste transportiert werden.

ANSCHAFFUNG

tenholz benagen. Ist der Ara einmal in der Kiste, fühlt er sich ganz wohl und geschützt **im Dunkeln**, denn es liegt ja in seiner Natur enge Nisthöhlen aufzusuchen. Daher verhält er sich in der Regel auch ruhig. Als Unterlage dient eine dicke Lage Zeitungen, die mit Holzschnitzel von unbehandeltem Holz oder mit grobem Sägemehl bedeckt werden kann. Der Ara braucht in einer Transportkiste keine Stange, auf der er sitzen kann. Er fühlt sich wohl auf seinen großen, ausgestreckten Füßen.

Grenzüberschreitende Transporte

Gerade seltene Ara-Arten werden vielfach über große Distanzen transportiert. Oft kommt es vor, dass man mit dem Vogel eine Landesgrenze überschreiten muss. In diesem Fall müssen einige Punkte unbedingt beachtet und vorher abgeklärt werden. Wer einen Ara einführen will, muss eine **Importbewilligung des Veterinäramtes** vorlegen. Die Importbewilligung erhalten Sie, indem Sie den Veterinärbehörden ein **CITES-Papier** des zu importierenden Aras vorlegen. In der Praxis hat sich gezeigt, dass die EU bei Anhang-I- oder Liste-A-Arten die Einfuhr aus Nicht-EU-Ländern nur bewilligt wenn es sich um Nachzuchten der zweiten Generation (F2) handelt, die Eltern also keine Wildfänge sind. Eigentlich müsste die Einfuhr auch bewilligt werden, wenn die Elternvögel Wildfänge sind, deren Legalität nachgewiesen werden kann.

Der Verkäufer sollte immer über Herkunft und Geschichte der Eltern einen schriftlichen Nachweis vorlegen. Im CITES-Papier gibt die Spalte „Source" (= Quelle) Aufschluss darüber, wie es sich mit den Elternvögeln verhält. Bei Anhang-I-Arten dürfen keine Wildfänge gehandelt werden.

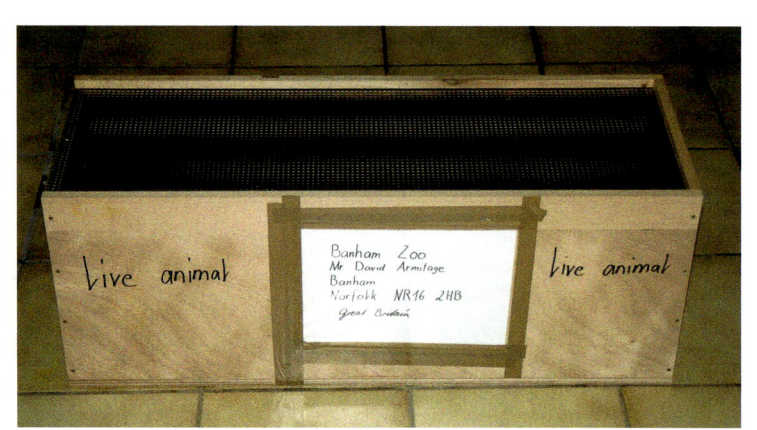

Erkundigen Sie sich vorher genau bei der Zollverwaltung, welche Bedingungen erfüllt sein müssen, damit den Zollvorschriften nachgekommen werden kann. Stellen Sie klar, wo Sie mit dem Vogel die Grenze passieren können, denn längst nicht an jedem Zollamt ist auch ein Grenztierarzt zugegen. Gerade Aras als artengeschützte Tiere werden meist nur an großen Grenzposten abgefertigt. Melden Sie sich vorher beim zuständigen Grenzamt an, damit der Grenztierarzt dann auch sicher dort ist. Wenn der Vogel vorher nicht von einem Amtstierarzt untersucht wurde, muss das Gesundheitszeugnis von einem Amtstierarzt oder von der offiziellen Veterinärbehörde beglaubigt werden. Das Gesundheitszeugnis darf in der Regel bei Grenzübertritt des Vogels nicht älter als 48 Stunden oder zehn Tage sein (es kommt hier auf die jeweiligen Vorschriften der Länder an). Der Zoll verlangt immer auch eine **Proformarechnung**, da Sie in der Regel auf den Wert des Vogels eine Steuer entrichten müssen.

> **HINWEIS** Vom Verkäufer müssen Sie zusammen mit dem Vogel eine CITES-Bescheinigung erhalten. Der Vogel muss mit einem geschlossenen Ring, einem Endoskopiering oder einem Mikrochip versehen sein. Natürlich muss die Ring- oder Chipnummer auf dem Papier mit der Nummer am Vogel übereinstimmen. Der Verkäufer muss Ihnen auch ein Gesundheitszeugnis geben, das vom Amtstierarzt ausgestellt wurde.

Manchmal werden Aras sogar per Flugzeug transportiert. Hier müssen nicht nur behördliche Vorschriften, sondern auch die **Vorschriften der Fluggesellschaft** berücksichtigt werden. Es gibt zahlreiche Fluggesellschaften, die eine besondere Behandlung von Tieren anbieten. Viele transpor-

■ Box für Aras für den Transport per Flugzeug.

tieren heute nur noch geschlossen beringte, unter Menschenobhut gezüchtete Vögel. Fluggesellschaften, die Mitglieder der IATA (International Air Transport Association) sind, haben bestimmte Vorschriften, wie der Transportbehälter auszusehen hat, was beim Erstellen oder Kauf einer Transportbox berücksichtigt werden muss. Leider verlangen viele Fluggesellschaften heute eine Sitzstange in der Transportbox. Dies ist gänzlich unzweckmäßig und gar gefährlich für Aras, im Gegensatz zu vielen Weichfressern oder Finken, die in der Tat eine Stange benötigen. Gerade bei langen Flügen sollte der Vogel als „**prioritär**" aufgegeben werden können, was bedeutet, dass der Ara erst eine Stunde vor Abflug am Flughafen sein muss. Gewisse Fluggesellschaften wickeln den Tiertransport auch über den Cargo Terminal ab, dann muss der Ara zwei Stunden vor Abflug dort sein.

In der Regel erfolgt der Transport über eine Firma, die von der Fluggesellschaft empfohlen wird. Die Firma ist dann am Flughafen für das fachgerechte Erstellen der erforderlichen Transportpapiere zuständig. Bei langen Flügen von Kontinent zu Kontinent muss der Ara während der Reise Futter zu sich nehmen und trinken können. Die Transportbox muss also entsprechende Vorrichtungen haben, damit ohne Öffnen der Tür der Vogel mit Wasser und Futter versorgt werden kann.

Es ist möglich, dass der Ara vom Verkäufer aufgegeben wird und Sie ihn dann am Flughafen abholen. Internationale Flughäfen haben meist einen Grenztierarzt, wobei Sie sich auch zuvor über dessen Anwesenheit erkundigen müssen. Ideal ist, wenn Sie zusammen mit dem Vogel fliegen können.

Quarantäne

Wenn ein Ara aus dem Ausland eingeführt wird, muss er in Quarantäne. Die Quarantäne kann in bestimmten Fällen selber durchgeführt werden. Man muss über einen separaten Raum, der auch baulich von der Volierenanlage getrennt sein sollte, verfügen. In jedem Fall muss man sich vorher bei den Veterinärbehörden erkundigen, da gerade die EU-Rechte im Bereich der Ein- und Ausfuhr von artengeschützten Tieren geändert oder angepasst werden. Die **Quarantänezeit** in Deutschland und der Schweiz beträgt acht Wochen, in Österreich dagegen 40 Tage. Die Quarantäne wird hauptsächlich wegen der Gefahr der Psittakose oder Papageienkrankheit sowie der Geflügelpest oder Newcastle-Infektion verlangt, die auch auf kommerzielle Geflügelzuchtbetriebe übergreifen könnte. So wird der Ara dann auch von offizieller Seite nur gegen diese Krankheiten untersucht.

Gerade wenn man aber über einen eigenen, großen Papageienbestand verfügt, führt man eine mindestens dreimonatige Quarantäne im eigenen Interesse durch. Nur wenn man ein Tier aus einem Papageienbestand erwirbt, der nicht stetig von Zugängen betroffen ist, den man seit Jahren gut kennt und wenn man weiß, dass die Vögel nicht zu Ausstellungen gegeben werden, kann man es wagen, den neu erworbenen Vogel sofort in seine Voliere zu setzen. Wenn man aber einen Ara aus einem fremden Bestand, den man nicht gut kennt, erwirbt, ist es angebracht eine Quarantäne durchzuführen. Während dieser Zeit kann der Vogel gut beobachtet werden. Ein Tierarzt sollte ihn auf die gängigen Krankheiten wie Psittakose, Vogeltuberkulose, PBFD, Poliomavirus und Pilzerkrankungen untersuchen. Darum ist es wichtig, dass man ausdrücklich die Untersuchung auf diese Krankheiten verlangt, denn der Amtstierarzt wird nur auf Psittakose testen.

Ein Ara wird neues Familienmitglied

Es ist ein aufregender Moment, wenn man seinen neuen Ara in der Transportkiste in die Wohnung oder Voliere trägt, besonders wenn es sich um den ersten Vogel dieser Gattung handelt. Alle Aufmerksamkeit richtet sich auf den Neuankömmling. Denken Sie aber daran, dass der Ara einen äußerst ereignisreichen Tag hinter sich hat, wenn er auch das traumatische Erlebnis

> Geben Sie Ihrem neuen Ara als erstes Wasser und Futter und lassen Sie ihn in seiner Voliere in Ruhe. Am nächsten Tag ist er dann schon viel eher ansprechbar.

zogene Vögel werden gerne zu Ihnen kommen und sich langsam an Sie gewöhnen. Gerade Handaufzuchten haben den Vorteil, dass sie sich schnell in eine neue Situation einleben. Sie können ihm Nüsse aus der Hand reichen. Ein so aufgezogener Vogel wird sie schnell annehmen. Erst gut eingewöhnte Aras gehen auch auf den Boden der Voliere. Bei Handaufzuchten kann dies bereits in den ersten Tagen nach der Anschaffung der Fall sein.

Nachdem der Ara seine Zimmervoliere gut kennen gelernt hat, können Sie ihm die Tür zum Wohnbereich öffnen. Ein handaufgezogener Vogel lässt sich gerne auf den Arm nehmen oder fliegt Sie meist selber sofort an, um auf der Schulter Platz zu nehmen und mit ihnen gemeinsam die Umgebung zu erkunden. So nimmt eine oft lebenslange Beziehung zwischen Mensch und Ara ihren Anfang, die sich später dann auf andere Aras ausweiten kann.

Das Zusammenbringen von Aras

Man sollte nur artgleiche Aras vergesellschaften oder verpaaren. Auch wenn es für einen Halter zahmer Vögel attraktiv aussehen mag, einen Gelbbrust- und einen Dunkelroten Ara zusammen zu halten, so ist diese Haltungsform doch nicht befriedigend. Die beiden Arten haben unterschiedliche Temperamente. Zudem kann es sein, dass sie später in Ermangelung eines Artgenossen ein Zuchtpaar bilden und somit Hybridaras produzieren. Das ist unter keinen Umständen wünschenswert.

Wenn Sie bereits einen Ara oder gar mehrere Aras halten und der Neuankömmling die Quarantänezeit abgeschlossen hat, integrieren Sie den Neuen vorsichtig in eine bestehende Papageiengemeinschaft.

Probleme kann es geben, wenn ein Vogel bereits geschlechtsreif, also über fünf Jahre alt ist, der andere aber noch im Jugendstadium von einem Jahr steckt. Der Jüngere kann dann vom Älteren stark bedrängt werden, sodass der dominante, ältere Partner den jüngeren stets überfordert. Manchmal erlebt man aber auch, dass ein

■ Neu erworbene Aras lassen sich nach der Quarantänezeit meistens gut zusammenbringen – hier Rotohraras.

des Herausfangens erstaunlich schnell vergessen hat. Er ist müde und erschöpft. Zudem ist er in der neuen Umgebung sehr verunsichert.

Einige Vögel sind gleich unternehmungslustig, andere fressen während der ersten Tage an einem neuen Ort nur sehr wenig und verhalten sich recht apathisch. Wenn Sie feststellen, dass der Ara das Futter nicht beachtet hat, reichen Sie es an verschiedenen Stellen, sodass er es bestimmt sehen kann. Befestigen Sie nötigenfalls ein Futtergeschirr beim bevorzugten Sitzast. Meist ändert der Ara sein anfangs scheues Verhalten schnell. Er erkundet seine neue Voliere, beginnt mit dem Benagen von Ästen und versucht erste Kontakte zu seinem menschlichen Partner herzustellen. Gut ist, wenn Sie ihn während der ersten Woche in seiner Voliere belassen und sich selber in die Voliere begeben. Handaufge-

älterer, geschlechtsreifer Vogel den jüngeren durch sein paarungswilliges Verhalten stimuliert, sodass der jüngere Ara in der Regel viel früher geschlechtsreif wird und in Zuchtkondition gerät. Etwas mehr Einfühlungsvermögen braucht man auch, wenn ein Tier menschengeprägt und der andere Vogel eine Naturbrut ist. Hier kann es länger dauern, bis sich der zahme Vogel etwas vom Menschen löst und seinem natürlichen Partner zuwendet. In diesem Fall ist eine behutsame Zusammenführung der beiden von Vorteil, indem sie sich zunächst nur durch das Gitter sehen können und unter Aufsicht zusammenkommen.

Zahme Aras, denen ein Partner zugesellt wird, können sehr eifersüchtig reagieren und deshalb den Partner attackieren. Sie buhlen weiterhin allein um die Gunst des Menschen. In diesem Fall ist es gut, wenn sich der menschliche Betreuer zurückzieht und nicht mehr intensiv mit seinem zahmen Ara beschäftigt, denn sonst kann sich nie ein gutes Verhältnis zwischen den Vögeln entwickeln. Gerade bei Aras sind die Verhaltensweisen jedoch sehr unterschiedlich. Es kommt ganz einfach auf die Situation und die jeweiligen Vögel an. Grundsätzlich kann man sagen, dass Aras bei ausreichend Platz gegeneinander nicht sehr aggressiv sind und sich auch willkürlich durch den Menschen zusammengestellte Paare meist gut verstehen und zu erfolgreichen Zuchtpaaren heranwachsen.

> **TIPP** Gut ist es, wenn Sie den Vogel, dem Sie einen Partner zugesellen möchten, vorher für einige Monate in einer separaten Ersatzvoliere gehalten haben. Wenn Sie dann die Vögel zusammensetzen, kann das direkt in der neuen, frisch eingerichteten und für das Paar vorgesehenen Voliere geschehen. Beide Vögel werden zum gleichen Zeitpunkt in eine neue Voliere eingesetzt. So hat keiner einen Heimvorteil.
>
> Oft ist es bei Aras aber auch so, dass, wenn ein Vogel einige Monate oder Jahre allein gelebt hat, sich bei ihm ein großes Bedürfnis nach einem Partner aufbaut. Er ist dann überglücklich über den neuen Kumpan, sodass die Vögel sogleich soziale Gefiederpflege betreiben oder gar nach den ersten Minuten des Zusammenbringens kopulieren.

Aras und andere Tiere

Grundsätzlich sollte man Aras immer paar- oder gruppenweise in Volieren halten, ohne sie mit anderen Tierarten zu vergesellschaften. Die gleichzeitige Haltung von Kleinsäugern wie Agutis oder Meerschweinchen (mit Unterschlupfmöglichkeiten) in größeren Gehegen gelingt meist problemlos.

Beim Anblick von Katzen geben Aras oft markerschütternde Warnschreie von sich, wenn sie deren Anblick nicht gewöhnt sind. Im Haus kann man Hund oder Katze und Aras sicher aneinander gewöhnen, dabei muss man die Tiere immer beaufsichtigen. Denken Sie auch an die Eifersucht zahmer Aras und an die daraus resultierenden Folgen für andere Tiere!

Haltung von Zuchtvögeln

Rechte Seite:
Ein Zeichen des glücklichen Zusammenlebens: ein Paar Rotohraras bei der gegenseitigen Gefiederpflege.

Die Haltungsformen für Aras sind so vielfältig wie die Charaktere, Vorstellungen, Ziele und Ideen der Vogelhalter. Oft werden die Haltungssysteme von den jeweiligen Vorstellungen über die Vogelhaltung, die in einem Land vorherrschen, beeinflusst. Natürlich sind die Haltungssysteme auch stark abhängig vom Klima und von der Sicherheit in einer bestimmten Region. In erster Linie aber sollte die Haltung den Bedürfnissen der Vögel entsprechen. Nicht immer herrschen ideale Voraussetzungen zur Haltung von Aras, jedoch lassen sich ungenügende Haltungssysteme in den meisten Fällen, nicht zuletzt auch durch den Einsatz technischer Hilfsmittel, verbessern.

> **HINWEIS** Der Halter ist aufgefordert, das Beste aus seiner Zuchtanlage zu machen. Dazu benötigt man viel Einfühlungsvermögen, gestalterisches und künstlerisches Geschick, Ideenreichtum, Fantasie und eine gute Hand für Pflanzen. Pflanzen werden nämlich oft bei der Haltung von Aras und anderen Großpapageien außer Acht gelassen, dabei handelt es sich um ein dominierendes Element in den Herkunftsgebieten unserer Vögel.

Oft ist man nicht erfolgreich mit der dauerhaften Haltung von Pflanzen in den Volieren, jedoch spielt die Pflanzenwelt um die Aravolieren eine wichtige Rolle und stimuliert die Vögel zusätzlich. Aras in einer reizarmen Umgebung verkümmern. Schade ist, dass in vielen Ländern die Angst vor Diebstählen die Arahalter terrorisiert und sie zum Bau von sicherheitstechnisch aufwändigen Anlagen zwingt.

Wie man seine Aras hält, ist oft ausschlaggebend für spätere Zuchterfolge, für das langfristige Wohlbefinden der Vögel und natürlich nicht zuletzt für das Vergnügen, das einem die Betrachtung und Beobachtung seiner Vögel bereitet. Es ist längst nicht nur das Futter, auf das es ankommt. In der gemäßigten Zone, wo im Winter Frostgefahr besteht, müssen die Aras immer die Möglichkeit zum Aufsuchen eines **frostfreien Schutzhauses** haben, in dem die Temperatur nie unter 10 °C sinken sollte. Manche Aras halten sich bei Kälte auch gerne in den Außenvolieren auf, andere ziehen die wärmeren Temperaturen im Schutzhaus vor. Arahalter in mediterranem Klima sind privilegierter. Sie kommen ohne den Bau von aufwändigen, gut isolierten Schutzräumen aus und sollten den Aras lediglich einen wind- und wettergeschützten Unterstand in Form eines halboffenen Mauerwerks bieten. Im dunkleren Bereich dieses Unterstandes kann der Nistkasten angebracht werden. Die Arazuchtanlage des Palmitos Parkes auf Gran Canaria wurde derart gestaltet. Allerdings bietet der gedeckte Unterstand dort mehr Schutz vor der großen Hitze als vor misslichem Wetter. In subtropischen oder gar tropischen Zonen genügt eine Überdachung eines Bereiches der Voliere. Die meisten Arten mögen es, wenn rund um ihre Voliere tropische Pflanzen gedeihen, welche die Voliere überschatten und Sichtschutz bieten, wie etwa in der Zuchtstation La Vera des Loro Parque auf Teneriffa, im Jurong Bird Park in Singapur oder in den Anlagen Floridas.

Lebensraumbereicherung

In zoologischen Gärten spricht man von „behavioral enrichment" und meint damit die Lebensraum- und Verhaltensbereicherung einer Tierart durch Beschäftigungsförderung. Die Lebensraumbereicherung wurde in zoologischen Gärten besonders bei der Haltung von Affen und Bären eingeführt, wohl weil sich bei diesen spektakulären Tierarten Stereotypien am stärksten ausbilden. Auch der Arahalter ist in diesem Punkt sehr gefordert. Denn er hält ebenso ein Wildtier, dessen Lebensraumbe-

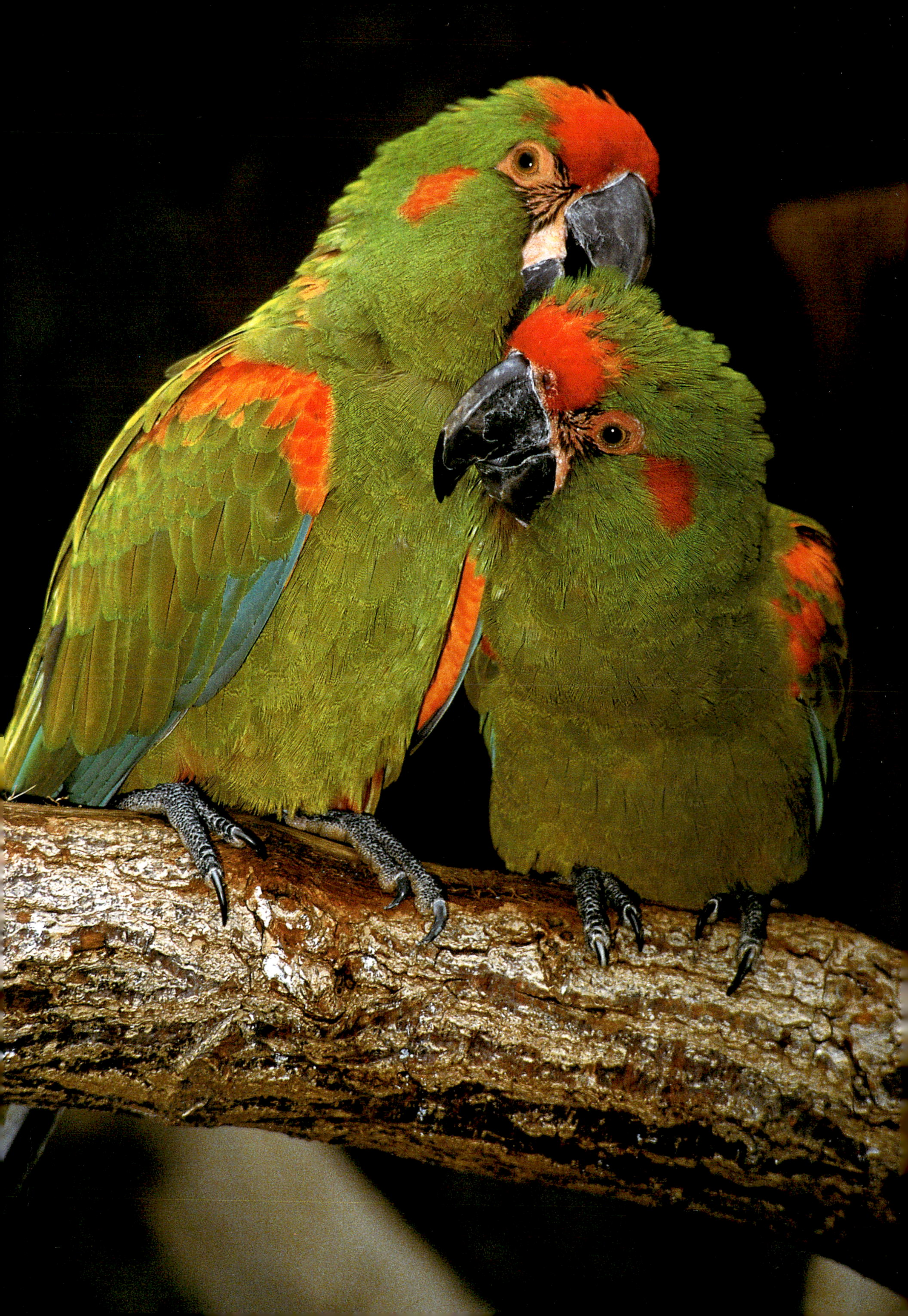

HALTUNG VON ZUCHTVÖGELN

dingungen so gestaltet sein müssen, dass es in die Lage versetzt wird, natürliches, artgemäßes Verhalten zu zeigen und sich in gutem körperlichem Zustand zu halten. Die paarweise oder Gruppenhaltung ist eine **Grundvoraussetzung**, damit der Ara sich überhaupt artgerecht verhalten kann. Auf die Umgebung der Aravolieren und deren Gestaltung wird nachfolgend in verschiedenen Kapiteln eingegangen.

> **HINWEIS** Bei der Lebensraumbereicherung geht es um die geistige und physische Förderung des Aras. Lebenswichtige Lern-, Gedächtnis- und Bewegungsprozesse sollen ständig ablaufen und möglichst viele arttypische Verhaltensweisen auslösen und trainieren.

Es ist unerlässlich, den Aras ständig frische Äste mit Rinde, Blättern oder Nadeln zur Verfügung zu stellen. Das Benagen des Holzes und Abknabbern der Blätter und Zapfen beschäftigt die Tiere und hält sie geistig wach. Das Klettern auf immer wieder neuen Ästen mit unterschiedlicher Dicke bis hin zu ganz dünnen Zweigen hält die Vögel mobil und neugierig. Der Kreativität des Pflegers sind bei der Lebensraumbereicherung keine Grenzen gesetzt. Man kann Ketten und Seile in die Voliere hängen und bestimmte Bereiche mit groben Kieselsteinen auslegen, die von den Vögeln aufgehoben und herumgeschoben werden. Man kann verschiedene offene und geschlossene Nistkästen anbieten, Wurzelstöcke an Ketten aufhängen, die Ausstattung der Voliere sollte zum Teil immer wieder neu strukturiert und gestaltet werden.

Haltung in Innenräumen

Sicherlich ist die Haltung von Aras in Innenräumen nicht ideal. Tatsache ist aber, dass viele Papageien in Innenräumen ge-

■ Eine großzügige Voliere wie hier mit Steinen zum Abwetzen der Krallen, mit Gras, Ästen und frischen Zweigen, und natürlich mit verschiedenerlei Nistmöglichkeiten bieten dieser Familie Dunkelroter Aras eine lebensfreundliche Umwelt.

HALTUNG IN INNENRÄUMEN

halten werden, sei es aus sicherheitstechnischen Gründen, wegen der Lärmemissionen, aus Mangel an geeignetem Land zum Bau von Außenvolieren, wegen ungünstigen Klimas oder auch aus Angst vor Krankheiten, die von wild lebenden Vögeln verbreitet werden können. Bei der Haltung in Innenräumen gehen für die Aras sehr viele reizvolle, stimulierende und bereichernde Elemente verloren. Weiße Wände, abgenagte Sitzstangen, totes Licht aus Fluoreszenzröhren, gefliester Boden und muffige Luft, das sind nicht gerade natürliche, ideale Haltungsbedingungen für einen Papagei.

> **HINWEIS** Aras halten sich in der freien Natur in den sonnenlichtdurchfluteten und stetig von frischem Wind umgebenen Baumwipfeln des Kronendaches des Regenwaldes auf. Diese Bedingungen gilt es so gut wie möglich zu imitieren.

Wie kann man aber ein Haltungssystem verbessern, wenn nicht einmal genügend Tageslicht eindringt, also ganztags zusätzlich noch künstlich beleuchtet werden muss? Es gibt eine ganze Reihe Elemente, die ein Vogelhaus in einen ansprechenden Raum verwandeln, der nicht nur vogelgerecht ist, sondern auch auf uns einladend wirkt. Dabei ist zu beachten, dass immer nur Vögel mit ähnlichen Ansprüchen bezüglich Luftfeuchtigkeit und Sicht im selben Vogelhaus gepflegt werden. So sind beispielsweise Große Gelbhaubenkakadus (*Cacatua galerita*), Bewohner trockener Savannen- und Steppengebiete, und Aras eine schlechte Kombination.

Beleuchtung

Beim Neubau einer Innenanlage für Aras sollte von Anfang an dem Aspekt der natürlichen Beleuchtung Rechnung getragen werden. Ideal ist es, wenn das Licht teilweise durch ein Glasdach einfallen kann. Die Haltung von Papageien in einem reinen Glashaus ist nur zu empfehlen, wenn die Voliere durch Pflanzen, sei es nun durch tropische Pflanzen im Treibhaus oder durch Pflanzen, die außerhalb wachsen, überschattet werden, der Glasbau recht hoch ist und gut gelüftet wird. Gut ist auch, wenn bloß ein Teil des Papageienhauses mit Dach- oder Seitenfenstern versehen ist. Je mehr Tageslicht in die Anlage eindringen kann, desto weniger aufwändig muss die künstliche Beleuchtung sein. Allerdings ist auch hier in den seltensten Fällen das **Tageslicht** ausreichend, in der gemäßigten Zone sowieso nicht.

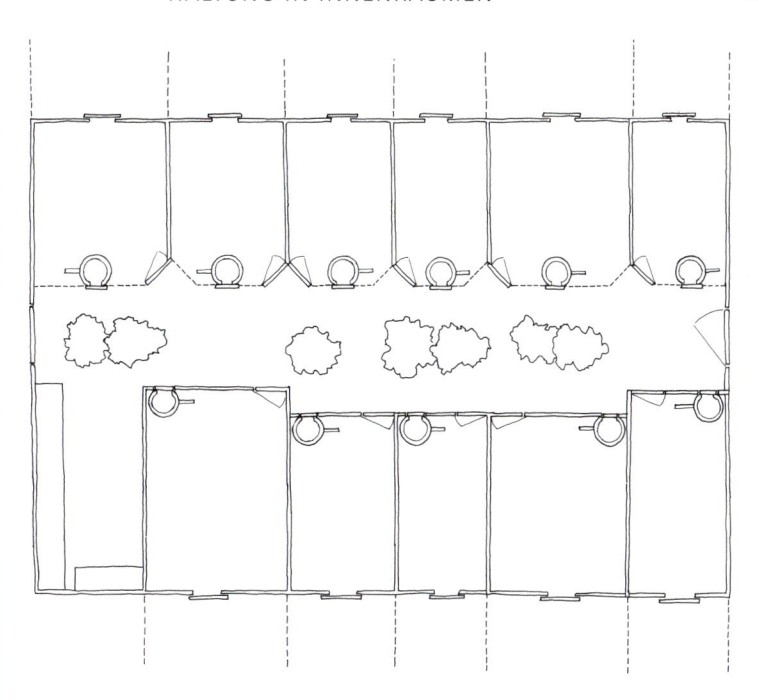

Was ist allerdings mit Anlagen, deren Tageslichteinfall noch durch Glasziegel gedämpft wird und völlig unzureichend ist, sodass die Vögel in einem stets düsteren Raum sitzen? Fluoreszenzröhren vom Typ TRUE-LITE II, BÄ-RO True Day oder Osram Biolux sind sicher ein gutes Grundlicht, denn das abgegebene Licht umfasst die Wellenlängen von 290 bis 750 nm und die Farbtemperatur beträgt um die 5500 K, sodass es bis auf 96 % an das vollständige Spektrum des natürlichen Tageslichtes heran kommt.

WÜRTH (2000) stellte die neue Leuchtstoffröhre „Arcadia Bird Lamp" vor, die viel versprechend für den Einsatz in der Vogelhaltung wirkt. Neueste Forschungsergebnisse haben ergeben, dass manche Vögel

■ Grundriss einer Volierenanlage für Aras mit Innen- und Außenvolieren nach dem Prinzip der Voliere Hyacinthinus. Der Wartungsgang ist begrünt und wird zusätzlich beleuchtet. Die Nistkästen sind rund, aus Betonrohren gefertigt und von außen einsehbar. Ganz links in der Zeichnung befindet sich die Futterküche.

HALTUNG VON ZUCHTVÖGELN

■ Innengang der Volieren für Aras (Hyacinthinus) mit attraktivem, meist epiphytischem Pflanzenwuchs, Fluoreszenzröhren und zusätzlichen Gewächshausleuchten.

nicht nur vier Grundfarben sehen können, sondern auch zwischen zwei verschiedenen UV-Wellenlängen unterscheiden. Der „Arcadia Bird Lamp" wurde daher UV-strahlender Phosphor beigemischt, der für 12 % UVA- und 2,4 % UVB-Licht verantwortlich ist. Die übrigen Eigenschaften der neuen Röhre sind ähnlich denen anderer Vollspektrum-Röhren. Empfehlenswert ist es, ein Vorschaltgerät gegen das Flimmern einzusetzen. Fluoreszenzröhren haben ein Flimmern, das wir praktisch nicht wahrnehmen, das aber für unsere Vögel störend ist.

Innenräume dürfen nicht ausschließlich und ganztags mit Fluoreszenzröhren beleuchtet werden, die womöglich noch über den Volieren angebracht sind, sodass die Vögel dem Licht und Elektrosmog nicht ausweichen können. Gut ist es, wenn das Licht vom Wärtergang her in die Voliere scheint. Fluoreszenzröhren können auch senkrecht außerhalb der Voliere angebracht werden, sodass sie nur einen Teilbereich der Voliere beleuchten.

Der Vogelhalter hat es bei der Wahl des Kunstlichtes schwer, denn es existieren keine speziellen Beleuchtungsformen oder -typen zur Haltung von Vögeln. Entsprechend gehen auch die Meinungen und Praktiken auseinander. Für Vögel, die täglich die Außenvolieren aufsuchen können, ist die Beleuchtung in den Innenräumen sicher nicht so bedeutend, denn sie haben die Gelegenheit, in den Außenvolieren bei Bedarf direkt in der Sonne zu sitzen und die heilende Einwirkung des natürlichen Lichtes zu nutzen. Vögel in Innenvolieren aber sind auf Gedeih und Verderb den Bedingungen im Vogelhaus ausgesetzt. Darum ist für sie eine sorgfältige Gestaltung und Beleuchtung essenziell.

Um den Aras die richtigen Haltungsbedingungen bieten zu können, muss man wissen, wie es in ihrem natürlichen Lebensraum aussieht und welchen Tagesablauf, Jahreszyklus und welche Lebensgewohnheiten die Vögel haben. Immer wieder hört man, Bewohner des tropischen Regenwaldes, wozu ja die meisten Ara-Arten gehören, bräuchten nicht ein derart intensives Licht, denn sie lebten ja im Blättergewirr der üppigen Vegetation. In Wirklichkeit sieht es aber ganz anders aus. Aras sind Bewohner der Kronenschicht des Regenwaldes. Oft sitzen sie zur eigenen oder sozialen Gefiederpflege in den obersten Ästen der Bäume in der pralle Sonne. Wenn die Sonne am höchsten steht, ziehen sie sich weiter in die Bäume zurück und verbringen die heißen Mittagsstunden im Schutz des Laubes. Manche Arten wie Gelbbrustara und Rotbauchara sind sogar während der heißen Stunden in den Kronen der Buriti-Palmen oder auf abgestorbenen Palmstrünken zu beobachten.

Aras sind als Tropenvögel einen **Zwölf-Stunden-Tag** gewohnt. Während bis zu vier Monaten im Jahr kann eine Regenzeit mit häufiger Bewölkung vorherrschen. Allerdings brennt zwischenzeitlich auch immer wieder die Tropensonne. In den restlichen Monaten sind die Schauer meist kurz, aber intensiv. Besonders nachmittags ziehen häufig Wolken auf.

Die Lichtintensität wird in Lux gemessen. Die mittlere Beleuchtungsstärke eines Tages in den Tropen kann bis zu 120 000 Lux betragen, in der gemäßigten Zone beträgt sie im Sommer 50 000 bis 100 000 Lux. Diese Lichtintensität können wir mit Kunstlicht, sei es auch noch so gut, nie erreichen.

Nach den Schilderungen der natürlichen Lichtverhältnisse leuchtet es sicher ein, dass es nicht sinnvoll ist, das Vogelhaus zwölf Stunden täglich nur mit Fluoreszenzröhren auszuleuchten. Dieses eintönige Licht birgt keine Reize und keine Abwechslung für die Vögel, wenn auch die Lichtfarbe in etwa den natürlichen Verhältnissen entsprechen soll. Wir haben das Problem in der Voliere Hyacinthus gelöst, indem wir große Spezialleuchten oder Gewächshausleuchten vom Typ PF400S (Ifosaki-Lampe) anbringen ließen. Der Lichtstrahl hat einen 60-Grad-Winkel. Die Lampen geben im Abstand von einem Meter 15 000 Lux ab und haben einen hohen Wirkungsgrad von 60 %, ähnlich den Fluoreszenzröhren (im Vergleich dazu haben normale Glühbirnen einen Wirkungsgrad von 5 %). Der Stromverbrauch liegt bei 450 Watt pro Stunde. Diese Lampen werden auch in zoologischen Gärten zur besseren Ausleuchtung von Schauräumen verwendet und geben zusätzlich UV-Licht ab.

Bei der Reptilienhaltung ist der UV-Anteil unerlässlich, da er wichtig für die Chitinbildung ist. Wie verhält es sich aber bei Vögeln? **UV-Licht** spielt bei der Kontrastverstärkung, der Orientierung, der Nahrungssuche sowie der Geschlechter- und Arterkennung eine Rolle. METTKE-HOFMANN und HOFMANN (1999) kamen nach diesbezüglichen Untersuchungen zum Schluss, dass UV ein wichtiger Bestandteil beim Vogelsehen ist. Die im natürlichen Sonnenlicht enthaltenen UV-Strahlen verwandeln zudem in der Haut das biologisch unwirksame Vitamin D2 in das wirksame Vitamin D3 (WÜRTH, 2000).

Der Einsatz von UV-Lampen in der Vogelhaltung ist nicht lebensnotwendig, bringt jedoch entschiedene Vorteile und verbessert die Lebensqualität unserer Pfleglinge. Wichtig zu wissen ist, dass UV-Licht Glas nicht durchdringen kann. Die ganze Beleuchtung soll über Schaltuhren geregelt werden, um einen regelmäßigen Rhythmus zu gewährleisten.

> **In unserer Anlage ist die Beleuchtungszeit wie folgt geregelt:**
>
> - **Ab 8:00 Uhr** schalten die Fluoreszenzröhren ein. Vormittags fällt Sonnenlicht durch die östlich ausgerichtete Front aus Glasziegeln ein. Die Aras sind vormittags recht aktiv, fressen, baden, nagen und spielen.
> - **Ab 11:30 Uhr** schalten die Gewächshausleuchten, die ebenfalls an der Decke des Wärtergangs angebracht sind, dazu. Die Ruhephase der Vögel beginnt. Wir leuchten je zwei Volieren mit den Maßen $4 \times 4 \times 3$ m mit einer Leuchte aus. Es ist wichtig, dass immer nur Teilbereiche der Volieren ausgeleuchtet werden, sodass die Vögel dem intensiven Licht ausweichen können. Immer wieder kann ich beobachten, wie sich die Aras anfangs direkt in dieses Licht setzen und dort für etwa 45 Minuten verbleiben.
> - **Ab etwa 12:15 Uhr** ziehen sie sich in eine abgedunkelte Volierenecke zurück. Dies ist auch der Zeitpunkt, an dem die Beleuchtung mit Fluoreszenzröhren abschaltet, sodass eben in jeder Voliere dunklere Ecken entstehen, was der Beschattung durch Laubbäume entspricht.
> - **Ab 16:00 Uhr** schalten dann die Fluoreszenzröhren wieder zu, die Aktivitätsphase der Vögel beginnt. Sie werden laut, fliegen umher und nehmen wieder etwas Futter auf.
> - **Ab 17:30 Uhr** schalten die Gewächshausleuchten aus.
> - **Ab 20:00 Uhr** schalten auch die Fluoreszenzröhren aus.

Die Beleuchtungsdauer beträgt das ganze Jahr über zwölf Stunden täglich, da wir ausschließlich Vögel der Neotropis halten. Allerdings wird im europäischen Winter die **Regenzeit** simuliert durch eine spärlichere Beleuchtung (weniger lange Brennzeiten der Gewächshausleuchten), durch kühlere Temperaturen und vermehrtes Einschalten der Sprinkleranlage, sodass es im ganzen Gebäude rauscht. Als Nachtlicht für das große Vogelhaus dienen grüne 40-Watt-Birnen, die einen Raum von 25 Meter Länge und 8 Meter Breite ausleuchten. Verwenden Sie nie eine grüne 40-Watt-Birne als

HALTUNG VON ZUCHTVÖGELN

Nachtlicht für eine einzige Voliere, da zu intensives, grünes Licht während langer Zeit für die Vögel schädlich ist (SONNENSCHMIDT, pers. Mitteilung 1999). Ideal wäre, wenn wir das Vogelhaus noch mit normalen 40-Watt-Glühbirnen ausleuchten könnten, besonders morgens und abends, ohne die Zuschaltung der Fluoreszenzröhren. Heute lassen sich Dämmerungssysteme einbauen, womit die natürliche Dämmerung simuliert werden kann. Dabei muss aber sehr darauf geachtet werden, dass das Licht nicht flimmert.

Der Elektrosmog, der von so starken Leuchten ausgehen kann, wie wir sie einsetzen, ist vermutlich nicht zu unterschätzen, wenn er auch in Bezug auf die Vögel noch ungenügend erforscht ist. Darum ist es unerlässlich, dass die Vögel dem Licht immer ausweichen können. Zudem darf eine Lichtart nie ganztags brennen. Wir haben dieses Beleuchtungssystem nun seit einigen Jahren in Betrieb und gute Erfahrungen damit gemacht. Nicht umsonst wird auch die Lichttherapie bei depressiven Menschen seit vielen Jahren erfolgreich durchgeführt. Auch ich fühle mich im Vogelhaus mit dem natürlichen Lichtspektrum und verschiedenen Leuchtkörpern viel wohler, als wenn es bloß mit Fluoreszenzröhren ausgeleuchtet würde. Den Vögeln bietet es allein durch das abwechselnde Licht einen interessanteren Tag.

Ein Zeichen für eine gute Beleuchtung ist es auch, wenn die Pflanzen gedeihen. Dank der Gewächshausleuchten können wir nun verschiedenste Pflanzenarten nicht nur erhalten, sondern auch zu üppigem Wachstum und zum Blühen bringen.

WAGNER (1997) empfiehlt den Einsatz einer so genannten Höhensonne während etwa 20 Minuten täglich. Er hat ein äußerst aktives Verhalten bei seinen Langflügelpapageien (*Poicephalus* sp.) festgestellt, sobald diese Höhensonne zuschaltet.

Bepflanzung

Pflanzen spielen im Lebensraum der Aras eine dominierende Rolle. Gerade in Innenräumen wird oft vergessen, dass für das Wohlbefinden der Aras noch andere Aspekte als bloß das Futter wichtig sind. Die Aras können nicht wie in einer Außenvoliere in die grüne Vegetation schauen, was ihren Geist sehr anregt.

Eine Bepflanzung des Innenraums der Volieren ist natürlich nicht möglich, da die Aras alles Grün sofort zernagen und zerstören würden. Daher ist es wichtig, dass die Pflanzen, die um die Voliere aufgestellt oder gepflanzt werden, nicht zu nahe am Gitter stehen, damit sie von den Aras nicht mit ihren Schnäbeln erreicht werden können. Außerdem enthalten einige Pflanzen, wie etwa Gummibaum, Drachenbaum, Yuccapalme oder Fensterblatt Giftstoffe, die allerdings bei Aras normalerweise nicht zum Tode führen.

■ Attraktive Außenvoliere für Hyazintharas mit Vegetation, Schaukel, Badeschale, einem Baum, der durch wächst. Die Bank dient dem Besitzer zum Beobachten und zum direkten Kontakt mit den Vögeln.

HALTUNG IN INNENRÄUMEN

In unserer Anlage habe ich im Wartungsgang große Töpfe mit anspruchlosen Arten wie Ficus (*Ficus benjamina*), Gummibaum (*Ficus elastica*), Schefflera (*Schefflera arboricola*), Yuccapalme (*Yucca elephantipes*), Zimmeraralie (*Fatsia japonica*) und Zimmerlinde (*Sparmannia africana*) aufgestellt. Niedrigere Pflanzen stelle ich auf Podeste, sodass sie gut im Schein des Kunstlichts stehen. Hierfür eignen sich Farne (*Nephrolepis* sp.). Sie dürfen aber von den Vögeln nicht erreicht werden, da sie für sie giftig sind. Alte, knorrige, mit Flechten bewachsene Obstbaumäste kann man mit Ketten an Haken an der Decke befestigen. Auch Baumstämme von etwa 20 cm Durchmesser lassen sich im Wartungsgang zwischen den Volieren vom Boden bis zur Decke spannen. Mit Vorzug verwendet man Stämme von alten Obstbäumen wegen der porösen, attraktiven Rinde. An den hängenden und stehenden Ästen lassen sich verschiedene epiphytisch wachsende Pflanzen wie Bromelien (*Bromelia* sp.), Tillandsien (*Tillandsia* sp.), Nestfarn (*Asplenium nidus*) und Geweihfarn (*Platycerium bifurcatum*) befestigen. Am besten nimmt man ein kleines Stück Drahtgeflecht, polstert es gut mit Moos und etwas Humus aus und umschließt den kleinen Wurzelballen mit dem „Mooskörbchen", das man dann einfach mit Draht an den Stämmen und hängenden Ästen befestigt. Tillandsien setzt man einfach so auf die Stämme. Wenn man über den Volieren noch Platz zur Verfügung hat, hängt man einen Ast darüber, an dem man Epiphyten befestigt. Zudem können auf die Volieren hängende, anspruchslose Pflanzen in Kistchen gestellt werden wie Philodendron (*Philodendron scandens*), Efeutute (*Scindapsus aureus*) und Zebraampelkraut (*Zebrina pendula*). Die Pflanzen wachsen dann schön an den Volieren herunter. Ein gutes Beispiel hierfür ist das Südamerikahaus in der Plantaria, das vorbildlich mit tropischen Pflanzen und Volieren gestaltet ist.

Da in Innenräumen die Böden meist mit Fliesen belegt sind, damit sie mit Wasser abgespritzt werden können, ist das Gießen der Pflanzen einfach. Man spritzt einfach mit dem Schlauch an die Epiphyten, deren Trichter sich dann mit Wasser füllen. Obwohl wir im Winter eine Temperatur von nur 10 °C haben, halten sich alle Gewächse gut und wachsen sogar noch, da ihnen nicht zuletzt auch die Luftfeuchtigkeit zusagt. Einzig der Staub ist ein Problem und macht manchen Pflanzen auf die Dauer zu schaffen. Darum muss man von Zeit zu Zeit die Blätter abreiben. Auch Bambus (*Bambus* sp.) kann zeitweise in der Anlage aufgestellt werden und als Sichtschutz dienen, um sich dann wieder einige Monate im Freien erholen zu können.

Der Lichtbedarf der genannten anspruchslosen Pflanzen, die ich erwähnte (natürlich kann die Liste noch beliebig erweitert werden), beträgt bei 20 °C für den bloßen Erhalt bis 1000 Lux, für die Blütenbildung 2000 Lux und mehr.

> **HINWEIS** Damit die Aras auch Grünes in den Volieren haben, sollte man ihnen von Frühling bis Herbst frische Äste von Laubgehölzen reichen, die sie zernagen können. Im Winter eignen sich Tannen- und Kiefernzweige.

Volierenausstattung

Vom Wartungsgang aus sollte durch eine kleine Tür gefüttert werden können, ohne dass man die Voliere dazu betreten muss. Man verwendet mit Vorzug **runde Futtergefäße**, denn sie können gut gereinigt werden. Die Futtergefäße müssen durch einen Rost fixiert sein, da manche Vögel sie auf den Boden werfen. Es sollte nur im Innenraum gefüttert werden.

Weiße Wände sind zur Haltung von Vögeln gänzlich ungeeignet, denn die Farbe Weiß kommt im Lebensraum der tropischen Vögel nicht vor oder höchstens in Form des bedeckten Himmels. Mit Vorzug werden die **Volierenwände** in den **Farben Grün** (Pflanzen), **Blau** (Himmel) und **Gelb** (Sonne) bemalt (SONNENSCHMIDT, 1996). Schön ist, wenn man richtige Pflanzenmuster auf einen blauen oder gelben Grund malt. Vögel nehmen wesentlich mehr Farben wahr als Menschen. Sie brauchen dies für ihr psychisches Gleichgewicht. Schaut ein Ara in eine grün-gelb-himmelblaue Farbkomposition, löst das unmittelbar eine Balance seiner Energien aus, denn diese drei Nuancen vermitteln Schutz (Blätterwerk), Beweglichkeit (Sonnenstrahlen) und räumliche Weite (Himmel) im mentalen wie im körperlichen Sinne.

An den Wänden sollten **Halterungen für Äste** befestigt werden. Man kann auch Betonrohre, wie sie im Baumarkt erhältlich sind, in einer Ecke aufeinander stellen, außen mit einem Zementgemisch verkleiden und braun bemalen. Sie sehen dann einem großen Baumstamm ähnlich. In diese Betonrohre sollte man verschieden große Löcher fräsen. In diese Löcher kann man laufend frische Äste stecken, die waagrecht in die Voliere ragen. Im oberen Bereich dieser Betonrohre sollte ein Boden eingezogen werden, damit ein Hohlraum entsteht, der als Nistkasten dienen kann. Zuoberst verschließt die Höhle ebenfalls ein Deckel. Aras sitzen gerne auf solchen Kästen, wenn sie nicht bis zur Decke reichen. Bei uns bevorzugen alle Arapaare diese **Betonnistkästen**. Sie sind etwa 60 cm tief mit einem Durchmesser von 60 bis 80 cm. Das Einflugloch hat einen Durchmesser von 25 bis 35 cm. Die Kästen sind mit Holzschnitzeln gefüllt.

Nistkästen sollte von außen kontrolliert werden können und das Einflugloch sollte von außen verschließbar sein. Gerade unterhalb des Einfluglochs befindet sich ein Loch zum Befestigen eines Astes, damit die Vögel direkt vor dem Kasten sitzen können.

> **TIPP** Es hat sich auch bewährt, in der Voliere an einer Wand einen Metallreifen zu installieren, in den frische Zweige und Laubäste hineingestellt werden können. Denn wenn sie auf den Boden fallen, werden sie in der Regel von den Aras nicht mehr beachtet.

Die **Grundsitzstangen** können aus Hartholz wie etwa Buche bestehen. Zudem sollten aber wöchentlich frische Äste angebracht werden, die immer gerne und stark benagt werden. Es ist wichtig, dass die Aras sowohl dicke als auch dünne Äste haben, denn oft kann man beobachten, wie die großen Vögel gerne auf ganz dünnen Ästen sitzen, die von den Füßen vollständig umklammert werden.

Bei der Haltung in Innenräumen ist ein Boden aus braunen Fliesen empfehlenswert mit einem leichten Gefälle, damit das Wasser beim Reinigen in einen Entwässerungskanal abfließen kann.

> **TIPP** Bei Bodenbelägen aus Rindenmulch oder Sand in Innenräumen kämpft man stets gegen Fäulnisbildung und Pilzentwicklung. Sie sind deshalb nicht empfehlenswert.

Den Aras sollte aber an einer Stelle, die sie nicht verschmutzen, ein großer **mit Sand gefüllter Trog** zur Verfügung stehen. Wir haben dies bei uns so gelöst, dass große Betonrohrelemente am Boden mit Sand gefüllt sind. Die Aras nehmen immer wieder gerne mit dem Schnabel Sand auf oder Spielen mit Steinen, die auf den Sand gelegt wurden.

Die **Temperatur** in Innenräumen sollte im Sommer deutlich über 20 °C liegen, im Winter ist eine Minimaltemperatur von etwa 10 °C ausreichend. Es bekommt den Aras gut, wenn außerhalb der Zuchtsaison eine relative Luftfeuchtigkeit von etwa 80% im Innenraum vorherrscht. In der Brutphase, wenn Weibchen Gelege bebrüten, sollte die Feuchtigkeit reduziert werden.

Innenräume für große Aras müssen großzügig bemessen sein und den örtlichen gesetzlichen Haltungsvorschriften entsprechen. Empfehlenswert sind Volieren ab 6 × 6 × 3 m oder größer. Wichtig ist gerade auch die **Höhe**, wobei 3 m das Minimum ist.

> **TIPP** Die Aras als Bewohner des Kronendaches des Regenwaldes fühlen sich in hohen Volieren sicher. Sie setzen sich immer gerne auf die obersten Äste.

HALTUNG IN INNENRÄUMEN

Bewässerung

In jeder Voliere sollte sich eine **Sprinkleranlage** befinden. Manche Haltungen in Innenräumen spielen den Papageien bei Inbetriebnahme der Sprinkleranlage die Geräusche eines Gewitters und die Rufe anderer Vögel vom Tonband ab, um ihnen zusätzliche stimulierende Reize zu bieten. Es ist zu empfehlen, anstatt täglich fünf Minuten lang zu berieseln, zweimal wöchentlich das Wasser während 25 Minuten laufen zu lassen. Ich lasse jeweils das Wasser in die großen, runden Wasserschalen laufen und drehe den Hahn für die Berieselungsanlage voll auf. Im ganzen Gebäude plätschert und rauscht es. Es dauert nicht lange, bis ein Ara mit dem Duschen beginnt und die anderen ansteckt. Das Rauschen und Plätschern stimuliert die Vögel enorm.

> **HINWEIS** Jede Voliere sollte ein **Wasserbecken** aufweisen, das groß genug ist, damit die Vögel baden können. Ein Durchmesser von 50 cm und eine Wassertiefe am Rand um 4 cm und in der Mitte um 11 cm ist ideal. Alle Aras lassen sich gerne beregnen, aber besonders die Hyazintharas baden auch gerne in einem Wasserbecken.

Die Wasserschalen sollten direkt beim Abwasserkanal stehen, damit das überschüssige Wasser direkt ablaufen kann und nicht vorher noch über den Volierenboden fließt. Installieren Sie von Anfang an in jeder Voliere **Wasserleitungen**, durch welche das **Frischwasser** automatisch nachgefüllt werden kann. Es erspart viel Zeit, wenn nicht überall manuell nachgefüllt werden muss.

Durch die Berieselung und Reinigung mit Wasser in Innenräumen entsteht immer eine sehr hohe **Luftfeuchtigkeit**, die bis auf 95 % ansteigen kann. Gerade während der Brutphase ist aber eine solch hohe Feuchtigkeit in vielen Fällen tödlich für die Embryonen, die sich zwar gut entwickeln, dann aber praktisch alle nicht schlüpfen können. Über eine **gute Belüftung** lässt sich die hohe Luftfeuchtigkeit reduzieren.

Belüftung

Gut ist es, wenn Fenster in der Volierenanlage geöffnet werden können, damit ein direkter Luftaustausch stattfindet. Die Fenster müssen aber zum einen mit einem starken Gitter, das Menschen am Eindringen hindert, verschlossen sein. Zudem sollte ein engmaschiges Gitter die Öffnungen gut verschließen, um das Eindringen von Mäusen und das Entfliegen von Vögeln zu verhindern. Zusätzlich sollte unbedingt ein über eine Schaltuhr steuerbarer, leistungsstarker **Ventilator** eingebaut werden. Wenn dieser Ventilator während der warmen Zeit mit Unterbrechungen etwa neun Stunden täglich in Betrieb ist, wird die Luftfeuchtigkeit erheblich reduziert, was in der Zuchtphase unerlässlich ist. Zudem sollte, wenn die Vögel brüten, auf ein tägliches Reinigen mit Wasser verzichtet werden. Das Trinkwasser sollte täglich gewechselt werden, ohne die Berieselungsanlage einzuschalten.

Während der Brutphase wird die Berieselungsanlage nur einmal wöchentlich, am sinnvollsten nach einer Reinigung, in Betrieb gesetzt. Danach wird das Gebäude während mehrerer Stunden durch das Öffnen aller zur Verfügung stehenden Fenster und durch das Laufenlassen des Ventilators gut gelüftet.

Eine kontrollierte Luftbewegung hilft, Luftqualität, Luftfeuchtigkeit und Temperatur zu regulieren und bringt die Gerüche von draußen herein. Stehende Luft ohne Zirkulation nimmt Gase und Verschmutzungen auf, die draußen in sauberer Luft nicht vorkommen. Giftige Gase können verschiedene Ursachen haben: Abflussrohre, Verschmutzungen des Bodens, Kot, Vogelstaub, faulendes Futter, Bakterien und Pilze, die auf allen Oberflächen wachsen. Wenn die Feuchtigkeit sich so auf 70 % einpendelt, wenn es draußen nicht gerade regnet, hat man immer gute Schlupfraten, denn die relative Luftfeuchtigkeit unter dem brütenden Vogel ist noch mal um etwa 20 % geringer.

Es gibt verschiedene **Belüftungssysteme**. Eine gute Lösung ist beispielsweise ein zentrales Vakuumsystem, das aus dem

Raum die Luft durch ein Rohr, das entlang der ganzen Decke führt und mit vielen kleinen Löchern versehen ist, absaugt. Es sind aber auch herkömmliche Ventilatoren möglich, welche die Luft an einem Ort ansaugen und an einem anderen ausstoßen. Dabei besteht aber immer die Gefahr von **Zugluft**. Wenn es sich um ein längliches Gebäude handelt, findet aber auch so ein recht guter, effektiver Luftaustausch statt.

Die **Staubentwicklung** bei der Vogelhaltung in Innenräumen ist ein großes Problem. Zum einen kann ihr durch eine gute Belüftung entgegengewirkt werden. Andererseits können **Luftreinigungsgeräte** und **Ionisatoren** aufgestellt werden, die für eine gute Luftqualität sorgen. Ionisatoren erzeugen Sekunde für Sekunde Millionen von Negativ-Ionen. Wie alle Stoffe besteht auch die Luft aus Molekülen. Manche Molekühle haben negative Ladung, andere sind positiv geladen, wiederum andere sind gar nicht geladen. Ein Molekül mit negativer Ladung ist ein Negativ-Ion. Je mehr solcher negativen Ionen die Luft enthält, desto frischer wird sie. Sie wird auf diese Weise von Staub, Rauch, Bakterien und Viren gereinigt.

> **HINWEIS** Trotz der beschriebenen Maßnahmen werden Sie immer eine eigentlich zu hohe **Staubbelastung** in Ihrem Vogelhaus haben.
> Das häufige **Reinigen** der Böden mit Wasser außerhalb der Brutzeit hilft die Staubentwicklung einzudämmen. Eine gute **Belüftung** ist unerlässlich und bringt natürliche, frische Luft in das Vogelhaus, die durch keine technischen Errungenschaften zu ersetzen ist.

Elektrische Installationen

Wie wir gesehen haben, kommt man nicht darum herum, in einem Vogelhaus etliche elektrische Installationen anbringen zu lassen. Am besten regelt man die Lichtanlagen sowie den Ventilator über manuelle **Schaltuhren**. Vor elektrischen, komplizierten Apparaturen sei gewarnt, denn durch die stets hohe Luftfeuchtigkeit leiden solche Geräte unter Umständen und führen zu vielen Pannen.

Reinigungsarbeiten

Wie bereits erwähnt, reinigt man bei Haltungssystemen in Innenräumen am einfachsten mit Wasser. Dies scheint auch sehr hygienisch im Gegensatz zum bloßen Wegharken des Schmutzes von Sand- oder Mulchböden. Mit einem Wasserstrahl aus einem Schlauch können jedes Mal ebenso verschmutzte Äste und Wände kurz abgespritzt werden. Auch die Futterstelle sollte jeweils gründlich mit Wasser gereinigt werden. Gerade so große Vögel wie Aras produzieren sehr viel Kot. Sie benagen täglich Äste und knipsen Laub von den Zweigen. Da ist es schon von Vorteil, wenn all der Schmutz, der während ein oder zwei Tagen anfällt, bloß aus den Volieren herausgewischt werden kann und der Boden, der gefliest sein sollte, dann einfach abgespritzt wird.

In regelmäßigen Abständen ist die Reinigung des Bodens und der Wände mit einem Hochdruckreiniger zu empfehlen. Verschmutzte Holzstangen wechselt man besser durch neue aus, als dass man sie lange putzt.

Innen- und Außenvolieren

Das beste Haltungssystem sind sicher Innenvolieren kombiniert mit Außenflügen. Ein Aufenthalt unter freiem Himmel mit Wind, Wolken, Sonnenschein, Regen, Hitze und Kälte ist sicher für so intelligente Tiere wie Aras optimal und sehr stimulierend. Dabei sollte man natürlich die Lautäußerungen berücksichtigen. In einem dicht besiedelten Wohngebiet ist es vermutlich nicht gut, wenn man dort mehrere Zuchtpaare hält. Früher oder später stellen sich meist Probleme mit den Nachbarn ein. Etwas anders sieht es bei der Haltung von nur einem oder wenigen Paaren aus. Frühmorgens können die Vögel, wenn nötig, noch in den Innenvolieren gehalten werden.

INNEN- UND AUSSENVOLIEREN

Beim Bau von Papageienhäusern und Freivolieren sind im Prinzip der Fantasie keine Grenzen gesetzt. So gibt es verschiedenste **Volierentypen** vom sechseckigen Vogelhaus mit sektorartig angelegten Außenvolieren bis zum traditionellen länglichen Vogelhaus mit Pultdach und einseitig angelegten Innenräumen mit angrenzenden Außenflügen. Die Außenvolieren werden im Idealfall aus Aluminium oder Stahl gefertigt. Es gibt verschiedenste Firmen, die sich auf den Bau von Volieren spezialisiert haben und jeweils in Fachzeitschriften inserieren. Entweder man lässt sich selber passende Gittergrößen anfertigen oder man stellt die Volieren mit Standardelementen zusammen.

Die Gitterelemente in den Außenvolieren sollten auf Betonsockel, die außerhalb mindestens einen Meter tief in den Boden reichen, gestellt werden. Wenn nur Aras gehalten werden, ist die Maschenweite des Gitters so groß, dass Mäuse ungehindert eindringen können. Darum erübrigt sich das Verlegen eines mäusesicheren Gitters am Boden. Gerade wegen der Mäuse sollte nur innen gefüttert werden.

Der Durchflug sollte der obere Teil einer Tür sein, damit die Aras mühelos vom Innenraum in die Außenvoliere fliegen können. Während der warmen Monate kann so durch das Öffnen des Türoberteils die Voliere verlängert werden, sodass die Aras mehr zum Fliegen kommen. Zugleich wird der Innenraum automatisch gut durchlüftet. Bei kleinen Ausgängen, die mit Klappen verschlossen sind, kann die Luft im Innenraum schnell muffig werden. Das Oberteil der Tür muss natürlich trotzdem einen kleinen, verschließbaren Ausgang haben für die kalten Monate, wenn das ganze Oberteil geschlossen bleiben muss. Natürlich dürfen keine Äste von der Außenvoliere zur Öffnung führen, denn sonst würden die Mäuse in den Innenraum geraten. Die Tür mit der Öffnung muss glatt sein, denn Mäuse können schon raues Mauerwerk erklimmen.

Anzustreben sind große **Außenvolieren** ab 7 Meter Länge und mindestens 4 Meter Breite. Die Innenabteile sollten die Maße $2 \times 2 \times 2$ m nicht unterschreiten, besonders bei großen Aras. Ein natürlicher, mit **Gras** bewachsener **Boden** ist sehr dekorativ und durchaus möglich bei der Haltung nur eines Paares in einer großen Voliere.

> **HINWEIS** Wichtig ist immer, dass draußen kein Futter angeboten wird, weil es leicht im Gras verfaulen und verpilzen kann.

Der Volierenboden kann aber auch mit Sand oder Rindenmulch bedeckt sein. Auch Kieselsteine (große Steine) eignen sich als Bodenbelag, sind aber etwas langweilig. Sicher ist ein betonierter Außenflug eine hygienische, leicht zu reinigende Lösung,

■ Schilf- und Bambusvegetation in der Außenvoliere und weitere bereichernde Elemente bilden Voraussetzungen für die ideale Haltung eines Arapaares. Die Lichtkuppe im Innenraum sorgt für genügend Tageslicht, der Nistkasten ist von außen einsehbar, das Einschlupfloch kann auch von außen verschlossen werden und die Bewässerung innen und außen erfolgt automatisch.

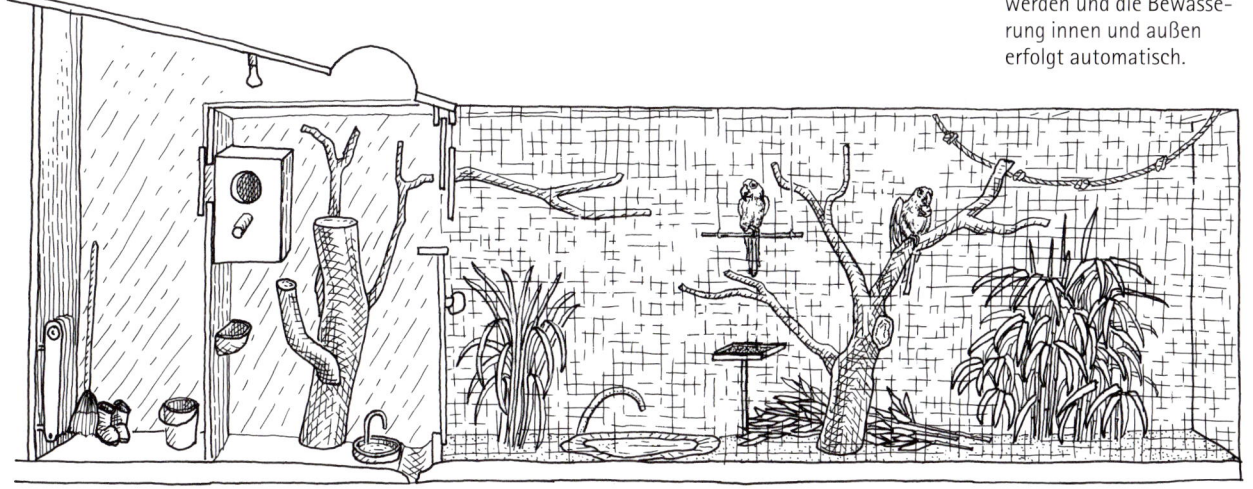

jedoch optisch und farblich nicht optimal. Auch für die Aras ist ein natürlicher Boden viel reizvoller.

Immer wieder ist mir aufgefallen, dass Aras in großen Volieren gewisse Vegetationsformen nicht beschädigen. So sah ich die wohl attraktivsten Aravolieren im Zoo von Pretoria in Südafrika. **Binsen, Gräser, Bambus und Röhricht** wurden an gewissen Stellen gepflanzt. Die Pflanzen reichten bis zur Volierendecke. Da es sich um lange, dünne Blätter handelt, können die schweren Aras nicht gut daran landen oder sich daran festklammern. Sie würden dann mit dem hohen Gras zu Boden fallen. Diese Bepflanzung wirkte äußerst attraktiv und war wohl auch für die Vögel reizvoll. Auch sind mir Lorbeergewächse in Hyazintharavolieren in The Tropical Bird Gardens in Rode, England, in Erinnerung. Zudem habe ich schon Aravolieren mit Holunder- und Weidenstauden gesehen, die von den Vögeln wenig behelligt wurden. Auch im Zoo von Brasilia leben Hyazintharas in bemerkenswert großen, bepflanzten Volieren. Neben Mangobäumen gedeihen andere, tropische Gewächse, die von den Hyazintharas nur teilweise in Mitleidenschaft gezogen werden und immer wieder nachwachsen.

> **HINWEIS** Natürlicher Bewuchs mit größeren Pflanzen ist immer nur bei einem natürlichen Volierenboden möglich. Man sollte sich die Chance hierzu nicht mit einem betonierten Boden verbauen.

Eine Voraussetzung dafür ist sicher, dass die Voliere groß und nicht überbesetzt ist. Als gestalterische Elemente können Wurzelstöcke und natürlich jede Menge Äste in die Voliere gegeben werden. Die Aras benutzen sie gerne zum Nagen und Klettern. Entweder Sie können durch einen Servicegang von vorne in jede Voliere gelangen oder Sie können die Außenvolieren durch die Tür vom Innenraum her betreten. Ideal ist es, wenn zwischen jeder Voliere etwas Platz für eine Bepflanzung bleibt. So entsteht ein natürlicher Sichtschutz. Manche bevorzugen gemauerte Volierenwände, damit sich die Vögel nicht sehen können. Es schadet aber nicht, wenn sich die verschiedenen Arapaare in einem Teilbereich der Anlage sehen können, solange sie die Möglichkeit haben, beispielsweise in den ruhigen, allseitig geschlossenen Innenraum zu gelangen. Es ist sogar noch natürlicher und stimulierender, wenn die Aras zeitweise ein richtiges Schwarmgefühl entwickeln können.

Wenn die Innenabteile nur einseitig angelegt sind, kann der Bereich zum Futtergang hin lediglich vergittert sein. Bei einer zweiseitigen Konzeption sollten die Innenabteile geschlossen sein, da sonst durch die offenen Außenflüge Zugluft entstehen würde.

Hängekäfige

Es handelt sich hier um eine unschöne Methode der Papageienhaltung, die glücklicherweise in Europa nicht sehr verbreitet ist. Man kann davon ausgehen, dass jemand, der Papageien hält, sich damit einen Traum erfüllt hat und einer faszinierenden Freizeitbeschäftigung nachgeht. Da will man sich auch an den Volieren mit den Gefiederten erfreuen können. Reihenweise Hängekäfige sind aber sehr unästhetisch und unnatürlich und lassen kaum ein harmonisches Gefühl aufkommen.

> **Nachteile von Hängekäfigen**
>
> Sie sind besonders in den USA, gerade auch für die Haltung von Aras, sehr verbreitet. Erschreckend dabei ist, wie wenig Platz den Tieren zugestanden wird. Von Fliegen kann keine Rede mehr sein, da die meisten aller in Hängekäfigen gehaltenen Aras nicht einmal beide Schwingen ganz öffnen können.

Hängekäfige werden meist eingesetzt, weil sie leicht zu handhaben sind und ein äußerst geringer Reinigungsaufwand entsteht, da der Schmutz ja durch das Bodengitter fällt. Wenn Aras beispielsweise in Florida in Hängekäfigen, die in einem subtropischen Wald aufgestellt sind, gehalten werden, kann man dieser Haltungsform wenigstens noch zugestehen, dass die Papageien die Reize der Natur und der Vegetation voll mitbekommen und daher nicht selten auch in guter Kondition sind. Allerdings befinden sich die Vögel in einer rein illusorischen Welt, da sie nie frische Zweige zum Benagen erhalten, weil dies gar nicht zu bewerkstelligen wäre. Die Hartholzsitzstangen sind oft völlig blank genagt und seit Jahren in Gebrauch. Manchmal werden Hängekäfige an einer Metallhalterung aufgehängt. Meist stehen sie aber auf einem Rahmen. Die Aras haben in der Regel zwei Sitzstangen, ein Futtergefäß und einen Nistkasten – oft eine Plastiktonne – zur Verfügung und das ihr Leben lang.

Drahtumspannte Hochkäfige erfüllen hinsichtlich ihrer Größe und Ausstattung kaum die Ansprüche, welche die moderne Tiergartenbiologie für eine fortschrittliche Papageienhaltung formuliert. Eine solche, reizarme, sterile Haltung von Wildvögeln ist abzulehnen. Nebenbei muss allerdings noch erwähnt werden, dass solche, meist kommerziellen Haltungen zahlreiche Jungen produzieren. Es ist immer wieder erstaunlich, dass Aras auch in den kleinsten und unnatürlichsten Verhältnissen befruchtete Eier legen und brüten. Oft werden die Tiere sogar hypersexuell, was eher ein Anzeichen für die psychische Belastung als für ein gesundes Sexualverhalten ist.

Koloniehaltung

Mit der Koloniehaltung von Aras liegen noch nicht viele Erfahrungen vor. Zum einen liegt das daran, dass private Halter kaum die finanziellen Möglichkeiten haben, sich ganze Araschwärme anzuschaffen und sie in großen Freivolieren zu halten, zum anderen aber auch, weil man offensichtlich skeptisch ist, ob eine solche Haltung auf die Dauer mit Papageien auch funktionieren würde. Dass es gelingt, beweist die einzigartige, im Frühling 2000 im Zoologischen Garten Carl Hagenbeck in Hamburg eröffnete 4200 Kubikmeter große Freiflugvoliere für 17 Dunkelrote Aras. Initiator und treibende Kraft ist der Vogelkurator WALTER WOLTERS, der schon Dunkelrote Aras seit vielen Jahren in einer kleineren Voliere betreute. Schon dort wurde eine

Wunderschöne Großvoliere für Dunkelrote Aras im Tierpark Carl Hagenbeck in Hamburg.

ganze Gruppe dieser Vögel zusammen gehalten. Alle 17 Aras stammen von zwei Paaren ab, die in dieser alten Voliere erfolgreich züchteten. In acht Jahren wurden so 21 Jungvögel aufgezogen.

In der Großvoliere haben sich nun fünf Paare gebildet. Kein einziges Tier wurde von Hand aufgezogen. Ich war erstaunt, wie neugierig und gelöst die Aras reagierten, als wir die Voliere betraten. Da sie ausreichend Fluchtmöglichkeiten zur Verfügung haben, lösten wir keine Angst bei den Tieren aus. Im Gegenteil: Sie kamen nahe an uns heran, stolzierten auf dem Gras umher, hingen an Ästen und krallten sich an Felsbrocken fest, den Blick immer neugierig auf uns gerichtet.

Die Großvoliere ist hervorragend gestaltet und strukturiert! Im Hintergrund ist ein Hügel aufgeschüttet, an den ein großes, beheizbares Schutzhaus mit zwei Einflügen grenzt. Wenn man vor der Voliere steht, durchzieht von hinten links kommend ein Tal die Anlage. Die Erdmassen sind mit sehr schönen, natürlichen Felsquadern abgestützt. Sie dienen auch zum Abwetzen der Krallen der Aras, denn oft hängen sie sich an diese Felsen. Die Felsspalten sind mit Berberitzen (*Berberis vulgaris*) bepflanzt, die von den Aras nicht angetastet werden. Über dieses Tal sind Baumstämme gelegt, was den im Tropenwald umgestürzten Bäumen ähnelt. An den Seiten auf den Hügeln im Vordergrund und in der Senke gedeihen schnellwüchsige Bäume wie Weide (*Salix* sp.) und Ahorn (*Acer* sp.), die zwar etwas benagt, jedoch nie ganz beschädigt werden. Der Boden ist mit Gras bedeckt. Natürliche Nisthöhlen, aus großen Baumstämmen gefertigt, sind an den verschiedensten Punkten angebracht. Im Vordergrund befindet sich ein Teich mit Flach- und Tiefwasserzonen. In der Voliere werden zusammen mit den Aras noch eine Gruppe Rotschulterenten (*Callonetta leucophrys*), Witwenpfeifgänse (*Dendrocygna viduata*) und einige Graurücken-Trompetervögel (*Psophia crepitans*) gehalten. So stellt diese Voliere einen wunderbaren Lebensraum aus dem südamerikanischen Tropenwald dar. Das Volierengitter ist von oben nach außen hin abgeschrägt, sodass die Papageien es nicht verkoten.

Erstaunlich ist, wie schnell sich die Gruppe in der neuen Voliere eingelebt hat. Bereits nach wenigen Tagen bezogen einige Paare die Nistkästen. Wichtig zu wissen ist natürlich, dass sich die Gruppe so schon lange gekannt hat. Es gibt eine strenge Hierarchie unter den Vögeln. Wie in der Natur gibt es aber auch kleine Familienverbände, bestehend aus drei Exemplaren, die umherstreifen, und eher einzelgängerisch lebende Aras. Jedes Tier ist in bester Kondition, agil, aufgeweckt und neugierig, so wie ein Ara von Natur aus sein sollte. Die Hagenbeck'sche Großvoliere ist ein schönes Beispiel für den fortschrittlichen Prozess in der Papageienhaltung!

> **HINWEIS** Die Lebensform im Gruppenverband in einer Großvoliere, die täglich zahlreiche Herausforderungen stellt, hält die Aras lebenslang gesund und fordert ihren Geist. Ein Paar einzeln gehalten in einer reizarmen Zuchtvoliere stumpft dagegen schnell ab und wird nicht selten gar neurotisch.

Große Aras können in ihrem natürlichen Verbreitungsgebiet während des Tages oft nur paarweise oder im Familienverband von drei Exemplaren beobachtet werden, wenn man von den großen Ansammlungen an den Lehmlecken am frühen Morgen oder in den Vormittagsstunden absieht. Die **paarweise Haltung** von großen Aras in reizvoller Umgebung mit zahlreichen Anregungen in der Voliere läuft in der Regel erfolgreich. Bemerkenswerte große, attraktive Gemeinschaftsvolieren für Großaras befinden sich auch in den zoologischen Gärten von Rio de Janeiro und Sao Paulo, Brasilien. Da verschiedene Arten zusammen gehalten werden, werden den Tieren keine Nistmöglichkeiten zur Verfügung gestellt. In Sao Paulo ist die Voliere in Hufeisenform angelegt und weist viele Äste zum Ruhen und Klettern auf. Die Rückwand ist mit natürlichen Steinen gemauert, wo sich die Aras auch festhalten können.

Stutzen der Schwingen

Vor einigen Jahren war es besonders in Vogelparks und Zoos gebräuchlich, Aras die Schwingen einseitig zu stutzen und sie dann auf Kletterbäumen oder kleinen Inseln zu halten. Dies war eine Verbesserung im Vergleich zu der Haltung von Großpapageien mit gestutzten Schwingen oder an Ketten auf Bügeln und Ständern. Sicher ist sie aber nicht optimal und es tut einem weh, wenn man weiß, wie gut und kunstvoll Aras fliegen können. Einen Wildvogel am Fliegen zu hindern ist sicher nicht tiergerecht. Mittlerweile wird dies in einigen Ländern gesetzlich verboten, auch wenn diesem Gesetz in der Praxis noch immer nicht Rechnung getragen wird. In den USA ist das Schneiden oder gar Kupieren von Araschwingen noch immer sehr gebräuchlich, besonders bei zahmen Heimvögeln, die so nicht alle Bereiche in der Wohnung erreichen können und auch problemlos und ohne Fußkette auf der Schulter mit nach draußen genommen werden können. Wenn das Stutzen der Schwingen von Aras auch nicht tiergerecht und nicht empfehlenswert ist, sollen doch einige Punkte zum Bedenken angeführt werden, ohne für das Stutzen zu plädieren.

Wenn auch immer betont wird, dass ein Ara unter Menschenobhut fliegen können sollte, so muss doch der Tatsache ins Auge gesehen werden, dass gerade Aras in der viel gepriesenen Volierenhaltung auch bloß zwei- bis viermal mit den Schwingen schlagen können, bis sie am anderen Ende des Gitters angelangt sind, sogar bei für uns groß erscheinenden Volieren von beispielsweise 6 × 6 m. Aber darf man dies Fliegen nennen? Wer Aras im Freiflug beobachten konnte, wird diese Frage mit Nein beantworten. Man kann sich fragen, ob ein Ara mit beschnittenen Schwungfedern im Sommer auf einer Insel mit grüner Vegetation in der Gruppe oder paarweise gehalten nicht besser untergebracht ist, als wenn er zwar fliegen kann, aber in einer Voliere von 2 × 2 × 3 m sitzt.

Ich denke an zwei Hellrote Aras im Parc des Oiseaux in Villars-les-Dombes, Frankreich, die während des Winters in einem herkömmlichen Innenraum gehalten wurden, wo sie wohl etwas flattern konnten. Trotzdem rupften sich die Tiere jeweils sehr stark während der Wintermonate. Im Frühjahr wurden ihnen die Schwungfedern einseitig beschnitten. Danach setzte man sie auf eine große Insel in einem See mit mächtigen Bäumen und Sträuchern. Das Gefieder wurde wieder prächtig und das Paar brütete auf dieser Insel regelmäßig. Allerdings müssen wirklich alle Schwungfedern bis auf die Äußerste stark beschnitten werden. Sonst besteht die Möglichkeit, dass der Ara trotzdem noch fliegen kann.

Auch im Zürcher Zoo werden Gelbbrustaras und Dunkelrote Aras jeweils auf großen Bäumen in der Anlage gehalten, wo sie herumklettern können, Äste zum Benagen haben und an all den Vorkommnissen und Reizen eines Sommers in Mitteleuropa teilhaben können. Auch hier steht den Tieren eine überdachte Futterstelle mit Nistkasten zur Verfügung.

Freiflug

Am besten und faszinierendsten ist sicherlich die Haltung von Aras im Freiflug, wofür aber bestimmte Voraussetzungen gegeben sein müssen. Zunächst muss die **Umgebung** geeignet sein. Von Vorteil ist es, wenn man auf dem Lande wohnt. In Stadtnähe können für frei fliegende Aras neben den vielen Menschen etliche **Gefahren** technischer Art lauern. Auf dem Lande sollte man sich zuerst mit den umliegenden Bauern unterhalten, da frei fliegende Aras natürlich auch über Obstbäume herfallen. Ideal ist es, wenn ein Wald in der Nähe ist.

> **HINWEIS** Um Aras frei fliegen zu lassen, braucht man Geduld, Ruhe und eine gewisse Portion an Selbstsicherheit, denn es ist schon ein atemberaubendes Gefühl, wenn man bei der Aravoliere erstmals die Tür öffnet.

Um ein Arapaar frei fliegen zu lassen, wartet man bis das Weibchen fest brütet. Dann

HALTUNG VON ZUCHTVÖGELN

Zwei Hellrote Aras, die im Freiflug gehalten werden und ihre volle Flugfähigeit besitzen.

kann man die Tür öffnen, damit zuerst das Männchen die Voliere verlassen kann. Natürlich darf immer nur in der Voliere gefüttert werden. Es wird nicht nur wegen seines brütenden Weibchens, sondern auch wegen des Futters in die Voliere zurückkehren.

In The Tropical Bird Gardens in Rode, Großbritannien, hat man jahrzehntelange Erfahrung mit der Freiflughaltung von Aras. Ein Paar Hellrote Aras wurde an den Freiflug gewöhnt, indem zuerst immer nur ein Vogel zum Freiflug entlassen wurde. Er blieb trotz der anderen frei im Gelände umherfliegenden Aras immer in der Nähe seines Partners. In jeder Voliere befand sich vorne im oberen Teil ein ausklappbares Gitter, das gut sichtbar als Anflug diente. Während der ersten Nächte blieb der Hellrote Ara trotz aller Bemühungen draußen. Nach der dritten Nacht aber lernte er, wie er in die Voliere gelangen konnte. Einmal drinnen, wurde er während einiger Tage nicht mehr zum Freiflug entlassen, bis dann erneut ein Versuch gestartet wurde. Eigentlich lernten es alle Paare in Rode sehr schnell, wobei sich die Gelbbrustaras immer als äußerst gelehrig erwiesen.

DONALD RISDON, der Gründer von The Tropical Bird Gardens in Rode, pflegte jeweils im Garten mit einer Stange an eine blecherne Keksdose zu schlagen. Sofort kamen alle Aras angeflogen und ließen sich mit Keksen füttern. Es ist immer gut, ein Lockmittel zu haben, das nicht Bestandteil der täglichen Nahrung ist, um die Aras herbeizulocken, denn auch in Rode tun sich die Aras an schönen Sommerabenden manchmal schwer, in ihre Volieren zurückzukehren.

> **HINWEIS** Wenn man bei der Freiflughaltung von mehreren **Paaren** zugleich noch Erfolg in der Zucht haben will, ist es unerlässlich, dass jedes Paar bereits fest gebildet ist und seine eigene Voliere mit Schutzhaus und Nistkasten zur Verfügung hat. Sonst besteht die Gefahr, dass das dominante Paar die Unterlegenen wegjagt (RISDON, 1980).

Wenn immer möglich, müssen die Aras täglich und für die Nacht in ihre Volieren zurückkehren. Dazu müssen die Vögel bestens eingewöhnt sein. Darum belässt man sie am besten während mehr als einem Jahr in ihrer Voliere. Sonst kann es vorkommen, dass sie verwildern oder dass dominante Paare Nistgelegenheiten von anderen, unterlegenen Paaren beanspruchen.

Nur wenige Aras eigneten sich in Rode nicht zur Haltung im Freiflug. So zum Beispiel ein Ararauna- oder Gelbbrustara, der es sich zur Angewohnheit machte, auf einen Baum an der Straße nach Bath und Bristol zu sitzen, um dann dort Motorradfahrer fliegend anzugreifen. Um weitere Unfälle zu vermeiden, wurde dieser Ara fortan ausschließlich in der Voliere gehalten. Einer der berühmtesten in Rode frei fliegenden Aras war sicher Ric, ein Dunkelroter Ara. Er wusste immer genau, wann und wo im Dorf Rode und bei den Bauern die Früchte und Nüsse reif waren. Als MIKE CURCON, der frühere Kurator und heutige Direktor von Rode, einmal von einer Tagesreise nach Hause zurück in den Vogelpark kam, sah er Ric in einem Baum an der Straße nach Frome sitzen. Er hielt seinen Wagen an, stieg aus und rief überrascht und etwas bestimmt: „Ric". Sofort flog der Dunkelrote Ara auf und davon. Als der Direktor im Park war und gleich in das Wäldchen zur Voliere von Ric ging, saß dieser bereits brav mit seinem Weibchen darin, als wäre nichts geschehen. Curcon fand, dass Dunkelrote Aras als Freiflieger unabhängiger und wendiger sind als Gelbbrustaras.

Selten haben sich Aras verflogen. Wenn, dann jedoch hauptsächlich während der ersten Wochen des Freiflugs. Einmal meldete sich ein Altersheim. Im Garten hatte sich der in Rode vermisste Gelbbrustara niedergelassen und wurde von den alten Leuten gefüttert, was ihm sichtlich behagte. Dieser Ara hatte sich im Fluge bei heftigem Wind zu weit von Rode entfernt und konnte sich nicht mehr orientieren. Sein Partnervogel wurde dann in einen Käfig gesetzt, der auf das Autodach geschnallt wurde. Als der verflogene Gelbbrustara seinen Partner hörte, kam er sogleich in dessen Nähe geflogen. Das Auto fuhr wieder ein Stück, sodass der Ara ihm schnell folgte. Als der eigentümliche Tross dann in die Nähe von Rode gelangte, flog der Gelbbrustaras allein zurück zu seiner Voliere.

The Tropical Bird Gardens befindet sich auf dem Land in einem von einem alten Baumbestand bewachsenen Garten. Die Aras können sich gut an den hohen, alten Bäumen orientieren. Wichtig ist, dass die Freiflughaltung immer kontrolliert durchgeführt wird. Die Vögel in Rode werden immer am Abend gefüttert und in ihren Volieren eingeschlossen.

Allerdings gibt es eine Methode, unverpaarte Aras frei fliegen zu lassen. JONAS WAHLSTRÖM aus Schweden hält im Garten seines Sommerhauses sechs Kleine Soldatenaras schwarmweise im Freiflug, die alle von seinen Zuchtpaaren stammen. Es sind Männchen. Bei der Haltung von Weibchen und Männchen hat er dieselbe Erfahrung gemacht wie in Rode. Es bilden sich Paare, die sich dann absondern. Bei gleichgeschlechtlichen Vögeln besteht die Gefahr des Wegziehens offensichtlich nicht, sie kehren immer wieder in ihre Voliere zurück, wo sie auch täglich das Futter erhalten. Zuerst wurde ihnen im Winter ein beheiztes Schutzhaus angeboten. Die Kleinen Soldatenaras aber bevorzugten es, bei Schneesturm auf die Wipfel der höchsten Tannen zu fliegen und dort dem Schnee zu trotzen. Nie gingen sie in das Schutzhaus oder setzten sich unter den Unterstand. Es ist aber zu betonen, dass es sich hier um bereits in Schweden gezüchtete Vögel handelt, die mit den Bedingungen in diesem skandinavischen Land von klein auf vertraut sind. In JONAS WAHLSTRÖMS Wohnung hängt eine Karte der Umgebung seines Sommerhauses in der etliche Nadeln stecken. Die Nadeln weisen auf die Punkte, wo seine Aras überall gesichtet wurden unter anderem auch auf einer Insel im offenen Meer 20 km von der Küste, an der das Anwesen, liegt entfernt.

Von Vorteil ist es natürlich immer, wenn viele andere Aras in Volieren auf dem Grundstück leben. Durch ihre Schreie und Anwesenheit locken sie die frei fliegenden Aras immer wieder an. Dies ist aber nicht Bedingung. In den 70er Jahren berichteten DAPHNE und WALTER GRUNEBAUM (1976 und 1984) aus der Grafschaft Glostershire in England über ihre frei fliegenden Aras: „Wir halten Gelbbrustaras und ein Paar Dunkelrote Aras in kontrolliertem Freiflug. Die Erstgenannten werden um 9:00 Uhr

> Wenn **unverpaarte Vögel** im Schwarm im Freiflug gehalten werden, besteht die Gefahr, dass sich Paare bilden, die sich dann absondern und in ein eigenes Territorium ziehen wollen. Darum tut man gut daran, nur erwachsene, gut eingespielte Paare frei fliegen zu lassen.

aus ihrer Voliere gelassen (sodass sie nicht die Spätaufsteher im Dorf stören) und kehren einige Stunden später, manchmal früher, zurück in ihre Voliere für eine Siesta. Während dieser Ruhepause schließe ich sie ein. Dies erlaubt mir, die aggressiven Dunkelroten Aras in den Freiflug zu entlassen. Sie würden sonst die Gelbbrustaras attackieren. Wenn die Dunkelroten so um die Teezeit zurückkehren, werden sie wieder eingeschlossen und die Gelbbrustaras werden erneut zu ihrem Abendflug entlassen, wenn das Wetter gut ist." Grunebaums waren auch die ersten, die Hyazintharas in Großbritannien züchteten. Sogar die Hyazintharas durften frei fliegen, was man selten hört, denn diese Art scheint eher umherzustreifen als andere Ara-Arten.

> **HINWEIS** Die Freiflughaltung ist die befriedigendste Art der Haltung von Aras überhaupt, obgleich man als Besitzer gute Nerven, ganz sicher ein Gespür für die Vögel und bestes Fingerspitzengefühl haben muss. Keinesfalls darf man nach dem Lesen dieser Schilderungen nun hingehen und die Volierentüren öffnen. Der Freiflughaltung geht ein langer Prozess voraus. Erst wenn man seine Tiere durch und durch kennt, darf der Freiflug erfolgen.

Und immer ist auch die Beziehung der Vögel zu ihrem Pfleger ausschlaggebend. Die großen Aras im Freiflug haben außer dem Menschen praktisch keine Feinde, wenn sie nachts eingeschlossen werden.

Volieren mit gemischtem Besatz

Grundsätzlich sind Aras keine aggressiven Vögel. Gerade bei der Haltung von unterschiedlichen Arten und Gattungen in einer Voliere muss man aber immer vorsichtig sein. Eine Grundvoraussetzung ist sicher, dass die Voliere groß genug ist. Wir haben in der Voliere Hyacinthinus immer gute Erfahrungen mit der Haltung von Hyazinth- und Gelbbrustaras zusammen mit einzelnen Amazonen und Graupapageien (*Psittacus erithacus*) gemacht. Allerdings ist es unerlässlich, dass die ungleiche Gemeinschaft, bis sie sich eingelebt hat, eingehend beobachtet wird. Zu schnell können Unfälle passieren, da dominante Vögel möglicherweise andere unterdrücken. Es kann sich auch nur ein dominantes Exemplar herausbilden, das andere jagt. In einem solchen Fall ist der jagende Vogel zu entfernen.

Hellrote und Dunkelrote Aras haben sich oft als aggressiv erwiesen. Sie gehen grob mit anderen Voliereninsassen um, besonders wenn sie geschlechtsreif sind. Gerade aber die mächtigen Hyazintharas sind in der Regel äußerst sanft und fügen keinem noch so kleinen Papagei einen Schaden zu.

Ein gutes Beispiel für eine Gemeinschaftshaltung von verschiedenen Papageien ist die große, 46 Meter lange Voliere im Paradise Park in Hayle, Cornwall. Sie beherbergt Papageien aus allen Kontinenten. Da sie so groß ist, hat es noch nie nennenswerte Zwischenfälle gegeben.

Allerdings kann es Probleme geben, wenn ein neuer Vogel in eine bestehende Gemeinschaft eingefügt wird. Von Vorteil ist es dann, wenn Türen zu nebeneinander stehenden Volieren einfach geöffnet werden können, dass die Papageien, die sich bereits längere Zeit durch das Gitter miteinander vertraut machen konnten, sich sachte annähern und Kontakt aufnehmen können.

Wir haben eine Gemeinschaftsvoliere mit den Maßen 6 × 6 × 4,5 m (L × B × H) sowie zwei angrenzende Volieren mit den Maßen 3 × 3 × 3 m. Alle drei Volieren sind durch Türen miteinander verbunden, damit

> **WICHTIG** In einer Voliere, in der verträgliche Papageienarten gemeinsam gehalten werden, sollte an mehreren entfernt voneinander liegenden Stellen gefüttert werden und es sollten alle Bewohner einwandfrei fliegen können. Zudem dürfen in einer Gemeinschaftsvoliere **keine Nistkästen** angebracht werden.

Es sollte nie ein Ziel sein, bloß verschiedene Papageienarten oder Gattungen zusammen zu halten. Die Vögel können sich langfristig gesehen nicht artgerecht entfalten.

sich die Papageien auch in abgetrennte Bereiche zurückziehen können.

Beim Zusammenbringen von verschiedenen Papageien mit Aras kann man keine allgemeingültige Aussage machen, denn es handelt sich immer wieder um andere Vogelpersönlichkeiten in unterschiedlichsten Situationen, – Gefühl, Geschick und Einfühlungsvermögen des Halters sind gefordert.

Als ARMIN BROCKNER (1997) einem Zuchtpaar Rotbugaras die Gelegenheit zum Ausflug in eine Großvoliere mit anderen Papageienarten bieten wollte, musste er den Versuch sofort abbrechen, denn die Aras waren in diesem Fall zu aggressiv. Einzelvögel können wohl vorübergehend auch in kleineren Volieren in Gemeinschaft mit Einzeltieren anderer Arten gehalten werden. Grundfalsch ist auch das Zusammenhalten von Kakadus und Aras, die völlig unterschiedliche Verhaltensweisen besitzen und meist auch verschiedene Lebensräume besiedeln. Wir halten jeweils nur zeitweise unverpaarte Aras zusammen mit unverpaarten Amazonen oder Graupapageien und beobachten die Gemeinschaft immer eingehend. Auch der Züchter KARL-HEINZ KOCH ermöglicht seinen Einzeltieren, bestehend aus den kleinen Hahns Zwergaras bis zu Gelbbrustaras, eine Gemeinschaftshaltung. Auch er musste die Erfahrung machen, dass die meisten Kakaduarten in solchen Gemeinschaften nur störend und zu aggressiv sind. Auch BOB und LIZ JOHNSON aus Florida haben eine riesige Voliere zur Verfügung, die mit subtropischen Pflanzen besetzt ist und 100 Vögel, elf Hyazintharas inbegriffen, beherbergt (JOHNSON, 1996). Nicht immer züchten Aras in Gruppenhaltung. Hyazintharas in der Wilhelma in Stuttgart schritten beispielsweise erst zur Brut, als man die Paare einzeln setzte.

Alterungsprozess

Über das Alter, das Aras erreichen können, ob in Freiheit oder unter Menschenobhut, ist nur wenig bekannt. In großem Stil werden, jedenfalls in Europa, noch nicht so lange Aras gezüchtet. Darum stehen nicht genug Angaben zur Verfügung, die Aussagen zum Alter von Aras zulassen würden. Oft werden keine großen Aufzeichnungen geführt, sodass das Alter nicht mehr richtig ermittelt werden kann. Immer mal wieder werden Tiere bekannt, die ein sehr hohes Alter aufweisen wie beispielsweise der zahme Hyazinthara aus dem Londoner

Ein Dunkelroter und ein Gelbbrustara gemeinsam in einer großen Voliere, die gut miteinander auskommen. Die Voliere ist gut mit Ästen und mit einem Wurzelstock ausgestattet.

Ein langes Leben

In Großbritannien erwarb 1958 KEN DOLTON ein adultes Hyazinthara-Männchen, das bis zu seinem Tod am 9. Juli 2001 bei ihm lebte. Im Schönbrunner Zoo in Wien lebten ein Hyazinthara 38 Jahre und zehn Monate sowie ein Lear-Ara 38 Jahre und vier Monate.

Zoo, der dort nachweislich 60 Jahre lang lebte.

Wir halten selber Große Soldatenaras, die sicher um die 50 Jahre alt sein müssen. Sie haben eine faszinierende Geschichte. Es handelte sich bei zwei Paaren um Vögel, die aus Zentralamerika zum Tierverhaltensforscher KONRAD LORENZ nach Österreich gelangten. Als LORENZ und seine Schüler ihre Verhaltensstudien an den Vögeln abgeschlossen hatten, wurden sie an den Vogelpark Wiesental in Süddeutschland abgegeben. Als der Vogelpark in Zahlungsschwierigkeiten geriet, gab er die vier Tiere an einen Schweizer Händler weiter. Von diesem Händler kamen sie dann in unsere Volierenanlage, wo sie nachweislich noch 15 Jahre lebten und auch erfolgreich Junge selber aufzogen. Dann starben allerdings die Weibchen. Ich rekonstruierte, so gut dies noch möglich war, die Jahre und kam zum Schluss, dass die Vögel sicher 50 Jahre alt sein müssen. Anzunehmen ist, dass sie nicht als Jungvögel nach Österreich gekommen waren!

Der **Alterungsprozess** hat bei den Weibchen etwa vier bis fünf Jahre vor ihrem Tod eingesetzt. Die Fußgelenke wurden arthritisch und die Vögel knickten immer leicht ein. Wenn auch ein Männchen heute noch immer gut fliegt, so bewegt sich das andere nur noch kletternd fort, was ein Hinweis auf **Arthrose-Erscheinungen** in den Flügeln ist. Die Vögel haben bis ins hohe Alter von etwa 50 Jahren befruchtete Eier gezeitigt und auch selbst ihre Jungen groß gezogen.

Ein Paar Hellrote Aras im Parrot Jungle begann zu brüten, als das Weibchen sechs Jahre alt war, das Männchen wurde auf fünf Jahre geschätzt. 22 Jahre lang brüteten sie regelmäßig. Im Alter von 33 und 32 Jahren lebten sie noch dort, flogen aber nur noch selten.

Der schon erwähnte Dunkelrote Ara Ric lebte in Rode 38 Jahre lang im Freiflug, bis er gestohlen wurde und sich seine Spuren verwischten. Lofty, ein Dunkelroter Ara, der immer auf Ruf kletternd aus den Baumkronen kam, da er nicht gut abwärts fliegen konnte, starb in Rode im Alter von ungefähr 50 Jahren. Der Gelbbrustara „Raucous" in Rode Bird Gardens erwies sich als fruchtbar über einen Zeitraum von 40 Jahren. 1961 kam er in den Vogelpark und wurde im Freiflug gehalten. 2000 wurde der Park geschlossen, sodass er mit seinem mittlerweile dritten Weibchen in den Süden Englands kam, wo er noch immer frei fliegt und gut in Form ist. Diese Aras kamen alle schon als erwachsene Vögel in den Park. KNOTTNERUS-MEYER (1924) schreibt von „zwei roten Aras im hannoverschen Garten", die mehr als 40 Jahre dort lebten.

Erstmals mit dem Alterungsprozess der Aras haben sich CLUBB und KARPINSKI (1998) auseinander gesetzt. Die Aras im Parrot Jungle in Miami eigneten sich hervorragend für diese Studien. Der Park wurde im Jahre 1936 gegründet. Seit Anbeginn wurden Aras im Freiflug in einem subtropischen Wald gehalten. Bald schon gab es auch erste Zuchterfolge, die mit den Jahren sehr beachtlich wurden. Viele der im Parrot Jungle geschlüpften Aras blieben ihr ganzes Leben über im Park und ermöglichten so eine Altersstudie. In einer Analyse von 1994 untersuchte man 57 Aras, deren Alter nachweislich oder laut Schätzungen bei über 25 Jahren lag. 26 Exemplare stammten aus Volierenzuchten und konnten in eine Altersgruppe zwischen 25 und 52 Jahre eingeordnet werden. 31 Tiere stammten aus der freien Wildbahn und befanden sich bereits mindestens 20 Jahre im Parrot Jungle. Einer der ältesten Vögel des Parkes, ein Großer Soldatenara, war bei seinem Ableben 57 Jahre alt. Allerdings erblindete dieser Papagei bereits mehrere Jahre vor seinem Tod und litt unter einer chronischen Nervenstörung. Der absolute Veteran war aber der Kleine Soldatenara Marco aus Mexiko, der bei seinem Ableben über 60 Jahre alt war und sogar einst Sir WINSTON CHURCHILL in einer Show mit seinen Kunststücken begeisterte. Der erste im Parrot Jungle geschlüpfte Papagei befand sich 1994 immer noch in der Kollektion und war damals 52 Jahre alt. Ein aus dem gleichen Gelege stammender Vogel starb mit 49 Jahren. Gleichzeitig war bekannt, dass sieben aus Volierenzuchten stammende Tiere zwischen 41 und 48 Jahre alt waren. Bei alten

ALTERUNGSPROZESS

> ### Alterserscheinungen
>
> All diese alten Aras litten unter **Augenstar**, der ihr Sehvermögen reduzierte. Die meisten Aras wiesen auch degenerierende Krankheiten auf, die auf fortgeschrittenes Alter zurückzuführen waren, wie zum Beispiel **Gelenksteife**, ein Hinweis auf **arthritische Veränderungen**, Verblassen der **Hauttönung und -elastizität**, **Muskelabnutzung** und degenerierende **Nervenkrankheiten**.
>
> Eine **Bewegungseinschränkung** der Gelenke scheint typisch zu sein für Vögel, die über 50 Jahre alt sind. Allgemein geht mit diesem Leiden auch ein **steter Gewichtsverlust** einher, bedingt durch **Muskelrückbildung** wegen eingeschränkter Bewegungsfähigkeit. Die meisten Aras sitzen aber noch im hohen Alter aufrecht. Als Alterserscheinung kann auch ein blasseres Gefieder gelten.

■ Im Jahre 1948 in Parrot Jungle in Miami geschlüpfter Hellroter Ara.

Gelbbrustaras und Dunkelroten Aras verdünnen sich die Gesichtsfedern. Bei adulten Aras ist die Iris tiefgelb. Ältere Tiere haben eine dunklere Iris. Ein eingeschränktes Sehvermögen tritt bei den meisten Tieren über 35 Jahre ein. In mindestens einem Auge kann ein Katarakt im Anfangsstadium diagnostiziert werden. Heute ist es möglich, chirurgische Eingriffe vorzunehmen, sodass die Aras ihr Sehvermögen wieder erhalten.

Eine Todesursache bei älteren Aras können auch **krebsartige Geschwüre** sein oder ein allgemein **schlechter Zustand** von **Herz und Niere**, was nach einer Sektion des toten Vogels festgestellt werden kann.

Bei einem Hyazinthara in unserem Bestand fielen nach und nach kleine Federbüschel im Kopfbereich aus. Plötzlich trat ein Juckreiz im Schwanzbereich auf, bevor der Vogel starb. Eine Sektion durch das Tierspital Bern ergab den Befund eines Nierenleidens, das zuletzt auch für den Juckreiz verantwortlich war. Aufgrund des Zustandes der inneren Organe muss es sich um einen alten Vogel gehandelt haben, wobei wir das Alter auf etwa 40 Jahre schätzten, denn es konnten nur 20 Jahre seines Lebens dokumentiert werden.

Das Durchschnittsalter muss etwa bei 35 bis 45 Jahren festgelegt werden. Eventuell kann aber durch Augenoperationen das Leben der Tiere erheblich verlängert werden. Man geht davon aus, dass Aras in freier Wildbahn ebenfalls ein Alter zwischen 35 und 45 Jahren erreichen und dass die Einschränkung des Sehvermögens auch bei Tieren in Freiheit die häufigste Todesursache ist.

Es ist noch nicht bekannt, welches Alter reine Handaufzuchten erreichen. Nach neueren Studien in den USA haben allerdings mit Handaufzuchtfutter aufgezogene Papageien eine kürzere Lebenserwartung.

Der Tod eines Aras

Der Schock sitzt tief, wenn man beim Betreten des Vogelhauses plötzlich einen toten Papagei entdeckt. Entweder handelte es sich um ein Tier, das bereits Anzeichen eines fortgeschrittenen Alterungsprozesses zeigte und nun den Folgen eines hohen Alters erlag, oder es handelt sich um einen

Ara, der noch am Tag zuvor völlig vital war. Krankheiten werden oft sehr lange verborgen. Wenn sie dann offensichtlich werden und man den Ara zum Tierarzt bringt, kommt es nicht selten vor, dass er dort stirbt.

In vielen Fällen empfiehlt sich eine **Autopsie** durch einen auf Vögel spezialisierten Tierarzt. Das Ziel einer Autopsie ist das Herausfinden der Todesursache. Gefährliche Viruserkrankungen können festgestellt werden, sodass Sofortmaßnahmen für den ganzen Bestand eingeleitet werden können. Oder Ernährungsdefizite und -fehler treten zutage. Der Zustand der inneren Organe wird ebenfalls überprüft. Manchmal kann daraus abgeleitet werden, ob ein Ara sehr alt war, wenn das genaue Alter unbekannt ist. Vergiftungen oder Ernährungsfehler können festgestellt werden. Die Gesamtuntersuchung eines verendeten Vogels gibt einem immer Aufschluss über den Gesundheitszustand des gesamten Vogelbestandes. Der Kadaver sollte, wenn möglich, sofort nach Eintreten des Todes dem untersuchenden Veterinär gebracht werden. Oft sind auch Naturhistorische Museen an toten Aras interessiert. Entweder können Studiensammlungen ergänzt werden (Skelette, Bälge), die für wissenschaftliche, systematische, geografische oder entwicklungsgeschichtliche Studien benötigt werden. Manchmal, wenn der Gefiederzustand tadellos ist, werden auch Ausstellungsexemplare präpariert. Die Kontaktaufnahme mit einem Museum empfiehlt sich auf jeden Fall. Der tote Vogel sollte sofort tiefgefroren werden.

Verwaltung des Vogelbestandes

Jeder, der Aras hält, sollte auch schriftliche **Aufzeichnungen** über die Tiere führen. Beim Erwerb von Vögeln soll vom Verkäufer ein Dokument mitgeliefert werden, auf dem die Geschichte und Daten des Vogels aufgelistet sind. Wenn möglich sollte das Dokument Angaben zum Schlupfdatum, über die Handaufzucht oder Elternaufzucht, zu den Elternvögeln, zu der Ernährung, über die **Stationen im Leben eines Vogels** (wenn er bereits bei weiteren Haltern oder Züchtern war), über mögliche kurierte Leiden oder **Krankheiten**, zum Geschlecht (Adresse des behandelnden Tierarztes) und eventuell mögliche weitere Einzelheiten enthalten. Man muss immer genau Bescheid wissen über seinen Arabestand, damit bei Verpaarungen keine blutsverwandten Tiere zusammengeführt werden. Die Verwaltung des Vogelbestandes kann mittels eines Computerprogramms erfolgen, muss aber nicht. Ein gewöhnlicher Ordner mit Register und handschriftlichen Eintragungen erfüllt seinen Zweck vollständig und ist oft sicher problemloser und einfacher zu handhaben. Manche bevorzugen auch das Führen von Karteikarten, auf denen aber nur stichwortartige Angaben Platz finden. Im Ordner sollte sich in jedem Register ein **Stammblatt** zu jedem Paar mit den wichtigsten Angaben wie beispielsweise die Herkunft und das Alter der Tiere befinden. Weiterhin sollte eine Liste mit der **Zuchttätigkeit** geführt werden, die eingeteilt ist in die Spalten „**Erfolge**" und „**Misserfolge**". Jede Lege- und Aufzuchttätigkeit muss darin vermerkt werden. Eine weitere Liste gibt Auskunft über die verkauften oder **abgegebenen Jungvögel** mit genauer Adresse des

---

Ein Stammblatt zu jedem Paar sollte folgende Angaben enthalten:

- Name (deutsch/wissenschaftlich)
- Geschlechter, Merkmale, Ring- oder Chipnummer
- Schlupfdatum
- Erwerbsdatum
- Geschichte der Vögel (falls nötig)
- Wann als Paar zusammengestellt?
- Erworben von (Adresse des Züchters mit weiterführenden Angaben zum Elternpaar 1,0 und 0,1)
- Volierennummer
- Wann in die Voliere eingesetzt?
- Kurzzusammenfassung über die Zuchttätigkeiten (Erfolge/Misserfolge; warum)
- Verkaufte Jungvögel
- Krankheiten (Behandlungen)

> **Ein Kontrollblatt über verkaufte Jungvögel zu jedem Paar sollte folgende Angaben enthalten:**
>
> - Name (deutsch/wissenschaftlich)
> - Geschlecht, Merkmale, Ring- oder Chipnummer
> - Endoskopiedatum
> - Schlupfdatum
> - Besonderheiten in der Aufzucht
> - Elternvögel (Merkmale, Ring-, Chip- oder Volierennummer)
> - Adresse des Käufers mit Telefonnummer
> - Wie wird der Jungvogel beim Käufer eingesetzt
> - Preis des verkauften Jungvogels
> - Datum des Verkaufes
> - Grund des Verkaufes (Nachzucht oder andere Gründe)

Käufers und Verwendungszweck der Vögel. Außerdem sind lose Blätter zu jedem Paar nützlich mit laufenden Eintragungen von Beobachtungen mit Datumsangabe. Natürlich müssen auch über eventuelle Krankheiten und **Todesursachen** Aufzeichnungen geführt werden. In dem Ordner bewahrt man am besten auch die CITES-Papiere und behördlichen Bewilligungen auf. Am Jahresende können die gesamten Bewegungen und Ereignisse im Vogelbestand dann in einem kleinen **Jahresbericht** zusammengefasst werden.

Wer so genau Buch führt über seine Tiere, betreibt eine verantwortungsvolle Zucht und ist jederzeit in der Lage, Auskunft über seine Vögel zu geben. Wer meint, sich immer noch erinnern zu können, geht meist fehl, da es oft doch mit der Zeit immer mehr Paare werden und man schnell den Überblick verliert. Zudem ermöglichen einem die Aufzeichnungen auch das genaue Abfassen eines Berichtes für eine Fachzeitschrift, was sehr wichtig ist, denn Erfahrungen in der Haltung und Zucht sollten einer breiten Öffentlichkeit zugänglich gemacht werden. Es ist schade, wenn die gleichen Fehler immer wieder begangen werden, nur weil ein erfolgreicher Züchter seine Erfahrungen nicht weitergibt.

Wenn ein Ara entfliegt

Wenn trotz aller Sicherheitsvorkehrungen in der Volierenanlage (Schleusen, Schließen der Türen beim Hantieren in den Innenräumen) doch einmal ein Ara entfliegt, verhält sich der sonst in der Voliere recht zutrauliche Vogel draußen völlig anders und ist schreckhaft. Herbeirufen oder der Versuch ihn mit Feuerwehrleitern einzufangen nützt meist recht wenig. Erfolg versprechender ist da schon das Heranbringen des Partners in einem Käfig und das zusätzliche Auslegen von Futter, am besten in einem Gitterkäfig, dessen eine Seite mittels einer Ziehschnur schnell geschlossen werden kann. Oft kommt es allerdings auch vor, dass sich der Ara vor lauter Angst in der unbekannten Umgebung verfliegt und nicht wieder zurückfindet (siehe auch Kapitel „Freiflug").

> Wichtig ist, dass man beobachtet, wohin der Vogel fliegt.

Fütterung

Rechte Seite: Kleiner Soldatenara beim Verzehren von Grünzeug. Immer eine willkommene Abwechslung auf dem Speisezettel sind frischer Löwenzahn, Spitzwegerich sowie allerlei Knospen und Blätter.

Es ist wichtig, die Futtergefässe mit einem Rost zu fixieren, damit die aktiven und verspielten Vögel sie nicht umkippen, an eine andere Stelle verschleppen oder beschädigen.

Neben einer guten, artgerechten Haltung mit vielen psychischen Reizen, Beschäftigung, Flug- und Fortpflanzungsmöglichkeiten ist eine gute Fütterung von entscheidender Bedeutung für die langfristige Gesunderhaltung und Zucht von Aras. **Natürliche Futtermittel** aus ihren Herkunftsgebieten können wir den Aras in unseren Breiten nur teilweise bieten. Wir müssen darum oft auf Ersatznahrung umstellen, was auch sehr gut gelingt. Denn die Nahrung der Aras in ihren natürlichen Verbreitungsgebieten ist auch sehr variabel und verschieden, je nach Region.

Es ist wichtig, dass Aras mit natürlichen Futtermitteln ernährt werden, denn es handelt sich um Wildvögel und nicht um domestizierte Tiere wie beispielsweise Hühner oder Hausenten. Die Nahrungssuche nimmt einen Großteil an Zeit in Anspruch und bestimmt mit den Tagesablauf. Die Jungvögel, die viele Monate oder oft gar zwei bis drei Jahre mit ihren Eltern verbringen, lernen von diesen das Nahrungsspektrum kennen. Fast immer finden sie ihre Nahrung – Früchte, Samenkapseln und Nüsse – in den Baumkronen des Urwaldes. Unter Menschenobhut sollten wir die Nahrung der Aras so abwechslungsreich wie möglich gestalten. Besonders die großen Ara-Arten haben einen sehr großen Bedarf an fett- und proteinreicher Nahrung. Aras können praktisch nicht verfetten, so wie wir dies von Amazonen kennen. Darum ist es wichtig, dass wir ihnen diese Proteine in Form von Sämereien und vielen Nüssen zuführen.

Allerdings hat ein Volierenvogel oder gar ein Käfigvogel einen viel geringeren **Energiebedarf** als ein wild lebender Artgenosse. Zudem sollte das Nahrungsspektrum jahreszeitlichen Rhythmen unterzogen werden. Gerade bei Aras zeigt sich allerdings oft, dass dies für eine erfolgreiche Zucht nicht nötig ist. Denn die Ernährung von Aras in Freiheit kann teilweise auch recht einseitig sein. So können über Wochen immer wieder die gleichen Frucht- oder Nussbäume angeflogen werden. Wir sollten uns deswegen aber keinesfalls zu einer einseitigen Ernährung unserer Pfleglinge verleiten lassen.

Die Fütterungsmenge muss individuell auf die Tiere und die Jahreszeit abgestimmt werden. Durch anfängliches Probieren, das heißt durch die Reichung von zu viel Futter von allen Sorten und anschließender Reduzierung, kann der Pfleger schnell die richtige Menge, die ein bestimmtes Paar benötigt, abschätzen. Hier arbeitet man am besten nach Gefühl und nicht nach Maß.

Der **Futterbedarf** variiert je nach Saison und Jahreszeit. Grundsätzlich ist eine Fütterung einmal am Tag ausreichend, wenn die Altvögel keine Jungen zu versorgen

> **HINWEIS** Die Kunst des Fütterns besteht darin, dass am nächsten Tag immer nur ein ganz klein wenig übrig bleibt. Schlecht ist eine zu üppige Fütterung, bei der immer nur eine bestimmte Lieblingskörnerart verzehrt wird, führt zu einer einseitigen Ernährung.

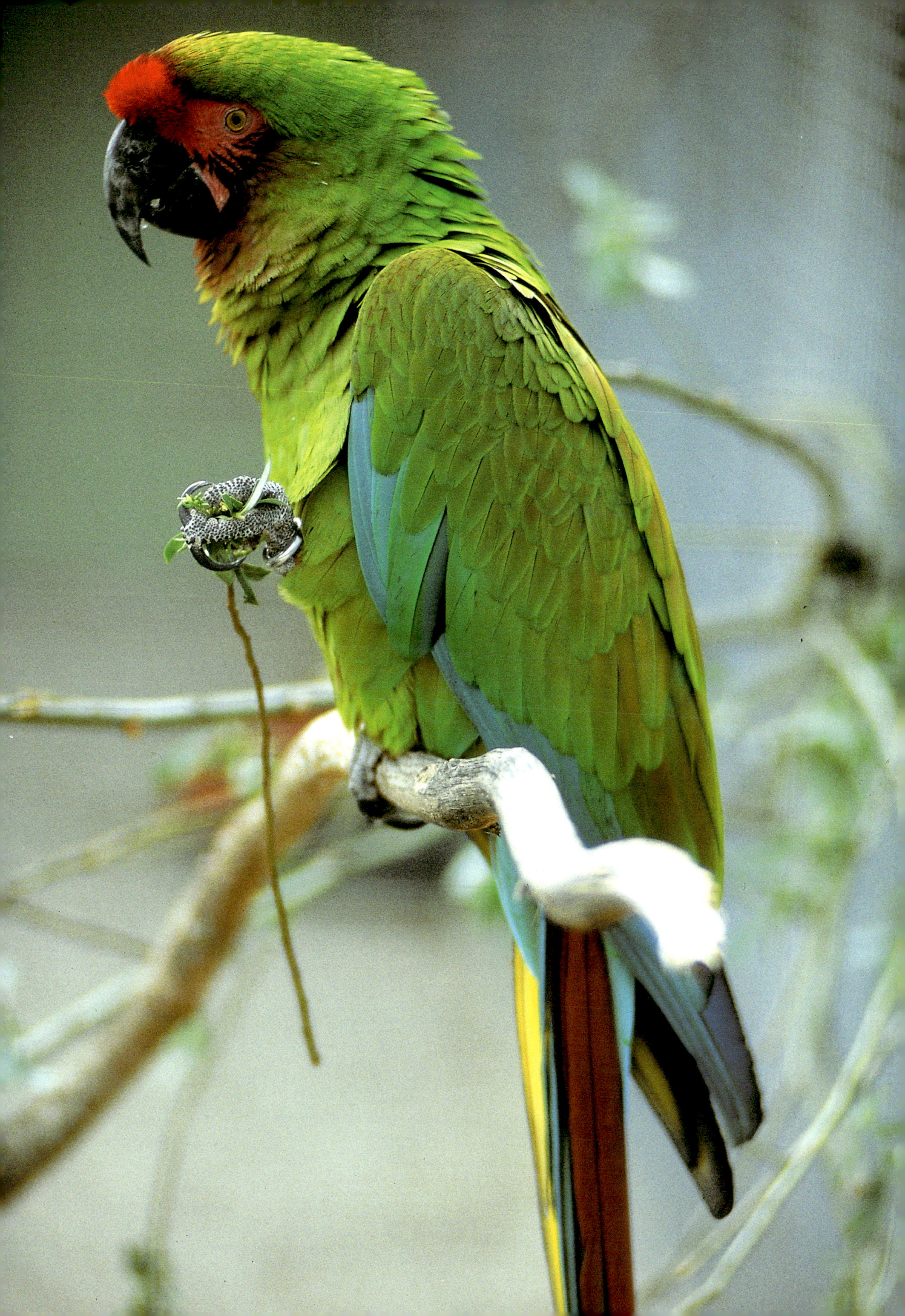

FÜTTERUNG

Nussortiment für Hyazintharas: Kokosnuss, Wal- oder Baumnüsse, Mandeln, Paranüsse und Erdnüsse.

haben. Allerdings ist eine zweimalige Fütterung, wenn es die Zeit des Pflegers zulässt, für die Vögel abwechslungsreicher und ist auch eine Art Lebensraumbereicherung. Die Vögel erhalten so zwei- oder gar mehrmals täglich Futter in kleinen Portionen, was immer wieder ihren Tagesablauf unterbricht und interessant gestaltet. Mit Vorzug füttert man morgens und abends, dem natürlichen Tagesablauf der Vögel entsprechend.

HINWEIS Man sollte über einen **doppelten Satz Futtergefäße** verfügen. Die Futtergeschirre werden täglich mit heißem Wasser gereinigt. In den Volieren müssen die Futterschalen so angebracht werden, dass sie von den Aras nicht auf den Boden geworfen werden können.

Körnerfutter

Körner- und Früchtefresser werden in zwei Gruppen eingeteilt. Zum einen gibt es diejenigen, welche Samen und Früchte ganz fressen und teilweise auch wieder ausscheiden und somit zur Verbreitung von Bäumen und Sträuchern beitragen. Andererseits gibt es die Tiere, die die Samen- und Fruchtkapseln öffnen und den Inhalt zerbeißen und fressen. Zu letzteren gehören auch die Aras. Seit langer Zeit werden in der Papageienhaltung trockene Körnermischungen verfüttert. Futterfirmen liefern auch gerade als Arafutter bezeichnete Sämereien, die zur Hauptsache aus gestreif-

ten und weißen Sonnenblumenkernen, Melonenkernen, Kardi, Weizen, Mais, Zirbel- und Erdnüssen bestehen. Dieses Körnerfutter kann bedenkenlos an Aras verfüttert werden und wird auch meist gerne genommen. Feinere Sämereien wie Glanz und Hirse werden insbesondere von den großen Arten schlecht akzeptiert.

Das Körnerfutter bildet aber nur ein **Grundfutter**, das keinesfalls ausreichend für die ganzjährige Ernährung von Aras ist. Bei ausschließlicher Gabe eines trockenen Körnerfutters kann es zu Mangelerscheinungen kommen. Es treten vor allem Kalzium-, Natrium- und Vitamin-A-Defizite auf (WOLF u. KAMPHUES, 2001). Wir füttern trockenes Körnerfutter durch die Wintermonate von November bis März in größeren Mengen. Die übrigen Monate reichen wir das Körnerfutter trocken und gekeimt. Manche Arten wie beispielsweise der Hyazinthara nehmen allerdings oft nur sehr ungern gekeimte Körner auf. Ganzjährig wird es aber ergänzt durch die Reichung anderer Futterkomponenten.

Nüsse und Palmfrüchte

Nüsse stellen einen wichtigen Faktor in der Ernährung von Aras dar! Der Hyazinthara und der Lear-Ara, ernähren sich in Freiheit praktisch ausschließlich von Nüssen. Da Pflanzen aussterben würden, wenn sie sich nicht durch das Verbreiten von Samen vermehren könnten, haben sie verschiedene Methoden entwickelt, sich vor Samen und Nuss fressenden Tierarten zu schützen. Man glaubt, dass beispielsweise die Acuri-Palme (*Scheelea* sp.) und die Bocaiúva-Palme (*Acrocomia totai*) immer härtere Nussschalen entwickelten, um den destruktiven Schnäbeln der Hyazintharas, die sich von den Nüssen dieser Palmenarten ernähren, standzuhalten. Dadurch entwickelten sich aber auch die Schnäbel der Hyazintharas zu immer wuchtigeren und stärkeren Instrumenten, so dass sie heute die Nüsse dieser Palmen immer noch mühelos aufknacken können. Dies ist eine mögliche Erklärung für die Entwicklung der kräftigsten Schnäbel im Papageienreich.

NÜSSE UND PALMFRÜCHTE

Eine weitere Möglichkeit den Nusszerstörern auszuweichen ist das bei vielen Tropenpflanzen beobachtete Blühen und Tragen von Früchten zur gleichen Zeit und nahezu während des ganzen Jahres. Palmen sind hierfür ein gutes Beispiel. Oft sieht man ganze Fruchtstände in den Kronen mit unreifen bis reifen Früchten sowie Blüten. Wenn sich nun Aras oder Affen, die auch Nüsse und Sämereien zerbeißen und nicht ganz schlucken, über eine solche Palme hermachen, können sie immer nur einen gewissen Teil an Früchten verzehren. Zum einen stehen die Chancen gut, dass diese Tiere, die alle verschwenderische Nahrungsverzehrer sind, Früchte fallen lassen. Außerdem reifen immer wieder Früchte heran, die den Tieren entgehen und ganz zu Boden fallen.

Den Hyazintharawildfängen, die vor vielen Jahren in unsere Obhut gelangten, wurden als Ersatz Baum- und Erdnüsse gereicht. Die Aras waren zwar viel härtere Schalen gewöhnt und die ersten Nüsse zersplitterten in tausend Stücke. Aber bald lernten sie mit der neuen Situation umzugehen.

Gerade Walnüsse eignen sich sehr gut zum Verfüttern an große Ara-Arten. Sie werden auch in Europa kommerziell angebaut und selbst bei uns finden sich immer wieder Walnussbäume (*Juglans regia*). Die Nüsse können im Herbst selber gesammelt und verfüttert werden. Da sie in frischem Zustand nicht gelagert werden können, weil sie schnell verschimmeln, sollte man sie trocknen. Bei größeren Arabeständen sollte man Baumnüsse in großen Mengen einkaufen, die für den menschlichen Verzehr geeignet und gut getrocknet sind. Kleinere Ara-Arten können aber schon Mühe mit dem Aufknacken der Schalen haben. Ihnen muss man die Baumnüsse meist anknacken oder gar ganz öffnen. Zusätzlich zu den Baumnüssen werden meist noch Erdnüsse (*Arachis hypogaea*) gefüttert, die hohe Anteile an Niacin und Folsäure aufweisen und einen extrem hohen Proteingehalt haben. Das Nussangebot sollte aber noch erweitert werden. So werden sehr gerne auch Paranüsse (*Bertholletia excelsa*) gefressen. Das Zerknacken der harten Schalen ist eine gute Beschäftigung für die Tiere. In ihrem natürlichen Verbreitungsgebiet fressen die meisten großen Aras Paranüsse. Diese Nüsse werden hauptsächlich in Peru und Bolivien sowie in Venezuela, Kolumbien und Guyana und in Teilen Brasiliens von Einheimischen im tropischen Regenwald gesammelt. Sie werden nicht intensiv angebaut.

Nach neueren Untersuchungen des Arazüchters NORBERT HEBEL können Paranüsse von schlechter Qualität von Pilzen befallen werden, die bei Hyazintharas das Unterflügelsyndrom auslösen, was zum Tode des Vogels führt. HEBEL reicht daher nur noch geschälte, vakuumverpackte Paranüsse. Halter, die das Unterflügelsyndrom bei ihren Vögeln entdeckten und das Verfüttern von Paranüssen einstellten, konnten ihre Vögel dadurch retten, sie wurden wieder gesund.

HINWEIS Paranüsse sollten nur in einwandfreier Qualität und in nicht zu großen Mengen verfüttert werden. Pro Paar rechnet man sechs Nüsse täglich.

Es ist schwierig, an weitere Nüsse des natürlichen Nahrungsspektrums von Aras heranzukommen. In Hamburg gibt es jedoch mehrere Firmen, die verschiedene Nussarten importieren und innerhalb der EU liefern.

> Nüsse enthalten viele Proteine und Vitamine und beeinflussen sogar die Zucht der Aras. Viele enthalten Folsäuren, Magnesium, Mangan, Eisen, Phosphor und Kalium sowie die Vitamine A, B1, B2 und C.

Früchte, Samenkapseln und Beeren, die während zwei Wochen im amazonischen Tieflandregenwald gesammelt wurden. Möglicherweise gehören sie mit zur natürlichen Nahrung der Aras.

FÜTTERUNG

Der Hyazinthara ernährt sich mit Vorzug von Bocaiúva-Palmfrüchten (*Acrocomia totai*), die neuerdings auch in Deutschland bezogen werden können. Ich konnte Gelbbrustaras beobachten, die Früchte von der Buriti-Palme (*Mauritia flexuosa*) knackten. Dabei kam eine weiße Frucht zum Vorschein, die mich an eine Litschi erinnerte. Die Aras tranken die Flüssigkeit und ließen dann die Frucht fallen!

Wir weichen jeweils auf **Nüsse** für den menschlichen Verzehr aus. So reichen wir den Hyazintharas mehrmals wöchentlich Kokosnuss, die sehr gerne genommen wird. Allerdings darf sie nicht in zu großen Mengen verfüttert werden, da sie stark sättigt. Die Kokospalme (*Cocos nucifera*) kommt nicht im natürlichen Verbreitungsgebiet der Hyazintharas vor. Den Saft der Nuss, der wertvolle Proteine enthält, gießen wir jeweils unter die Früchte.

> **Kokosnüsse**
>
> Vor dem Kauf sollte man die Nüsse immer schütteln, um festzustellen, ob im Innern noch Kokoswasser vorhanden ist. Eingetrocknete Kokosnüsse haben oft leicht schmieriges Fruchtfleisch und sollten keinesfalls gereicht werden, da sie eine Grundlage für Bakterienkeime sind.

Weitere Schalennüsse mit kokosnussähnlichem Inhalt aus dem Ursprungsgebiet der Aras sind die Nüsse von *Attalea* sp., *Syagrus* sp., *Copernicia prunifera*, *Orbignya martiana* und *Astrocaryum* sp. Steinfrüchte der Königspalme (*Roystonea oleraceae*) sind sehr ölhaltig und werden von Aras gerne verzehrt. Acrocomia-Nüsse weisen einen Fettgehalt von 62 % und einen Proteingehalt von 13 % auf. Wilde Hyazintharas ernähren sich von Früchten dieser Palme! Seltener sind die ursprünglich aus Australien stammenden Macadamianüsse (*Macadamia integrifolia*) erhältlich. Die Schalen dieser Nüsse sind extrem hart. Die Haselnuss (*Corylus* sp.) kann das Nussangebot für Aras in Europa gut bereichern. Pekannüsse (*Carya illinoensis*) werden in den USA angebaut, da sie ursprünglich auch aus dem Süden dieses Landes stammen. Sie sind kalorienreich, haben aber einen geringen Proteingehalt. Auch Mandeln (*Prunus amygdalus*) sind bei Aras sehr beliebt, ebenso wie Cashewkerne (*Anacardium occidentale*).

Neuer auf dem Markt sind Ölpalmfrüchte. Es handelt sich um die Früchte der afrikanischen Ölpalme (*Elaeis guineensis*) oder um Früchte der Romanzoffianischen Kokospalme (*Syagrus romanzoffiana*). Die Früchte werden gerne von den Aras verzehrt. Sie sind klein und orangefarben und hängen in Rispen zu Hunderten von der Baumkrone herab. Bei der Reifung nimmt der Ölgehalt ständig zu. Sie müssen allerdings tiefgefroren gelagert und können nur frisch aufgetaut verfüttert werden, denn nach einigen Tagen bildet sich in den Früchten eine giftige Substanz.

Sehr viele Nüsse enthalten Kalzium und Phosphor sowie zahlreichen Fette und haben einen hohen Kaloriengehalt. Diese Komponenten sind besonders für die Jungenaufzucht wichtig, insbesondere weil ein Phosphordefizit zu Verkrümmungen der Oberschnäbel speziell bei Hyazintharas und Dunkelroten Aras führen kann.

Keimfutter

Da Aras bei weitem nicht nur trockene, ausgereifte Samen zu sich nehmen, sondern auch **halbreife, milchige Sämereien, Knospen und Sprossen**, können wir diese Nahrung in Form von gekeimten Körnern ersetzen. Die Verdaulichkeit und besonders auch der Vitamingehalt der Sämereien lässt sich auf diese Weise entschieden positiv durch uns beeinflussen. Allerdings verlieren die Samen beim Keimprozess stark an Proteingehalt, was eine reichliche Zufütterung von verschiedenen Nussarten und/oder einer trockenen Sonnenblumenkern-Mischung gerade zur Zuchtzeit unerlässlich macht, da sonst der Fettgehalt der Nahrung für Aras zu gering wäre.

Beim Keimprozess werden Öle, Fette und Stärke, die Speicherkohlenhydrate, vorwiegend in einfache Zucker umgewandelt, die

KEIMFUTTER

vom Vogelkörper nahezu vollständig aufgenommen werden und somit die Verdauung erleichtern. Rohprotein wird in lebensnotwendige Aminosäuren gespalten. Ein besonderer Vorteil aber liegt in der wesentlichen Zunahme des Vitamingehaltes: bei B-Vitaminen bis über 50 %, bei E-Vitamine bis 100 % und bei Karotin sogar bis 200 %. Besonders die E-Vitamine sind für die Zucht ausschlaggebend. Auch während der Jungenaufzucht haben die Aras ein großes Bedürfnis an Keimfutter. Wir keimen jeweils ein handelsübliches Keimfutter bestehend aus Gerste, Hafer, Maranomais, Sorgho, Weizen, Dari, Kardi, Wicken, Sojabohnen, Hanfsaat und Taubenerbsen. Zudem mischen wir darunter immer auch eine große Portion (meist drei Viertel) vom handelsüblichen Arafutter mit großem Sonnenblumenkern-Anteil, Kürbiskernen, Kardi und Mais.

Die ideale Temperatur zum Keimen von Körnern liegt bei etwa 20 °C. Die Körner sollten nicht länger als 24 Stunden in Wasser eingelegt werden. Bereits sechs Stunden Wässern reicht zur anschließenden Keimfähigkeit aus (EHLENBRÖKER und LIETZOW, 1997). Nach dem Einweichen werden die Körner auf Sieben einschichtig an einem hellen, staubfreien Platz zum Keimen gebracht. Nach weiteren 24 Stunden, bei wärmeren Temperaturen schon früher, sind die Keime in einem idealen Zustand zum Verfüttern. Es keimen nie alle Körner gleich gut und schnell. Dies ist jedoch auch nicht nötig, da in allen Sämereien der Keimprozess begonnen hat, wenn auch die Keime noch nicht überall gut ersichtlich sind. Sonnenblumenkerne keimen meist am schnellsten. Sind die Keime zu lang, werden sie nicht mehr gefressen. Wenn die Körner gekeimt verfüttert werden, sind sie zwar noch feucht, nicht aber nass. Das ist wichtig, damit sie im Futtergefäß nicht verkleben. Am feuchten Körnerfutter haften auch Spurenelemente, Mineralien oder Vitamine in pulverisierter Form hervorragend.

Keimfutter muss anfangs in einem Sieb gut durchspült werden. Idealerweise sollte das Wasser nach einigen Stunden gewechselt werden. Ganz sicher aber müssen die Körner, wenn sie auf ein Sieb zum Keimprozess gelegt werden, vorher vielfach unter lauwarmem Wasser gewaschen und gespült werden. Die Siebe und Becken müssen immer gründlich gereinigt werden. Es dürfen keine Reste am Becken kleben bleiben, wenn das neue Futter angesetzt wird. Das Zubereiten von Keimfutter sollte immer zur gleichen Tageszeit erfolgen. Es erfordert einen gewissen Arbeitsaufwand, ist aber zur Fütterung von Aras sehr gut geeignet.

Auch in der Zuchtstation des Loro Parques wurde die Nahrung umgestellt, als die Spix-Aras nicht zur Zucht schreiten wollten. BUENO (2000) schreibt dazu: „Die Umstellung der Nahrung beinhaltete vor allem eine Vergrößerung des Angebots an Früchten und Gemüse sowie gequollenen und gekeimten Samen. Vor allem von Letzteren erhoffte man sich einen positiven Einfluss auf Verhalten und Physiologie der Vögel, die nun – so unsere Überzeugung – ganzjährig mit den Nährstoffen versorgt wur-

Morgendliche Futterration für ein Paar Hyazintharas mit Kokosnuss, Bocaiuvanüssen, Früchten, verschiedenem Gemüse und Keimfutter.

HINWEIS Sehr wichtig beim Keimen von Körnern ist absolute Sauberkeit. Beim Zubereiten von Keimfutter müssen Hygienemaßstäbe, wie sie beim Verzehr menschlicher Ernährung gelten, angewandt werden!

FÜTTERUNG

■ Für die gesunde Ernährung der Aras essenziell: Ein breites Angebot an Früchten und Gemüse, an frischem Grün wie Löwenzahn und Spitzwegerich, der reich an Kalzium ist, trockenen Sämereien, Keimfutter und Nüssen.

Empfehlenswert ist es, morgens nur Keimfutter und Früchte mit wenig Nüssen zu reichen und abends nur noch trockene Sämereien mit Nüssen vorzusetzen.

Verfüttern Sie keinen Blumenkohl und keine Avocados!

den, welche für die Keimzellenreifung und die Stimulierung des Brutverhaltens der Aras unverzichtbar waren." Der Erfolg stellte sich ein, die Spix-Aras zeitigten ein Gelege!

Die Akzeptanz und Verwertung von Keimfutter ist nicht bei allen Arten gleich hoch. Hyazintharas nehmen Keimfutter oft nur ganz spärlich zu sich. Die meisten anderen Arten aber verwerten es recht gut. Empfehlenswert sind auch Mungo- und Sojabohnen zur Verfütterung in gekeimtem Zustand. Wichtig ist, dass bei der Verfütterung von Keimfutter vom Frühjahr bis in den Herbst die trockenen Sämereien reduziert werden. Ansonsten ernähren sich viele Aras nur von trockenen Sämereien.

Obst und Gemüse

Das tägliche Zufüttern von verschiedensten Früchten und Gemüse ist eine Selbstverständlichkeit. So können Obst und Gemüse der Saison angeboten werden. Es eignet sich fast alles, was auch für den menschlichen Verzehr bestimmt ist wie Stangensellerie, Knollensellerie, Fenchel, Peperoni, Zucchini, Tomate, Kohlrabi, Rote Bete, Gurke, Karotte, Orange, Mandarine, Traube, Kirsche, Apfel, Pflaume, Aprikose, Pfirsich, Granatapfel, Mango, Papaya, Banane und weitere tropische Früchte. Alle Aras lieben außerdem Zuckermais.

Das Gemüse und die Früchte zerschneidet man am besten von Hand in **kleine Stücke**. Aras müssen von Natur aus, wie die meisten Papageien, nicht haushälterisch mit dem Futter umgehen, denn sie haben ja meist ganze Frucht- und Nussbäume zur Verfügung. Darum lassen sie ein Fruchtstück oft schon nach einem Bissen fallen und ergreifen ein neues.

Durch den Verzehr von Früchten versorgen sich die Aras auch mit den meisten für sie wichtigen Vitaminen. Je nach Akzeptanz kann man täglich eine breite Palette anbieten oder jeweils nur etwa zwei Sorten täglich, die dann die Woche hindurch wechseln.

Tierische Kost

Protein (Eiweiß) wird für den Aufbau und Erhalt von Muskulatur und Organen benötigt. Es wird ständig verbraucht. Besonders während der Mauser, der Brut und der Entwicklungsphase der Jungvögel ist der Bedarf hoch. Viele Züchter reichen ihren Aras ab und zu **abgenagte Fleischknochen** besonders von **Geflügel**. Durch die Gabe von frischem, morschem Holz erhalten die Aras die Möglichkeit nach **Kerbtieren** und **Maden**, die sich noch im Holz befinden, zu suchen. Es wurden Hyazintharas beobachtet, die im Pantanal nahe Poconé in der Mittagszeit aus einem Tümpel Schnecken fischten und sie anschließend verzehrten (ROTH in HOPPE, 1983).

Um die Aras mit tierischen Eiweißen zu versorgen, kann handelsübliches **Insektenfresserfutter** mit **hart gekochten Eiern** vermischt werden. Wenn dieses Futter etwas angefeuchtet wird, entsteht eine krümelige Masse. Dieses Eifutter sollte regelmäßig, das heißt einmal wöchentlich, angeboten werden. Aber nicht alle Vögel nehmen es auf. Der Bedarf variiert von Paar zu Paar sehr stark. In der Brut- und Aufzuchtzeit wird dieses Futter aber benötigt und kann täglich vorgesetzt werden.

Hüttenkäse hat sich als gutes Futter bei der Aufzucht von Jungaras bewährt. Die Altvögel nehmen ihn jeweils gierig auf. Auch andere **Milchprodukte** sind eine Quelle für tierische Proteine. Geeignet sind fermentierte Milchprodukte wie Quark, Jogurt oder Käse. Besonders während der Jungenaufzucht haben die Vögel einen hohen Bedarf. Milchprodukte sind reich an Kalzium und Vitamin D. WOLF und KAMPHUES (2001) warnen aber vor der Zufütterung eiweißreicher Komponente wie eben beschrieben. Sie sind der Auffassung, dass der Proteinbedarf von Papageien im Erhaltungsstoffwechsel gedeckt ist, wenn man eine herkömmliche Körnermischung reicht. Viele Aras haben aber einen erhöhten Proteinbedarf.

> **HINWEIS** In der Voliere Hyacinthinus reichen wir Eifutter nur einmal wöchentlich in der Ruhephase und zwei- bis dreimal wöchentlich in der Zuchtphase. Käse oder Jogurt wird nur gereicht, wenn die Vögel Junge zu füttern haben. Dann steht auch Eifutter täglich zur freien Verfügung.

Pellets

In den letzten Jahren sind Pellets als Ersatz für Körnerfutter in der Ernährung von Papageien und Sittichen sehr stark aufgekommen. Sie werden oft in aufdringlicher Weise vermarktet und als das beste und sicherste Futtermittel für Papageien angepriesen, weil die Vögel so alles erhielten, was sie auch wirklich brauchten, und die Gefahr von Pilzbefall, besonders durch Aspergillus, gebannt sei.

Eigenartig ist nur, dass auf der einen Seite propagiert wird, in den Pellets sei in komprimierter Form alles enthalten, was die Vögel auch wirklich brauchen und so keine Fehlernährung entstehen könne, andererseits aber in den wenigsten Fällen wirklich erforscht ist, was alles und in welchen Mengen Papageien in freier Natur überhaupt zu sich nehmen.

> **HINWEIS** So kann man meist nur zwischen **Pellets für die Ruhephase** und für die **Zuchtphase** oder zwischen Pellets für Arten mit hohem Proteinbedarf und solchen mit geringerem auswählen. Für Aras müsste man sich dann für Pellets mit hohem Proteinbedarf entscheiden.

Sicher können Pellets als zusätzliche Beigaben gereicht werden. Sie sollten aber nie trockene wie gekeimte Körner oder gar Nüsse ersetzen. Nach unseren Erfahrungen nehmen die Aras Pellets aber nicht auf, wenn sie noch genügend Sämereien zur Auswahl haben, auch solche Vögel nicht, die an die Ernährung von Pellets gewöhnt sind. Die Langzeitfolgen von ausschließlicher Pelletfütterung sind nicht bekannt. Es muss nochmals darauf hingewiesen werden, dass es sich bei Aras um Wildvögel und nicht um domestizierte Tiere handelt.

Vor Jahrzehnten kam bereits aus den USA eine neuartige Fütterungsmethode mit pelletiertem Futter für praktisch alle Zootiere auf. Die Verkaufsargumente waren ähnlich wie die heutigen für die Papageienfütterung. Der Versuch scheiterte kläglich. Wildtiere essen, wie wir Menschen auch, mit den Augen. Für Aras, die in den Kronen der Bäume turnen, farbige Früchte pflücken, Nüsse knacken und Samenkapseln aufknipsen, ist der Futterverzehr vermutlich ebenfalls lustbetont. Pellets sind ein **reizarmes Futter**. Auch dass Pellets in verschiedenen Farben und Formen auf dem Markt sind, ändert an dieser Tatsache nichts. Wenn wir Aras halten, ist oft die Umgebung schon viel monotoner als die freie Natur. Da müssen wir nicht auch die Fütterung auf ein Minimum an Beschäftigung und Freude reduzieren.

Vitamine, Mineralstoffe, Spurenelemente und Magensteinchen

Bei der zusätzlichen Reichung von Vitaminen gehen die Meinungen auseinander. Einesteils ist es sicher richtig, dass bei einer ausreichenden Fütterung, eine Versorgung durch die nötigen Vitamine gewährleistet ist. Dieses Ziel sollte auch von jedem Arahalter angestrebt werden. Dies macht eine zusätzliche Vitaminisierung des Futters überflüssig. Wenn trotzdem zusätzlich Vitamine, wie etwa Vitamin E zur Zucht, eingesetzt werden, so muss man doch sehr vorsichtig damit umgehen, da sie, in zu großen Mengen gereicht, auch toxisch wirken und gerade bei großen Aras auch zu Fußlähmungen führen können.

> **HINWEIS** Multivitamine sollten immer in Verbindung mit Spurenelementen ins Futter gemischt werden. Empfehlenswert ist auch ein Vogel- oder Meeralgengrit, der unter das Keimfutter und unter die Früchte gemischt wird. Der Grit hilft bei der Verdauung.

Besser als die Gabe eines Vitamins ist die Verabreichung eines **Multivitaminpräparates**. Es sollten nicht verschiedene Produkte vermischt gereicht werden. Grit und Mineralstoffsteine oder ein Mineralstoffpulver sind für einen normalen Aufbau von Knochen, Knorpel, Horn und Federn notwendig und regulieren den osmotischen Druck in den Körperzellen. Mineralstoffsteine dienen auch der Schnabelabwetzung. Mineralstoffe (Kalzium, Magnesium, Phosphor, Natrium, Kalium) sowie Mengen- und Spurenelemente (Eisen, Kobalt, Mangan, Fluor, Zink, Selen, Jod) benötigt ein Papagei täglich. Besonders die Weibchen brauchen für die Produktion der Eier Kalzium.

Die in den Körnern und Früchten vorhandenen Mengen an Spurenelementen und Mineralstoffen reichen für eine genügende Versorgung nicht aus. Darum ist es gut, wenn wir handelsübliche Präparate zuführen. Einesteils können sie über die Früchte gestreut werden, andererseits ist es aber sinnvoller, sie in separaten Schalen in jeder Voliere zu reichen, so dass die Vögel die Mineralstoffe selber aufnehmen können, wenn sie sie benötigen. Wir feuchten jeweils die bereits geschälten Paranüsse etwas an und streuen Totalin darüber. Es handelt sich hier um ein Produkt, das auch in der Landwirtschaft für Kühe und Pferde eingesetzt wird. Es entspricht in der Zusammensetzung etwa einer Lehmlecke. Zudem verwenden wir für unsere Aras Kanavit, das wir über die Früchte und über das Keimfutter streuen. Es unterstützt die Einlagerung des für die Eiablage wichtigen Kalziums in den Knochen.

Meist bieten große Futtermittellieferanten, Zoohandlungen, landwirtschaftliche Genossenschaften oder Tierärzte spezielle Vitamine, Mangelpulver und Mineralpulver an. Gerade bei Papageien in Freivolieren kann man immer wieder beobachten, wie gerne sie in der Erde graben und wie sie auch Erde aufnehmen. Besonders sinnvoll ist, wenn man **lehmhaltige Erde** von Flussufern holt und sie in großen Schalen darbietet (KÜNNE, 2000). Sie stellt in der Tat gerade für Aras eine höchst natürliche Quelle von Mineralstoffen dar, die sie im Regenwald ja auch an den Lehmlecken in Uferböschungen holen.

Lagerung von Futter

Es ist wichtig, dass das Körnerfutter und die Nüsse richtig gelagert werden. Der glei-

TRINKWASSER

che Raum, in dem sich die Aras befinden, ist ungeeignet für eine Lagerung des Futters, da die Luftfeuchtigkeit meist zu hoch ist und die Luft durch zusätzlichen Staub belastet ist. Beim Bau eines Vogelhauses sollte ein mäusesicherer Futterraum unbedingt eingeplant werden, in dem die Temperatur gleichmäßig kühl ist, ideal sind 5 bis 10 °C. Die Luftfeuchtigkeit sollte so gering wie möglich sein. Gerade Nüsse können bei falscher Lagerung ranzig werden und verpilzen. Geschälte Para- oder Baumnüsse können auch in großen Mengen eingekauft und tiefgefroren werden. Bei einer kühlen Lagerung bleiben sie aber meist fünf Monate frisch.

Trinkwasser

Aras decken ihren Flüssigkeitsbedarf einesteils aus dem Saft, der in Früchten enthalten ist. Wenn sie nach draußen können, nehmen sie oft Regentropfen vom Volierengitter auf. Bei Berieselungsanlagen trinken sie gerne direkt von der Düse. Das **Wasser** in Trinknäpfen oder Badeschalen sollte **täglich gewechselt** werden. Die Gefäße müssen gründlich ausgeschrubbt werden, damit sich keine Algenschicht bildet, die dann das Wasser schnell faulen lässt. In Mittel- und Nordeuropa verfügen wir in der Regel über Leitungswasser, das auch gut für den menschlichen Verzehr verwendbar ist und den Papageien bedenkenlos gereicht werden kann.

Früchte und Beeren enthalten viel Feuchtigkeit, trotzdem sollten Aras immer Trinkwasser zur Verfügung haben.

Zucht

Rechte Seite: Neugierig lugt der junge Gelbbrustara aus seiner Kinderstube, dem einer natürlichen Nisthöhle nachempfundenen, hohlen Baumstamm.

Das Ziel der Arahaltung ist früher oder später immer die Zucht. Die Fortpflanzung ist ein natürlicher Trieb, der in jeder Kreatur vorhanden ist und zeitweise dominierend zum Ausdruck kommt. Jedem Vogel sollte die Möglichkeit gewährt werden ihn auszuleben. Ohne diese Möglichkeit kann es sehr schnell in der geschlechtsreifen Phase zu Frustrationen kommen, die dann später zu Fehlverhalten führen können.

Das **Paarverhalten** von Aras zu beobachten ist außerordentlich interessant und spannend. Eine Brut und die anschließende **Jungenaufzucht** aus nächster Nähe mitverfolgen zu können, bildet einen Höhepunkt in der Haltung von Aras. Gerade aber weil es sich um ein sehr wichtiges Element im Leben eines Aras handelt, können die Abläufe und manchmal auch Probleme bei der Zucht vielschichtig sein. So kann es vorkommen, dass Embryonen absterben, Jungvögel nicht richtig aufgezogen werden, man zur Handaufzucht greifen muss oder dass Paare überhaupt nicht zur Brut schreiten.

Jetzt soll ausführlich auf die Voraussetzungen und die verschiedenen Aspekte der Zucht eingegangen werden. Bei allen Bemühungen um die Zucht ist aber immer der Respekt vor der Kreatur von größter Bedeutung. So meint auch KASHMIR CSAKY (1994) aus den USA, als sie ihr erstes Paar Hyazintharas erwarb: „Ich fühlte, dass es wichtig war, dass die Vögel spürten, dass sie nicht nur bloße Zuchtvögel für mich waren, sondern Individuen, die ich respektiere."

> **HINWEIS** Wenn Jungvögel nicht an Halter abgegeben werden können, die sie artgerecht in einer Voliere halten, so sollte im Interesse der Vögel auf eine Zucht verzichtet werden. Falsch ist es, wenn die Jungvögel alle von Hand aufgezogen werden und an Einzelhalter verkauft werden.

Voraussetzungen für die Zucht

Für eine erfolgreiche Arazucht benötigt man zwei kompatible, geschlechtsfremde Partnervögel. Immer wieder wird der Fehler gemacht, dass bereits geschlechtsreife Tiere in der Hoffnung erworben werden, dass diese dann auch sofort mit einem erfolgreichen Brutgeschäft starten. Dass dies nicht immer so ist, zeigt auch das Hyazintharapaar, das wir von jemandem übernahmen, der ins Ausland zog. Die Vögel zogen vorher praktisch jährlich Junge groß. Sie setzten nach dem Umsetzen aber sieben Jahre mit Züchten aus!

Besser ist es, wenn man sich junge, nachgezüchtete Vögel anschafft, die sich gut und natürlich den neuen Gegebenheiten anpassen und zusammen heranwachsen. Wer nicht in der Lage ist, zwei Vögel gleichzeitig zu erwerben, sollte zuerst ein Männchen kaufen, da Männchen mehr Zeit zur Erreichung der Geschlechtsreife benötigen als Weibchen.

Ein gut **harmonierendes Paar** ist sicher die Grundvoraussetzungen zur Zucht. Es ist nur wenigen Züchtern möglich, was KURT KREBS verwirklichen konnte. Er konnte seinerzeit zehn Hyazintharas erwerben und hielt sie alle zusammen in einer Großvoliere in einem umgebauten Stall. Die Vögel wurden mit Zeichen an den Schnäbeln markiert, um sie auseinander halten zu können. KREBS brachte viele Stunden beim Beobachten der Vögel zu und notierte die sich ergebenden Freundschaften und Vorlieben. Die festen Paare, die sich während der nächsten Monate bildeten, wurden anschließend in Zuchtvolieren gesetzt. Trotzdem sollten aber noch viele Jahre vergehen, bis sich ein Zuchterfolg einstellte.

Die meisten Züchter müssen aber zwei gegengeschlechtliche Vögel nach Gutdün-

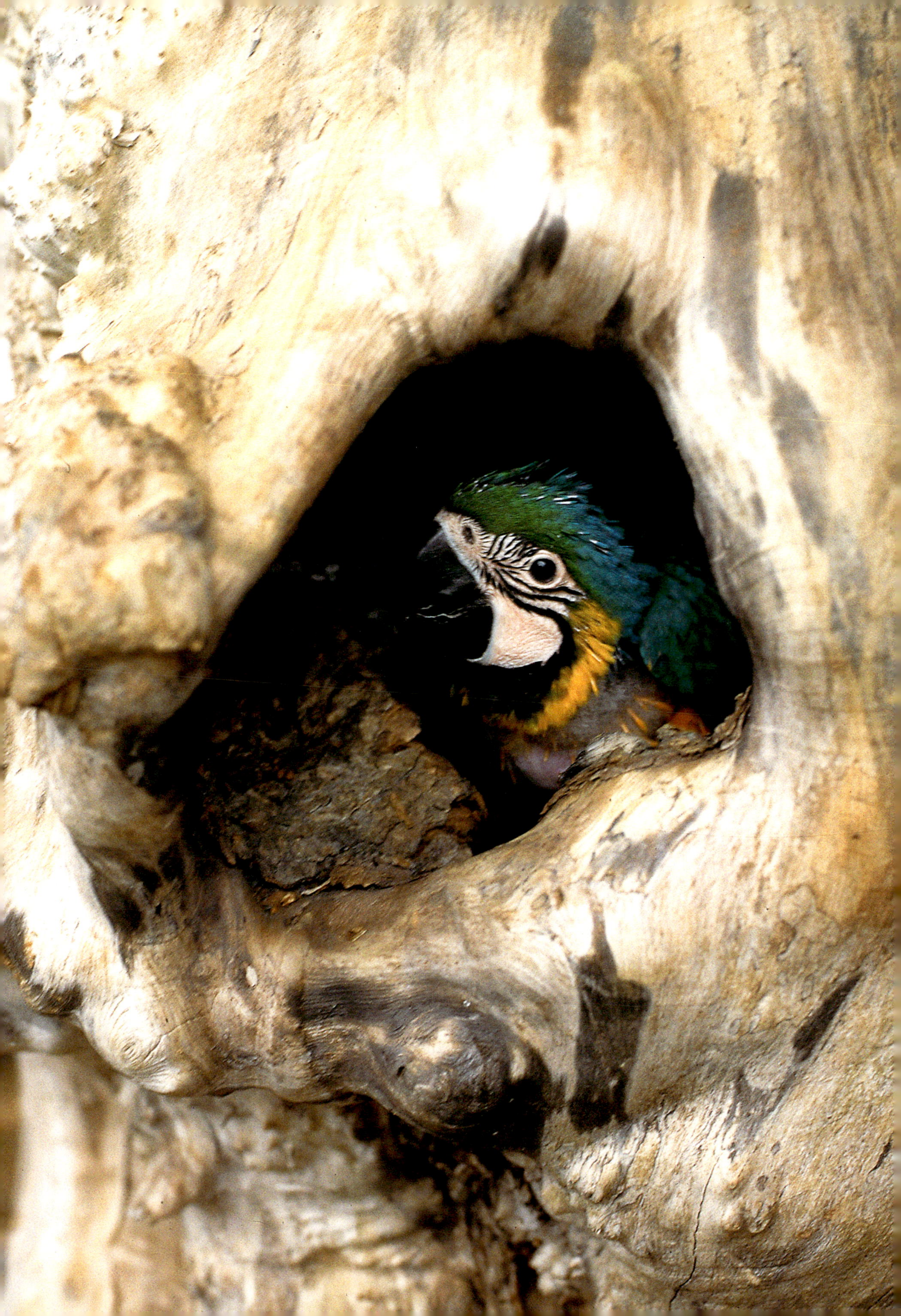

ZUCHT

ken zusammenstellen. Bei den kleinen Ara-Arten gelingt dies meist gut, bei den größeren kann es schwieriger sein, verläuft aber in der Regel auch gut.

Viele Arahalter, die bereits ein Männchen oder ein Weibchen haben, möchten gerne ihren Vogel bei einem Züchter in die Voliere mit Jungaras setzen, damit sich ihr Tier eines aussuchen kann. Verständlicherweise ist es heute nicht mehr gut möglich, in eine Zuchtanlage einen fremden Vogel zu setzen, der sich dann aus mehreren Jungvögeln einen Partner aussuchen soll. Die Gefahr der Krankheitsübertragung ist zu hoch.

Oft baut sich bei einem einige Wochen oder Monate einzeln gehaltenen Ara ein großes Bedürfnis nach einem Partner auf. Wenn er dann mit einem Partner gleichzeitig in einer neuen Voliere zusammengeführt wird, ist häufig zu beobachten, wie die Vögel sofort Körperkontakt halten, sich kraulen und eventuell sogar füttern. Allerdings muss auch gesagt werden, dass, wie beim Menschen, auch bei Aras Liebe auf den ersten Blick oft nicht die Dauerhafteste ist. Andere Aras benötigen einige Tage oder Wochen, bis sie sich näher kommen.

BERGER (2001) berichtet beispielsweise von seinen Dunkelroten Aras, die er zusammensetzte und die sich wochenlang ignorierten. Die Vögel fraßen nicht zusammen und saßen immer weit voneinander entfernt, bis nach einigen Wochen der Bann gebrochen war und nach einem kleineren Gefecht beide dicht beisammen waren. Sie entwickelten sich zu einem guten Zuchtpaar.

Im Allgemeinen aber stellt die Paarzusammenstellung, besonders von Jungvögeln, keine großen Probleme dar. Man hat somit mehr Möglichkeiten beim Austausch und Zusammensetzen von Jungvögeln und Partnertieren. Gerade Jungaras von blutsfremden Paaren, die nach Erlangung der Selbstständigkeit zusammen in der gleichen Voliere gehalten werden, verstehen sich sehr gut untereinander. Es kommt aber auch vor, dass sich sogar artfremde Vögel sympathisch und anziehend finden. Auch wenn Paare sich gegenseitig sehen können, kann es vorkommen, dass plötzlich zwei Vögel, die eigentlich verpaart schienen, sich von ihren Partnern lösen und es sie zum anderen Vogel in der Nachbarvoliere hinzieht.

> **HINWEIS** Nicht jedes „Paar", das kompatibel erscheint, ist auch wirklich eines. Es können auch zwei Männchen oder zwei Weibchen jahrelang zusammen wie ein Paar leben. Dabei übernimmt ein Vogel jeweils die Rolle des anderen Geschlechts.

Die Paarbindung von Aras kann oft äußerst stark sein. Wenn ein Vogel bereits geschlechtsreif ist und der andere noch im Jungenstadium, so kann auch eine solche Zusammenstellung glücklich verlaufen. In vielen Fällen wird der Jungvogel dann eher geschlechtsreif, da er sich dem Partnervogel angleicht.

Zur Zucht schreiten Nachzuchten schneller als Wildfänge, die oft Jahre benötigen, um sich mit den neuen Gegebenheiten zurechtzufinden. Immer wieder sieht man, dass ein kompatibles Paar auch unter ungünstigen Bedingungen brütet. Diese Tatsache darf einen aber nicht zur Haltung von Aras in unzureichenden Volieren oder gar Käfigen verleiten, denn unser Ziel ist eine langfristige Zucht mit glücklichen Vögeln. Darum sind neben der Paarzusammenstellung auch die **Unterbringung**, die Stimulation durch äußere Reize, die **Nahrung** und die **Bereicherung des Lebensraumes** von großer Bedeutung. Die Zucht von Aras erfordert in vielen Fällen sehr viel Geduld. Geben sie nicht frühzeitig auf, nur weil die ersten Gelege unbefruchtet waren. Gerade solche Paare können später wundervolle Zuchtvögel werden.

> **TIPP** Sollte man doch einmal ein Paar haben, das sich auch nach Monaten nicht zusammenschließt, muss das Paar getrennt werden. Daher ist es immer von Vorteil, wenn man mindestens zwei Paare der gleichen Art hält.

Geschlechtsbestimmung

Da die Geschlechter bei Aras äußerlich nicht unterscheidbar sind, ist es wichtig, dass wir nur endoskopierte oder per DNA-Analyse untersuchte Vögel erwerben, um einer jahrelangen, zufälligen Haltung von zwei Vögeln ohne Zuchttätigkeiten vorzubeugen, wie dies früher oft geschah, als es noch nicht möglich war, das Geschlecht zu bestimmen. Ein Züchter wird seine Vögel in den meisten Fällen auch nicht verkaufen können, wenn er deren Geschlecht nicht weiß.

Blutproben wurden häufig durch Anschneiden einer Kralle in Kapillarröhrchen entnommen oder bei Nestlingen durch das Anschneiden der Halsvene ab dem 10. Lebenstag. Diese Methode sollte aber heute nicht mehr angewendet werden, da es viel einfacher ist, dem Vogel eine Feder zu zupfen und diese dann per **DNA-Analyse** untersuchen zu lassen. Auch bei Jungen können erste, wachsende Federn bereits gezupft und eingesandt werden. In allen drei deutschsprachigen Ländern Europas gibt es heute Niederlassungen von Laboratorien, die DNA-Analysen durchführen. Sie inserieren regelmäßig in Fachzeitschriften. Bei dieser Methode gibt es kein Entnahmerisiko. Die Jungvögel müssen aber, gerade wenn sie verkauft werden, beringt oder mit einem Mikrochip versehen sein, damit auf dem Analyse-Zertifikat die Ring- oder Chipnummer des Vogels angegeben werden kann.

Die DNA-Analyse ist sicher für den Vogel die schonendste Methode und empfehlenswert. Sie hat aber auch Nachteile. Zum Beispiel gibt sie keine Aussage über die Zuchtkondition und hat somit eine beschränkte Aussagekraft. Es sind zudem beim Einsenden der Federproben auch Manipulationen oder unbeabsichtigte Fehler möglich, denn es ist keine neutrale Person wie ein Tierarzt zugegen, der die Angelegenheit überwacht oder leitet.

Die **Endoskopie** ist ein kleiner, operativer Eingriff, der nur unter Narkose erfolgen kann. Sie kann nur von auf Papageien spezialisierten Tierärzten durchgeführt werden, weil sonst das Risiko der Narkose, der Operation sowie einer Infektion zu hoch ist. Bei geübten, spezialisierten Veterinären aber ist das Risiko äußerst gering. Eine Endoskopie gibt immer auch Aufschluss über den Zustand der Organe, respektive über die Zuchtkondition unter Berücksichtigung des Entwicklungs- und Durchblutungszustandes der Geschlechtsdrüse. Wenn die Vögel mit Mikrochips gekennzeichnet werden, kann dies gleichzeitig bei der Narkose erfolgen. Andernfalls wird der Tierarzt die Vögel mit Endoskopieringen (vom Zoll akzeptiert) beringen (Weibchen gold links, Männchen schwarz rechts). Sind die Jungvögel bereits beringt, wird der Tierarzt ein Zertifikat ausstellen mit Angabe der Ringnummer und des Geschlechtes.

> Die genetische Geschlechtsbestimmung erfolgt durch die Analyse der DNA aus einer Feder oder Blutprobe.

Der Nistkasten

Nistkästen werden gerade von vielen kleinen Ara-Arten auch nachts zum Schlafen aufgesucht. Sogar einige große Arten, wie etwa der Große Soldatenara, nächtigen gerne in Nistkästen. Andere Arten suchen die Nisthöhlen nur während der Brutzeit auf. Ein brutwilliges Paar wird in den unmöglichsten Kästen, ja manchmal sogar auf dem Volierenboden brüten. Die große Akzeptanz der verschiedensten Nistkästen

In Knies Kinderzoo in der Schweiz ziehen in diesem Nistkasten regelmäßig Hyazintharas ihre Jungen auf.

Aufeinandergeschichtete Betonrohre, einen Baumstamm nachgebildend, bieten gute Nistplätze für Aras, wenn sie innen mit Holzschnitzeln und morschem Holz ausgestattet werden. Im oberen Teil ist unterhalb des Einschlupfloches ein Boden eingezogen. Die Volierenwand wurde in den in der Natur dominierenden Farben bemalt und ist so wesentlich attraktiver als eine weiße Wand.

Zahlreiche Beispiele zeigen, dass die Art des Nistkastens nicht den Gegebenheiten in der Natur entsprechen muss. Es scheinen andere Komponenten wie die Paarkompatibilität ausschlaggebend zu sein.

lässt sich vielleicht mit dem Mangel an Nistplätzen im Freiland erklären, der es den Tieren nicht gestattet wählerisch zu sein.

Die **Beschaffenheit** und das Aussehen der Nistkästen ist so verschieden wie die Ideen der Züchter. So gibt es Züchter, die ihren Vögeln **Plastiktonnen** (Abfallkübel), in die ein Eingang geschnitten wurde, zur Verfügung stellen. Der Deckel kann zur Kontrolle abgehoben werden. Wieder andere zimmern **luxuriöse Nistkästen**, andere bieten **Holzfässer** an, manche errichten einen Nistkasten aus Steinen oder Beton und manchmal findet man sogar **Metall- oder Aluminiumnistkästen**.

In Freiheit brüten Aras vielfach in Baumhöhlen, in Palmenstämmen, die oben offen sind, oder in Ermangelung großer Baumhöhlen in Felshöhlen oder -spalten (KEMPER, 2000).

Beim Bau von Aravolieren müssen natürlich die Nistkästen als wichtige Elemente eingeplant werden. Holz hat den Vorteil, dass es ein natürlicher Rohstoff ist und ausgleichend bei heißen oder kalten Temperaturen wirkt. **Lange Kastenformate** bewähren sich schon allein deshalb, weil die Vögel im hinteren Teil eine dunklere Ecke haben, was in Fässern meist nicht der Fall ist. Aber auch dies ist für viele Paare unbedeutend. Es hat sich bewährt, die Kanten und das Einschlupfloch des Holznistkasten mit Metall einzufassen, da der Kasten sonst schnell zerstört wird. Um dem Nagetrieb gerecht zu werden, der bei der Zucht auch stimulierend wirkt, sollten **morsche Holzstücke** in den Kasten gelegt werden. Aluminiumnistkästen, wie sie auch von etlichen erfolgreichen Züchtern verwendet werden, eignen sich nur in Innenräumen in der gemäßigten Zone, da sie sonst bei Sonnenschein zu heiß würden. Dasselbe gilt für Plastiktonnen.

In der Zuchtanlage des Gatwick Zoos, Surrey, Großbritannien, hat man die Nistkästen für große Aras gleich in die seitlichen Trennwände eingemauert. Sie können so von außen gut eingesehen werden. Die **Platzierung** des Nistkastens ist von großer Bedeutung, da man sonst später bei **Kastenkontrollen** erhebliche Probleme hat. So sollten die Nistkästen einerseits ideal für die Vögel platziert werden, das heißt in einem sicheren Bereich der Voliere, der möglichst etwas abgedunkelt ist. Zum anderen sollte man vom Wärtergang aus die Kästen kontrollieren können. Dabei ist es ideal, wenn das Einschlupfloch vom Pfleger mittels eines Schiebers vom Wartungsgang her verschlossen werden kann, wenn das Paar sich zur Futteraufnahme in der Voliere aufhält. Denn bei so großen, wehrhaften Vögeln wie Aras können Kontrollen oder Manipulationen schwierig sein, wenn das brütende Weibchen im Nest ist und seine Jungen verteidigt.

Nicht immer ist aber ein Anbringen des Nistkastens zum Wärtergang hin möglich. So auch nicht in unserer Volierenanlage. Wir haben für all unsere großen Ara-Arten Betonnistkästen in der Form von großen Betonrohren. Verschiedene Rohrelemente wurden bis in eine Höhe von 2,5 Meter aufeinander gesetzt und oben mit einem Deckel versehen. Außen wurden die Rohre mit einem Betongemisch verkleidet, das einer Baumrinde gleicht und braun gestrichen wurde. Im obersten Element befindet sich ein ovales Einschlupfloch von 30 bis 40 cm Durchmesser (variabel). Der Durchmesser der eigentlichen Höhle beträgt 50 bis 80 cm. Im obersten Element ist 30 bis 40 cm unterhalb des Einschlupfloches eine

DER NISTKASTEN

Decke eingezogen. Die Höhlen fülle ich mit Holzschnitzeln von unbehandelten Bäumen aus dem Wald und ganzen Stücken von weichem und morschem Holz, damit die Vögel ihren Nagetrieb befriedigen können. Einige dieser Kästen haben Kontrolltüren zum Wärtergang hin, viele aber müssen in der Voliere selber entweder durch das sehr großzügig bemessene Einschlupfloch oder durch eine seitliche Kontrolltüre eingesehen werden. Dabei muss ich, auf einer Leiter stehend, den männlichen Vogel im Auge behalten – der oft auf dem Kasten sitzt oder auf einer Stange in der Nähe –, mit einer Stirnlampe in die Höhle leuchten und dabei mit einer speziell konstruierten Metallzange mit einer Kelle am Ende in den Kasten unter das Weibchen greifen, um Eier oder Junge zu entnehmen, wenn sie unbefruchtet sind, respektive nicht gefüttert werden.

Diese Methode verläuft recht gut und schnell, führte bei uns aber einmal zu einem Unglück. Es war ein Samstagabend im Herbst 2000 als ich mich dazu entschloss, ein Hyazintharajunges dem Nest zu entnehmen, denn es rief nun schon während mehr als 48 Stunden, ohne dass es von den Altvögeln beachtet und gefüttert wurde. Ich griff mit der Zange in das Nest, dabei waren beide Altvögel mit im Kasten. Ich konnte sie zuerst gut vorne ablenken. Als das Junge schon in der Kelle war und ich sie gerade schließen wollte, biss plötzlich ein Altvogel in die Kelle und verletzte dabei das Kleine, so dass es auf der Stelle starb. Dieses schlimme Missgeschick illustriert, wie wichtig es ist, dass der Kasteneingang von außen mit einem Schieber verschlossen werden kann. Sonst flüchten die Vögel bei Störungen in den Kasten. Zudem sollte der Kasten von außen kontrolliert werden können. Die Entnahme von Eiern gelingt mit sich im Kasten wehrenden Altvögeln allerdings recht gut, da die Eier schnell in der gepolsterten Zange sind. Bei zappelnden Jungen ist es schwieriger, weil man sie ja keinesfalls selber verletzen will. Oft tut es mir leid, die Vögel dermaßen stören zu müssen, obwohl die Störungen nach all den Jahren noch nie zu Fehlverhalten geführt haben.

Im Winter sauge ich mit einem Industriestaubsauger den Kasteninhalt leer und gebe neue Holzschnitzel hinein. Wichtig ist, dass die Betonrohre im unteren Bereich nicht mit einem Betonverputz rindenähnlich verziert sind, damit Mäuse nicht daran hochklettern können und sich dann etwa im Kasten einnisten.

Obwohl die Größe eines Nistkastens nicht ausschlaggebend für einen Erfolg ist, empfehle ich doch eher großzügige Kästen, damit sich die Vögel nicht die Schwanzfedern knicken und die Jungen ausreichend Platz haben. So können runde Kästen für alle **großen Ara-Arten** einen **Durchmesser** von 45 bis 80 cm haben. Die **Höhe** sollte 45 bis 50 cm betragen, die **Tiefe** bis zum Einschlupfloch sollte nicht unter 30 cm liegen.

> **TIPP** Die Betonnistkästen haben sich für alle großen Ara-Arten sehr gut bewährt. In den Betonröhren sind verschieden große Löcher, in die laufend frische, dicke Äste gesteckt werden. Es sollte sich immer ein Loch direkt unter dem ovalen Einschlupfloch befinden, denn auf dem dort eingesteckten Ast sitzen die Vögel sehr viel, schauen dabei interessiert in die Höhle und kopulieren, um dann in das Innere zu hüpfen.

Das **Einschlupfloch** sollte nicht kleiner als 25 bis 30 cm sein. Bei langen Nistkästen sollte die **Länge** ungefähr einen Meter betragen. Für die **kleinen Arten** empfehlen sich konventionelle gerade Nistkästen mit einem **Innendurchmesser** von 30 bis 40 cm, einer **Höhe** von 60 bis 70 cm und einem Durchmesser des **Einschlupfloches** von etwa 13 cm.

Stimulation der Zuchtvögel

Aras sind hauptsächlich Bewohner tropischer Zonen mit gleich bleibenden Temperaturen und täglich zwölf Stunden Helligkeit. Meist wechseln trockenere Perioden mit Regenzeiten ab. Auch das Nahrungsangebot ist ganzjährig gut, wenn auch in einigen Gebie-

---

Bei tiefen Kästen sollte ein Drahtgeflecht im Innern als Kletterhilfe für die Vögel angebracht werden.

Nistkästen reinigt man am besten mit heißem Wasser.

ten in der Regenzeit Engpässe auftreten. Die Brutzeiten vieler Arten fallen in die zweite Hälfte der Trockenzeit oder in die erste Hälfte der Regenzeit. Was heißt das nun für uns?

Aras gewöhnen sich in vielen Fällen gut an den jahreszeitlichen Rhythmus in der gemäßigten Zone. Als stimulierendes Element kann man das **Licht** (Sonnenschein) betrachten und entsprechend einsetzen. Zudem kann die **Fütterung** durch die Wintermonate auswahlmäßig beschränkt sowie die **Berieselungsanlage** häufiger eingeschaltet werden. Ab April, wenn es wieder länger hell ist und wärmer wird, kann die Futtermenge und -auswahl gesteigert werden, besonders die reichliche Zufütterung von allerlei Nüssen. Durch einen solchen Rhythmus bringt man die Paare dazu, in den Sommermonaten zu brüten.

Es kann vorkommen, dass geschlechtsreife Paare während etlicher Jahre zusammenleben, ohne je Anstalten zur Zucht zu machen. Andere wiederum schreiten verlässlich jedes Jahr in der gleichen Voliere zur Brut, ohne dass zusätzliche stimulierende Reize geboten werden. Kompatible Paare, die seit Jahren nicht brüten, brauchen offensichtlich eine **Veränderung** in ihrer **Haltung oder Umgebung**. So erging es uns, als wir zwei Zuchtpaare Dunkelrote Aras übernahmen, die nachweislich regelmäßig Junge aufzogen. Sie hatten Innen- und Außenvolieren zur Verfügung. Nachdem sie bei uns nur noch Innenvolieren bewohnten, blieb eine Zuchttätigkeit aus. Man sollte aber etwa vier Jahre warten, da einige Paare recht lange benötigen, um sich einzuleben oder um sich aneinander zu gewöhnen, wenn sie neu zusammengestellt sind, vorausgesetzt es handelt sich um geschlechtsreife Vögel.

Nachdem die Dunkelroten Aras vier Jahre keine Anstalten zur Zucht machten, setzte ich sie während der Wintermonate in zwei nebeneinander stehende Volieren, die zu allen Seiten mit Gittern versehen sind, im ersten Stock unseres Papageienhauses. Das hieß, dass sich die Paare gegenseitig sehen konnten, was sie zuerst sehr aufregte. Natürlich hatten die Volieren Doppelgitter, was in solchen Situationen unerlässlich ist. Die Vögel hingen am Gitter, stolzierten am Boden umher, ließen ihre hohen, kehligen Laute ertönen, verengten ihre Pupillen und flogen dann wieder aggressiv ans Gitter. Beide Paare waren ansonsten sehr kompatibel. Plötzlich aber war ein Männchen so aufgeregt, dass es seine Aggressionen an dem neben ihm sitzenden Weibchen ausließ. Die Aggression der Paare legte sich mit den Wochen etwas, flammte aber immer wieder auf. In diesen Volieren hatten die Aras wenig Reize und auch keinen Nistkasten. Im Frühling setzte ich sie wieder in ihre Zuchtvolieren. Einen Monat später wurden je ein Gelege gezeitigt und insgesamt drei Jungvögel ohne Probleme selbstständig aufgezogen.

Man könnte annehmen, dass das Umsetzen die Tiere dermaßen aufregt, dass sie für die nächsten Jahre keine Brutlust mehr zeigen. Das Gegenteil ist vielfach der Fall. Sobald die Vögel den Kasten wieder haben und benagen können, kann dies eine Eiablage auslösen. Man kann zusätzlich den Kasteneinschlupf mit morschem Holz versperren und den Kasten mit morschem Holz füllen. In dem frischen, morschen Holz findet sich tierische Kost. Das Wegnagen des Holzes stimuliert zusätzlich. Weiter ist natürlich das Futterangebot aus-

Hellrote Aras zeigen Interesse an der Nisthöhle. Viele verschiedene Faktoren sind ausschlaggebend, dass Aras zur Zucht stimuliert werden.

schlaggebend. Sicher ist, dass einige Paare nach einer jahrelangen Haltung in der gleichen Voliere lethargisch werden können, denn in der Natur ergeben sich doch immer wieder neue Situationen und neue Artgenossen gesellen sich zum Schwarm. Später kann sich das Paar zur Zucht absondern.

Ein Umsetzen ist meist von Erfolg gekrönt, jedoch benötigt der Arahalter auch Geduld, denn ein Umsetzen darf nie überstürzt vorgenommen werden. Die Aras brauchen auch Zeit, sich in einer Voliere zurechtzufinden. Auch für solche Situationen ist es gut, wenn man zusätzlich leere Volieren zur Verfügung hat! Es kann aber auch vorkommen, dass Aras in einer bestimmten Voliere nicht brüten, weil sie sich nicht wohl oder sicher darin fühlen. Vielleicht können sie regelmäßig Raubvögel sehen, die sie irritieren, oder die Vegetation um die Voliere ist zu offen oder zu dicht.

> **HINWEIS** Ein Umsetzen von harmonierenden Arapaaren, die seit vielen Jahren keine Brutaktivitäten zeigten, kann Wunder bewirken. Außerdem kann das Entfernen des Nistkastens für einige Zeit und das anschließende Wiedereinsetzen einen Bruttrieb auslösen, denn was ständig zur Verfügung steht, scheint uninteressant zu werden.

Paarungsverhalten, Balz und Bruttrieb

Eine eigentliche Balz spielt sich bei den Aras, die sich lebenslänglich treu bleiben, nicht ab. Einige Vögel suchen ihren Nistkasten regelmäßig auf, sei es während des Tages oder nur zum Schlafen. Andere zeigen mit einem häufigen Nistkastenbesuch Brutlust an. Kopulationen sagen nichts über eine bevorstehende Brut aus. Gerade Hyazinthäras kopulieren oft, wenn man sie beobachtet, um ihre **Paarzusammengehörigkeit** zu demonstrieren. Wie fast alle neuweltlichen Papageien kopulieren Aras, indem sie nebeneinander auf der Stange sitzen und die Schwänze gegeneinander stemmen und reiben. Dabei umfasst ein Vogel häufig mit dem Fuß das Bein des anderen oder krallt den Fuß auch im Schenkelgefieder des anderen fest. Die Vögel halten sich manchmal mit ihren Schnäbeln zu beiden Seiten an der Sitzstange fest. Der Kopulation können kehlige Laute, Kopfschaukeln oder Kopfnicken sowie eine starke Pupillenverengung vorausgehen.

Viele Aras in Europa schreiten, etwa ab April zur Brut. Besonders die Hyazinthäras legen oft erst ab Juli oder August. Es kann aber keine Regel aufgestellt werden, da manche auch im Winter im Innenraum brüten. Es ist aber möglich, durch die Steuerung der relativen Luftfeuchtigkeit, durch die wesentliche Verringerung der Temperatur und durch eine Futterumstellung im Winter einen Rhythmus in eine Arakollektion zu bringen, so dass alle Paare in der Zeit von April bis September oder Oktober brüten.

Wenn die Aras sich in der **Mauser** befinden, wenn täglich recht viele Federn auf dem Volierenboden liegen, ist nicht mit einer Brut zu rechnen, dann befinden sich die Vögel in der Ruhezeit. In unserer Anlage fällt die Mauser meist in die Wintermonate, wenn die Temperatur nur etwa 10 °C beträgt.

Verhalten in der Brutstimmung

- Die Häufigkeit des Partnerfütterns erreicht in der brutlustigen Phase ihren Höhepunkt. Ebenso können Elemente der sozialen Gefiederpflege während dieser Zeit vermehrt beobachtet werden.
- Die Aggressivität der Tiere gegenüber Eindringlingen und auch gegenüber dem menschlichen Pfleger wächst. Die Federn werden gesträubt, die Flügel kurz geöffnet, die Pupillen verengen sich. Oft verfärbt sich die Wachshaut vor Erregung, wenn der Ara gegen das Gitter rennt. Die Bruthöhle wird intensiv verteidigt.
- Bei manchen Paaren verstärkt sich auch der Nagetrieb, so dass die Bruthöhle stark benagt wird oder die Äste und Hölzer, die sich in der Bruthöhle befinden, zernagt werden. Zudem wird ein Teil des Nistkasteninhaltes hinausgeworfen, so dass sich hinten im Kasten eine Mulde bildet.

Reproduktionszeitspanne

Gezüchtete Aras schreiten in aller Regel schneller zur Zucht. So sind Gelbbrustaras bekannt, die schon mit zweieinhalb Jahren gebrütet haben, Dunkelrote mit **zwei Jahren** und ein Hellroter Ara mit vier Jahren (MASON, pers. Mitteilung 2000). Hyazintharas der zweiten Generation zeitigten im Alter von sieben, acht und neun Jahren ihr erstes Gelege (WAHLSTRÖM, pers. Mitteilung 2000). Ein männlicher Hyazinthara schritt bei WAHLSTRÖM noch mit nachweislich **63 Jahren** zur Zucht. Es handelte sich um ein Tier aus dem London Zoo, das dort 60 Jahre lang im Aufenthaltsraum der Wärter als zahmer Vogel lebte. Alle fanden, dass WAHLSTRÖM verrückt sei, diesen Vogel zu erwerben in der Meinung, ihn zur Zucht einsetzen zu können. Sein Weibchen legte befruchtete Eier und die beiden zogen auch erfolgreich die Brut selber auf. Der Vogel lebt bis heute (2001) immer noch und produziert weiter befruchtete Eier. Im Parrot Jungle and Garden in Miami, USA, wird die Reproduktionszeitspanne von Aras zwischen **vier bis 35 Jahre** angegeben. Allgemein kann man annehmen, dass die höchste Produktivität bei Aras im Alter um die 20 Jahre liegt.

Befruchtung

Die Befruchtungsrate bei gut harmonierenden Paaren ist in der Regel hoch. Allgemein kann es bereits als Erfolg gewertet werden, wenn ein Ei eines Geleges befruchtet ist und auch mit Erfolg zum Schlupf gebracht wird. Bei stets unbefruchteten Gelegen sollten die Paare endoskopisch untersucht werden, damit man Aufschluss über den Zustand der Sexualorgane erhält. Sorgen Sie immer für Äste unterschiedlicher Dicke in der Voliere und auch für flache Flächen, damit gewährleistet ist, dass die Vögel immer gute Kopulationsmöglichkeiten haben. Die Ernährung während der Vorbereitung zur Brut spielt eine wesentliche Rolle. Inwieweit sich die heute in vielen Nahrungsmitteln, auch in Obst und Gemüse, enthaltenen Konservierungsstoffe negativ auf die Befruchtung auswirken, ist nicht klar. Die Befruchtungsrate kann auch gesteigert werden, indem man die Aras zeitweise in einer Kolonievoliere hält oder sie gelegentlich umsetzt.

> **HINWEIS** Der **Beginn des Brutgeschäftes** kündigt sich mit **erhöhter Aggressivität** und durch häufige **Nistkastenbesuche** sowie einen erhöhten **Nagetrieb** an. In dieser Zeit beginnen in den Eierstöcken der Weibchen die Follikel (Dotter mit Eizelle) heranzureifen. Bei den Männchen setzt während dieser Zeit eine erhöhte Abgabe von Hormonen ins Blut und die Reifung und Speicherung der Samenzellen ein.

Für die Befruchtung eines Geleges reichen eine oder zwei Kopulationen. Oft kopuliert das Männchen noch nicht, wenn alle Eier für eine Befruchtung reif sind, sondern erst später während des Legens. Somit werden nur die letzten oder das letzte noch abzulegende Ei befruchtet sein. Gerade bei den großen Aras kommt es oft vor, dass von Dreiergelegen eines oder zwei Eier nicht befruchtet sind. Bestimmte Paare weisen aber auch eine äußerst hohe Befruchtungsrate auf.

Bei Außenvolieren können negative Wettereinflüsse zu unbefruchteten Gelegen führen, ebenso wie plötzliche Störungen in der Anlage. Unerfahrene Paare produzieren zuerst oft unbefruchtete Gelege.

Gelege und Embryonalentwicklung

Die Araeier sind glänzend, hell und vollkommen weiß, so dass der ungeübte Betrachter beim ersten Blick glauben könnte, sie wären unbefruchtet. Sie liegen im Innern der Bruthöhle oder des Nistkastens meist in einer Mulde, die von beiden Geschlechtspartnern gegraben wird. Vor der Eiablage wird darum oft Nistmaterial aus dem Kasten befördert und morsche Holzstücke im Kasten oder die Kastenwände

GELEGE UND EMBRYONALENTWICKLUNG

selbst stark benagt. Zudem fällt der Futterverbrauch vor einer Eiablage meist stark.

Die **Gelegegröße** variiert sehr stark. Hyazintharas sowie Große und Kleine Soldatenaras zeitigen meist ein Gelege von ein bis zwei Eiern, können jedoch auch Dreiergelege produzieren. Die anderen großen Aras sowie auch die kleinen Ara-Arten können bis zu fünf Eier pro Gelege produzieren, es gibt keine Regel. Die Eier werden meist in Abständen von zwei Tagen gelegt, wobei ab dem ersten Ei das **Weibchen** fest brütet, so dass man manchmal nur noch die Schwanzspitze durch das Einflugloch sieht. Das **Männchen** sitzt in der Regel wachend vor der Höhle, verschwindet ab und zu ebenfalls darin und füttert sein Weibchen.

> **HINWEIS** Bei den großen Ara-Arten wird in Freiheit in den meisten Fällen nur ein Junges, meist das ältere, auch wirklich groß gezogen. Durch das Bereitstellen von großen Futtermengen und durch die Nistkastengröße sind unter Menschenobhut größere Gelege möglich. Viele Paare stoßen aber auch unter menschlicher Obhut an ihre Grenzen, wenn sie mehr als drei Junge aufzuziehen haben.

Nachgelege fallen meist bescheidener aus. Die Eigröße kann innerhalb des gleichen Geleges stark variieren. Die Anregung durch die Sexualhormone während der Brutzeit lassen die Urkeimzellen des Ovars und des Hodens aktiv werden. Sofort nach der Befruchtung im Eileiter beginnt sich die Zygote, die nach der Befruchtung entstandene Zelle, zu entwickeln. Die Urkeimzellen machen bei beiden Geschlechtspartnern eine ähnliche Entwicklung durch, die in der Bildung des Eies und des Spermas endet. Die Befruchtung ist die Vereinigung des Eies mit dem Spermium, um eine einzige Zelle zu bilden. In der Anfangsphase der Entwicklung eines Eies im weiblichen Ara gleitet das Eigelb durch den Eileiter, das Eiklar, die Eihäute und die Schale werden angelagert. Dabei handelt es sich um einen Prozess, der etwa 24 Stunden dauert. Bei Eiablage befindet sich der Keim bereits in einem fortgeschrittenen Stadium. Beim Schieren (**Durchleuchten**) eines frisch gelegten Araeies kann man aber nicht – wie beim Hühnerei – den Keim feststellen.

> **TIPP** Befruchtete Eier sind beim Schieren meist dunkelgelb bis orange, wobei die beiden Enden weiß scheinen. Unbefruchtete Eier sind meist ganz klar und weiß. Trotzdem sollte man jedes gelegte Ei als potenziell befruchtet betrachten. Erst nach etwa fünf Bebrütungstagen ist sicher zu sagen, ob das Ei befruchtet ist oder nicht. Dann wird ein mit Äderchen durchzogener Ring sichtbar. Ab dem 8. Bebrütungstag ist die Embryobildung gut erkennbar durch zahlreiche Äderchen und einen bereits festen Punkt im Zentrum.

14 Tage alte Embryonen haben bereits feste, große Adern, die das Ei gegen die Luftblase am Spitz hin umspannen. Am stumpfen Ende ist nur noch ein schwarzer Punkt auszumachen. Nach 20 Tagen sind die Adern nur noch schwach erkennbar, der schwarze Punkt, der Embryo, ist größer geworden. Im Alter von 25 Tagen sind meist keine Adern mehr sichtbar. Das Ei wirkt schwarz.

Unbefruchtete Eier sollten trotzdem zur weiteren Bebrütung belassen werden. Frisch geschlüpfte Jungen legen ihre Köpfchen gerne über Eier, die wie eine Bettflasche wirken, wenn das Weibchen das Gelege kurz verlässt. Erst einige Tage nach dem Schlupf der Jungen sollten unbefruchtete Eier entnommen werden, wenn sie nicht schon von den Elternvögeln entfernt wurden!

HÄMMERLI (1991) hat mit Hilfe einer Kamera die Fürsorge und Betreuung, die Araeltern ihren Eiern zukommen lassen, beobachten können. Er berichtet: „Der Vogel bebrütet und dreht nicht einfach seine Eier; er führt mit dem Eiinhalt, dem Embryo oder Jungvogel, einen Dialog. Hingebungsvoll streichelt er mit seinem Schnabel die Eischale, wenn er ein Piepsen aus dem Ei hört und gibt dabei liebliche Laute von sich."

Das Ei besteht aus der Eischale, den Eihäuten mit der Luftblase, dem Eiweiß, dem Eigelb und der Keimscheibe. Die Keimscheibe ist sozusagen der Grundstein des Vogels. Während der Bebrütung wächst dieser Zellhaufen weiter an und langsam entsteht daraus der Embryo. Die Eischale besteht aus Kalzium und dient auch als Vorratslager für den Knochenaufbau des Embryos. Am stumpfen Ende des Eies befindet sich die Luftblase. Dort hat die Eischale viel mehr Poren als an anderen Stellen, um den Embryo mit Sauerstoff zu versorgen. Durch die Poren können auch infektiöse Bakterien in das Ei eindringen. In der Regel bietet aber die Schale einen guten Schutz auch vor Keimen.

Gerade zur Bildung der Eischale benötigt das Weibchen eine ausreichende Kalkzufuhr. Die Schalenqualität ist oft entscheidend für die erfolgreiche Entwicklung und den guten Schlupf eines Embryos. Um das Eiweiß liegen zwei Häute. Durch Verdunstung und Nutzung des Embryos schrumpft der Eiinhalt, so dass sich die beiden Eihäute am stumpfen, porenreichen Ende des Eies trennen. Dadurch entsteht die Luftkammer, die mit zunehmender Brutdauer steigt. Das Eiweiß wird während der Bebrütung vollständig aufgebraucht, denn es ist das Hauptdepot für Nahrung und Wasser. Das Eigelb bildet die Hauptnahrungsquelle des Embryos und besteht zu 50 % aus Wasser, zu 30 % aus Fett und zu 20 % aus Eiweiß. Darüber hinaus enthält der Eidotter größere Mengen an Karotinoiden und Vitamin E, die den Embryo vor der Bildung von Lipid-Peroxylverbindungen und den damit verbundenen, schädigenden Wirkungen schützen (KOLB und SEEHAWER, 1999).

Die Inkubationszeit von Araeiern beträgt in der Regel 28 Tage, wobei es auch auf die klimatischen Verhältnisse ankommt. Auf den Kanarischen Inseln beispielsweise schlüpfen Gelbbrustaras manchmal bereits nach 24 Tagen Brutzeit. Die kürzeste Brutzeit beträgt 23 Tage (bei Kleinaras), die längste beträgt 30 Tage (bei Hyazintharas).

Elternaufzucht

Es sollte das Ziel eines jeden Arahalters sein, dass die Elternvögel ihr Gelege bebrüten und die Jungen anschließend auch selber aufziehen. Hüten Sie sich darum vor voreiligen Eingriffen, Manipulationen oder Entnahmen, denn gerade durch Störungen kann eine erfolgreiche, normale Elternaufzucht zunichte gemacht werden. Nicht alle Paare reagieren gelassen auf menschliche Kontrollen. Einige scheinen sich durch nichts stören zu lassen, andere aber können bei Vorkommnissen, die sie nicht kennen, bereits das Gelege verlassen oder die Jungenfütterung einstellen.

Die Gelege werden in aller Regel von den meisten Paaren gut bebrütet, obwohl auch unter den Aras in seltenen Fällen Zerstörer von Eiern auftreten. Die Gründe für dieses abnorme Verhalten können vielfältig sein. Vielleicht fühlen sich die Tiere in ihrer Voliere nicht wohl, sind dauernd unter Stress und deshalb sehr nervös, leiden unter Fehlernährung oder sind unglücklich verpaart. Wenn dieses Verhalten immer wieder vorkommt, empfiehlt sich eine Veränderung der Haltungsbedingungen oder eventuell eine neue Verpaarung.

Plastikeier erhält man meist in Taubeneiergröße in großen Zoohandlungen. Allerdings akzeptieren nicht alle Aras Plastik- oder Gipseier. Viele Paare entsorgen solche **Ersatzeier** wie unbefruchtete Eier, da sie bald merken, dass nichts Lebendiges in ihnen heranwächst. Manche Paare brüten rund 28 Tage, bevor sie ihr unbefruchtetes Gelege zum Kasten hinauswerfen. Nachdem sie außerdem viel Kastenmaterial entfernt haben, zeitigen sie meist nach etwa drei Wochen ein Nachgelege. Andere

▮ Einige Tage vor dem Schlupf wird der größte Teil des Dotters vom Embryo durch die Nabelschnur in die Bauchhöhle gezogen und dient ihm so während der ersten paar Stunden oder während des ersten Tages als Nahrungsreserve.

▮ Die Fütterung frisch geschlüpfter Jungen durch die Eltern ist diffizil. Es geht immer auch viel Futter daneben.

ELTERNAUFZUCHT

> **HINWEIS** Einen Trick, den Vögeln das Eizerstören abzugewöhnen, gibt es: Eine ausgeblasene Eischale kann mit etwas Unangenehmem wie Senf gefüllt werden. Die Aras verbinden dann das Zerbrechen der Eier mit dem unangenehmen Erlebnis. Es können auch Plastikeier untergeschoben werden. Die richtigen Eier können im Brutapparat bis kurz vor dem Schlupf bebrütet und dann gegen die Kunsteier ausgetauscht werden. Wenn bereits Piepslaute aus der Eischale zu vernehmen sind, ist es unwahrscheinlich, dass ein Eizerstörer ein solches Ei noch beschädigt.

Paare vernichten ihre unbefruchteten Eier kurz nach Beginn der Brutzeit.

Es kann aber auch sein, dass eine **Eischale zu dünnwandig** war, so dass sie durch die Altvögel unabsichtlich beschädigt wurde. In diesem Falle leiden die Altvögel an Kalzium- und Vitamin-D3-Mangel. Kalziumpräparate unters Futter gemischt schaffen hier Abhilfe.

Kurz nach dem Schlupf hört man die kräftigen Arajungen piepsen. Im Alter von 14 Tagen sind sie dann verstummt, so dass man, wenn überhaupt, nur noch das Übergeben des Futters von den Eltern an ihre Jungen hört. Resignieren Sie nicht, wenn die Altvögel ihre Jungen bei der ersten oder zweiten Brut nicht füttern und sterben lassen. Sie sind noch ungeübt und brauchen Erfahrung. Oft ist es schwierig, die Kleinen in dieser Situation noch zu entfernen, um sie von Hand aufzuziehen. Zu früh sollte man sie nicht wegnehmen, da man ja nicht weiß, ob die Altvögel nicht doch noch füttern. Nach einigen Stunden, wenn ein Junges nicht gehudert wird, kann es aber auch schon zu spät sein.

Die Meinungen, wann die Altvögel ihre Jungen zum ersten Mal füttern, sind widersprüchlich. Einige behaupten, dass die Jungen etwa 48 Stunden lang von den Altvögeln nicht gefüttert werden und immer noch vom kurz vor dem Schlupf eingezogenen Eigelb zehren. Andere aber meinen, dass die Eltern schon kurz nach dem Schlupf mit dem Füttern beginnen.

Ich bin überzeugt, dass die meisten Araweibchen mit dem Füttern ihrer Jungen einige Stunden nach deren Schlupf beginnen, denn die Jungen machen sich bereits kurz nach dem Schlupf lautstark bemerkbar, was als Zeichen von Hunger gilt. In der Regel wird das Weibchen teilweise vom Männchen gefüttert. Manchmal füttern gar beide Geschlechtspartner ihre Jungen, meistens aber nur das Weibchen. Es grenzt an ein Wunder, wie die Altvögel mit ihren wuchtigen Schnäbeln es fertig bringen, den Kleinen das Futter einzuflössen. Dabei gerät auch immer wieder Futter daneben, was die in den ersten Tagen oft sehr verschmutzten Jungen erklärt. Bereits nach einigen Tagen, wenn die Kleinen schon etwas größer sind, sind sie aber glänzend rosa. Grund dafür ist auch das Fett, das vom Gefieder der Altvögel auf die Jungen gelangt.

Norbert Hebel konnte erstmals verlässlich darüber berichten, was sich in einem Aranistkasten abspielt. Hierzu montierte er bei seinen Hyazintharas eine Infrarotkamera am Nistkasten. Er beobachtete, wie das Weibchen aktiv beim Schlüpfen mithalf, indem es mit dem Schnabel vorsichtig die Eischale entfernte. Sie wird in den ersten Tagen nach dem Schlupf zerkleinert und gefressen, was darauf schließen lässt, dass auch die Jungen auf diese Weise mit Kalzium versorgt werden. In manchen Fällen erfolgt die erste Fütterung schon innerhalb der ersten Stunde, es kann aber auch bis zu 18 dauern, bis zum ersten Mal gefüttert wird (Hebel, 2002). Gianni Genova stellte allerdings fest, dass es in Einzelfällen bis zu 24 Stunden dauern kann, bis mit der Fütterung begonnen wird. Das Weibchen füttert fast immer, sobald das Junge bettelt, was manchmal alle 10 Minuten der Fall sein kann.

Vor und während der Aufzucht der Jungen müssen die **Altvögel** immer mit einem **breiten Nahrungsspektrum** versorgt werden. Hierzu zählen Obst und Gemüse aller

> **HINWEIS** Frisch geschlüpfte Jungvögel stehen bereits nach wenigen Minuten, manchmal auch erst nach einer Stunde auf den Füßen.

ZUCHT

Art, Keimfutter, besonders auch gekeimte Sonnenblumenkerne, eine trockene Samenmischung, Eifutter, Hüttenkäse und verschiedene Nüsse. Ein **Kalziumpräparat** sollte ganz besonders auch während der Jungenaufzucht gereicht werden, entweder in konzentrierter Form oder verstreut über die Früchte und das Keimfutter. Dies bewahrt die Jungvögel vor rachitischen Erscheinungen. Sie benötigen das Kalzium zum Aufbau und Wachstum ihrer Knochen. Das Zuchtpaar sollte mehrmals täglich mit frischem Futter versorgt werden, da hierdurch die Altvögel zum Füttern ihrer Jungen stimuliert werden. Während der Jungenaufzucht soll immer reichlich gefüttert werden, so dass die Tiere nie ohne Futter sind. Es hat sich gezeigt, dass gerade auch Mais in Milchreife oder Zuckermais von Altvögeln, die Junge haben, bevorzugt wird. Durch die Fütterung von Zuckermais konnte bei einer amerikanischen Züchterin erreicht werden, dass Altvögel, die ihre Jungen bisher noch nicht selbstständig fütterten, dazu übergingen, das Aufzuchtgeschäft selbst zu besorgen (ALLEN, pers. Mitteilung 1998).

Wenn Paare bereits während der Brut an gelegentliche **Nestkontrollen** gewöhnt werden, darf man sicher auch während der Aufzucht in regelmäßigen Abständen einen Blick auf die Jungen wagen. Vor täglichen Kontrollen der Jungvögel würde ich eher warnen, auch wenn man so unter Umständen in Notfällen noch helfend eingreifen kann. Es fragt sich aber, ob man durch die intensiven Kontrollen nicht eben gerade diese Panne selber verursacht hat. Bei geübten, gut eingewöhnten Paaren verlaufen Brut und Jungenaufzucht problemlos.

Ein Problem bei vielen Araeltern ist, dass sie ihre **Jungen rupfen**. Sobald die Federchen sprießen, werden sie von den Eltern ausgerupft, wobei meist nur an bestimmten Stellen der Jungvögel gerupft wird. Dieses Verhalten ist vermutlich auf eine mangelhafte Beschäftigung zurückzuführen, da in der Natur das Weibchen niemals so viel Zeit im Kasteninnern bei den Jungen verbringt wie unter Menschenobhut, wo das Futter stets reichlich vorgesetzt wird. Viele Züchter neigen dazu, wenn die Altvögel ihre Jungen rupfen, die Jungvögel zur Handaufzucht aus dem Kasten zu nehmen. Oft ist dies aber gar nicht nötig und wird nur gemacht, damit man die Jungvögel möglichst schnell wieder verkaufen kann.

Es ist ohnehin empfehlenswert, die Jungen noch bei den Eltern zu belassen, die nach dem Ausfliegen meist mit dem Rupfen aufhören. Wenn man die Jungen anschließend noch ein bis zwei Jahre in einer Junggesellenvoliere pflegt, ist das Gefieder meist ebenso schön wie dasjenige von Jungvögeln, die nie gerupft wurden. Ausnahmen sind besonders starke Fälle von Rupfen, wo sogar die Schwung- und Schwanzfedern oder kleine Stellen am Kopf von den Eltern gerupft werden, jedoch tritt dies selten auf.

Die Entwicklung der Jungvögel dauert unterschiedlich lang, wobei man bei den großen Aras von einer allgemeinen Nestlingszeit von etwa drei Monaten ausgehen kann. Bei den kleinen Ara-Arten beträgt sie zwei bis ebenfalls drei Monate. Nach zwei Monaten intensiven Huderns verbrin-

Die Jungen wachsen sehr rasch und sind schon nach zehn Tagen faustgroß.

Junge Dunkelrote Aras, die von den Alttieren partiell so stark gerupft wurden, dass es nötig war, sie zur Handaufzucht zu entnehmen. Nach den ersten Handfütterungen gewöhnten sich die Jungen schnell an die Umstellung und reagierten gelassen auf die Prozedur.

gen die Weibchen dann mehr und mehr Zeit außerhalb des Kastens, da die Jungen ja auch schon befiedert sind und nicht mehr die gleichen Wärmeansprüche haben wie nackte Kleine. Die Altvögel gehen nur noch zum Füttern in den Kasten.

> **WICHTIG** So gesund, stark und gut wie bei den Eltern, wachsen Aras sonst nirgends heran. Die Brut und Jungenaufzucht ist für die Altvögel ein äußerst wichtiger Prozess, der sie körperlich und geistig aktiv hält, wobei ihr ganzes Verhaltensrepertoire von Imponieren, Verteidigen, Futteraufnahme, Futterübergabe, sozialer Gefiederpflege, sozialen Kontakten mit dem Partner bis zu Lautäußerungen in allen Variationen zur Geltung kommt.

Den Vögeln geht unendlich viel verloren, wenn sie die Möglichkeit zur selbstständigen Brut und Aufzucht nicht haben. Andererseits ist es für die Jungaras ein großer Gewinn, von ihren natürlichen Eltern aufgezogen zu werden. Sehr oft kann man beobachten, dass von Eltern aufgezogene Vögel versierter, stärker und stattlicher sind als Handaufzuchten. Sie erlernen das gesamte **Verhaltensrepertoire von ihren Eltern**, was nicht unterschätzt werden darf. Gerade wer das Argument der Arterhaltung mit dem möglichen Ziel einer Wiederauswilderung anführt, kann nur eine Elternaufzucht befürworten, wobei man sich aber auch bewusst sein muss, dass von Generation zu Generation immer mehr natürliche Verhaltensweisen verloren gehen, weil keine Auseinandersetzung mit der natürlichen Umwelt und auch keine natürliche Selektion mehr stattfindet.

Ausfliegen der Jungen

Nach Abschluss der Nestlingszeit ist der Jungvogel vollständig befiedert. Er beginnt im Kasten unruhig zu werden und versucht zum Einschlupfloch hinaufzuklettern. Die Eltern helfen instinktiv nach, indem sie ihr Junges nicht mehr ausreichend füttern. Der **Hunger** und die Neugier treiben das Junge aus dem Kasten. Oft ist bei diesem Prozess der Züchter besorgt, ob es das Junge auch wirklich schafft, aus dem Kasten zu klettern, besonders dann, wenn der Kasten recht hoch ist. Seit ich in Tambopata, Peru, stundenlang beobachtet habe, wie ein flügges Gelbbrustarajunges in einem abgestorbenen Palmenstamm etwa zwei Meter hochkletterte, bis es endlich den Höhleneingang erreichte, sehe ich diesem Ereignis gelassen entgegen. Natürlich müssen aber gerade in tiefen Nistkästen mit glatten Wänden **Kletterhilfen** angebracht werden. In der ersten Phase, das heißt einige Tage vor dem Ausfliegen, sitzen die Jungen im Kasteneingang und äugen heraus. Anschließend klettern die Jungen, wenn möglich, vom Kasteneingang auf einen Stamm und gehen ihm etwas entlang, um dann lange am gleichen Ort zu verharren und verdutzt und noch ängstlich in die neue Welt starren. Manchmal fliegen sie aber auch, wie sie das in der Natur tun müssen, ein Stück. Meist krallen sie sich dann am Gitter fest oder stürzen an einer Wand zu Boden. Der junge Gelbbrustara in Tambopata flog geradewegs in einen recht niedrigen Busch und blieb dort zwei Nächte und einen Tag lang sitzen, bevor er sich meinen beobachtenden Blicken durch einen bewundernswert zielsicheren Flug entzog.

Ich bin immer wieder erstaunt, wie unterschiedlich sich die ausfliegenden Jungvögel verhalten. Bei unseren Gelbbrustaras flogen schon Junge aus, die sehr scheu und zurückhaltend waren und lange brauchten, bis sie sich an mich gewöhnten. Die Jungen anderer Bruten aber waren bereits nach dem zweiten Tag recht zutraulich und neugierig und ließen sich ganz nah und ruhig von mir betrachten. Sie kletterten auf allen Ästen umher, spielten und turnten. Andere hingegen saßen zuerst einige Wochen ängstlich auf dem Nistkasten, dem höchsten Punkt, und schauten misstrauisch die neue Umgebung an. Die Charaktere sind sehr unterschiedlich und wirken manchmal auch ansteckend auf andere Jungvögel derselben Brut.

ZUCHT

In der Natur verbleibt der Jungvogel zwei Jahre oder gar mehr bei seinen Eltern, fliegt mit ihnen und erlernt das Leben in freier Natur.

Selbstständigwerden

Es ist wichtig die Jungvögel möglichst **lange bei ihren Eltern** zu belassen. Zwar müssen es nicht zwei Jahre sein, die Altvögel würden dies unter Menschenobhut auch selten tolerieren, drei bis sechs Monate nach dem Ausfliegen sollten die Jungen jedoch schon mit ihren Eltern leben dürfen. Sie werden dann auch immer noch von den Altvögeln gefüttert.

Durch das ständige Vorhandensein eines guten Futterangebotes, durch die stete Verfügbarkeit eines Nistkastens und wohl durch das allgemein weniger anstrengende Leben kommt es vielfach zu einer gesteigerten Produktivität von Aras unter Menschenobhut. Keinesfalls aber sollten Jungaras zu früh von den Eltern getrennt werden, da sie dann unter Umständen selber nicht ausreichend Futter zu sich nehmen können. Wenn man sie aber drei bis sechs Monate nach dem Ausfliegen trennt, können sie sich vollständig selber ernähren, wenn es auch dann noch Monate dauern kann, bis sie selbstständig eine Baumnuss öffnen können. Die Hyazintharas bilden hierbei allerdings eine Ausnahme. Jungaras sollte man, auch wenn sie schon neun Monate alt sind, noch nicht verkaufen. Am besten hält man sie zusammen mit anderen Jungvögeln, die vielleicht auch schon älter sind, in einer großen **Junggesellenvoliere**. Die jüngsten Aras lernen dann von den älteren Exemplaren. Der Lern- und Verhaltensprozess ist für die Persönlichkeitsentwicklung eines Aras wichtig. Zudem lernt er sich in einer Papageiengemeinschaft zu behaupten. Ein Ara, der durch eine solche Schule gegangen ist, hat nachweislich gute Voraussetzungen zur späteren Verpaarung und Zucht. Oft stellen sich bei Aras, die zu früh abgegeben wurden, später **psychische Störungen** ein als Folge des abgebrochenen Entwicklungsprozesses. Ein Ara, der zwar voll befiedert ist, muss lange noch nicht ein erwachsener Vogel mit allen, den Erwachsenen eigenen Verhaltensweisen sein.

Aggressionen

Brutwillige Paare, die Sichtkontakt zu Artgenossen haben und Aggressionen aufstauen, die sie dann mangels eines sich in der Voliere befindlichen Eindringlings gegen den Partner abreagieren, können doch harmonisch miteinander leben, sobald sie in eine Zuchtvoliere gesetzt werden. Die gemeinsamen **Drohgebärden**, mit denen die Paare versuchen sich gegenseitig zu beeindrucken, bauen nicht nur Aggressionen ab, sondern festigen auch die partnerschaftliche Bindung. Schwere Aggressionen bei Aras sind selten, können aber doch manchmal auftreten.

Das Männchen füttert seine Partnerin, bewacht sie, wenn sie brütet, vor der Nisthöhle und füttert sie weiterhin fürsorglich, wenn die Jungen geschlüpft sind. Auch nach dem Ausfliegen bildet die Familie meistens eine Einheit, wobei Ausnahmen die Regel bestätigen.

BROCKNER (1994) konnte bei Goldnackenaras beobachten, dass das Männchen nach einer längeren Zeit nach dem Ausfliegen der Jungen dem Weibchen gegenüber aggressiv wurde. Dieses Verhalten stellte es sofort nach dem Herausfangen der Jungen ein. Oft werden die Jungvögel ab einem gewissen Alter in der Voliere nicht mehr toleriert, was auch der Züchter BERGER (2001) bei seinen Dunkelroten Aras beobachtete. Im Alter von sechs Monaten wurden die Jungvögel nicht mehr geduldet und mussten herausgefangen werden.

In der Natur ist das Selbstständigwerden ein langer Prozess, bei dem die Jungvögel viel lernen müssen. Das gilt auch für die Auswahl des geeigneten Futters. Dieser Gelbbrustara in Brasilien hat eine Vorliebe für bestimmte Blüten entwickelt.

KUNSTBRUT

In solchen Fällen ist der Halter gefordert, denn es ist schlimm, wenn ein Tier ein anderes jagt, das aufgrund der **Haltungsbedingungen** nicht flüchten kann. Gerade durch den Geschlechtstrieb, bei der Jungenaufzucht und nach dem Ausfliegen der Jungen kann es zu Verhaltensänderungen oder Nervosität der Tiere kommen, es ist aber eher die Ausnahme.

Rangordnungen, Konkurrenz oder Dominanzgebaren gehören zur Natur aller sozialen Lebewesen. Unter menschlicher Obhut kann daraus schnell Stress entstehen, da sich der Unterlegene nicht entziehen kann.

> **HINWEIS** Die meisten Arabruten verlaufen harmonisch. Sobald aber Aggressionen der Altvögel gegenüber ihren Jungen auftreten, was meist viel früher als in der Natur geschieht, müssen die Jungvögel von den Eltern getrennt werden. Blutungen können durch minutenlanges Auftupfen von Eisenchloridwatte oder Puderzucker schnell gestillt werden. Blutverschmiertes Gefieder lässt sich mit lauwarmem Wasser leicht reinigen.

Kunstbrut

Um es vorweg zu nehmen: Bis heute kann man mit keinem Brutapparat, auch wenn er technisch noch so ausgereift ist, die Bedingungen, die bei der natürlichen Brut herrschen, erreichen. Eine Kunstbrut sollte daher immer nur eine **Notlösung** sein. Allerdings kann es bei seltenen Arten wichtig sein, dass die Anzahl Jungvögel möglichst groß ist. Dann empfiehlt es sich in einigen Fällen, das **erste Gelege** für die Kunstbrut zu entnehmen. Meist zeitigen die Vögel ein Nachgelege, das ihnen dann überlassen werden sollte.

Das Ziel der Arazucht ist es nicht, zahme, handaufgezogene Vögel zu erhalten, sondern Jungvögel, die sich ihr Verhaltensinventar durch die Eltern aneignen können und somit ein hohes Maß an den überhaupt noch vorhandenen Instinkten und Verhaltensweisen mitbekommen. Eine Kunstbrut führt in den meisten Fällen zu einer anschließenden Handaufzucht, muss aber nicht.

Als ich im Jahre 1996 in der Voliere Hyacinthinus angestellt wurde, stand ich anfangs vor großen Problemen in der Arazucht. Es war ein Samstagmorgen am 6. Juli 1996. Ich stand auf der Leiter zum Nistkasten und leuchtete mit der Taschenlampe in die Höhle, in welchem das Paar Gelbbrustaras sein Dreiergelege brütete. Vorsichtig entnahm ich die drei Eier, denn eigentlich hätten sie schon längst schlüpfen sollen. Wenig später, beim Öffnen der Schalen, fand ich meinen Verdacht bestätigt. Alle Embryonen waren vollständig entwickelt und kurz vor dem Schlupf abgestorben. Die Eischalen waren nirgends angepickt. Die Gelbbrustaras zeitigten ein Nachgelege. Ich entnahm die Eier zur Kunstbrut und legte dem Paar Gipseier unter, die nach Originaleiern gegossen wurden. Die Araeier entwickelten sich im Inkubator gut bei einer relativen Feuchtigkeit, die zwischen 35 bis 50 % schwankte. Sobald ein Junges die Eischale anbrach, gab ich es den Eltern zurück und entnahm ein Gipsei. Alle Jungen schlüpften mühelos. Im Gebäude hatten wir immer eine sehr hohe relative Luftfeuchtigkeit zwischen 80 und 95 %. Die Feuchtigkeit war entschieden zu hoch. Daher konnten die meisten Embryonen nicht schlüpfen, weil sie während ihrer Entwicklung nicht ausreichend an Gewicht

▪ Gruppenhaltung für Jungaras kleiner und großer Arten in der Zuchtstation der Plantaria. So erlernen auch Handaufzuchten das normale Sozialverhalten.

> Auch bei Paaren, die unsicher brüten und immer wieder für längere Zeit das Gelege verlassen, kann eine Kunstbrut notwendig werden. Dem Paar sollte dann ebenfalls ein Kunsteigelege untergeschoben werden.

verloren. Hier diente die Kunstbrut nur zum Ausbrüten.

Ich dachte früher, dass das System mit den Kunsteiern sehr effektiv sei, merkte aber, dass die Aras sensibel auf solche Manipulationen reagieren. Heute bin ich davon überzeugt, dass Aras merken, wenn ein Gelege unbefruchtet ist oder wenn Embryonen abgestorben sind, denn oft konnte ich beobachten, wie auch zuverlässige Paare unbefruchtete Gelege früh verließen oder gar zerstörten. Diese Beobachtung stimmt auch mit der Erfahrung anderer Arazüchter überein (KÜNNE, 1990; SCHWARZWÄLDER, 1997). Bei einigen Paaren klappt allerdings das Unterschieben von Kunsteiern so gut, dass die Weibchen fest brüten.

Der Prozess, der in einem befruchteten Ei vonstatten geht, muss irgendwie auf die Elternvögel einwirken, obwohl dies zur Zeit nicht untersucht oder erwiesen ist. Nicht immer ist der Einsatz von Kunsteiern bei Aras empfehlenswert. Bei Wegnahme der Eier zur Kunstbrut sollte, wenn möglich (außer eben ein Paar brütet nicht richtig), beachtet werden, dass die Eier so lange wie möglich unter dem Weibchen belassen werden. Die psychosoziale Betreuung und das artspezifische Verhalten kann nur von einem gleichen Wesen übernommen werden. „Genau gleich wie ein menschlicher Fötus die Stimme seiner Eltern lange vor der Geburt kennt und entsprechend nicht nur physisch, sondern auch psychosozial mit ihnen verbunden ist, reagiert auch der Vogelembryo auf akustische Signale von außen. Ich stelle aus diesem Grunde den Inkubator in die Nähe des Elternpaares," so HÄMMERLI (1998).

Ammenbrut

Ideal ist es, wenn man beispielsweise ein Gelbbrustara- und ein Hyazintharagelege zur etwa gleichen Zeit hat. Wenn die Hyazintharas schlechte Ziehvögel sind, ist es zu riskant, die Jungen bei den Altvögeln zu belassen. Das Gelbbrustarapaar aber ist ein verlässliches Zuchtpaar. In diesem Fall kann man die Gelbbrustaraeier mit den Hyazintharaeiern austauschen. So zogen auch bei uns Gelbbrustaras erfolgreich einen Hyazinthara groß, wenn man die Sache auch in der Endphase im Auge behalten muss, da die Gelbbrustaras plötzlich mit dem Füttern aufhören könnten, wenn sie die Andersartigkeit des Jungvogels bemerken.

In der Praxis ist es reines Glück, wenn beide Paare zur etwa gleichen Zeit brüten. Die Zeitgleichheit ist sehr wichtig, denn schon kleine Verzögerungen oder verfrühtes Schlüpfen können zu Störungen des Ablaufes führen. Da wir lange Zeit Probleme mit den Altvögeln beim Schlupf hatten, brüteten wir die Eier künstlich aus. Sobald die Jungen das Ei angebrochen hatten, gaben wir sie dem brütenden Arapaar zurück und entnahmen die Kunsteier. Bei einigen Paaren gelang dieses Unterfangen.

Auch das Austauschen von Jungen kann Probleme bereiten. Als ich einmal einen frisch geschlüpften Hyazinthara gegen einen sechs Tage älteren Gelbbrustara aus einem Dreiergelege austauschte, misslang das Unterfangen, obwohl die Gelbbrustaraeltern ansonsten absolut nicht empfindlich waren und äußerst zuverlässig aufzogen. Der kleine Hyazinthara wurde ignoriert und folglich nicht gefüttert.

GEOFF MASSON, der Kurator von Paultons Park, Hampshire, im Süden Englands verwendet möglichst immer **Zwerghühner als Ammen** für Araeier und hat damit seit vielen Jahren mehr Erfolg als mit der Kunstbrut. Es muss sich aber um zuverlässige Brüter handeln, weil die Brutzeit von Zwerghühnern wesentlich geringer ist als die von Aras. Meist werden die Eier kurz vor dem Schlupf den Zwerghühnern weggenommen. Es sind aber auch schon Junge unter den Zwerghühnern geschlüpft. Die Zwerghühner werden in der Brutphase in kleinen Käfigen mit nur geringen Bewegungsmöglichkeiten gehalten. Allerdings können durch diese Methode Krankheiten von den Hühnern auf die Papageien übertragen werden.

Dieses Beispiel illustriert nochmals, wie komplex die Bedingungen unter einem Vogel sein müssen, so dass wir sie nur schwer künstlich simulieren können.

> Gerade die sehr schwierige Anfangsphase der Bildung und Entwicklung eines Embryos gelingt immer besser unter den Elterntieren anstatt im Brutapparat.

Produktivität

Gerade durch das Entfernen von Gelegen regt man die Araweibchen an, **Nachgelege** zu zeitigen. Dies mag einerseits ein natürlicher Vorgang sein, da auch in der Natur Gelege durch Nesträuber zerstört werden. Andererseits muss es sich negativ auswirken, wenn es über Jahre praktiziert wird. Die Weibchen werden vermutlich zu sehr ausgelaugt und haben dann eine kürzere Lebenszeit. Allerdings ist dies nicht erwiesen und noch nicht genau untersucht worden.

In der Voliere Hyacinthinus haben Hyazintharas schon viermal pro Saison ein Nachgelege gezeitigt. Das erste entnahmen wir zur Kunstbrut. Das zweite beließen wir, die Jungen wurden aber nicht gefüttert. Das dritte Gelege war unbefruchtet und beim vierten Gelege starben die Embryonen in einem frühen Stadium ab. Oft leidet ab dem dritten Gelege die Qualität der Eier. Bei einer proteinreichen Fütterung können Aras mehrere Gelege nacheinander zeitigen, wobei meist eine Zeitspanne von drei Wochen vom Beenden des Brutprozesses bis zur Wiederaufnahme vergeht. Auch wenn man ein unbefruchtetes Gelege früher entfernt, wird mit dem Nachlegen nicht eher begonnen. Man kann die Vögel ruhig, ohne sie zu stören, ein Gelege zu Ende brüten lassen. Wenn es sich als unbefruchtet herausstellt, wird das Weibchen nach etwa drei Wochen meist nochmals legen. Unbefruchtete Gelege werden meist von den Altvögeln selber verlassen oder vernichtet. Es schädigt die Persönlichkeit der Vögel, wenn gezielt alle Gelege immer wieder entnommen werden. Dies muss als Quälerei bezeichnet werden.

Entnahme eines Eies

Über die Entnahme von Araeiern lässt sich einfacher schreiben, als es in der Praxis zu bewerkstelligen ist. Wenn man einen Nistkasten hat, bei dem das Einschlupfloch mit einem Schieber verschlossen werden kann, ist es sicher einfach, die Eier zu entfernen, zu kontrollieren oder auszutauschen. Man wartet ab, bis das Weibchen das Gelege verlässt, was manchmal Geduld erfordert, da einige Weibchen sehr fest brüten und wirklich nur zur Kotabgabe das Gelege verlassen.

In der Realität haben die meisten Arazüchter aber nicht solch ideale Nistkästen zur Verfügung. Sie sehen sich mit aggressiven Weibchen und oft auch Männchen konfrontiert, deren Schnäbel heftig in Richtung Kontrolltüre hacken. Beim Betreten der Voliere gehen entweder beide **Elternvögel** in den Nistkasten, um ihn vehement zu **verteidigen**, oder sie greifen den Eindringling an. Wenn ich aus unseren Betonnistkästen Araeier entnehmen muss, sehe ich ziemlich Furcht einflößend aus. Ausgerüstet mit Stirnlampe und einer etwa einen Meter langen, schwarzen Zange an deren Ende eine verschließbare, mit Stoff ausgepolsterte Kelle angeschweißt ist, besteige ich die Leiter. Mit der Zange kann ich unter die Vögel greifen, die sie heftig attackieren, und die Eier, eines nach dem anderen, sachte entnehmen. Dabei muss ich aber immer das Männchen im Auge behalten. Notfalls kann ich es mit einer Holzstange in Schach halten. Die Eier lege ich entweder in einen Eierkarton oder besser noch in eine Schale, die mit Sämereien gefüllt ist, so dass keinesfalls ein Ei bei der Entnahme beschädigt wird. Das Entnehmen von Eiern erfordert einige Erfahrung und ein gewisses Fingerspitzengefühl. Es muss zielsicher und schnell erfolgen, denn die Gefahr besteht, dass die Elternvögel beim Verteidigen des Kastens die Eier beschädigen.

Vor dem Anfassen von Eiern muss man seine Hände gut mit Seife waschen. Bevor die Eier in den Brutapparat gegeben werden, durchleuchtet man sie in einem dunklen Raum mit einer Lampe. Dabei kann nach einer Bebrütungszeit von fünf bis

> **ACHTUNG** Es ist wichtig, dass man die Eier, wenn immer möglich, erst nach zehn oder besser noch 14 Tagen Bebrütung durch das Weibchen entnimmt. Die Anfangsphase in der Entwicklung des Embryos gelingt am besten unter dem Altvogel.

zehn Tagen sicher festgestellt werden, ob die Eier befruchtet sind. Auch leichte Beschädigungen können festgestellt und eventuell geflickt werden. Ein britischer Züchter verwendet in solchen Fällen bei Araeiern Tipp-Ex ohne je schädigende Wirkungen durch die chemische Flüssigkeit festgestellt zu haben. Andere wiederum verwenden Nagellack oder Uhu-Klebstoff. Das Dichtungsmaterial darf aber nicht großflächig aufgetragen werden. Auch muss beachtet werden, dass man die geklebten Eier gut wendet und dass die Jungen dann auch gut schlüpfen können.

Eier aus verschiedenen Beständen sollte man nicht im gleichen Brutapparat ausbrüten. Die Eier werden mit Bleistift gekennzeichnet, so dass man sie dem richtigen Paar zuordnen kann. Auf einem separaten Blatt sollte bereits das Legedatum vermerkt sein. Dann werden noch weitere Angaben ergänzt wie Datum der Entnahme zur Kunstbrut, Gelegegröße, Maße der Eier und Gewichte der Eier.

Brutapparat und Aufzuchtgerät

Es gibt eine ganze Reihe von Brutapparaten, die für die Kunstbrut von Araeiern geeignet sind. Im deutschsprachigen Raum haben sich die Geräte der Firma Grumbach gut bei Papageienzüchtern etabliert. Die Geräte müssen absolut zuverlässig und ruhig arbeiten. Zu starke Vibrationen führen oft zum Absterben der Embryonen.

Die **Temperatur** zum Ausbrüten von Araeiern sollte zwischen 37,2 und 37,4 °C liegen und konstant gehalten werden. Abweichungen von 1 °C und mehr sind unak-

> **HINWEIS** In der Regel sind befruchtete Araeier sauber. Kleine Verschmutzungen können vorsichtig mechanisch entfernt werden. Die Eier dürfen aber nicht gewaschen werden. Eine Desinfektion der Eier, bevor man sie in den Brutapparat legt, ist nicht zwingend nötig. Auch hierbei kann man mehr Schaden als Nutzen anrichten.

zeptabel. Der Brutapparat sollte auf eine Styroporunterlage gestellt werden, damit die Vibrationen noch zusätzlich abgefedert werden. Das Brutgerät muss eine gute, **vibrationsarme Ventilation** aufweisen sowie eine **automatische Eiwendung**, die in der Regel in 24 Stunden die Eier achtmal wendet. Allerdings können auch weniger oder mehr Wendungen zum Erfolg führen. Es scheint, dass die Wendungen, insbesondere während der ersten Bruthalbzeit, von großer Bedeutung sind. Wir hatten Erfolge mit acht Wendungen in 24 Stunden und einer Brutzeit durch die Eltern von 14 Tagen. Es scheint, dass häufigere Wendungen sogar noch besser wären. JOHN HEATH wendet seine Araeier 20- bis 25-mal in 24 Stunden und sagt, dass dies besonders auch für Hyazintharaeier gut ist. Im ABRC aber reduzierte man die Anzahl der Wendungen auf vier und hatte damit bessere Erfolge.

Einige Züchter schwören auf die manuelle Wendung der Eier wegen der Vibrationen, die ein automatischer Wender verursacht. In der Praxis ist aber kaum jemand imstande, die manuellen Wendungen regelmäßig tagtäglich zu vollbringen, deshalb zwingt sich eine automatische Wendung auf. Wenn das Ei angepickt ist, legen wir es jeweils in eine separate Schale im Brutapparat, die mit Haushaltstüchern ausgelegt ist, und erhöhen die Luftfeuchtigkeit auf etwa 60 %. Wir hatten die besten Schlupfraten bei einer **relativen Luftfeuchtigkeit** zwischen 30 und 50 %. Diese Feuchtigkeitswerte wurden jeweils ohne zusätzliche Zugabe von Wasser erreicht. Auch ABRAMSON et al. (1995) gibt an, dass die Feuchtigkeit zum Ausbrüten von Araeiern um die 50 % betragen sollte.

Der Brutapparat sollte in einem Raum stehen mit möglichst gleichmäßiger Temperatur und Luftfeuchte und mit wenig Staubentwicklung. Zudem sollte durch ein offenes Fenster stete **Frischluftzufuhr** gewährleistet sein. Wenn die Bedingungen im Brutapparat stimmen, nehmen die Araeier jeden Tag etwa 0,2 Gramm an Gewicht ab, da der Embryo sich entwickelt und sich die flüssige Masse dadurch stetig verringert. Eine zufrieden stellende Gewichtsabnahme beträgt zwischen 15 und 20 %. Nur so

> **Folgende Punkte sind bei der Kunstbrut wichtig:**
>
> - Zuverlässige Temperatur von 37,2 bis 37,4 °C
> - Automatische Wendung der Eier, ca 8 × in 24 Std.
> - Luftfeuchtigkeit zwischen 30 und 50 %
> - Ventilation

> **Wir reduzierten die Temperatur in der Aufzuchtbox bei jungen Aras folgendermaßen:**
>
> - Anfangstemperatur 37 °C
> - Nach 2 Wochen 35 °C
> - Nach 3 Wochen 33 °C
> - Nach 4 Wochen 30 °C
> - Nach 5 Wochen 29 °C
> - Nach 6 Wochen 28 °C
> - Nach 7 bis 8 Wochen 27 °C
> - Nach 9 Wochen 25 °C
> - Nach 10 Wochen ca. 23 °C (Zimmertemperatur, da vollständig befiedert)

kann das Junge am Ende der Brutzeit auch gut schlüpfen. Bei zu hoher Luftfeuchtigkeit kann nicht genug Feuchtigkeit aus den Eiern verdunsten. Dann bleibt im Ei zu viel Eiweiß vorhanden. Darum kann das Junge die Eihaut nicht richtig durchstoßen, um rechtzeitig auf Lungenatmung umzustellen, und es erstickt. Zudem scheinen Junge, die mit zu hoher Feuchtigkeit ausgebrütet wurden, immer recht angeschwollen zu sein. Sie sind dann vermutlich nicht mehr beweglich genug, um die Eischale rundherum selber zu öffnen.

Einige Züchter öffnen jeweils mehrere Male täglich die Tür zum Brutapparat, um eine kurze **Absenkung der Temperatur** zu erreichen. So simulieren sie das Verlassen des Geleges durch das Weibchen zur Futteraufnahme. Diese Maßnahme scheint aber nicht ausschlaggebend für eine gute Schlupfrate zu sein.

Ein Brutapparat sollte immer schon lange vor dem Einlegen von Eiern in Betrieb sein, so dass man die Temperatur und die Luftfeuchtigkeit während einer längeren Zeitspanne beobachten kann. Notieren Sie täglich die Temperatur sowie den Luftfeuchtigkeitswert. Wer eine Gewichtskontrolle der Eier durchführt, sollte eine Präzisionswaage zur Verfügung haben und stets etwa um die gleiche Zeit die Eier wiegen.

Nach dem Schlupf wird das Arajunge in ein so genanntes **Kükenheim**, eine Aufzuchtbox, gesetzt. Die Umgebungstemperatur für das nackte Kleine sollte während der ersten beiden Wochen etwa 37 °C betragen. Mit dem Wachsen des Flaumes und schließlich der Federn kann die Temperatur nach und nach reduziert werden, so dass Zimmertemperatur erreicht ist, wenn das Junge fast vollständig befiedert ist.

Natürlich muss man bei der Reduzierung der Temperatur das Entwicklungsstadium der Jungen beachten und mit etwas Beobachtungsgabe und Fingerspitzengefühl vorgehen. Zu hohe Temperaturen in der Aufzuchtbox sind ebenso schädlich für die Jungen wie zu niedrige. Sind die **Kleinen** stetig unruhig, ist dies ein Indiz für eine **zu hohe Temperatur**. In der Aufzuchtbox sollte eine **Luftfeuchtigkeit** von 50 bis 70 % herrschen, damit die Jungen nicht dehydrieren. Das Aufzuchtgerät muss einen Ventilator haben, damit ständig Frischluft zugeführt wird. Ein Filter muss verhindern, dass Staubpartikel ab einer bestimmten Größe im Kasten zirkulieren. Temperatur und Luftfeuchtigkeit müssen mit den unterschiedlichen Wachstumsphasen variieren und in einigen Fällen individuell an die Bedürfnisse des Vogels angepasst werden.

Wenn es in der Aufzuchtbox dunkel ist, entspricht dies den natürlichen Bedingungen einer Baumhöhle. In hellen Aufzuchtgeräten fühlen sich die Jungen meist nicht wohl. Der Behälter mit dem Jungen sollte in solchen Fällen mit einem Tuch abgedeckt werden. Wenn die Vögel dann einmal ins Zuchtalter kommen, ist für sie die Dunkelheit des Nistkastens vertraut. Gerade die großen Aras lassen sich meist ab dem Alter von etwa acht Wochen nicht mehr gut in einer handelsüblichen Aufzuchtbox unterbringen. Wir halten sie jeweils in Kisten von 60 × 35 × 50 cm (L × B × H), die zu drei Viertel mit einem Tuch ab-

Schlupf

Die Brutzeit für Araeier beträgt in der Regel etwa 28 Tage. Die Schlupfphase kann manchmal weit mehr als 24 Stunden betragen. Der Schlupfvorgang beginnt schon bis zu zwei Tage, bevor das Junge zu sehen ist. Wenn man das Ei ans Ohr hält, hört man bereits Knacklaute, später piepst das Kleine auch schon. Dabei kann man es zum Piepsen animieren, indem man selber pfeift. Mit etwas Erfahrung lässt sich an der Tonart dieses Piepsens feststellen, ob beim Jungen alles in Ordnung ist, ob es schwächlich ist oder gar etwas mit seiner Entwicklung nicht stimmt.

Nachdem sich das Junge mit dem Schnabel zur Luftkammer hin gewendet hat, bricht es im Ei ein Loch durch die Membran zur Luftkammer und stellt auf Lungenatmung um. Ab diesem Zeitpunkt empfiehlt es sich, die Eier nur noch manuell bis zu einer viertel Drehung zu wenden und sie in eine kleine Schüssel, die mit saugfähigem Küchenpapier ausgelegt ist, unterhalb der Wendungsvorrichtung in den Brutapparat zu legen. Denn es ist schon vorgekommen, dass Junge auf der Wendungsvorrichtung umhergekrabbelt sind. Sie waren viel schneller und früher geschlüpft als erwartet! Nicht immer ist es möglich, die Eier nach dem Legen kurz zu entnehmen, um das Legedatum mit Bleistift darauf zu notieren. So kann es geschehen, dass man sich um ein bis zwei Tage im errechneten Schlupfdatum irrt.

Bis zu drei Tage vor dem eigentlichen Schlupf picken die Jungen das Ei mit Hilfe des **Eizahnes** von innen an. Es wird nur ein kleiner Punkt der Eischale angebrochen. Zuerst ist eine **sternartige Bruchstelle** zu sehen, die eventuell noch ganz angepickt wird. Da die Eihaut und die Schale durchstoßen sind, kann das Junge bereits atmosphärische Luft atmen. Keinesfalls darf zu früh eingegriffen werden, denn parallel zum Anpicken muss das Blut zuerst vollständig in den Körper aufgenommen werden. Zudem wird in dieser letzten Phase der Dottersack durch die Nabelschnur in den Körper aufgesogen. Das Junge erhält so die nötige Nahrung und Energie für den Kräfte zehrenden Schlupfvorgang und die ersten Stunden danach.

Zwischen dem Hinterkopf und der Wirbelsäule hat das Kleine einen speziellen **Schlüpfmuskel**, mit dem es den abschließenden Kraftakt vollbringen kann, den Deckel vollständig rundum abzupicken und abzuheben. Durch die heftigen Nackenstöße ist auch bei allen frisch geschlüpften Arajungen der Nacken recht angeschwollen und erscheint daher dick. Solange das Kleine noch feucht ist, sollte es im Brutapparat verbleiben können.

Schlupfhilfe durch den Menschen kann zwar in gewissen Fällen hilfreich sein. Es muss aber nochmals betont werden, dass man damit oft mehr Schaden als Nutzen anrichtet. Hört man das Junge im Ei rufen und arbeiten, deutet man dies viel zu schnell damit, dass es sozusagen um Hilfe ruft. Inwieweit alte Araeltern Schlupfhilfe leisten, ist nicht ausreichend erforscht. Es ist aber sehr wohl möglich, dass sie es tun, da man es von anderen Papageienarten auch weiß. Allerdings starben bei uns schon Embryonen im vollständig entwickelten Stadium in der Naturbrut ab, weil sie den Schlupfvorgang nicht gemeistert haben. Sie riefen und arbeiteten, jedoch griffen die Altvögel nie ein.

Sollte man sich doch dazu entschließen Schlupfhilfe zu leisten, ist es erforderlich, dass man das genaue Legedatum kennt, damit man nicht zu früh eingreift. Es gehört schon einige Übung dazu, beim Durchleuchten eines schlupfbereiten Eies feststellen zu können, ob der Embryo bereits auf Lungenatmung umgestellt hat. Wenn das Knacken und Piepsen nach mehrstündigen Pausen immer schwächer wird und kein Fortschritt beim Schlupf zu

■ Wenn die Zeit des Schlüpfens näher rückt, dreht sich das Junge zur Luftkammer am stumpfen Ende des Eis hin. 24 bis 72 Stunden vor dem Schlupf picken die Jungen das Ei von innen an.

sehen ist, außer dass vielleicht die Eischale sternförmig angepickt ist, kann Schlupfhilfe angezeigt sein. Sie gelingt meist aber nur, wenn zu trocken oder zu feucht gebrütet wurde und das Junge entweder an der inneren Eihaut festklebt oder zu aufgequollen ist, so dass es sich im Ei nicht richtig drehen kann, um die Eischale rundherum anzupicken.

REINSCHMIDT (2000) empfiehlt, das Ei nicht weiter dort zu öffnen, wo es schon angepickt wurde, sondern am stumpfen Ende im Bereich der Luftkammer. So gibt man dem Jungen die Möglichkeit, sich noch selber zu befreien, weil es weiterhin Gegendruck mit dem Schnabel und dem Kopf er-

> **HINWEIS** In den meisten Fällen, in denen Schlupfhilfe geleistet wird, führt sie aber nicht zum Erfolg, da andere Probleme den Embryo an seiner abschließenden Entwicklung hemmen und ihn schließlich absterben lassen.

zeugen kann, um sich im Ei zu drehen. Wir haben aber auch schon bei der Pickstelle mit dem Öffnen mit einer Pinzette begonnen. Vorsichtig träufelten wir physiologische Kochsalzlösung auf den Embryo. Sofort wurde er lebhafter und wieder aktiver. Nach und nach nahmen wir Stücke der Eischale sachte mit der Pinzette weg, bis ein Flügel zum Vorschein kam. So konnten wir auch immer das Entwicklungsstadium gut abschätzen, denn sobald Äderchen zu sehen sind, ist dies ein Zeichen, dass der Embryo noch nicht schlupfbereit ist.

Wenn dann die Eischale um den Kopf entfernt wird, ist das Junge meist vollständig befreit. Nach dieser Methode muss man die Schlupfhilfe aber selber zu Ende führen, da dem Jungen in der Tat die Möglichkeit zur Selbstbefreiung genommen wurde.

Wird das Ei vom stumpfen Ende her, dort wo es nicht angepickt ist, gelocht, kann sich das Junge weiter selber befreien. Es erhält dann Sauerstoff durch das zusätzliche Loch. Die physiologische Kochsalzlösung, welche die im Brutapparat vorherrschende Temperatur aufweisen sollte, aktiviert die Kräfte wieder.

Embryotod

Wird mit den oben angegebenen Werten künstlich gebrütet, ist eine Erfolgsrate von 80 % sicherlich ein zufrieden stellendes Ergebnis, denn die Gründe für das Absterben von Embryonen sind mannigfaltig. In der Arazucht ist man immer wieder mit dem Embryotod konfrontiert. Es kommt oft vor, dass Embryonen frühzeitig absterben, wenn die Eier normal durch die Eltern bebrütet wurden. Früher embryonaler Tod ist meist festzustellen, indem beim Schieren ein dunkler Ring, der sich im Ei gebildet hat, erkennbar wird. Zudem „schwimmt" das Ei, das heißt, dass die vorher kompakte Flüssigkeit, die mit Äderchen durchzogen war, sich auflöst und bei der kleinsten Bewegung des Eies die Position ändert.

Zunächst kommt es einmal darauf an, herauszufinden wie viele Embryonen im frühen Stadium abgestorben sind. Betrifft es einen Großteil der Eier oder nur einen geringen Prozentsatz? Sind die Naturbruten mehrheitlich gut geschlüpft? Wenn ja, so ist das Problem beim Brutapparat zu suchen. Hier macht es sich bezahlt, dass täglich oder gar mehrmals täglich mit Zeitangabe die Bedingungen wie Temperatur und relative Luftfeuchtigkeit notiert wurden. Häufig sterben Embryonen nämlich früh ab, weil die Temperatur zwischendurch zu

> **Früher Embryotod**
>
> im Entwicklungsstadium von etwa einer Woche kann viele Ursachen haben:
> - grobe, raue Handhabung der Eier,
> - unzureichende Bedingungen im Brutapparat,
> - unzuverlässiges Bebrüten durch die Eltern,
> - zu starke Temperaturschwankungen,
> - Inzucht, genetische Abnormitäten, Infektionen im Ei (vom Legebeginn an),
> - infizierte Eier,
> - zu geringe oder zu hohe Luftfeuchtigkeit,
> - zu hohe Vibrationen oder Erschütterungen beim Nistkasten erzeugt durch Bau- oder Handwerkerarbeiten oder im Brutapparat erzeugt durch Ventilatoren und Motoren oder
> - zu schlechte Ventilation oder Vergiftung durch chemische Gifte von außen.

> **HINWEIS** Hat man es mit einem hohen Prozentsatz an abgestorbenen Embryonen in der Natur- wie in der Kunstbrut zu tun, empfiehlt es sich, die Eier durch ein Speziallabor (Tierärztliche Klinik mit Fachrichtung Vögel) untersuchen zu lassen. Vielleicht liegen grobe Ernährungsfehler, Vitaminmangel, infektiöse oder bakterielle Erkrankungen vor. Legen Sie die Eier und Embryonen in Formalin ein.

hoch oder zu niedrig war. Vielleicht sind die Vibrationen zu stark. Einige Züchter, besonders in den USA empfehlen, nach etlichen Jahren neue Brutgeräte anzuschaffen, wegen der Vibrationen, die mit dem Alter der Geräte stärker werden.

Produktive Weibchen können empfänglich für bakterielle Infektionen sein, was zu frühem Embryotod führen kann. Sterben die Embryonen immer beim gleichen Paar ab, ob im Inkubator oder bei der Naturbrut, kann auch ein genetischer Defekt vorliegen, was bedeutet, dass die familiäre Disposition nicht stimmt. Gerade bezüglich dieser Aspekte kann eine Untersuchung der Eier mit den abgestorbenen Embryonen dienlich sein. Reichen Sie die Eier ein, sobald klar ist, dass die Embryonen tot sind. Je frischer ihr Zustand, desto besser ist eine Untersuchung möglich. Wenn mehr als ein Ei eines Geleges abstarb, senden Sie alle Eier ein.

Nach einer Brutzeit von 14 Tagen sterben die wenigsten Embryonen ab. Da die schwierige Anfangsphase der Entstehung und Entwicklung eines Embryos am besten unter dem Muttervogel gelingt, sollten, wenn immer möglich, die Eier erst ab einer Bebrütungszeit von 14 Tagen in den Brutapparat gegeben werden. Die nächste, schwierige Phase ist diejenige kurz vor dem Schlupf. Gerade bei Aras tritt der Embryotod in vielen Fällen kurz vor dem Schlupf ein. Die Embryonen rufen zwar schwach und arbeiten auch an der Eischale, können aber nicht schlüpfen. Zum Vorschein kommen dann oft Embryonen mit nur teilweise oder gar nicht eingezogenem Eidotter.

Fehler, die sich in einer frühen Phase der Brutzeit ereignet haben, wie Temperaturschwankungen oder gar Stromausfälle, mangelnde Frischluftzufuhr oder zu hohe Vibrationen, führen oft nicht sofort zu einem Absterben der Embryonen, sondern wirken sich erst später, eben kurz vor dem Schlupf aus. Auch Kalziummangel kann eine von vielen Ursachen für dieses Phänomen sein, wenn Kalzium nicht zusätzlich zugeführt wird. Gelegentlich zersetzen auch Insekten das Nistkastenmaterial zu feinstem Staub, der die Poren der Eier verschließen kann und somit zu einem Absterben führt. Manchmal sind Jungen im Ei falsch positioniert, was deren erfolgreichen Schlupf verhindert.

Führen Sie nicht vorschnell Untersuchungen der Altvögel durch, denn dies bringt nur zusätzlichen Stress in die Zuchtanlage und bleibt oft ohne Ergebnis. Sind die Altvögel bei guter Gesundheit und werden optimal ernährt und gehalten, so warten Sie eine neue Zuchtsaison ab. Oft gelingen Naturbruten im nächsten Jahr zufrieden stellend. Sollte dann aber doch wieder ein großer Prozentsatz von Embryonen absterben, ist eine Untersuchung der Altvögel nicht zu umgehen.

Der Eindruck entsteht leicht, dass das Ei nur unter klinischen, keimfreien Bedingungen erfolgreich bebrütet werden kann und wohl nur der Einsatz von starken Desinfektionsmitteln zum Erfolg führt. Das ist aber nicht so. Die Eischale bietet in Normalfällen einen erstaunlich guten Schutz für den Embryo. Wenn man die unterschiedlichen, oft keinesfalls immer nur hygienischen Umstände betrachtet, unter denen sich Embryonen in Naturhöhlen und Nistkästen zwischen morschem, faulendem Holz, Insekten und sicher auch Pilzsporen, in schlimmen Fällen gar neben Mäusen (!) erfolgreich entwickeln und schlüpfen, so relativiert dies die oben erwähnten Bedenken. Zweifellos aber spielen bei einer Kunstbrut viel gefährlichere, nämlich technische Faktoren mit, die schnell zum Misserfolg führen können und darum unsere erhöhte Aufmerksamkeit verlangen. Ernährungsfehler und Gifte sind weitere typische haltungsbedingte Risiken.

Handaufzucht

Wer sich zur Handaufzucht von Aras ab dem ersten Tag entschließt, verpflichtet sich zur regelmäßigen Handfütterung über eine Zeitspanne von fünf Monaten, bei Hyazintharas kann es sogar acht oder neun Monate dauern, bis die Vögel selbstständig werden. Man kann während dieser Zeit also nicht einfach mal einen Tag lang beispielsweise wegen einer Reise oder eines Festes ausfallen, denn die regelmäßige Fütterung ist für die spätere Qualität der Vögel von entscheidender Bedeutung. Darum ist es fast unerlässlich, dass mehrere qualifizierte, zuverlässige Personen zur Verfügung stehen, die die Handaufzucht übernehmen oder bei Bedarf einspringen können.

Den **Nabel** eines frisch geschlüpften Jungen kann man mit steriler physiologischer Salzlösung abtupfen, die in der Apotheke erhältlich ist. Einem frisch geschlüpften Jungen sollte zuerst eine **Ringer-Laktat-Lösung** in den Schnabel geträufelt werden. Nach einiger Zeit (meist während der ersten Stunde) scheidet das Junge eine pechartige Flüssigkeit aus. Dann kann mit stark verdünntem Handaufzuchtfutter die erste Fütterung vorgenommen werden.

Die **Temperatur des Futters** sollte etwa **handwarm** sein. Bei zu kaltem Brei wird die Aufnahme vom Jungen verweigert. Heute gibt es im Handel gute Handaufzuchtfutter für Papageien, wenn auch früher Aufzuchten mit selbst gemischtem Futter oder etwa mit Babynahrung und Kamillentee gelungen sind. Die für den Aufbau der Darmflora wichtigen Laktobazillen befinden sich bereits in den Mischungen. Normalerweise erhalten sie die Jungen durch die Kropfmilch der Altvögel.

Bei der Handaufzucht von Aras (mit Ausnahme der Rotbaucharas), muss ein **Futter mit hohem Energiegehalt** verwendet werden. Wir mischen speziell bei der Handaufzucht von Hyazintharas Kokosraspel unter das Handaufzuchtfutter. Sie sind in Bioläden oder Dritte-Welt-Läden erhältlich. Auch der schwedische Hyazintharazüchter WAHLSTRÖM setzt diese Raspel erfolgreich ein, nachdem er von Kokosmilch auf die Raspel umgestellt hat. Kokosmilch kann, wenn das Verfalldatum überschritten ist, toxisch wirken.

Gerade bei Hyazintharas und Dunkelroten Aras, die beide wuchtige Oberschnäbel haben, stellt sich manchmal das Problem von **Oberschnabelverkrümmungen** ein. Die häufigste Fehlstellung des Schnabels ist die seitliche Verschiebung. Als Ursachen können Verschiebungen der Wachstumszentren, eine falsche Lage oder Haltung des Embryos im Ei, fehlerhafte, einseitige Technik bei der Handfütterung oder der Gebrauch von Kropfsonden gelten (SCHUBOT et al, 1992). Wir konnten diesem Problem entgegenwirken, indem wir bereits von Beginn an mit einem Salzstreuer etwas Kanavit, ein phosphorhaltiges Mineralprodukt, unter das Handaufzuchtfutter gaben. Phosphor scheint sich auf die Entwicklung der Schnäbel gut auszuwirken. Allerdings muss erwähnt werden, dass sich auch in den Handaufzuchtfuttermitteln bereits ein gewisser Anteil von Phosphor befindet.

Bei Schnabelverkrümmungen sollte ein auf Vögel spezialisierter Tierarzt konsultiert werden. Mit Hilfe einer Acrylanbindung kann man beispielsweise einen verkrümmten Oberschnabel wieder korrigieren. Manchmal führt es auch zum Erfolg, wenn man nach jeder Fütterung den Schnabel manuell sanft zurecht drückt.

> Eine proteinreiche Ernährung ist für Arajunge essenziell!

> Wichtig ist, dass sich der Kropf jeweils über die Nacht ganz leert.

Handaufzucht eines jungen Rotrückenara in der Plantaria.

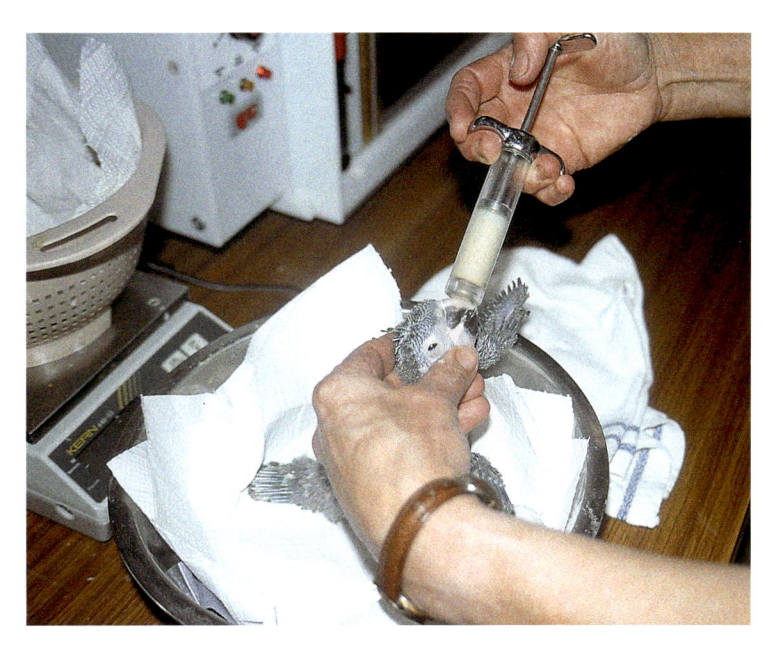

ZUCHT

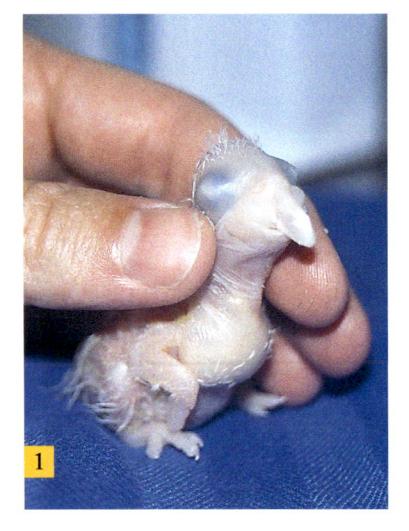

1: Handaufzucht eines Hyazintharas in der Voliere Hyacinthinus. Einen Tag altes Junges.

2: mit 7 Tagen.

3: mit 28 Tagen.

4: 38 Tage alt, die Federn wachsen schon.

5: 59 Tage, das Gefieder zeigt sich.

6: mit 87 Tagen sitzt es selbstständig auf dem Kistenrand.

7: mit 3 Monaten ist das Junge verspielt und zutraulich.

HANDAUFZUCHT

Allerdings wehren sich dann die Jungen sehr, denn es scheint ihnen überhaupt nicht zu behagen. Sicher muss auch sofort eine Einseitigkeit des Handfütterns unterbunden werden.

In der Zuchtstation des Palmitos Parkes wurde stets etwas Saft von frischen Papayas dem Handaufzuchtfutter beigemischt, da er wichtige, wertvolle Enzyme enthält. Mit zunehmendem Alter der Jungen kann die **Festigkeit des Breies** erhöht werden. Die Hersteller geben jeweils mit dem Futter spezielle Anleitungen dazu.

Die **Intervalle der Fütterungen** hängen vom Alter der Jungen ab. Muss anfangs alle zwei Stunden gefüttert werden, verlängern sich die Intervalle mit zunehmendem Alter immer weiter. Auch frisch geschlüpfte Kleine haben wir nachts über einen Zeitraum von sechs Stunden nicht gefüttert. Später kann auch die Zeit durch die Nacht verlängert werden.

Ein frisch geschlüpftes Junges benötigt in der ersten Woche bis acht Handfütterungen pro Tag. Ab 14 Tagen reichen etwa sechs Fütterungen. Ab dem Alter von drei Wochen sollte man noch fünf Mahlzeiten pro Tag verabreichen. Die Fütterungsintervalle vergrößern sich mit jeder Woche. Die Fütterung muss aber fortgesetzt werden, auch wenn das Junge voll befiedert ist und im Alter von etwa 13 Wochen selber etwas Futter aufnimmt. Zu diesem Zeitpunkt sollte nur noch zweimal täglich gefüttert werden.

> **HINWEIS** Die Fütterung mit einer Kropfsonde muss abgelehnt werden, denn damit entfallen für das Junge die wichtigen Schluckbewegungen, was sich auf den Prozess des Selbstständigwerdens negativ auswirken kann. Zudem sind Kropfsonden gefährlich, weil das Futter fälschlicherweise in die Luftröhre gespritzt werden kann, was zum sofortigen Tod des Kleinen führt.

Mit Vorzug verwendet man zur Handfütterung **Spritzen** (natürlich **ohne Kanüle**), wie sie in Apotheken erhältlich sind. Dem Jungen wird das Futter langsam in den Schnabel gespritzt, dabei hält man das Köpfchen mit der anderen Hand leicht fest. Das Kleine macht dabei heftig rüttelnde Bewegungen. Mit zunehmendem Alter müssen bei großen Aras 100-ml-Spritzen eingesetzt werden, da deren Futterbedarf sehr hoch ist. Die Fütterung mit einem **zurechtgebogenen Löffel** ist auch möglich, jedoch gerade bei Aras recht mühsam. Denn das Kleine wird dabei stark verschmutzt, weil durch die heftigen Rüttelbewegungen immer wieder Futter vom Löffel spritzt. Idealerweise sollte man versuchen, die Spritze gerade in den Schnabel zu führen, was sich in der Praxis aber selten bewerkstelligen lässt. Zu Beginn haben die Jungen noch einen löffelartigen Unterschnabel. Somit sollte man das Futter auf den Oberschnabel träufeln. Es rinnt dann automatisch in den Unterschnabel und wird meist gierig geschluckt.

Es ist wichtig, dass man nicht ein Junges allein in der Handaufzucht hat. Einzelne kleine Aras entwickeln sich schlechter als zwei oder mehrere zusammen. Wenn man mehrere Junge hat, sollte man sie nicht einzeln in Plastikgefäßen halten. Die Jungen entbehren bereits ihre Eltern, da sollte ihnen wenigstens der Kontakt zu Artgenossen ermöglicht werden. Meist liegen die Kleinen eng aneinander. Die genaue Identifizierung der Jungen ist natürlich sehr wichtig. Deswegen markiert man sie am besten mit einem Filzstift auf dem Köpfchen. Als Unterlage in den ersten zwei Wochen empfiehlt sich eine dicke Schicht aus weichem Haushaltspapier. Später sollten die Jungen auf einem engmaschigen Gitter, ähnlich einem Rost, stehen. Unterhalb des gebogenen Gitters sollte saugfähiges Papier angebracht sein.

> **TIPP** Wenn das Junge die ganze Zeit auf weichem Haushaltspapier steht, läuft es Gefahr, dass eine oder beide Hinterzehen immerzu nach vorne schauen, was zu späteren Behinderungen des Vogels führt. Auf dem Gitter kann das Junge bereits gut greifen. Zudem bleibt es sauberer, da der Kot größtenteils durch das Gitter fällt.

Während des Tages sollte das Junge nicht längere Zeit ohne Futter im Kropf sein.

Handaufzucht eines Hyazintharajunge – Beispiel für ein Protokoll

Junges von Paar aus Voliere Nr. 16 der Voliere Hyacinthinus
1. Gelege 1998
Legedatum: 6. 7.
Schlupf: 4. 8.

Tag	Gewicht in kg	Temperatur in °C	Bemerkungen
1	0,026	37,2	rosafarben mit wenig Flaum; Wülste an den Schnabelseiten sind groß und gelblich getönt
5	0,051	37,0	Schnabel wird gräulich
10	0,122	36,0	Schnabel grau; Gelbbrustara hat im Gegensatz einen schwarzen Schnabel
20	0,336	35,0	Sekundärdunen wachsen
25		34,0	Äuglein beginnen sich langsam zu öffnen
35		33,0	Wenig bläulich am Kopf
40		32,0	Scheitel durch hervortretende Federn blau
45		31,0	Dunen überall offen; Schwung- und Schwanzfederkiele wachsen; typischer junger Hyazinthara; beim Anblick von fremden Personen wirft er sich auf den Rücken
57		28,0	Flügel befiedert; in ein größeres Becken gegeben
62	1,2	23,0	Vier Fütterungen pro Tag; Kopf befiedert; an den Schwingen und am Schwanz befinden sich lange Kiele, sonst wenig Flaum; sitzt in einer großen Kiste
70	1,25	Zimmertemperatur	
80	1,45		Würgt wieder selber Futter hoch; Reichung von Fruchtstücken und weichen Bohnen
87	1,45		Klettert selber aus der Kiste; wird in einen Käfig gesetzt, wo er auch schon gerne selber auf der Stange sitzt, oft ist er aber auch noch auf dem Käfigboden anzutreffen
90	1,35		
98			Macht starke Flugübungen und marschiert in der Wohnung umher
108			Ist ein aufgeschlossener Vogel mit starkem Bewegungsdrang; schlägt kräftig mit den Schwingen und will immer aus dem Käfig; fliegt schon selbstständig vom erhöhten Käfig auf den Boden und erklimmt Stühle, um dann von dort knapp über dem Boden zu fliegen; frisst selbstständig Früchte, besonders Bananen, und nestelt an gequollenen Körnern herum
111			Kommt in einen größeren Käfig, wo er noch zweimal täglich von Hand gefüttert wird; frisst selber Erdnüsse und Früchte sowie wenige Kerne; hat viele schwarze Federn
119			Wird zu anderem, wenige Wochen älteren Hyazinthara in eine größere Voliere gesetzt; beide vertragen sich gut und sitzen nebeneinander
134			Frisst offene Paranusskerne und öffnet selber Walnüsse; tauscht häufig soziale Kontakte mit Kumpan aus
149			Wird noch einmal täglich von Hand gefüttert
172	1,28		Handfütterungen eingestellt; ist selbstständig und futterfest

Anm.: Es kann noch viel länger dauern, bis ein Hyazinthara futterfest ist. Auch sind junge Hyazintharas ganz anders im Verhalten als junge Angehörige der Gattung *Ara*.

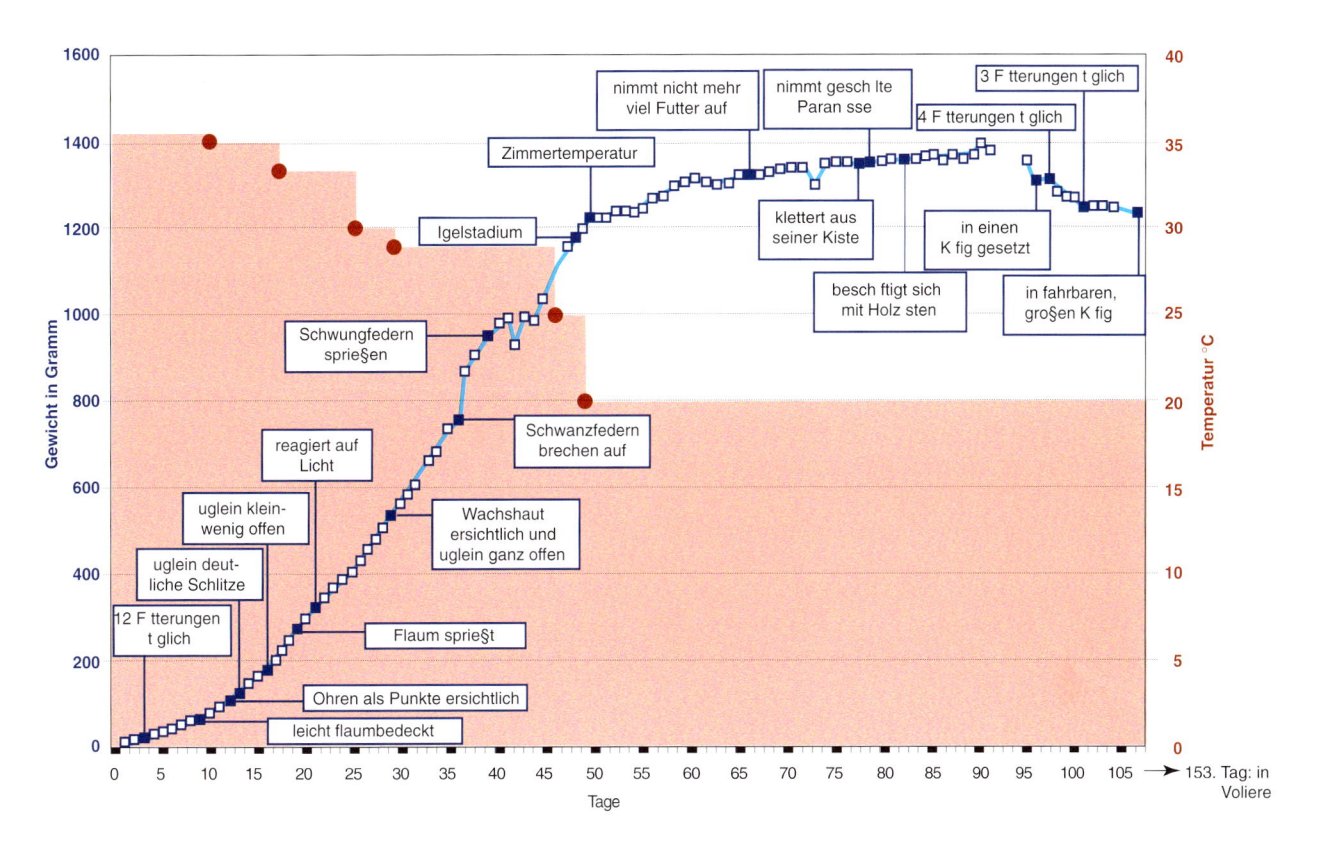

HANDAUFZUCHT

Gewichtsentwicklung, Temperatursenkung und Wachstum eines jungen Hyazintharas.

Da die Handaufzucht in der Praxis in den wenigsten Fällen stets von der gleichen Person durchgeführt werden kann, kann es auch vorkommen, dass die Jungen zu jemandem transportiert werden müssen. Hierzu gibt es **spezielle Transportgeräte**, die auch im Auto mit Strom versorgt werden (Zigarettenanzünder), so dass die Temperatur konstant gehalten wird. Gerade aber das Herumtransportieren bewirkt **Stress** für die Arajunge. Dies hat nicht selten die Ausbildung von so genannten **Stresslinien** auf dem **Gefieder** zur Folge. So werden schwarze Querstreifen auf den Federn bezeichnet. Stresslinien können bereits entstehen, wenn die Person in der Handaufzucht wechselt. Sie sind aber nicht weiter schlimm und verschwinden im Alter von einem Jahr ganz. Sie zeigen aber, wie empfindlich Arajunge auf Veränderungen reagieren, so dass sie auf ein Minimum reduziert werden sollten. Stresslinien entstehen aber auch bei falscher Ernährung. Es empfiehlt sich, handelsübliches Futter zu verwenden, anstatt selber etwas zusammenzustellen, das meist nicht die Qualität und Eignung von handelsüblichem Handaufzuchtfutter erreicht.

Gerade weil einige Araeltern immer wieder dazu neigen, ihre Jungen im Kasten zu rupfen, tendieren gewisse Züchter dazu, die Jungen ab einem bestimmten Alter, meist im Alter von etwa sieben Wochen, zur Handaufzucht zu entnehmen. Besonders in der ersten Phase ist es schwierig, solche Jungen zu füttern, da sie nicht an den Menschen gewöhnt sind. Bedingt durch die Umstellung nehmen sie nach dem Entnehmen für einige Tage weniger Futter auf und folglich an Gewicht ab. Es ist nicht so, dass sich Handaufzuchten später weniger zur Zucht eignen als Elternauf-

> **WICHTIG** Schließlich ist auch die **soziale Betreuung** der Jungen durch den Menschen, der ja die Papageieneltern ersetzen muss, wichtig. Sprechen Sie sanft und ruhig mit den Jungen und reiben Sie sachte ihre Köpfchen. Sie werden sehen, wie die Kleinen darauf ansprechen und positiv reagieren.

zuchten. Ausschlaggebend ist, wie sie entwöhnt und sozialisiert werden. Handaufzuchten, die gut sozialisiert wurden (siehe spätere Kapitel) können sich zu guten Zuchtvögeln entwickeln, die sich ganz ihrem Partner zuwenden. Sie sind lediglich aggressiver gegenüber dem Menschen.

Entwicklung der Jungen

Wenn man auch immer wieder auf Gewichtstabellen von Aras stößt, so muss man sich nicht sklavisch daran halten und das Gefühl haben, dass etwas nicht stimmt, wenn das Kleine nicht genauso zunimmt, wie die Gewichtstabelle anzeigt. Oft differieren die Gewichtsentwicklungen innerhalb einer Art stark. Bereits die Schlupfgewichte von Jungen aus dem gleichen Gelege sind verschieden.

Allmorgendlich sollten die Kleinen vor und nach der ersten Fütterung gewogen werden. Die Gewichte werden in eine Tabelle eingetragen. Natürlich sollte das Gewicht beständig zunehmen. Man geht davon aus, dass ein Jungvogel innerhalb einer Woche sein Gewicht etwa verdoppelt. Ist die **Gewichtszunahme** nicht befriedigend, wird entweder zu wenig gefüttert oder die Konsistenz des Futters ist zu dünnflüssig. Weitere Gründe können zu heiße oder kalte Temperaturen im Aufzuchtgerät sein.

Entwöhnungsphase

Für den Pfleger handelt es sich um die anspruchsvollste Zeit. Hat das Junge bisher den lauwarmen Futterbrei immer gierig aufgenommen, so fängt es im Alter von etwa zehn Wochen an, weniger aufzunehmen, ja es **verweigert die Nahrungsaufnahme** zeitweise sogar. Das Gewicht des Jungen nimmt wieder ab. Vermehrt schlägt es mit seinen voll befiederten Schwingen.

In dieser Phase ist es wichtig, dass man dem Vogel weiches Futter wie Banane, Apfelstücke, geschälte Erdnüsse, gequollene Soja- und Mungobohnen sowie später gequollene und gekeimte Sonnenblumenkerne in schweren Steingutnäpfen anbietet. Der Jungara nimmt das angebotene **Futter** zuerst nur **zum Spielen** in den Schnabel. Nach und nach wird er aber auch davon fressen. Zu diesem Zeitpunkt muss immer noch von Hand gefüttert werden. Wenn der Jungara nur mit dem Futter spielt, sollte noch dreimal täglich in kleineren Mengen gefüttert werden. Nach etwa zwei Wochen kann die mittägliche Handfütterung ausgelassen werden.

Aras können besonders schwierig und heikel während der Entwöhnungsphase sein. Einige lassen sich gerne von Hand füttern. Wenn sie dann ausreichend Nahrung von Menschenhand in den Schnabel erhalten, rühren sie das vorgesetzte Futter nicht an. Es kann langwierig werden, wenn man die natürliche Entwöhnungsphase verpasst. Der Ara bleibt dann noch lange wie ein Kleinkind und muss gefüttert werden. Erst viel später geht er nach und nach zur selbstständigen Futteraufnahme über.

Auch die Altvögel lassen ihren Nachwuchs im Alter von etwa zwölf Wochen stets etwas hungern, so dass er gezwungenermaßen den Kasten verlässt. Es bleibt nun in der Verantwortung des Pflegers, dass er seine Jungaras sorgfältig umgewöhnt. Wenn auch die Entwöhnungsphase bei allen Papageienarten heikel sein kann, so ist sie bei Aras besonders schwierig. Keinesfalls dürfen die Handfütterungen abrupt eingestellt werden in der Meinung, dass der Ara sich ja nun selber mit Futter versorgt. Bei Elternaufzuchten kann man noch viele Wochen, ja bis zu acht Monate nach dem Ausfliegen beobachten, dass die Jungvögel noch immer zeitweise von den Eltern gefüttert werden.

Mit **zwölf Wochen** erklimmen die Jungaras den Rand der Kiste und schlagen heftig mit den Flügeln. Jetzt müssen sie in einen **geräumigen Käfig**, am besten eignen sich für Aras die fahrbaren **Zimmervolie-**

> **HINWEIS** Es ist normal, dass der Jungara bei Erreichen des Alters, in dem er bald ausfliegen wird, wieder an Gewicht abnimmt. Er wird vom behäbigen, langsamen, hilflosen Jungen zum gewandten Luftwesen.

ENTWÖHNUNGSPHASE

ren, gesetzt werden. Natürliche Sitzstangen sollten knapp über dem Boden und einige auch etwas höher angebracht sein. Schnell werden sie erklommen. Bereits nach wenigen Tagen sitzen die Jungvögel mit Vorzug auf den obersten Stangen. Die Schublade sollte gut mit weichem Papier ausgepolstert sein, da in der Anfangsphase immer mal wieder ein Vogel herunterfällt.

Im Alter von 14 bis 16 Wochen können die Jungaras zusammen in eine Voliere gesetzt werden, denn nur hier können sie ausreichend mit ihren Schwingen schlagen und **Flugübungen** machen, was ihre Flugmuskulatur stärkt und ausbildet. Jedoch sollten sie, je nach Art, noch einmal täglich von Hand gefüttert werden. Wenn man sieht, dass der Ara selbstständig Erdnüsse öffnen kann und sie zahlreich verspeist so-

> **HINWEIS** Man muss sich bewusst sein, dass Jungaras viel **größere Futtermengen** benötigen als Altvögel. Daher sollte man zwei- bis dreimal täglich frisches Futter reichen.

Entwicklung von jungen Dunkelroten Aras (Elternaufzucht) – Beispiel für ein Protokoll

Paar aus Voliere Nr. 23

Tag	Bemerkungen
1	Ein Junges rosafarben mit wenig Flaum bedeckt geschlüpft
2	Wird gut gefüttert, ruft immer kräftig
8	Ist verstummt und verhält sich nun ganz still
15	So groß wie zwei Fäuste; Äuglein sind wie Schlitze, jedoch noch mehrheitlich geschlossen
20	Äuglein sind offen; flaumbedeckt
24	Gefieder beginnt zu sprießen (Kiele an Schwingen, Schwanz, Kopf)
32	Am Kopf sprießen rote Federn; Schwanz einige Zentimeter lang und rot, Flügelfedern ebenso, jedoch noch in Kielen; Schnabel ist perfekt und groß und beginnt von den Rändern her dunkler zu werden; der Unterschnabel ist aber immer noch elfenbeinfarben
40	Die Federkiele brechen auf
50	Wirkt schon mehrheitlich rot an Kopf, Flügel und Schwanz, Körper aber ist noch mehrheitlich flaumbedeckt
71	Ist fast vollständig befiedert; auch der Körper weist viele rote Federchen auf
85	Vollständig befiedert ausgeflogen am Boden sitzend; nachmittags sitzt das Junge mit den Altvögeln auf dem Kasten; die Iris wird schon heller; es ist ein makelloser, prächtiger Ara
89	Sitzt mit den Eltern auf einer Querstange: wundervolles Familienbild
179	Unterschnabel dunkelt zusehends; Jungvogel wird sporadisch noch etwas gefüttert, obwohl er auch immer gierig und vorwitzig selber Futter aufnimmt; ist überhaupt nicht scheu
219	Von Altvögeln getrennt; Endoskopie; es handelt sich um ein Männchen
340	Unterschnabel ist nur noch wenig heller und geht stark ins Schwarze

ZUCHT

Jungaras im ABRC, Florida, in den Absetzkäfigen, kurz bevor sie in gemeinschaftliche Großvolieren umgesiedelt werden.

wie Banane und andere Früchte zu sich nimmt, kann man die Handfütterungen langsam einstellen.

Es empfiehlt sich, Jungaras auch geöffnete Paranüsse und Baumnüsse anzubieten. Die Paranusskerne werden sehr gerne genommen und auch die offenen Baumnussschalen halten sie schon bald in der Kralle, um dabei mit dem Schnabel die Nuss zu lösen. Wenn sich die Jungaras mit viel fetthaltigen Nüssen versorgen, sind sie nicht mehr auf die täglichen Handfütterungen angewiesen. Erst viel später aber können sie selbstständig Baumnüsse oder gar Paranüsse öffnen.

Die **Handfütterung** kann bei jungen Hyazintharas **bis zu acht Monate** dauern. Genaue Angaben über die Dauer der Handfütterung sind nicht möglich, da die Neigungen und Bedürfnisse der verschiedenen Individuen sehr unterschiedlich sein können. Der Pfleger darf die Jungaras nicht zu sehr hungern lassen, damit sie nicht schwächlich werden, er darf sie aber auch nicht mit zu viel Futter versorgen, so dass sie zu lange unselbstständig bleiben und dann deswegen noch monatelang ein zurückgebliebenes, jungvogelhaftes Verhalten an den Tag legen.

Kennzeichnung

In den Ländern der Europäischen Union ist der Züchter verpflichtet, seine Vögel zu kennzeichnen. Dabei ist die Kennzeichnung mit einem **geschlossenen Ring** die weitaus am häufigsten praktizierte Form. In der Regel kann man die **Beringung** vornehmen, bevor sich die Äuglein zu öffnen beginnen. Die Ringe müssen aber immer wieder kontrolliert werden, damit sie nicht verrutschen. Sie müssen sowohl während des Wachstums als auch bei den Adultvögeln ständig überwacht werden, damit ein Tier dadurch nicht lahm geht.

Jede Person, der Sie einen Ara verkaufen, müssen Sie auf die Problematik der Ringe aufmerksam machen, besonders Neulinge in der Vogelhaltung. Zu viele, nicht wieder gut zu machende Fehler sind schon durch Unachtsamkeit wegen der Ringe entstanden.

Es ist nicht immer möglich, Arajunge zur Beringung aus der Nisthöhle zu nehmen. In diesem Fall gibt es noch die Möglichkeit der Beringung mit Endoskopieringen, die der Tierarzt nach der Endoskopie anbringt. Sie werden vom Zoll anerkannt. Gerade aber bei Endoskopieringen kann sich mit der Zeit die Niete lösen, so dass der Ara den Ring zusammendrücken kann.

Große Ara-Arten zerstören oft die in Europa verbreiteten Ringe. Die runden **Edelstahlringe** allerdings, die hauptsächlich in den USA eingesetzt werden und nun auch beim BNA erhältlich sind, halten den Schnäbeln stand. Edelstahlringe sollten nur für die Kennzeichnung großer Aras verwendet werden. Jeder Ring weist folgende Angaben auf: Ringgröße, Land, Verband, Jahr und Züchternummer. Bei Edelstahlringen sollten die eingravierten Schriftzeichen durch das Bearbeiten mit dem Schnabel nicht abgewetzt werden können.

> **HINWEIS** Als Alternative zur Beringung bietet sich das Implantieren von Mikrochips an. Dieser Eingriff kann nur von einem Tierarzt vorgenommen werden, der den Mikrochip meist in die linke Brustseite implantiert. Am besten geschieht dies sofort nach der Endoskopie. Die Anschaffung eines Lesegerätes empfiehlt sich für den Züchter in jedem Fall.
> Ein Nachteil kann sein, dass die Chips verwachsen oder einfach nicht mehr auf das Lesegerät ansprechen.

Eine Kennzeichnung der Jungvögel ist auch im Sinne des Züchters, denn er muss immer wissen, welche Jungvögel von welchem Paar stammen und wann sie geschlüpft sind. Im Idealfall ergänzt der Züchter die Angaben zu jedem Jungvogel noch durch Verhaltensbeobachtungen und Entwicklungsangaben. Eine Kopie dieser Aufzeichnungen sollte einem künftigen Käufer mitgegeben werden.

Eine Kennzeichnung geschützter Tiere ist nach EU-Recht tierschutzgerecht auszuführen. Bei Papageien wird in erster Linie die Beringung verlangt, an zweiter Stelle gilt die Kennzeichnung mit Mikrochips. In begründeten Einzelfällen kann aber auch auf das so genannte **Kraniogramm** gesetzt werden. Hierbei handelt es sich um den persönlichen „Fingerabdruck" eines Aras wie beispielsweise eine **Nahaufnahme des Kopfes** bei Dunkelroten oder Hellroten Aras. Die Gesichtsmaske und oft auch die Schnabelfedern oder die Streifung sind bei jedem Tier **individuell** ausgeprägt. Auch **eine Nahaufnahme der Füße** ist geeignet.

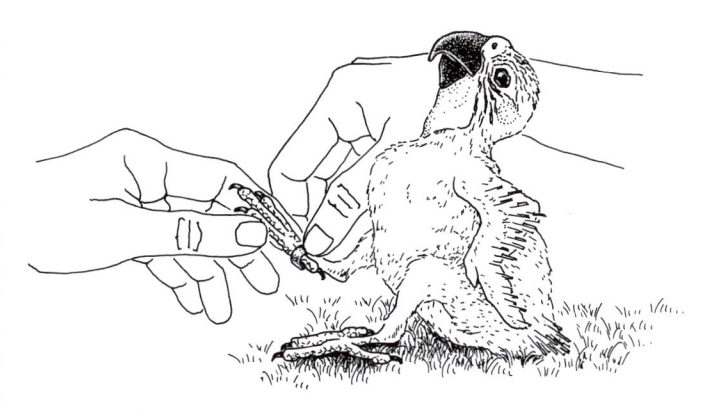

Haltung der Jungvögel

Besonders wenn man Aras von Hand aufzieht, ist es wichtig, dass die Vögel gut sozialisiert werden. Darum ist es schade, wenn Jungaras schon kurz nachdem sie selbstständig Futter aufnehmen, verkauft werden. Ideal ist es, wenn Handaufzuchten etwa gleichen Alters in einer Voliere gehalten werden, wo sie Sichtkontakt zu anderen Aras, beispielsweise Elternaufzuchten, haben. Wir haben für diese Zwecke drei große Volieren, die alle mit Doppelgitter voneinander getrennt sind. Die Volieren sind durch breite Türen miteinander verbunden. In der größten Voliere (etwa 65 qm) leben immer auch Einzeltiere, also ältere Aras. Sobald die Handaufzuchten **futterfest** sind und ein einigermaßen **selbstsicheres Verhalten** an den Tag legen, öffne ich die Tür, so dass sie in die andere Voliere fliegen oder klettern können. Sie schließen Bekanntschaft mit den anderen Aras. Natürlich muss man die Situation immer im Auge behalten. In der Regel finden sich die Neulinge aber bald gut zurecht.

Manchmal muss man bestimmte Tiere aber wieder abtrennen, weil sie sonst nicht mehr genügend Futter aufnehmen würden, obwohl in der Großvoliere an mehreren Stellen gefüttert wird. Die neuen Artgenossen und die neue Situation schüchtern gewisse Vögel so sehr ein, dass sie sich nicht

▌ Wenn sich die Äuglein zu Öffnen beginnen oder besser kurz vorher wird das Junge beringt. Zum Überstreifen des Ringes müssen die drei großen Zehen nach vorne zeigen.

ZUCHT

Gut und mit zahlreichen Beschäftigungsmöglichkeiten eingerichtete, private Aravoliere bei O. Mejia, Schweiz.

mehr zurechtfinden. Aras können extrem empfindlich auf Veränderungen reagieren. Auch hier ist wieder ein umsichtiger, sorgsamer Pfleger gefragt, der die Situation individuell beurteilen kann.

Es ist eine Freude, vor einer Voliere mit gut eingelebten Jungaras zu sitzen. Die Vögel suchen zueinander Kontakt, hangeln an Seilen, Ketten oder aufgehängten Wurzelstücken, spazieren am Boden umher, duschen unter der Berieselungsanlage und versuchen mühsam, ihre ersten Baum- oder Paranüsse zu knacken. Dabei ist es von unschätzbarem Wert, wenn die Handaufzuchten mit Elternaufzuchten und teilweise vielleicht auch unverpaarten älteren Aras zusammen leben dürfen. Sie werden so am besten auf das spätere Leben vorbereitet und erhalten alle Voraussetzungen, um lebensfähige, soziale, ausgeglichene Papageien zu werden. Es kann vorkommen, dass man nur einen einzelnen Ara von Hand aufzieht. Ihn sollte man bei Erreichen des Selbstständigwerdens unbedingt zu anderen Aras setzen. Bei der **Vergesellschaftung von Jungaras** ist es unerlässlich, dass die Vögel durch Ringe oder Mikrochips gekennzeichnet sind, um sie auseinander halten zu können.

Oft beißen sich Jungaras im Spiel gegenseitig die Schwanzfedern ab. Dies ist zwar für den Besitzer ärgerlich, aber nicht weiter schlimm, da es sich meist im Alter von über einem Jahr verliert, so dass die Jungaras, wenn sie verkauft werden sollen, wieder schön aussehen. Elternaufzuchten, die gerupft wurden, erholen sich in solchen Volieren auch wunderbar und sind im Alter von ungefähr 18 Monaten perfekte Vögel. Über solche Junggesellenvolieren muss ein Arazüchter unbedingt verfügen. Durch den zusätzlichen Platz und der ständigen Möglichkeit der Unterteilung können Jungaras problemlos lange zusammen gehalten werden, denn der Züchter ist nicht wegen Platzmangels unter Druck und somit gezwungen, die Vögel an den Erstbesten zu verkaufen. Er kann sich ruhig Zeit lassen. Ein **Züchter** sollte künftige **Käufer** gut und ausführlich **beraten** und stets im Interesse des Vogels handeln.

Erhaltungszuchtprogramme

Für einige seltene Aras wird ein Erhaltungszuchtprogramm geführt. Die jeweiligen Zuchtbuchführer können wechseln. In

Fachzeitschriften wird regelmäßig auf die Zuchtbuchführer hingewiesen. Zudem kann man sich bei bekannten, großen Vogelparks und Zoos oder bei privaten Züchtern danach erkundigen. Weltweit gibt es verschiedene Zuchtprogramme, in Europa existieren die Europäischen Erhaltungszuchtprogramme (EEP). Obwohl die EEP von Zoologischen Gärten durchgeführt werden, können auch Privatpersonen mitarbeiten. Den Zuchtpopulationen drohen Inzucht, Verlust der genetischen Variabilität und eine unnatürliche Selektion. Die Mitarbeit in einem Zuchtprogramm bietet darum diesbezüglich einige Vorteile. Es kann sich manchmal als schwierig herausstellen, geeignete Zuchtvögel zu bekommen. In diesen Fällen kann ein Zuchtbuchführer hilfreich vermitteln, ist darum besorgt, jeweils blutsfremde Vögel zu vermitteln.

Hybridaras und Mutationen

Der vermutlich erste Hybridara schlüpfte bereits im Jahre 1931 im Catalina Bird Park, USA (LINDHOLM, 1999). Fortan wurden in den USA zahlreiche Aramischlinge gezogen. Besonders die großen Angehörigen der Gattung *Ara* kreuzen sich problemlos und erzeugen auch fruchtbare Mischlinge. Die Kreuzung von *Anodorhynchus* × *Ara* allerdings führt zu unfruchtbaren Mischlingen. Besonders wenn verschiedene Ara-Arten zusammen in einer Voliere gehalten werden, komm es immer wieder zu Querverpaarungen.

Als in Tropical Bird Gardens noch nicht fest verpaarte Aras zum Freiflug entlassen wurden, führte dies dazu, dass ein Hellrotes Aramännchen stets zu der Voliere mit Dunkelroten Aras flog, wo das Weibchen immer sofort ans Gitter kam. Der Zoo Wuppertal kreuzte viele Jahre lang Gelbbrust- mit Dunkelroten Aras, weil dort die verschiedenen Arten zusammen gehalten wurden.

Aus der Natur sind keine Hybridisierungen bekannt, obwohl viele Aras in gemischten Schwärmen fliegen. In letzter Zeit gelangten vermehrt Meldungen über so genannte weiße Gelbbrustaras bei ANTONIO DE DIOS oder auch bei einem britischen Züchter in die Fachpresse. Bei DE DIOS sollen die neuen Farbvarianten gar noch etabliert werden. Sie wurden durch ein wild gefangenes blau-weißes Männchen, das mit einem normal farbigen Weibchen verpaart wurde, begründet. Durch Geschwisterverpaarung des Nachwuchses sollen nun gezielt solche Mutationen gezüchtet werden. Auch traten weiße Hellrote Aras sowie blaue Hellrote Aras bei DE DIOS auf (SWEENEY, 1999). Die weiß-blaue Form kam auch schon in der Natur vor, denn im Britischen Museum in Tring befindet sich ein Balg eines solchen Gelbbrustaras, der am 30. September 1975 nach Tring gelangte. Zuvor war er als Wildfang nach England importiert worden, wo er wenig später verstarb.

In der Kollektion von NELSON KAWALL in Sao Paulo befindet sich eine sehr seltene Farbvariante des Gelbbrustaras. Das Tier wurde im Nordosten Brasiliens gefangen und weist einen überaus großen Gelbanteil auf. Der Vogel ist mehrheitlich gelb gefärbt, an den Schwingen ist er blau gesprenkelt.

> **HINWEIS** Die Zucht von Hybridaras und die gezielte Förderung von Farbvarianten sollte heute unbedingt unterlassen und unterbunden werden. Das Ziel im Sinne des Artenschutzes ist die reine Zucht in Arten und Unterarten!

Gesundheitsvorsorge

Rechte Seite: Plustert einer der Aras sein Gefieder auf oder hat halb geschlossene Augen, kann dies Unwohlsein ankündigen. Es gehört zu den Aufgaben des Pflegers, seine Pfleglinge genau zu beobachten.

Bei Oberschnabelverkrümmungen kann der Tierarzt etwa im Alter von drei Wochen eine Acryl- oder Kunststoffanbindung an den Unterschnabel anbringen, die den Oberschnabel in die richtige Position rückt. Erfolge stellen sich meistens innerhalb von drei Wochen ein.

Vorbeugende Maßnahmen

Aras sind im Allgemeinen robuste Vögel, die nicht anfällig gegenüber Krankheiten sind. Vorbeugende Maßnahmen können Aras langfristig gesund und agil erhalten. Es gibt allerdings eine ganze Reihe von gefährlichen Krankheiten, die Aras heimsuchen können. Schlecht ist es immer, wenn Vögel in Beständen wechseln oder getauscht werden oder sie gar an Ausstellungen gegeben werden, denn so lässt sich der Gesundheitsfaktor in einem Bestand langfristig nicht kontrollieren und beurteilen.

Einige sehr gefährliche Krankheiten können jahrelang in äußerlich gesunden Vögeln schlummern, ohne dass sie bei den Trägertieren je zum Ausbruch gelangen würden. Dafür aber können andere Tiere im gleichen Bestand dahingerafft werden. Geschlossene Bestände mit seltenen und kontrollierten Zugängen und in denen verendete Vögel untersucht werden, um die Todesursache festzustellen, sind meist vor infektiösen Krankheiten sicher. Eine unüberlegte Anschaffung aus einem nicht bekannten Bestand einfach so zu seinen Tieren zu gesellen, lohnt sich nie.

Weitere vorbeugende Maßnahmen

- die Haltung in geräumigen Volieren,
- die häufige, gründliche Reinigung derselben,
- die tägliche, ausgewogene und auf die Bedürfnisse der Aras abgestimmte Ernährung,
- Reize in der Umgebung
- und die Bereicherung des Lebensraumes der Vögel.

Durch konsequente veterinärmedizinische Ankaufuntersuchungen, Gesundheitstests und anschließende Quarantänezeit können Krankheiten in vielen Fällen vorgebeugt werden.

Zudem gehört es zur Aufgabe eines Pflegers, seine Tiere täglich gut und genau zu beobachten um anfängliches Unwohlsein sofort festzustellen, damit schnell, möglichst noch zu Beginn einer Erkrankung, eingegriffen werden kann.

Krallen und Schnabel

Es empfiehlt sich große Steine und Felsen in der Voliere zu haben, die von den Aras zum Klettern aufgesucht werden. Beispielsweise kann das Futter in einem gemauerten Felsaufbau gereicht werden, so dass sich die Vögel mehrmals täglich an den Steinen festkrallen. So wetzen sich die Krallen auf natürliche Weise ab. Auch die Anbringung von sehr dicken Ästen hilft beim **natürlichen Abwetzen** der Krallen und bietet auch dem Schnabel Material zum Nagen. Bei der Verwendung von Betonnistkästen mit Sitzmöglichkeit auf den Kästen bietet man den Vögeln ebenfalls automatisch Gelegenheit zum Abwetzen der Krallen und des Schnabels.

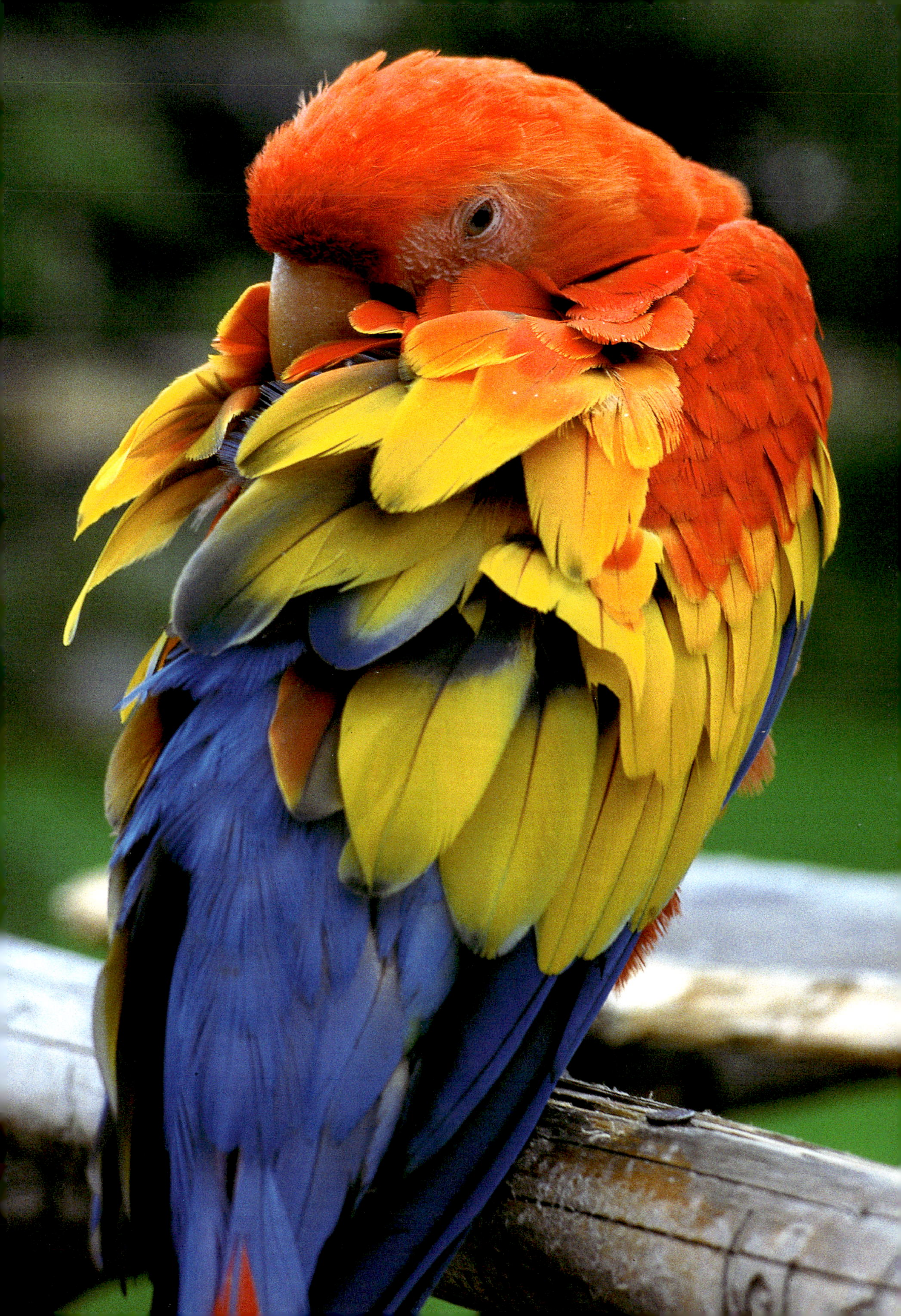

GESUNDHEITSVORSORGE

Ein Schneiden der Krallen oder gar des Schnabels führt zu einem schnelleren Wachstum des Hornes, so dass immer wieder geschnitten werden muss.

An den Schalen bestimmter Nüsse wetzen die Aras auch ihren Unterschnabel. Oft kann man beobachten, dass die Schalen noch lange nach dem Öffnen der Nüsse im Schnabel gehalten werden, um daran den Unterschnabel zu wetzen. Darum ist es wichtig, Nüsse mit Schale zu verfüttern. Aras, die natürliche Abwetzmöglichkeiten zur Verfügung haben, können jedoch ihr Leben lang ohne menschliche Manipulation der Krallen oder des Schnabels gehalten werden.

Mauser

Wie alle Papageien fallen auch die Aras nicht in eine Vollmauser, da sie keine Zugvögel sind, in Zonen mit gleich bleibendem Klima leben und außerdem kein besonderes Brutgefieder besitzen. Allerdings gibt es Zeiten, in denen vermehrt Federn ausfallen, häufig nach einer abgeschlossenen Brut, im europäischen Herbst oder Winter, wenn auch die Temperaturen etwas niedriger sind.

Die Aras erscheinen jedoch immer in gleich schönem und vollständigem Federkleid, weil eine gleichzeitige Erneuerung ganzer Federpartien nicht stattfindet. Die Schwung- und Steuerfedern werden erst dann abgeworfen, wenn die daneben stehenden Federn bereits wieder ersetzt worden sind und eine gewisse Länge erreicht haben.

> **HINWEIS** Ein Ara wechselt jährlich einen großen Teil seines Federkleides, sodass das Großgefieder wie die Schwung- und Schwanzfedern innerhalb von zwei Jahren erneuert werden. Aras fallen entweder alle sechs Monate in eine verstärkte Mauser, nach der Brutzeit oder nur alle zwei Jahre.

Psychische Störungen

Als hochintelligente Lebewesen sind Aras besonders von **haltungsbedingten, psychischen Störungen** betroffen. Darunter können Paare und besonders auch Einzelvögel leiden. Paare, die in kleinen, **reizarmen Volieren** ohne jegliche Bereicherung ihres Lebensraumes gehalten werden und denen man zudem regelmäßig die Gelege zur Kunstbrut entnimmt, können nach jahrelanger Haltung Verhaltensstörungen wie gegenseitiges **Federrupfen oder -fressen** oder **übersteigerte Aggressivität** oder **Verhaltensstereotypien** aufweisen. Rupfen kann auch ein Ergebnis einer falschen Verpaarung sein. Wenn ein Vogel stetig unterdrückt wird oder einfach nicht glücklich ist mit seinem Partner, sollte man die Paarzusammenstellung ändern. Dies kann manchmal Wunder bewirken.

Bei harmonierenden Partnern rupft ein Vogel den anderen oft aus übertriebener Fürsorge und Unterbeschäftigung. Diesen Kreislauf zu durchbrechen ist sehr schwierig. Auch Paare, die gut gehalten werden, denen aber nie die Gelegenheit der eigenen Jungenaufzucht geboten wird, können langfristige Verhaltensdefekte aufweisen. Gerade bei den langlebigen Aras, die erst seit verhältnismäßig kurzer Zeit regelmäßig und in großen Zahlen gezüchtet werden, weiß man noch nicht genau, wie es sich auswirkt, wenn über Generationen hin den Altvögeln die Gelege zur Kunstbrut entnommen werden. Von anderen Tierarten mit geringer Reproduktionszeitspanne aber weiß man, dass dieser menschliche Eingriff fatale Folgen haben kann.

Eine paarweise Haltung in einer großen Voliere mit Lebensraumbereicherung und der Möglichkeit der eigenen Jungenaufzucht beugt den meisten Verhaltensstörungen vor. Allerdings kommt es selbst dann immer wieder vor, dass einzelne Vögel sich selber oder gegenseitig rupfen. Von Beginn der Haltung an sollte den Tieren so viel Abwechslung wie möglich geboten werden, um diesem Fehlverhalten vorzubeugen. Denn wenn dieses abnorme Verhalten erst einmal ausgebildet ist, kann es nur sehr schwer wieder abgewöhnt werden.

In Großvolieren oder in der Freiflughaltung sieht man nur sehr selten Rupfer. Dies weist ganz klar darauf hin, dass das Rupfen hauptsächlich in reizarmer Umgebung ausgebildet wird. Vereinzelt lassen sich in der Fachliteratur auch Hinweise dazu finden,

ENTWURMUNG

dass ein plötzliches Auftreten von Mäusen oder Ratten zum Ausbruch des Rupfens führen kann (SCHWARZWÄLDER, 1999).

Aras, die als Einzelvögel gehalten werden, neigen nicht selten zum Rupfen oder zu anderen Verhaltensstörungen. Ihnen wird die natürliche Möglichkeit zur Fortpflanzung vorenthalten, oft werden sie nicht ausreichend beschäftigt und fehlerhaft, ohne Rücksicht auf ihren Bewegungsdrang, gehalten. Wer einen handaufgezogenen Ara sehr jung erwirbt und ihn anschließend wie gerade beschrieben hält, der erzeugt folglich in vielen Fällen einen seelisch und psychisch total verstümmelten Vogel. Die Auffangstationen sind voll solcher armer Kreaturen.

Die Heilung einer psychischen Krankheit ist immer schwierig. Die Tiermedizin bietet hierzu praktisch keine Hilfe. Das Anlegen eines Kragens, das Feilen des Schnabels, das Verabreichen einer Hormonspritze oder auch das Bespritzen nackter Stellen mit einem übel riechenden Mittel sind unzureichende, ungeeignete Maßnahmen, die das Übel nicht bei der Wurzel anpacken.

Zunächst sollte die Haltung des Rupfers vollständig umgestellt werden. Oft können aber jahrelang einzeln gehaltene Vögel nicht plötzlich in Gemeinschaft mit anderen gehalten werden. Eine vorsichtige Anpassung an die neuen Lebensumstände ist nötig. Aras, die jahrzehntelang auf einer gedrechselten Stange in einem kleinen Käfig saßen, finden sich nicht plötzlich in einer neuen, anspruchsvollen Umgebung zurecht, sondern müssen nach und nach an das neue Leben herangeführt werden.

Ein großer Lichtblick in der Therapie der Rupfer ist sicher die bioenergetische und homöopathische Heilmethode, die neben der Optimierung der Haltung die einzig möglichen, erfolgreichen Methoden zur Therapierung von Rupfern sind. Führend im Bereich der Vögel ist ROSINA SONNENSCHMIDT, die verblüffende Erfolge mit ehemals hoffnungslosen, rupfenden Papageien dokumentieren kann (siehe Literaturverzeichnis).

Mittels eines Surrogates, im Falle des Aras handelt es sich um eine Feder, kann ein geübter Tester eine umfassende Diagnose erstellen, die Aufschluss über verschiedene Mängel der Haltung wie Lichtmenge, Größe und Ausstattung der Voliere, Sozialpartner Mensch oder Vogel, fehlerhafte Ernährung, geschädigte Organe oder Organerkrankungen, Elektrosmog, Stress, Energieflüsse oder Phobien geben. Als Folge kann der geübte oder ausgebildete Tester eine auf den Vogel abgestimmte Behandlung mit homöopathischen Mitteln einleiten. Diese Sicht des Luftwesens Ara hat auch gezeigt, dass lange nicht jeder Rupfer unter Reizarmut und Langeweile leidet. Oft geschieht das Rupfen auch wegen Organschwächen oder -schäden. Andere Exemplare reagieren sensibel auf das stete Vorsetzen von zu viel oder zu wenig Futter und neigen deswegen zum Rupfen. Dies mag auch die Unregelmäßigkeiten des Rupfens in eigentlich optimal gehaltenen Beständen erklären, in denen 79 von 80 Vögeln in tadellosem Zustand sind, einer sich aber ständig rupft. Die bioenergetische und homöopathische Heilmethode mit Unterstützung von Farbtherapien und bei zahmen Exemplaren mittels Berühren der energetischen Punkte ist sicherlich im Bereich der Papageien und anderer Vögel äußerst wirksam und gewinnt immer mehr an Bedeutung.

■ Stresslinien im Gefieder ergeben sich manchmal bei der Handaufzucht wie bei diesem Gelbbrustara. Sie verschwinden später wieder.

Entwurmung

Mittels Kotuntersuchungen durch den Tierarzt kann eine Wurmerkrankung festgestellt werden. Sie muss in jedem Fall

■ Großer Soldatenara in Costa Rica. Auch Tiere in der Natur beherbergen Federlinge, wie an den teilweise verfressenen Brustfedern dieses Tieres sichtbar ist.

ernst genommen und behandelt werden, da sie zum Tode des Vogels führt. Vögel, die in mit **Naturböden** versehenen Freivolieren Ausflug erhalten, müssen **regelmäßig auf Würmer untersucht** werden. Bei Beständen in geschlossenen Räumen mit gefliesten Böden sind Wurmerkrankungen selten. Bei Neuzugängen ist aber stets Vorsicht geboten, denn ein einzelner, von Würmern befallener Vogel kann einen ganzen Bestand damit infizieren. Ein weiblicher Spulwurm kann mehrere tausend Eier pro Tag legen, die der befallene Vogel ausscheidet. Bei den in Volierenanlagen vorherrschenden Bedingungen entwickeln sich die Eier schnell zu Larven. Vögel, die den Boden aufsuchen und dort sogar Futter aufnehmen, nehmen unwillkürlich auch die Larven mit auf. Ebenso können Würmer durch das Einbringen von frischen Ästen aus dem Wald eingeschleppt werden.

Beim **Tierarzt** sind verschiedene **Wurmmittel**, die meist über das Trinkwasser verabreicht werden, erhältlich. In der Regel muss die Kur nach einigen Wochen wiederholt werden. Während der Kur dürfen den Aras keine Früchte, sondern nur Nüsse und Körnerfutter gereicht werden, damit sie gezwungen sind das Wasser zu trinken.

Empfehlenswert bei möglichem Wurmbefall ist auch das regelmäßige Anbieten von Knoblauchzehen. Vögel, die ihn benötigen, werden den Knoblauch in jedem Fall verzehren.

Gefahren

In der Regel verletzen sich Aras nicht so schnell wie vielleicht kleine Papageienarten. Aber auch bei Aras kann es zu Verletzungen durch schreckhaftes Auffliegen und anschließendes **Aufprallen** an der Wand oder am Gitter kommen. Nicht flugtaugliche Vögel können von den Ästen **fallen** und unsanft auf dem harten Boden aufschlagen. Oft überstehen Aras solche Unfälle erstaunlicherweise ohne große Schäden. Bei Verletzungen muss aber unverzüglich ein auf Vögel spezialisierter Tierarzt aufgesucht werden, der durch ein Röntgenbild Brüche feststellen und anschließend auch fachgerecht behandeln kann.

Weitere Gefahrenquellen sind **giftige Dämpfe** in der Voliere verursacht durch Farben und Anstriche sowie giftige **Pflanzen**. Allerdings werden giftige Pflanzen nur selten gefressen, was natürlich nicht dazu verführen sollte, sie trotzdem für Aras in erreichbarer Nähe zu halten.

Fixieren Sie Äste nicht mit dünnem Draht, der von den Aras einfach durchgebissen werden kann. Von den Vögeln **verschluckte Drahtstücke** können oft nur operativ entfernt werden.

Zuletzt muss nochmals auf die Fußringe hingewiesen werden, die von den starken Araschnäbeln manchmal zusammengedrückt oder verbogen werden können, was zu **Beinquetschungen** und dadurch zu Lahmgehen führt. Gerade auch Endoskopieringe können an der Vernietung aufspringen. Im Zweifelsfall sollte man mit einem derart verletzten Vogel den Veterinär aufsuchen. Durch tägliches Beobachten und **Kontrollieren der Ringe** können solche Unfälle vermieden beziehungsweise die Folgen behoben werden.

Mäuse und Ratten

Früher oder später ist jeder Vogelhalter mit dem Problem Mäuse oder Ratten konfrontiert. Sogar in gut verschlossene Innenräume können Mäuse ihren Weg finden. Sicher müssen sie immer bekämpft werden, denn sie breiten sich sonst dank des stetigen Futterangebotes und der Wärme ungehindert aus. Normale Fallen sind in einem Vogelhaus, wo überall Futter herumliegt, meist wirkungslos.

Bei der Anwendung von **Gift**, das entlang der Wände an den typischen Mäusestraßen ausgelegt wird, muss äußerst vorsichtig vorgegangen werden. Einesteils ist darauf zu achten, dass das Gift nicht in die Volieren gelangt, anderseits muss es bei den Mäusen zu einem schnellen, schmerzlosen Tod führen. Der Mäusekadaver sollte in der natürlichen Nahrungskette keinen Schaden anrichten. Es kann vorkommen, dass er in eine Voliere zu liegen kommt. In einer Volierenanlage sollten keine Versteckmöglichkeiten für Mäuse bestehen wie gestapeltes Holz, ungebrauchte Nistkästen, Kübel und Säcke.

Eine weitaus bessere und sympathischere Methode der **Mäusebekämpfung** betreibt der Züchter Hans Walser aus Oberburg in der Schweiz. Seit er in seinem Vogelhaus **Meerschweinchen** hält, die ihren Käfig verlassen können, um sich in der ganzen Anlage zu tummeln, hat er keine Probleme mehr mit Mäusen. Dies bestätigt auch Wertz (1999), der in der Außenvoliere Meerschweinchen hielt. Fortan hatte er weder Ratten noch Mäuse im Gehege. Meerschweinchen klettern nicht. Sie brauchen aber Versteckmöglichkeiten wie kleine Häuschen, Röhren und Ähnliches.

Desinfektion

Werden viele Tiere auf engem Raum gehalten, ist die Infektionsgefahr wesentlich größer als bei einer geringeren Bestandsdichte. Die Situation in Volierenanlagen ist eine völlig andere als in der Natur, denn die Belastung ist bei Tieren in menschlicher Obhut höher.

> **HINWEIS** Die Hygienemaßnahmen müssen der Bestandsgröße angepasst werden. Wichtig ist eine regelmäßige, gründliche Reinigung der Volieren.

Hierzu eignen sich Hochdruckreiniger, die aber nur in der Ruhephase verwendet werden sollten. In dieser Zeit kann auch eine Desinfektion durch Hitze in Form von Feuer, Dampf oder kochendem Wasser oder durch Chemikalien durchgeführt werden.

Ob Hitze oder chemische Mittel Verwendung finden, ist stark von den baulichen Gegebenheiten abhängig. Hitzeresistente Materialien können problemlos mit einem Flammenwerfer oder Brenner (für Dachdecker) behandelt werden.

Bei Materialien aus Kunststoff sollte man eher auf chemische Desinfektionsmittel zurückgreifen. Am besten bezieht man ein solches Mittel beim Tierarzt. In der Voliere Hyacinthinus ziehe ich es vor, Nistkästen in der Ruhephase vollständig zu reinigen und mit heißem Wasser und Schmierseife auszuwaschen und verzichte ganz auf eine chemische Behandlung. Die Böden, Wände und Gitter werden zweimal jährlich mit dem Hochdruckreiniger und mehrmals wöchentlich mit klarem Wasser und Bürste gereinigt. Sitzstangen werden besser ausgewechselt anstatt gereinigt.

> **TIPP** Ein neues Vogelhaus sollte, wenn immer möglich, gemauert werden, so dass es mäusesicher ist. Von der Außenvoliere können Mäuse nicht ins Gebäude gelangen, wenn kein Ast direkt auf den Ausflug führt und der untere Teil aus glattem Material besteht.

> Chemische Mittel müssen tierverträglich und leicht abbaubar sein.

Arakrankheiten

von Willi Häfeli, Tierarzt

Rechte Seite: Dunkelroter Ara.

Einleitung

Die Veterinärmedizin hat für Zoo- und Heimtiere in den letzten Jahren gewaltige Fortschritte gemacht. Bisher unklare Krankheiten sind heute in ihrer Ursache vielfach geklärt (zum Beispiel die Französische Mauser, Polyomavirus) oder früher riskante Eingriffe wie die Endoskopie sind zur Routine geworden. Röntgenaufnahmen, Ultraschall-, Blut- und Laboruntersuchungen helfen vielfach bei kranken Aras weiter; man muss aber auch bereit sein, für die teuren Untersuchungsmethoden der heutigen Medizin zu bezahlen.

Der Tierarzt erwartet vom Besitzer eine genaue Vorgeschichte (Herkunft, beobachtete Krankheitsanzeichen und Verlauf im Bestand, Haltung, Fütterung, bisherige Behandlung), Mithilfe bei der Behandlung (optimale Haltung, genaue Dosierung der Medikamente) und eine professionelle Einstellung beim Zukauf von Papageien (freiwillige Quarantäne, Ankaufsuntersuchung).

Schwer kranke Aras sollte man, soweit es sozial möglich ist, separieren, um genau Futteraufnahme und Kotabsatz beobachten zu können. Wärme, Multivitamin- und Traubenzuckerzusatz, Fencheltee und bei Nahrungsverweigerung Zwangsfütterung helfen weiter.

Aras können, genau wie die anderen Papageienarten, an vielen verschiedenen Vogelkrankheiten leiden. Untenstehend sind einige Beispiele aufgeführt.

Häufige Erkrankungen

Kakadu-Federverlustsyndrom

Psittacine Beak and Feather Disease (PBFD)

Anfang der 70er-Jahre bei australischen Kakadus beschrieben, wurde diese Krankheit in den 80er- und 90er-Jahre des letzten Jahrhunderts durch Importe infizierter Tiere in die USA und Europa zu einem ernsten Problem. Dabei wurden auch andere Papageien- und Sittecharten befallen, die zum Teil etwas veränderte Symptome zeigen können. Die Krankheit kommt in frei lebenden Kakadubeständen vor und wurde in Auffangstationen und Sammelzentren Südostasiens in hohen Prozentzahlen gefunden. Als Ursache wurde ein Circovirus bestimmt.

Die Federkrankheit kann in verschiedenen Verlaufsformen vorkommen:

- die perakute Form bei Schlüpflingen mit Lungen- und Darmentzündung und raschem Sterben.
- die akute Form bei Jungtieren (die Australier nennen sie fälschlicherweise Französische Mauser) mit typischen Veränderungen am ersten Federkleid, Kropfstauung und Durchfall.
- die chronische Form, die am häufigsten vorkommt, mit abnormer Federentwicklung mit Verbleiben in der Hülle, Blutungsherden im Federschaft, Einschnürungen und Federbruch, Nachwachsen verdrehter oder gequirlter Federn, mit der Zeit Nacktheit wegen inaktiv gewordener Federfollikel.

Die Krankheit kann abflauen und periodisch bei der Mauser wieder erscheinen. Eventuell können sich Vögel auch wieder erholen, scheinen aber dann Trägertiere zu sein. In der Endphase, in der das Schnabelhorn zu faulen beginnt (sekundäre bakterielle oder Pilzinfektionen), müssen die Tiere eingeschläfert werden.

Die **Ansteckung** soll durch Kot, Speichel und Kropfinhalt erfolgen. Bei Jungtieren zeigen sich die ersten Symptome nach 21 bis 25 Tagen, bei Adulten kann es Monate bis Jahre dauern.

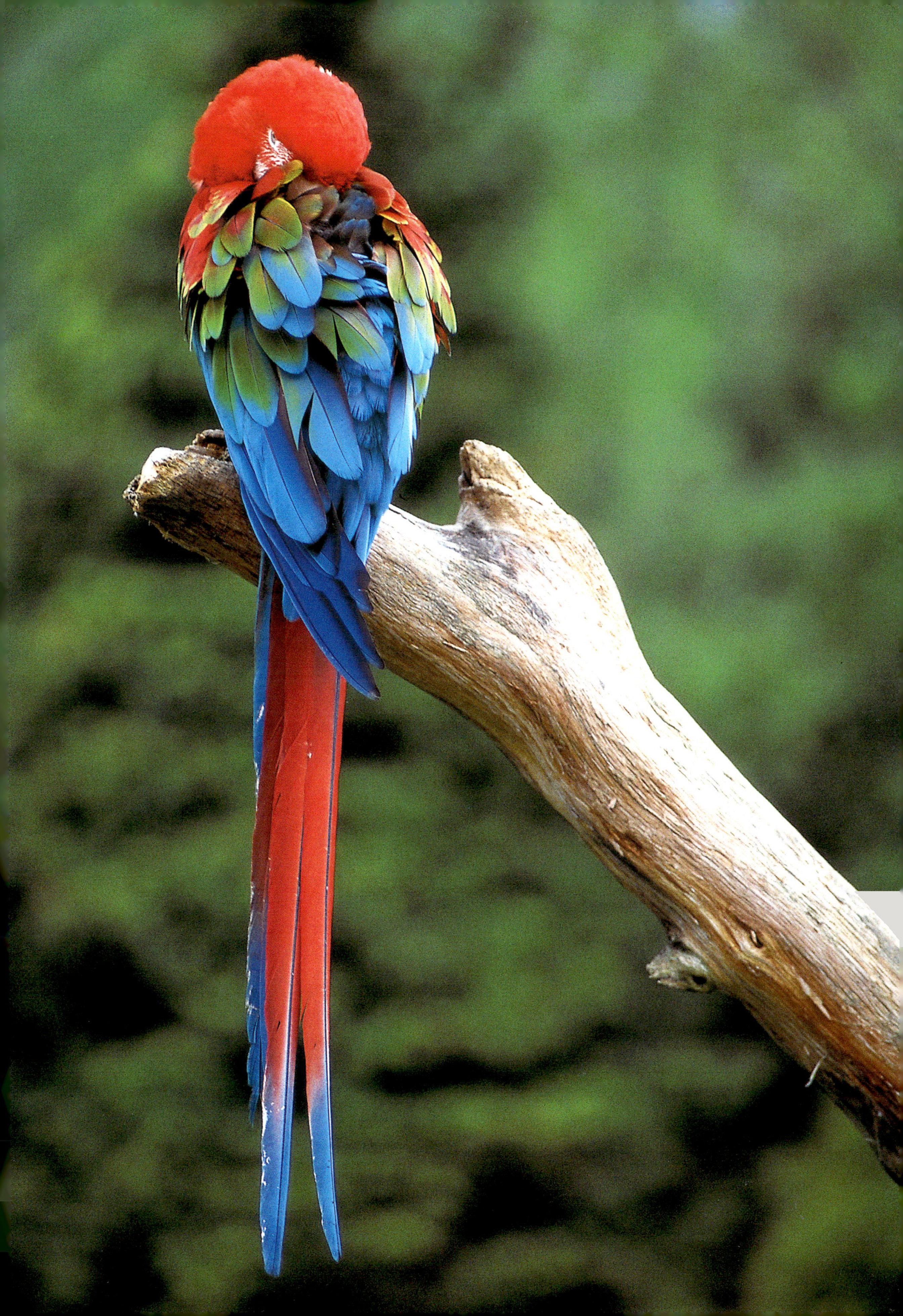

Die **Diagnosestellung** ist für den geübten Betrachter anhand typischer Federn möglich, eine Absicherung erfolgt durch den Virusnachweis in Blutproben oder aus Federn in spezialisierten Labors.

Eine **Behandlung** von chronisch befallenen Tieren ist nur unterstützend möglich und eigentlich nur bei Einzelvögeln sinnvoll. Positive Tiere sind umgehend aus dem Bestand zu nehmen und optimal zu halten (Wärme, Vitamine, Eiweiß). Medikamente, die das Abwehrsystem stimulieren, können versucht werden. Eine vorbeugende Impfung wird zur Zeit in den USA erforscht, ist aber noch nicht auf dem Markt.

Jedenfalls sind Neuzugänge bis zur nächsten Mauser gesondert zu halten und genau auf ihre Federentwicklung hin zu beobachten. Eine vorsorgliche Blutprobe wäre zeitsparender und ist zu empfehlen. In Beständen mit Befiederungsstörungen, nicht nur bei Kakadus, empfiehlt sich eine veterinärmedizinische Abklärung.

Magenlähmung

Macaw Wasting Disease, Ganglioneuritis, Neuropathische Magendilatation

Im Jahre 1977 trat bei aus Bolivien importierten Aras ein neues Krankheitsbild auf, das sich später auch bei anderen Papageien- und Sitticharten beobachten ließ.

Die **Krankheitssymptome**, die erst vier bis 24 Monate nach Ansteckung auftreten können, sind Abmagerung, unverdauter Kot, schlechter Appetit, Erbrechen und neurologische Störungen (Orientierungsschwierigkeiten, Zuckungen, Kopfzittern). Der Bauchumfang wird größer und der Kropf kann gestaut sein. Befallene Jungvögel sterben innerhalb weniger Wochen. Adulte Aras können jahrelang überleben.

Bei der Sektion werden stark erweiterte, dünnwandige Vor- und Muskelmägen gefunden, mit Rückstauung des Futters in den Kropf. In Gewebeschnitten der Magenwand findet man zerstörte Nervenzellen, die eine solche Lähmung erklären lassen. Die Ursache dieser meist chronischen Krankheit scheint viral zu sein. Gelungene Virusnachweise verschiedener Forschergruppen werden kontrovers diskutiert und führten bisher nicht zur restlosen Aufklärung dieser Krankheit. Bis zum Einsatz eines Virustests im Blut oder gar eines Impfstoffs scheinen noch Jahre zu vergehen.

Zur **Verdachtsdiagnose** der neurogenen Drüsenmagendilatation tragen Röntgenaufnahmen wesentlich bei, können aber andere chronische Magenerkrankungen nicht sicher ausschließen. Jedenfalls sind Magenwandbiopsien bei den schwer erkrankten Patienten oft zu riskant und histologische Untersuchungen von Kropfbiopsien zu unsicher.

Eine **Behandlung** der stark geschwächten und abgemagerten Papageien ist nicht einfach. Wegen der fehlenden Magenperistaltik darf nur noch mit Flüssigkeit oder Brei gefüttert werden. Zusätzlich werden Peristaltik fördernde Medikamente eingesetzt. Die sekundären, geschwürigen Magenentzündungen müssen gegen Pilze und Bakterien behandelt werden.

Den Bestand kann man beim Zukauf neuer Tiere nur durch Absondern und genaue Überprüfung der Verdauung über längere Zeit schützen. Magere Tiere und Aras mit vergrößertem Bauch sollten geröntgt werden.

Papillomatose

Geschwürige Veränderungen im Verdauungskanal von Rachen, Kropf, Drüsenmagen bis Enddarm und vor allem in der Kloake sind vermutlich durch Papilloma-Viren hervorgerufen. Es betrifft vorwiegend einzelne Amazonen und Aras, die durch Fressunlust, Erbrechen, erschwerten Kotabsatz, Blut im Kot, Abmagerung und Vorfall von himbeerartigen Schleimhautwucherungen aus der Kloake auffallen.

Bei Passagebehinderungen und Blutungen müssen die Geschwüre chirurgisch behandelt werden, wobei als Differenzialdiagnose auch an Legenot mit Ausstülpung von Eileitergewebe gedacht werden muss. Über erfolgreiche Anwendung von aus entferntem Tumorgewebe hergestellten Impfstoffen ist berichtet worden.

Pacheco'sche Papageienkrankheit

Pacheco's Disease

Es handelt sich um eine von Papageienherpesviren verursachte akute und meist tödlich endende Erkrankung, die ganze Bestände befallen kann. Die **Ansteckung** erfolgt durch virushaltige Körpersekrete oder Gefiederstaub von neu erworbenen Papageien. Auch durch jede Art von Stress kann bei virustragenden Aras eine Herpesinfektion ausbrechen. Die **Symptome** sind die eines schwer kranken Vogels: Er sitzt teilnahmslos da, mit gesträubtem Gefieder und geschlossenen Augen; er zeigt kein Interesse am Futter und leidet an wässerigem, gelblichem Durchfall. Die Papageien sterben oft noch am gleichen Tag. Eine **Behandlung** kommt meist zu spät. Dafür ist eine genaue Diagnose eines Untersuchungsinstituts für den Bestand am wichtigsten. Spezifische Herpesvirusmedikamente können versucht werden. Elementar für den Bestand ist die Vorbeugung. Neuzugänge sollten labormäßig auf Krankheitserreger untersucht werden, insbesondere im Kot können bei Trägerpapageien Viren oder im Blut Herpesvirusantikörper nachgewiesen werden. Ein Impfstoff aus den USA kann nach Bewilligung der jeweiligen Veterinärbehörden eingesetzt werden, wobei an der Einstichstelle manchmal lokale Unverträglichkeiten wie granulomatöse Entzündungen auftreten können.

Newcastle Disease

Pseudogeflügelpest, Atypische Geflügelpest, Paramyxovirus-1-Erkrankung der Papageien

Paramyxoviren verschiedener Serotypen können die meisten Vogelarten befallen. Auch viele Papageien- und Sitticharten sind davon betroffen. Durch Importe angesteckter Vögel fürchtet man in Europa vor allem die Übertragung auf das Wirtschaftsgeflügel mit enormen wirtschaftlichen Folgen. Die Pseudogeflügelpest ist eine anzeigepflichtige Seuche mit amtlich vorgeschriebener Diagnostik und Bekämpfung. Gerade wegen dieser Krankheit und wegen der Psittakose gilt für alle importierten Papageien und Sittiche eine obligatorische Quarantäne.

Einige Tage nach der **Ansteckung** zeigen Aras Apathie, Augen- und Nasenausfluss sowie grünlich wässerigen Durchfall. Nach längerer Krankheitsdauer können auch Nervenstörungen wie Kopfverdrehen, Lähmungen und veränderte Stimme auftreten. Die **Diagnose** wird mit Antikörpernachweis im Blut oder Virusanzüchtung im Hühnerei oder in Zellkultur gestellt. Befallene Tiere werden eingeschläfert. Gefahr besteht hier für importierte Papageien, die in ihren Herkunftsländern geimpft worden sind und im Blut Antikörper aufweisen. Gerade die Schweiz ist frei von Pseudogeflügelpest und erlaubt deshalb keine Impfungen.

Psittakose

Ornithose, Chlamydiose, Papageienkrankheit

Die Psittakose wird durch das Bakterium *Chlamydia psittaci* verursacht. Sie kann bei allen Vogelarten vorkommen und wird deshalb manchmal Ornithose genannt.

> **WICHTIG** Da auch Säugetiere und damit ebenfalls Menschen daran erkranken können, ist die Papageienkrankheit eine anzeigepflichtige Tierseuche. Bereits ein Verdacht ist den amtlichen Veterinärbehörden zu melden.

Die **Krankheitsanzeichen** beim Papagei können sehr unterschiedlich sein. Von äußerlich gesund wirkenden Trägern über chronisch dahinsiechende Papageien mit Abmagerung, Durchfall oder Schnupfen bis zu akut erkrankten Vögeln mit Apathie, Nahrungsverweigerung, Atemnot, Durchfall und Tod innerhalb von Tagen sind verschiedene Störungen zu beobachten.

Die Psittakose kann im Bestand seuchenartig verlaufen oder über längere Zeit hinweg immer wieder einzelne Verluste verursachen, aber auch mit nicht zu erkennenden Trägertieren stumm vorkommen. Die **Ansteckung** erfolgt vorwiegend durch Einatmen von Staub (erregerhaltige Federpartikel und eingetrocknete Kot- und Sekretteile).

Die Sektion verstorbener Papageien weist mit Milz- und Lebervergrößerung, entzündeten Atemwegen, getrübten Luftsäcken und Herzbeutel auf eine Psittakose hin. Die **Diagnosesicherung** erfolgt mit Spezialfärbungen oder einem Erregertest (Elisa). Auch beim lebenden Vogel kann mit Antikörpernachweis im Blut oder Chlamydiennachweis aus einem Kloakentupfer der Verdacht gesichert werden. Über Behandlungsart und -dauer, Bestandssperre oder gar Tötung der Tiere entscheidet der Amtstierarzt. Neben einem rigorosen Antibiotikumeinsatz ist vor allem der Verhinderung von Staubentwicklung, dem Tragen von anderen Schuhen und Kleidern in den Vogeleinrichtungen und der Desinfektion Beachtung zu schenken. Vogelbesitzer mit grippeartigen Symptomen sollten sich bei ihrem Arzt melden.

Eine Tilgung dieser Seuche ist leider kaum zu erwarten, da eine unbekannte Anzahl von Beständen stumm infiziert ist und verdächtige Vögel aus Angst ohne Abklärung beseitigt werden. Auch bei dieser Krankheit würde eine freiwillige Quarantäne und eine Untersuchung von Neuzugängen beim Tierarzt viel bewirken.

Pilzerkrankungen, Mykosen

Pilze befallen Aras vorwiegend im Atemapparat und Verdauungstrakt, Hautmykosen sind extrem selten. Es sind Faktorenerkrankungen, das heißt, es braucht zum Angehen einer Infektion begünstigende Umstände wie Abwehrschwäche durch Stress, Vitaminmangel, schlechte Haltung und Fütterung, lange Antibiotikumbehandlungen, aber auch erhöhter Druck durch massives Vorkommen von Pilzsporen in der Umgebung (feuchte Keller) oder der Nahrung (verpilzte Nüsse).

Eine Schimmelpilzerkrankung (Aspergillose) der Atemwege ist meist ein chronisches Geschehen. Es fällt auf, dass der Ara nicht fit ist. Nach dem Flug atmet er angestrengt. Mit der Zeit besteht auch Atemnot nach Aufregung, eventuell kommen Schwanzatmung und Backenblasen dazu. Das Tier magert ab und das Gefieder wird stumpf und grau. In der Röntgenaufnahme sind asymmetrische Verschattungen in Lungen und Luftsäcken zu sehen. Ein Befall des Syrinx ist schwieriger zu diagnostizieren, allenfalls durch eine riskante En-doskopie via Luftröhre. Ein Anstieg von Antikörpern gegen *Aspergillus fumigatus* kann zu Beginn einer Erkrankung im Blut nachgewiesen werden. Neben einer Behandlung mit Antimykotika über Wochen ist eine Verbesserung der Haltungsbedingungen und Fütterung (vor allem Vitamin A) unumgänglich. Kontrollröntgen kann den nicht immer sicheren Erfolg der Therapie bestätigen.

Eine Verpilzung des Verdauungsapparates kann sich mit Durchfall manifestieren. Bei handaufgezogenen Jungen, die sehr empfindlich auf unsauberes Kunstfutter reagieren, sieht man Kropfblähungen. Meist werden Hefepilze in einem Ausstrichpräparat unter dem Mikroskop entdeckt. Die Therapie mit Pilzmitteln über einige Tage führt fast immer zur Abheilung.

Verletzungen

Hautwunden

Durch Bisse, Schürfungen oder Aufprallen mit Brustbein, Handgelenken oder Schnabelansatz entstandene Wunden werden gesäubert und desinfiziert. Wegen der guten Resorptionsfähigkeit der Vogelhaut darf der Einsatz von Jodpräparaten und anschließend von Wundsalben nur in kleinen Mengen und auf kleiner Fläche erfolgen. Große Hautdefekte müssen in frischem Zustand genäht werden. Die Haltung von verletzten Vögeln erfolgt ohne Sand und in stets sauberen Käfigen. Neben Vitamingaben muss bei entzündeten Wunden zusätzlich Antibiotikum vom Tierarzt gegeben werden.

Brüche, Frakturen

Frakturen an Zehen und Finger können mit einfachen Fixationen (Klebebändern) behandelt werden. Bei offenen Brüchen sollte

VERLETZUNGEN

ein belastbares Zusammenwachsen der Bruchenden aus. Eine besondere Verletzung stellen Schnabelfrakturen dar. Kleine Risse können mit Zweikomponentenkleber fixiert werden. Komplizierte Frakturen oder gar Oberschnabelabrisse gehören in die Hand des spezialisierten Tierarztes, wobei Prothesen meist nicht ewig halten. Eine Fütterung mit weicher Nahrung ist selbstverständlich.

Fachgerecht fixierter Kleine Soldatenara bei der Behandlung einer Bisswunde. Es ist wichtig, dass der Vogel richtig in der Hand gehalten wird, um ein weiteres Risiko sowohl für das Tier als auch für den Behandelnden auszuschließen.

Ringtrauma

Die Vogelzucht wird nie ganz ohne Fußringe auskommen, auch wenn mit Mikrochip und Tätowierung Alternativen vorhanden sind. Ringgrößen sollten auf keinen Fall zu klein gewählt werden. Kann sich der Ring nicht mehr frei bewegen, entsteht durch die natürliche Hautabschilferung unter dem Ring eine Abschnürung des Fußes. Lassen sich die unter dem Ring liegenden Massen oder Sandkörnchen nicht entfernen, sollte der Ring (nach Notierung der Nummern) mit Spezialscheren oder -zangen weggenommen werden. Besteht bereits eine starke Schwellung, Entzündung oder gar teilweises Absterben des Fußes, muss

man nach Säuberung und Desinfektion der Wunden sowie Festkleben der verletzten Gliedmaße in Ruhestellung durch Klebebänder zum Tierarzt. Dieser wird in Narkose mit einer internen oder externen Fixation die Knochen wieder in ihre natürliche Position bringen. Eine Ruhigstellung über drei Wochen reicht beim Vogel meist für

der Ring beim narkotisierten Vogel und unter Wasserkühlung mit Diamantschleifern aufgefräst werden. Dabei kann der Mittelfußknochen durch die Einklemmung geschwächt oder sogar bereits gebrochen sein. Nach reichlichem Auftragen von Wundsalbe wird das Bein für drei Wochen geschient.

Arten

Rechte Seite:
Frei lebende, azurblaue Hyazintharas in Brasilien.

Gattung Blauaras

Anodorhynchus Spix, 1824

Diese Gattung umfasst zwei Arten, die einander sehr ähnlich sind. Sie unterscheiden sich nur in der Größe und im Schimmer der blauen Gefiederfarbe. Ihre Verhaltensweisen sind sehr verschieden von denjenigen der Gattung *Ara*. Äußerlich sind sie an der vollständig nackten Wachshaut zu erkennen, die bei den Angehörigen der Gattung *Ara* von feinen Federlinien durchzogen ist. Die Zügel und Wangen sind allerdings befiedert. Zudem zeichnen sich die Blauaras durch einen nackten Augenring aus. Trotz der Unterschiede lassen sich Angehörige der Gattung *Anodorhynchus* mit Tieren der Gattung *Ara* kreuzen, was einige Male zufällig in den USA und in Deutschland geschah.

Der Gattungsname *Anodorhynchus* stammt aus dem Griechischen und heißt

Anmerkung: Für die einzelnen Arten sind die wichtigsten Angaben zur Größe, Volierenbeschaffenheit und Fortpflanzung jeweils in einer Tabelle zusammengefasst. Bei den Werten handelt es sich um Durchschnittswerte, sie dienen nur zur Orientierung für den Vogelhalter. Es kann auch sein, dass manche Vögel horizontal oder schräg angebrachte Nistkästen statt vertikale bevorzugen. Bei der Volierengröße und der Ringgröße müssen die entsprechenden gesetzlichen Bestimmungen beachtet werden.

etwa „Schnabel ohne Zahn", was auf die Eigenheit hinweist, dass die Angehörigen dieser Gattung, im Gegensatz zu anderen Papageien, an der Unterseite des Oberschnabels keine Querleisten (Feilkerben) haben. Die Gattung wurde im Jahre 1824 von Dr. JOHANN BAPTIST VON SPIX (1781 – 1826) benannt. In „Avium Brasiliensum Species Novae" beschreibt er im selben Jahr den Hyazinthara als *Anodorhynchus maximiliani*. SPIX war Professor an der Universität und Präparator am Zoologischen Museum in München. Von 1817 bis 1820 nahm er als Zoologe an einer Expedition nach Brasilien teil, wo er unter anderem verschiedene Vogelarten entdeckte.

Hyazinthara

Anodorhynchus hyacinthinus
(Latham, 1790)

Englisch: Hyacinth Macaw
Französisch: Ara hyacinthe

Namensgebung

Dr. JOHN LATHAM (1740-1837) führte diese Art im Jahre 1790 als *Psittacus hyacinthinus* im „Index ornithologicus", Vol 1, in die Wissenschaft ein. Er bearbeitete das

Hyazinthara	
Gewicht	1200-1400 g
Länge	100 cm
Innenvoliere	5 x 5 x 3 m (L x B x H)
Kombinierte Innen- und Außenvoliere	2 x 3 x 3 m innen
Gitterstärke	3-4 mm
Auswahl an möglichen Maschenweiten	7,5 x 1,2 cm 5 x 2,5 cm, 5 x 5 cm, 3 x 3 cm
Nistkastengröße	100 x 60 x 60 cm (L x B x H)
Einschlupfloch (Durchmesser)	25 cm
Gelegegröße	1 bis 2, selten 3 Eier
Brutdauer	28 bis 30 Tage
Nestlingszeit	ca. 90 Tage
Zeit bis zum Selbstständigwerden	8 bis 12 Monate
Ringgröße (Ø) BArtSchV Anl. 6	18 mm (der BNA empfiehlt einen 15-mm-Edelstahlring mit einer Wandstärke von 3 mm)

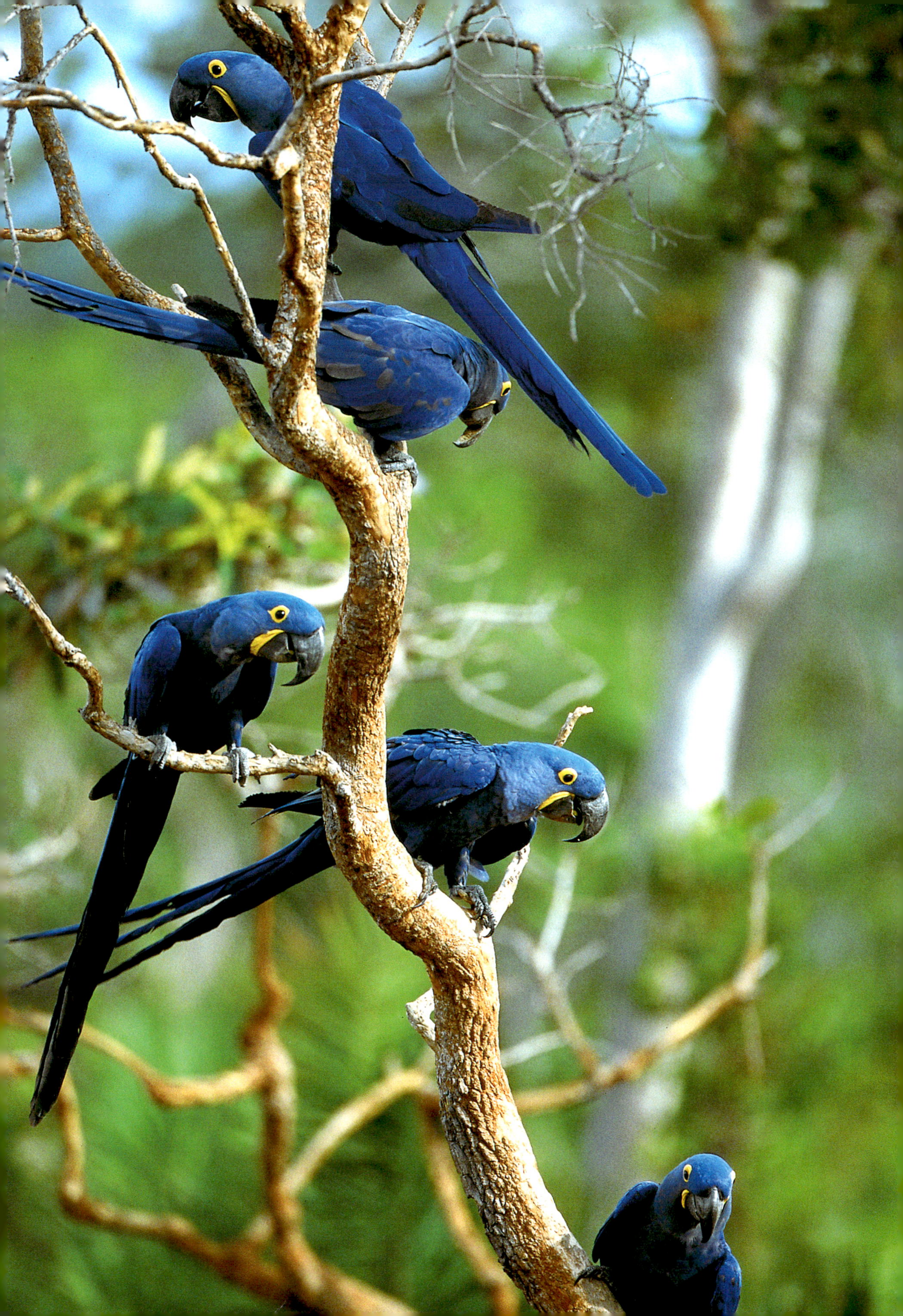

ARTEN

Hyazinthara-Zuchtpaar bei L. und U. Nüchter, Malta, vor einem über die Ecke gebauten Nistkasten im Innenraum.

reiche Material, das durch die Cook'schen Weltumsegelungen nach London gelangte. Bei der Beschreibung des Hyazintharas lag ihm ein Balg eines Exemplars aus dem Leverian Museum vor. Der Vogel hatte vorher „eine beachtliche Zeit" bei Lord ORFORD gelebt. Wo der Hyazinthara genau herstammte, wusste man noch nicht, ging aber davon aus, dass sich seine Heimat in Südamerika befindet. Die deutsche Bezeichnung bezieht sich auf die Gefiederfarbe, die mit der Farbe von Hyazinthen verglichen wurde. Die Brasilianer aber sprechen oft von „Arara-preta" oder „Ararauna", was „schwarzer Ara" bedeutet, weil die Vögel im Fluge, wenn die Sonne direkt hinter ihnen steht, sehr dunkel aussehen.

Habitus
Jungvögel sind allgemein dunkler bis schwärzlich im Gefieder im Gegensatz zu den leuchtend blauen Adulttieren. Außerdem ist die Wachshaut um die Augen noch weiß bis hellgelb gefärbt und wird erst mit zunehmendem Alter leuchtend gelb. Die Tiere erreichen eine Gesamtlänge von 100 cm und sind somit die größten Papageien der Erde.

Unterarten
Keine

Verbreitung
Die Art ist im Landesinneren Brasiliens, südlich des Amazonas, beheimatet. Hyazintharas wurden im Südwesten des brasilianischen Bundesstaates Piaui, im Südwesten Maranhãos, nordwestlich im Nordwesten Bahias über weite Teile Goiás, in Mato Grosso, im Norden Mato Grosso do Suls und in Teilbereichen im westlichen Minas Gerais sowie im extremen Osten von Tocantins beobachtet. Offenbar ist diese Art auch gelegentlich im äußersten Nordosten Paraguays und im äußersten Osten Boliviens gesichtet worden. Einst war der Hyazinthara über weite Teile Brasiliens und Paraguays verbreitet. Heute ist der Bestand auf drei Restpopulationen zusammengeschrumpft, die untereinander keinen Kontakt mehr haben.

Lebensraum
Die Art bewohnt offene Areale, von Bauminseln durchstandene Savannen und trockenes Buschland mit niedriger Vegetation und einzelnen Bäumen sowie jahreszeitlich völlig überschwemmte Flächen wie im Pantanal, das hauptsächlich aus ausgedehntem Sumpfland mit Palmeninseln besteht. Zudem halten sich einzelne Bestände auch in Galeriewäldern auf und manche bewohnen dichten Regenwald.

GIL SERIQUE, ein brasilianischer Vogelkenner, weiß beispielsweise von einer Population am Rio Tapajos, einem Zufluss des Amazonas-Stromes. Der Schweizer Naturforscher EMIL AUGUST GÖLDI (1859-1917) beobachtete die Art auch am Oberlauf des Rio Capim, mitten im amazonischen Tieflandregenwald. Eine weitere Gruppe lebt im offenen Cerrado, dem Trockenwald der steinigen Täler und Hochebenen im Nordosten Brasiliens. Der Hyazinthara bewohnt also sehr unterschiedliche Lebensräume, von den Regenwäldern in Para, über die saisonal trockenen Täler und Ebenen von Tocantins, Piaui, Maranhão und Bahia bis ins offene Feuchtland des Pantanal in Brasilien, Bolivien und Paraguay.

HYAZINTHARA

Freileben

Da die Art auch offene Flächen bewohnt, kommt es oft vor, dass die Vögel den Boden aufsuchen, um nach heruntergefallenen Palmfrüchten und Nüssen zu suchen. Die Aras nehmen auch von Rindern ausgeschiedene, unverdaute, harte Palmenkerne auf. Natürlich könnten die Hyazintharas diese Nüsse auch sonst problemlos knacken. Daher ist dieses Verhalten bemerkenswert, da Vieh in Südamerika ja erst seit der europäischen Einwanderung gehalten wird. Handelt es sich um ein erlerntes Verhalten oder deutet es auf eine alte Verhaltensweise hin, als heute längst ausgestorbene Großsäugetiere wie das Riesenfaultier (*Megatherium*) noch in Südamerika lebten?

Im Pantanal wurden Hyazintharas bei der Aufnahme der Nüsse von *Scheelea*- und *Acrocomia*-Palmen beobachtet. Die Nüsse sind von einem weißlich gelben, faserigen und leicht süßlichen Ektokarp umgeben, was wiederum von einer grünlichen Faserhülle umschlossen ist. Das Ektokarp muss von den Aras zuerst entfernt werden, um an die Nuss zu gelangen. Da es klebrig ist, bleibt stets etwas am Schnabel hängen, was die Vögel stört. Es wurde beobachtet, dass die Aras die dünnen Stängel der Nüsse abbissen. Kurz danach kamen zwei Agutis und machten sich über die heruntergefallenen Früchte her. Den harten Kern aber konnten sie nicht fressen, sondern nur das

■ Von unten betrachtet wirken fliegende Hyazintharas manchmal fast schwarz.

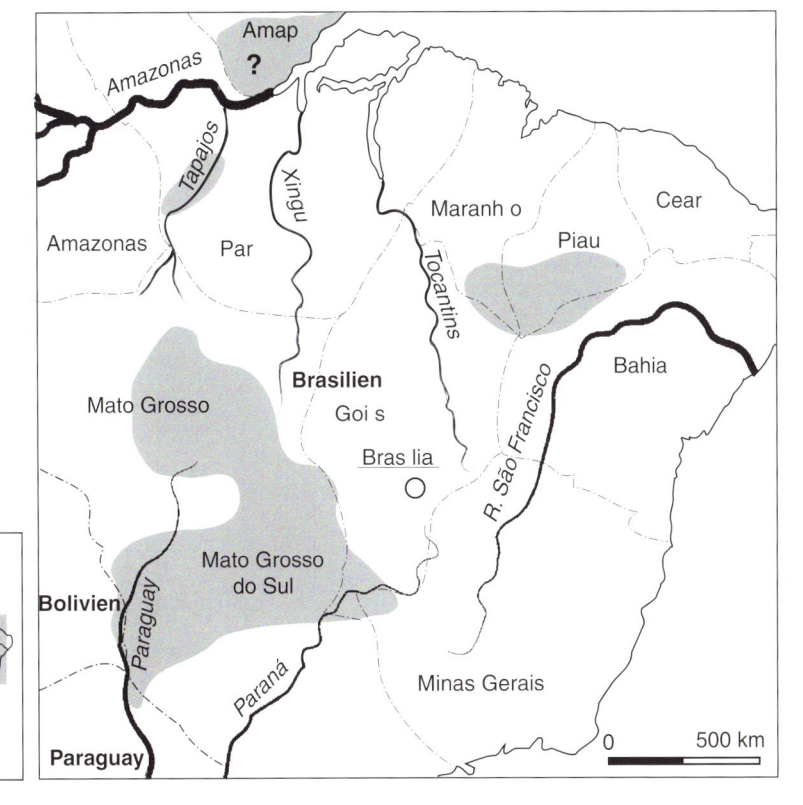

Anodorhynchus hyacinthinus

■ Hyazintharas kommen heute in drei unterbrochenen Verbreitungsgebieten vor.

ARTEN

Geschickt gehen die Hyazintharas mit den Palmnüssen um, damit sie an das essbare Innere gelangen.

süßliche Ektokarp. Die Kerne wurden dann von den Hyazintharas am Boden ohne die störende, klebrige Umhüllung gefressen (LÜCKER, 1995).

Hyazintharas folgen auch gerne Waldbränden, um die gerösteten, heruntergefallenen Nüsse zu fressen. Eine Rauchsäule scheint die Hyazintharas regelrecht anzuziehen. Das Abbrennen eines Gebietes war jahrzehntelang die Technik von Fallenstellern gewesen, um Aras anzulocken. Oft wurde beobachtet, dass die Aras ein oder zwei Nüsse im Schnabel und einige in einer Kralle hielten. So beladen flogen sie auf eine nahe gelegene Palme, wo die Nüsse dann geknackt und verspeist wurden. Gerade das Suchen der Nahrung auf dem oft gefahrvollen Boden hat vielleicht das für Hyazintharas typische Hamstern ausgebildet, denn auch in Menschenobhut gehaltene Tiere zeigen dieses Verhalten. Im Cerrado und nahe den Buriti-Palmenbeständen in Bahia werden am Boden besonders die Nüsse der Palmengattungen *Syagrus*, *Attalea*, *Leopoldinia* und *Astrocaryum* aufgenommen. Hauptsächlich im Mato-Grosso-Gebiet fressen die Hyazintharas vom Boden die unverdaut von Kühen ausgeschiedenen Nüsse der Acuri-Palme (*Scheelea sp.*).

Wild lebende Hyazintharas ernähren sich von etwa acht verschiedene Nussarten, aber auch von verschiedenen Früchten (Chule, Pia Caba, Tucun, Sapucaia, Früchte der Buriti-Palme). Sie nehmen auch von der lehm- und eisenhaltigen Erde der Nistfelsen auf. Den einzelnen Populationen steht aber nur eine beschränkte Anzahl Nüsse zur Verfügung wie beispielsweise den Aras in Piauí die Nüsse von *Syagrus*- und *Attalea*-Arten.

Große Tukanarten erbeuten oft Eier oder gar Junge von Aras, besonders auch von Hyazintharas, aus den Baumhöhlen. Im Pantanal wurden in zehn von 25 Bruthöhlen Nester gefunden. Der durchschnittliche Durchmesser betrug 50 cm und die Tiefe vom unteren Rand des Eingangs bis zum Grund der Höhle belief sich auf 29 cm. Die Größe der Nesteingänge variierte sehr stark (MUNN, 1991).

Altvögel haben kaum Feinde, können aber am Boden, wenn auch sehr selten, von Raubkatzen angefallen werden. Durch den niedrigen natürlichen Feinddruck ist auch die Reproduktionsrate der Hyazintharas sehr gering. Es werden nur alle zwei bis drei Jahre ein, gelegentlich auch zwei Junge aufgezogen. Geeignete Nisthöhlen sind nicht einfach zu finden, so entsteht häufig eine Konkurrenzsituation unter den Paaren. Die Felshöhlen, in denen die Tiere brüten, können in Größe und Form sehr unterschiedlich sein. Manche sind mannsgroß, andere sind so klein, dass der Ara nur rückwärts hineinklettern kann.

Ein Männchen füttert ein Weibchen mit Nestlingen mindestens dreimal täglich. Bis etwa zehn Tage nach dem Schlupf der Jungen verlässt das Weibchen das Nest nicht. Danach füttern beide Elternteile. In der Regel kehren dieselben Paare immer wieder in die gleiche Höhle zurück. Es kommt aber auch vor, dass ein Paar bis zu vier Nisthöhlen im Umkreis von einem Kilometer inspiziert. Da die Felsen aus einer Art Sandstein bestehen, nagen und scheuern die Vögel daran, um die Höhlen passend zu erweitern. Außerhalb der Brutzeit schläft ein Paar normalerweise jede Nacht in demselben Baum. Mindestens ein Jahr bleiben die Jungen bei ihren Eltern. Sie können im darauf folgenden Jahr noch mit ihren Eltern auf den Felsen beobachtet werden.

Die Eiablage erfolgt frühestens im August. Die Jungvögel sind meistens ab November zu sehen. Einige Tiere legen sogar noch im Dezember. Normalerweise werden aber die Jungen im März oder April flügge und noch mindestens fünf Monate nach dem Flüggewerden gefüttert. Die Jungvögel sind mit anderthalb Jahren ausgewachsen. Danach setzen sie sich langsam von den Eltern ab und verschwinden aus dem Gebiet.

Die Entfernung von den Klippen zu den Futterplätzen beträgt etwa 30 km. Die Hyazintharas sind untereinander normalerweise nicht streitsüchtig. Allerdings kann ein gewisses Dominanzverhalten im Nistplatzareal auftreten. Sichtkämpfe um Nistplätze zwischen Paaren konnten schon beobachtet werden. In Bäumen vertreiben sich die Vögel nur selten.

Der Abstand zwischen Hyazintharanestern beträgt ungefähr 100 Meter. Hyazintharas fliegen nie in Gemeinschaft anderer Aras oder Papageien und bilden keine eigentlichen Schwärme, sondern sind meist im Familienverband oder paarweise anzutreffen, manchmal auch in lockeren Gruppen. Nur die frisch ausgeflogenen Jungvögel werden manchmal von Greifvögeln erbeutet.

Gefährdung und Schutz

Die Art ist nach brasilianischem Recht völlig geschützt und darf nicht legal ausgeführt werden. Allgemein sind die Bestände wegen der Schutzmaßnahmen tendenziell am Steigen. Die Population im Pantanal beläuft sich noch auf ungefähr 5000 Vögel (GUEDES et al., 1995). Nach Zählungen von BioBrasil leben Populationen aus 1000 bis 2500 Hyazintharas in der Region Süd-Piaui bei den Felswänden im Trockenwald sowie in Südwest-Maranhao, Nordwest-Bahia und im östlichen Tocantins. Ein Grund für die Gefährdung ist die Abholzung zur Gewinnung von Weideland für Kühe. Zudem wurde im Pantanal ein Mangel an geeigneten Nisthöhlen festgestellt. Daher wurden künstliche Nistkästen angebracht, die auch bezogen wurden. Die Bewahrung der Palmenbestände von *Scheelea* und *Acrocomia* ist für das Überleben der Population von größter Bedeutung. Aktuelle Studien über das derzeitige Verbreitungsgebiet und die Populationen sind dringend notwendig. Der Ökotourismus sollte gefördert werden. Das zusätzliche Aufhängen von Nistkästen in

Alle großen Aras, besonders aber der Hyazinthara, hamstern gerne.

ARTEN

Kopfschaukeln (links und Mitte) und Scheinkopulationen (rechts) sind typische Verhaltensweisen des Hyazintharas, die sie auch dem menschlichen Pfleger gegenüber zeigen.

Gebieten, wo Nistgelegenheiten rar sind, sollte beibehalten werden. Von elf im Jahr 1992 aufgehängten Nistkästen wurden immerhin neun besucht und benutzt. Dabei ist allerdings die Inbesitznahme der Nistkästen durch die aggressive afrikanische Mörderbiene ein Problem (GOERCK et al., 2000). Von großer Bedeutung für einen erfolgreichen Schutz sind ehemalige Fänger, die über ein enormes Wissen verfügen und, wenn es ihnen ein gutes Auskommen ermöglicht, gerne als Fremdenführer arbeiten.

Haltung und Verhalten

Der Hyazinthara besticht durch seine attraktive, tiefblaue Farbe, durch die nackte, gelbe Wachshaut, die sein Gesicht fast clownartig aussehen lässt, durch seine Größe und natürlich durch sein einzigartiges, interessantes Verhalten. Er ist äußerst sanftmütig. Gut harmonierende Paare streiten niemals miteinander.

Wer Hyazintharas halten will, muss große, hohe Volieren zur Verfügung haben. Die Gitterkonstruktion muss sehr stark sein. Wegen der außerordentlich lauten Stimme kann der Hyazinthara meist nicht in Wohnquartieren gehalten werden. Die wuchtigen, starken, schwarzen Schnäbel benötigen sehr viel Beschäftigung durch Wurzelstöcke und Äste aller Art und jeder Dicke. Gerne schreiten die Vögel auch am Boden umher und graben mit dem Schnabel im Sand. Sie baden gerne in Wasserschalen, aber auch das Duschen unter natürlichem Regen oder unter einer Sprinkleranlage bereitet ihnen großes Vergnügen. Danach erscheint das dunkelblaue Gefieder meerblau.

Für diese teilweise in Felshöhlen nistenden Vögel eignen sich Betonnistkästen. Bewährt haben sich Nistkästen mit einem Durchmesser von bis zu 80 cm, einer Höhe von einem Meter (40 cm sollte der Abstand vom unteren Rand des Einschlupfloches bis zum Kastenboden betragen) und einem Einschlupfloch von 40 cm Durchmesser, wobei die Vögel vermutlich ein kleineres Einschlupfloch bevorzugen würden. Die Nistkästen werden mit Holzspänen und vielen morschen Holzstücken und -ästen aus dem Wald gefüllt. Alternativ kann trockener Sand als Unterlage für die Eier dienen. Auch gemauerte und aus Hartholz gezimmerte Nistkästen sowie Holzfässer werden gerne angenommen.

Als Nahrung bevorzugen die Hyazintharas Nüsse und fetthaltige Sämereien wie Sonnenblumenkerne. Es ist wichtig, den hohen Proteinbedarf der Vögel durch eine entsprechende Ernährung abzudecken. Stücke von saftigem Kokosnussfruchtfleisch bieten einen guten Ersatz für die Palmnüsse, die den Aras in Freiheit zur Verfügung stehen. Täglich sollten ebenso Früchte und Gemüse gereicht werden, auch wenn die Tiere dazu tendieren, sich bei ausreichendem Angebot ausschließlich von Nüssen zu ernähren.

Hyazintharas reagieren stark auf Ansprache durch ihren Pfleger mit dem für sie typischen Kopfschaukeln, wobei das Nackengefieder gesträubt, der Kopf kurz aufgerichtet und langsam nach vorne gewiegt wird. Das Kopfschaukeln wird mehrmals wiederholt. Die Vögel geben kehlige, glucksende Laute von sich, hüpfen auf der Stange auf und ab und rücken dicht zusammen. Dabei führen sie die für diese Art typischen Scheinkopulationen durch. Oft krallt sich dabei ein Vogel mit seinem Fuß am Schenkel des anderen fest. Vielfach sitzt das Männchen in höherer Position. Manchmal finden diese Scheinkopulationen aber auch auf waagerechten Stangen statt. Dieses Verhalten scheint der Festigung der Paarbeziehung zu dienen.

Echte Kopulationen können bis zu fünf Minuten dauern und sich einige Male wiederholen. Sie finden meist in unbeobachteten Momenten nach dem Reinigen der Voliere und dem Füttern statt. Die Lautäußerungen dabei sind intensiv, lang anhaltend, anschwellend und laut. Gerade auch wenn man mehrere Paare hält, kann man gut beobachten, wie diese kehligen Laute bei der Kopulation andere Paare stimulieren und sie animieren, dasselbe zu tun.

Bei der Kopulation werden die Schwänze gekreuzt. Das Männchen krallt manchmal einen Fuß im Gefieder des Weibchens fest. Die Vögel stützen sich mit ihren Schnäbeln ab und sträuben die Kopffedern. Wichtig ist, dass Sitzstangen immer auch in tieferer Lage angebracht sind, sodass die Schwänze ungehindert in die Höhe ragen können. Hyazintharas zeigen auch ein Zucken und leichtes Schlagen mit den Flügeln. Bereits einige Wochen alte Jungvögel legen dieses Verhalten an den Tag.

Die Wachshaut ist normalerweise tiefgelb gefärbt, kann aber auch bei jungen, sehr alten oder fehlernährten Tieren weiß sein. Eine Veränderung der Intensität während der Brutzeit konnte ich nie beobachten.

Weibchen sind oft an einer breiteren unbefiederten Spalte entlang des Brustbeines zu erkennen. Zudem scheinen sie im Allgemeinen einen breiteren Unterschnabel, ähnlich einer Schaufel, zu besitzen. Dies ist besonders bei geschlossenem Schnabel zu erkennen. Der Unterschnabel steht beim Weibchen zu beiden Seiten etwas vor.

Zucht

Die Zucht der Hyazintharas bereitet weltweit immer wieder Probleme, wenn auch einige Züchter sehr erfolgreich sind. Gemessen an der großen Anzahl gehaltener Vögel, welche die Anzahl der noch in Freiheit lebenden bei weitem übersteigt, sind die Zuchterfolge sehr bescheiden. Gemäß einer Studie in den USA aus dem Jahre 1989 wurden von 93 Paaren nur 39 Jungvögel aufgezogen.

Die **Paarzusammenstellung** ist für einen guten Zuchterfolg entscheidend. Optimal ist es, wenn die Tiere in einem Schwarm ihre Partnerwahl selber treffen können. Außerdem scheint die Produktivität der Paare größer zu sein, wenn sie in Sichtkontakt miteinander gehalten werden (LÜCKER, 1995; eigene Beobachtung). Allerdings haben andere Züchter die Erfahrung gemacht, dass es nicht förderlich ist, wenn sich die Vögel sehen können. Bei ihnen werden die Vögel zwar ohne Sichtkontakt gehalten, können sich aber hören.

> **HINWEIS** Ein Zuchtpaar dieser sonst sehr friedlichen Art kann besonders in der Zuchtphase sehr aggressiv sein, sodass es vorkommen kann, dass sich beide Vögel auf den Boden stürzen, um zum Beispiel in den Besen oder in die Fegbürste zu beißen.

Weltweit besteht das große Problem, dass nur wenige Paare in Menschenobhut ihre Jungen selber aufziehen. Da sich jeder Züchter dessen bewusst ist, neigt er dazu die Eier zur Kunstbrut oder Junge zur Handaufzucht zu entnehmen in der Meinung, dass die Altvögel sowieso nicht richtig füttern werden. Zudem wird oft auch vergessen, dass eine erste Aufzucht von unerfahrenen Eltern verständlicherweise immer einmal schief gehen kann. Wegen des hohen Preises der Vögel will man keinesfalls ein Junges riskieren. Unter dem Gesichtspunkt der Gefährdung ist es eines-

> Zahme Hyazintharas sind äußerst feinfühlige Vögel, die das Vertrauen des Pflegers nie missbrauchen würden.

ARTEN

> Vertrauen Sie Ihren Vögeln, nehmen Sie sie als Persönlichkeiten und eines Tages wird sich der Erfolg der Elternaufzucht einstellen!

teils zu rechtfertigen, dass erste Gelege zur Kunstbrut entnommen und nur die Nachgelege den Vögeln belassen werden. Es ist aber unerlässlich, dass allen Elternpaaren die Möglichkeit der Elternaufzucht geboten wird, und zwar immer wieder, denn eine stetige Entnahme zur Handaufzucht kann nicht Sinn der Hyazintharahaltung und -zucht sein, besonders dann nicht, wenn man sie zum Zwecke der Arterhaltung betreibt.

Wenn Junge da sind, ist dies schon ein Erfolg, denn vielfach sterben die Embryonen ab, meistens kurz vor dem Schlupf. Sind die Embryonen fertig entwickelt abgestorben, liegt dies vermutlich an der zu hohen Luftfeuchtigkeit im Raum oder Inkubator. Die relative Luftfeuchtigkeit in der Volierenanlage sollte 70 % nicht überschreiten. Die Luftfeuchtigkeit unter dem Vogel ist noch geringer, sodass dann eine optimale Feuchtigkeit vorherrscht. Es ist aber erwiesen, dass bei geringerer Luftfeuchtigkeit bessere Erfolge erzielt werden. Es können aber noch viele andere Komponenten für die hohe Embryosterblichkeit verantwortlich sein wie zum Beispiel Nahrungsdefizite.

Gerade bei Hyazinthara-Paaren, bei denen dieses Phänomen immer wieder auftritt, empfiehlt sich eine Untersuchung der Embryonen. Oft wird der familiären Disposition die Schuld für das Absterben gegeben, das heißt, dass die Paarpartner genetisch nicht zusammen passen. Man weiß noch nicht sicher, warum dieses Problem besonders bei den Hyazintharas auftritt. Eine Theorie besagt, dass einst die Hyazinthara-Population durch bestimmte Faktoren wie Klimaveränderung einen drastischen Einbruch erlitt und sich aus nur wenigen, eng verwandten Tieren wieder zur derzeitigen Populationsgröße aufbaute und somit einen genetischen Engpass verursachte. Allerdings weiß man auch von anderen Vogelarten, wie beispielsweise dem Echosittich (*Psittacula echo*), deren Population aus wenigen Exemplaren wieder heranwuchs, ohne dass genetische Probleme aufgetreten waren.

Auch MIKE REYNOLDS (mündl. Mitteilung, 2000) vom Paradise Park und Direktor des World Parrot Trust ist der Überzeugung, dass einige Paare Eier schlechter Qualität produzieren oder die Befruchtung nicht richtig stattfindet.

Oft sind die abgestorbenen Embryonen im Ei ungünstig oder falsch positioniert. Auch vorübergehende Abkühlung kann zum Absterben führen. Bei der Naturbrut neigen Weibchen dazu, bei jeder Störung das Gehege zu verlassen. Abkühlungen von 20 Minuten führen bereits zum Tod der Embryonen. Man konnte feststellen, dass Gelege von Weibchen, die nie länger als 10 Minuten außerhalb des Nistkastens waren, erfolgreich schlüpften. Verließen die Weibchen dagegen länger als 15 Minuten ihr Gelege, starben die Eier ab (LÜCKER und PATZWAHL, 2000).

Gemäß neuester Untersuchungen von GERLACH verenden viele Embryonen an Energiemangel. Es wurde kein Glykogen gespeichert, die Ursache ist noch unbekannt. Durch spärliche Zugabe von Jod (Lugolsche Lösung), 6-10 Tropfen täglich für 3 Wochen, ca. 6 Wochen vor Zuchtbeginn kann eine Verbesserung der Schilddrüsenleistung durch Einlagerung von Jod in den Dotter erzielt werden. Zuviel Jod kann aber wiederum zu Embryosterblichkeit führen (GERLACH, schriftl. Mitteilung 2003).

Die **Eiablage** kann das ganze Jahr über erfolgen. Die Gelege umfassen meist zwei Eier, selten drei, manchmal auch nur eins. Besonders bei Nachgelegen sind die Eier oft viel kleiner, etwa nur halb so groß wie normale. Meist sind sie dann auch unbefruchtet. Vor einer Eiablage wird der Nistkasten häufig besucht und eine tiefe Mulde im Innern gegraben.

Wie das **Brutgeschäft** ausgelöst wird, ist nicht ganz klar. Einesteils kann man es sicher mit der Nahrung steuern, indem beispielsweise nach eher zurückhaltender Fütterung wieder ein reichliches und vielfältiges Nussortiment, also fetthaltiges Futter, gereicht wird und vermehrt gekeimte Kerne verfüttert werden. Ein warmes Klima kann auch die Brutaktivitäten auslösen (BUENO, mündl. Mitteilung 2000). Bei uns in der Voliere Hyacinthinus brüten die Hyazintharas mit Vorzug in den Monaten Juli und August. Allerdings gibt es auch Paare, die erst im Oktober, wenn die Temperatur nur noch etwa 18 °C beträgt, brüten.

Der Durchmesser von Hyazinthareaeiern kann zwischen 45 und 38,5 mm betragen. Ein gemessenes Ei von 45 mm Durchmesser wog 33,4 g. Die Eier sind relativ klein und lassen dem Embryo wenig Raum. Deswegen müssen die Eier in der Kunstbrut mehr als 16 % an Gewicht verlieren, um erfolgreich zum Schlupf zu gelangen. Der optimale Wert für die Luftfeuchtigkeit bei der Kunstbrut soll bei 40 % liegen. Manchmal kann es nötig sein, die Eischalen etwas abzuschmirgeln (LÜCKER und PATZWAHL, 2000).

> **HINWEIS** Die **Brutzeit** beträgt in der Regel 28 Tage. Gerade aber der Schlupfprozess kann sich manchmal in die Länge ziehen, sodass es auch 29 oder selten 30 Tage sein können. Es sind aber schon Jungvögel nach 27 Tagen geschlüpft.

Bei recht erfolgreichen Zuchtpaaren kommt es vor, dass sie über einige Jahre mit bis zu vier Gelegen pro Jahr sehr produktiv sind, dann aber drei oder mehr Jahre lang kein Ei mehr legen. Nicht nur in Menschenobhut, auch in Freiheit werden selten zwei Junge aufgezogen. Hyazintharas, die das erste Mal brüten, ziehen zwar meist erfolgreich zwei Kleine auf. Bei Gelegen in den Folgejahren stirbt aber oft ein Junges, meist das jüngere, obwohl es einige Wochen lang gut gefüttert wurde (ABRAMSON et al., 1995).

LUDWIG und ULRIKE NÜCHTER halten die Verfütterung von Taubenfutter (gequollene Bohnen) wegen dem zu hohen Eiweißgehaltes für schlecht. Die Embryonen wiesen zuviel Eiklar auf, das sie nicht aufnehmen konnten. Seit NÜCHTERS mehr auf Getreidebasis füttern, gelingt die Zucht gut.

In Großbritannien gelang die Erstzucht des Hyazintharas DAPHNE und WALTER GRUNEBAUM. Kurz nach dem Schlupf des Jungen nahm das Paar ausnehmend viel Grit und Kalkstein auf. Auch die GRUNEBAUMS reichten dem Paar nach dem Schlupf des Kleinen viel frischen Mais, was auch von GLORIA ALLEN, USA, praktiziert wird. Das Verfüttern von Mais scheint die Altvögel zu stimulieren, ihre Jungen zu füttern. Daher ist zu empfehlen, bereits vor dem errechneten Schlupf auch reichlich frischen Mais zu reichen. Zudem sollte den Altvögeln Hüttenkäse zur Verfügung stehen. Das Paar von GRUNEBAUMS flog auch, während es Junge hatte, frei. Die deutsche Züchterin FITSCHEN konnte, wie andere auch, beobachten, dass in den ersten Tagen die Jungen futterverschmiert sind und auch auf dem Kastenboden hervorgewürgtes Futter liegt. Dies lässt darauf schließen, dass die Altvögel in den ersten Tagen mit ihren wuchtigen Schnäbeln Mühe haben, die Kleinen gezielt zu füttern. Es grenzt an ein Wunder, dass dies überhaupt gelingt.

> **HINWEIS** Vom Zeitpunkt der ersten Laute bis zum eigentlichen **Schlupf** vergeht viel Zeit, oft mehr als 48 Stunden. Darum darf man besonders bei der Kunstbrut nicht zu ängstlich sein, um nicht durch ein zu frühzeitiges Eingreifen mehr Schaden als Nutzen anzurichten.

In der Schweiz ist EDUARD ISELI (mündl. Mitteilung 2001) seit vielen Jahren erfolgreich in der Hyazintharazucht. Sein Weibchen brütet zeitweise in einer blauen Plastiktonne, die etwas mit Erde gefüllt ist und liegend in einer Ecke oben in der Kellervoliere angebracht ist. Jedes zweite Jahr aber (das Paar brütet seit Jahren jährlich erfolgreich) brütet das Weibchen in einer Ecke auf dem Erdboden. Es wurde beobachtet, dass das Männchen bereits kurz nach dem Schlupf sehr darauf erpicht ist, den Jungvogel zu füttern. Zuerst wird dies vom Weibchen nicht zugelassen. Nach einigen Tagen aber füttert auch das Männchen das Junge. Nach der Futteraufnahme (Sonnenblumenkerne, Hafer, Paranüsse, Früchte) nimmt das Männchen jeweils etwas Erde vom Boden auf und füttert dann erst das Junge. Die Vögel brüten bei einer Temperatur von rund 13 °C.

In der Wilhelma, dem zoologischen und botanischen Garten in Stuttgart, geschah lange nichts, als die Vögel alle in einer Gruppe gehalten wurden. Nachdem man die Paare einzeln setzte, gelang die Elternaufzucht. Besonders junge Hyazintharas haben die Angewohnheit, sich bei Schrecksituationen, also auch bei Nestkontrollen, auf den Rücken zu werfen und den Eindringling mit ihren krallenbewehrten Füßen abzuwehren.

Ein sehr eigenartiges Verhalten konnte ESTHER SQUINDO bei ihrem Zuchtpaar im Jahre 2000 beobachten. Nachdem es 1999 acht unbefruchtete Eier in vier Gelegen gezeitigt hatte, waren von drei Eiern aus einem Gelege im Jahre 2000 zwei befruchtet. Leider aber starben die Embryonen trotz Naturbrut kurz vor dem Schlupf ab. Die Eidotter waren noch nicht ganz eingezogen. Zwei Tage nach Entfernen der Eier trug das Weibchen Steinchen mit einem Durchmesser von etwa 2 cm in das Nest und ordnete sie in einem Kreis an. Dieses Paar ist im Übrigen ein gutes Beispiel für eine glückliche „Zwangsverpaarung". Nachdem das ursprüngliche Weibchen an einem Krebsleiden verstarb, wurde ein neu erworbenes Weibchen dem während vier Monaten allein lebenden Männchen zugesellt. Beide Vögel gingen auf Anhieb aufeinander zu und kopulierten. Es folgten einige unbefruchtete Gelege, bis im Jahr 2000 erstmals zwei Eier befruchtet waren. Das Paar harmoniert perfekt. Nach dem Tod des ersten Weibchens konnte aber deutlich beobachtet werden, wie das verbliebene Männchen trauerte. Es wirkte einige Wochen apathisch und freudlos.

Die **Handaufzucht** von Hyazintharas nimmt eine lange Zeit in Anspruch. Es kann bis zu acht Monate dauern, bis ein Hyazintara selbstständig ist. Als Handaufzuchtfutter verwenden wir jeweils Nutri Bird P 19 (mit einem erhöhten Proteinanteil für Aras) und fügen noch geraspelte Kokosflocken hinzu. Besonders junge Hyazintharas benötigen einen sehr großen Anteil an Proteinen. Mit den Kokosflocken erhöht man den ohnehin hohen Fettanteil des Handaufzuchtfutters. Junge Hyazintharas in der Handaufzucht entwickeln und verhalten sich anders als Angehörige der Gattung *Ara*. Sobald die Augen offen sind, erkennen sie ihre Bezugsperson, die sie füttert und versorgt. Beim Anblick von fremden Personen werfen sie sich auf den Rücken und wehren den vermeintlichen Feind mit den scharfen Krallen ab. Übrigens kommt es bei Hyazintharas vor, dass die Jungen auch auf dem Rücken schlafen.

Immer wieder treten Oberschnabelverkrümmungen bei Hyazintharas auf. Dem lässt sich durch einen erhöhten Phosphoranteil im Aufzuchtfutter vorbeugen. Auch die Verabreichung von Vitamin-B12-Spritzen durch den Tierarzt kann helfen.

Gerade handaufgezogene Hyazintharas können in der Entwöhnungsphase recht schwierig sein. Auch wenn einige Exemplare zusammen von Hand aufgezogen werden, so entsteht doch oft eine sehr enge Bindung zum Pfleger. Wenn man die Vögel mit dem Älterwerden in eine Voliere setzt, so können sie das Futter verweigern oder aber auch von anderen Ara-Arten malträtiert werden. Darum setzen wir junge Hyazintharas immer in eine eigene, große Voliere direkt neben einer Großvoliere für andere Jungaras. Einige Monate lang lernen sie dann die neue Situation und den neuen Betrieb kennen. Nach und nach werden sie selbstständiger, unternehmungslustiger und gewandter, sodass man sie später ohne Probleme zu den anderen Jungaras lassen kann.

Hyazintharas brauchen sehr lange zur **Persönlichkeitsentwicklung**. Sie sollten nie zu jung abgegeben werden. Gerade das Beispiel von zwei Handaufzuchten aus dem Jahre 1998 zeigt, wie lange es dauert, bis Hyazintharas wirklich guten Gewissens abgegeben werden können. Erst im Herbst des Jahres 2000 waren beide wirklich in der Lage, alle Nussarten selbstständig zu öffnen, flogen gewandt und problemlos umher und waren zu gefestigten Charakteren herangewachsen. Besonders das Weibchen war noch im Alter von 15 Monaten zu unselbstständig und sensibel, als dass es schon hätte abgegeben werden können. Es war noch zu sehr auf den Menschen fixiert. Nach gut zwei Jahren lassen sie einen zwar nahe herankommen, nehmen Leckerbissen aus der Hand und lassen sich auch kraulen, sind aber distanzierter geworden. Junge Hyazintharas, die in geräumigen Volieren bei guter Ernährung gehalten werden, legen in den ersten vier bis fünf Jahren noch an Größe zu.

Die Welterstzucht gelang vermutlich im Zoo Kobe in Japan im Jahre 1968. Heute werden in etlichen kommerziellen Zuchtbetrieben auf den Philippinen und in den USA Hyazintharas gezüchtet, wobei die Jungvögel meist vom ersten Tag an von Hand aufgezogen werden. Besonders bei dieser Art kommt es häufig vor, dass Handaufzuchten nicht die gleiche Größe wie ihre wild gefangenen oder elternaufgezogenen Eltern erreichen. Ein Grund dafür ist oft der Mangel an proteinreicher Nahrung im Handaufzuchtfutter oder zu frühes Absetzen der Jungvögel. Es ist eine wichtige Aufgabe der Züchter, die eigentliche Größe dieser Vögel zu erhalten.

Verschiedenes

Kaiser Rudolf II von Habsburg (1552-1612) besaß in seiner Menagerie des Schlosses Neugebäu einen Blauen Ara, der möglicherweise ein Hyazinthara war. 1867 gelangte ein Hyazinthara in den Zoo London, ein zweiter kam 1870 hinzu. Später kam die Art auch in den Akklimatisationsgarten von Paris und in die zoologischen Gärten von Amsterdam und Berlin.

Hyazintharas sind verspielte Vögel, die auch in Schauen vorzüglich eingesetzt werden können. Im Kölner Zoo lebte einst ein zahmer Hyazinthara, der sich während des Spielens gerne auf den Rücken legte, aber nur wenn er eine weiche Unterlage hatte. Das Tier äußerte dazu knarrende Laute. Dieser Hyazinthara forderte zum Spiel auf, indem er hüpfend auf den Partner zusprang und dabei den Kopf schief hielt.

Wenn der Schweizer Züchter HEINZ HUNN seine Hyazintharavoliere reinigt, „hilft" ihm das Weibchen, indem es Steine in den Kessel wirft.

Der französische Kaufmann LOUIS-PIERRE VIEILLOT (1748-1831) wusste von einem sehr zutraulichen und gelehrigen Hyazinthara zu berichten, der menschliche Stimmen und alle möglichen Geräusche nachahmte. ALCIDE DESSALINES D'ORBIGNY, ein im frühen 19. Jahrhundert berühmter französischer Forschungsreisender und Sammler, musste einst während der Reise auf dem Parana eine Zeit lang ausschließlich von dem „kaum genießbaren Fleisch" dieses Vogels leben.

Lear-Ara

Anodorhynchus leari Bonaparte, 1856

Englisch.: Lear's Macaw oder Indigo Macaw
Französisch: Ara de Lear

Namensgebung

CHARLES LUCIEN JULES LAURENT BONAPARTE (1803-1857) führte die Art im Jahre 1856 in „Naumannia 6" unter der wissenschaftlichen Bezeichnung *Anodorhynchus leari* in die Wissenschaft ein. Es handelt sich um einen neuen Namen für die von EDWARD LEAR (1812-1888) als *Macrocercus hyacinthinus* beschriebene Art. Dr. JOHN LATHAM (1740-1837) ordnete sie fälschlicherweise den Hyazintharas als *Psittacus hyacinthinus* zu.

Es existiert keine Angabe über den Fundort; allerdings wird vermutet, dass das Typusexemplar aus Brasilien stammt. BONAPARTE wurde auf den Lear-Ara durch das Gemälde von EDWARD LEAR und einem Museumsexemplar im Musée d'Histoire Naturelle in Paris aufmerksam. Er merkte, dass sich der Vogel von dem damals be-

Lear-Ara	
Gewicht	940 g
Länge	75 cm
Innenvoliere	5 x 5 x 3 m (L x B x H)
Kombinierte Innen- und Außenvoliere	2 x 3 x 3 m innen, 8 x 3 x 3 m außen
Gitterstärke	3-4 mm
Maschenweiten	7,5 x 1,2 cm, 5 x 2,5 cm, 5 x 5 cm, 3 x 3 cm
Nistkastengröße	100 x 60 x 60 cm (L x B x H)
Einschlupfloch (Durchmesser)	25 cm
Gelegegröße	vermutlich 2 Eier
Brutdauer	ca. 28 Tage
Nestlingszeit	ca. 90 Tage
Zeit bis zum Selbstständigwerden	8 bis 12 Monate
Ringgröße (Ø) BArtSchV Anl. 6	18 mm

ARTEN

Lear-Ara im Zoo von Sao Paulo, Brasilien.

kannten Hyazinthara und Meerblauen Ara unterschied. Bonaparte war Prinz von Canino und Musignano und ein Neffe Napoleons. Er war ein bedeutender Ornithologe seiner Zeit und widmete den Artnamen dem britischen Autodidakten Edward Lear (1812-1888), der ein prächtiges Bildwerk erschuf, das auch 42 Papageien vorstellte, von denen viele bis dahin noch niemals abgebildet worden waren.

Habitus
Der Lear-Ara sieht dem Hyazinthara sehr ähnlich, ist aber schmächtiger. Das Gefieder erscheint insgesamt mehr grünlich bis grünlich blau. Der Hautstreifen am Unterschnabel ist weniger lang gezogen, dafür eher rundlich.

Unterarten
Keine

Verbreitung
Die Art lebt im Raso da Catarina in den brasilianischen Bundesstaaten Bahia, Brasilia und den Gemeinden von Jeremoabo, Canudos und Euclides da Cunha. Zudem kommt die Art vermutlich auch in den Gemeinden Sento Sé und Campo Formosa vor.

Lebensraum
Dieser Ara lebt in einem der unzugänglichsten Gebiete Brasiliens in einem immer noch zum großen Teil „weißen Fleck" auf der ornithologischen Landkarte. Das Land ist trocken. Die Vegetation ist kurz, buschig und dornig. Sie wird Dornbusch-Caatinga genannt. Richtige Bäume wachsen nur in trockenen Flussbetten. *Melocactus*-Arten und die „flor do pinha" (*Jatropha* sp.) sind Pflanzen, die in der Caatinga gedeihen. Zudem werden in Plantagen Opuntien (*Opuntia* sp.) als Viehnahrung angepflanzt. Die Gebiete, in denen die Aras Nahrung suchen, sind allerdings auch von hohen Bäumen durchsetzt. Wichtig sind die Licuri-Palmen (*Syagrus coronata*), denn Lear-Aras ernähren sich fast ausschließlich von deren Früchten und Nüssen. Während vieler Monate oder manchmal auch Jahre kann der Regen ausbleiben. Das Gebiet ist von extremer Armut geprägt und nur von wenigen Straßen und Wegen durchzogen. Immer wieder ragen Felsen in die Höhe, die über Jahrtausende vom Wind geformt wurden. Höhlen in diesen Felsen dienen den Aras als Nistgelegenheiten.

Freileben
Lange war der Ursprung des Lear-Aras ein Mysterium. Ab und zu tauchte ein Exemplar in den Schiffsladungen zwischen Hyazintharas auf. Woher aber kamen diese Vögel und wie lebten sie? Bis weit in das 20. Jahrhundert hatte man keine Kenntnisse vom Freileben dieser Art. Da sich kaum jemand vorstellen konnte, dass im 20. Jahrhundert im eigentlich gut erforschten Brasilien ein solch großer, lautstarker Vogel schwarmweise, den Menschenblicken verborgen, lebte, nahm man an, dass es sich um Varianten oder Mischlinge des Hyazinth- oder Meerblauen Aras handelte. Einem Mann aber wollte diese 1965 verbreitete Hybridtheorie nie einleuchten, und so machte sich Helmut Sick auf die Suche nach frei lebenden Lear-Aras. Im Sommer 1978/79 befand er sich bereits auf der fünften Expedition in das Gebiet, wo blaue

Aras vorkommen sollten: im Raso de Catarina im Nordosten Bahias. Immer wieder stieß er in Felshöhlen der Klippen auf nistende Hyazintharas. Am 29. Dezember tauchte schließlich ein Jäger auf und bot dem kleinen Expeditionstrupp ein paar Federn an, deren unverwechselbare blaue Farbe der erste Beweis dafür war, dass der Lear-Ara noch immer in der Natur und in diesem Gebiet Brasiliens vorkam. Der Jäger gab an, dass er den Vogel erst vor wenigen Wochen umgebracht hatte, um ihn zu essen. Am 31. Dezember 1978 wurden die Forscher endlich durch den Anblick von einigen fliegenden Vögeln belohnt. Nach mehr als 120 Jahren des Rätselns konnte das Geheimnis um den Lear-Ara gelüftet werden. Erstmals entdeckten Ornithologen den Lear-Ara in Freiheit in seinem Ursprungsgebiet.

Die Vögel bewohnen große Sandsteinklippen und ruhen nachts außer Reichweite von Raubtieren. Sie sind auf zwei Kolonien aufgeteilt. Bei Sonnenaufgang verlassen die Vögel die Felsklippen. Die Echos ihrer rauen Stimmen hallen von den hohen Steilwänden der cañonartigen Trocken-flusstäler wieder. In den Morgenstunden gehen die Tiere auf Nahrungssuche. Sie ernähren sich von den Nüssen der Licuri-Palme (*Syagrus coronata*) und von verschiedenen Früchten. Larven, die sich in den Nüssen befinden, werden auch von den Vögeln aufgenommen. Manchmal fallen Lear-Aras auch in Plantagen ein und verzehren dort Mais oder Früchte (BRANDT und MACHADO, 1990). Bei Sonnenuntergang kehren sie wieder zu ihren Felsklippen zurück.

Mitte der 90er-Jahre des vergangenen Jahrhunderts wurde eine zweite Population weit entfernt von der ersten entdeckt im äußerst armen, trockenen Nordosten Brasiliens. Auch dort nisten und rasten die Vögel in Felswänden, den Toca Cliffs. Es ist möglich, dass im naturwissenschaftlich extrem schlecht erforschten Nordosten noch weitere Populationen des Lear-Aras an versteckten, unzugänglichen Plätzen existieren, denn es handelt sich um ein Gebiet von der Größe Großbritanniens. Man geht aber davon aus, dass die Populationen immer recht klein sind. Die Brutzeit beginnt im September und Oktober. In dieser Zeit sind mehrfach Kopulationen beobachtet worden. Ab Dezember werden die Eier in die Klippenhöhlen gelegt. Wenn im Januar die Jungen schlüpfen, ist auch die Hauptreifezeit für die Licuri-Palmnüsse, die bis zum Ausfliegen der Jungen, im April und Mai, ausreichend vorhanden sind. Die Vögel einer Population müssen etwa 20 bis 30 km weit fliegen, bis sie die Palmenhaine erreicht haben; sie haben nur etwa 600 Palmen zur Verfügung, von denen längst nicht alle Früchte tragen. Die andere Population muss nur 12 km zu den Nahrungsgründen fliegen, die aus etwa 1000 Palmen bestehen.

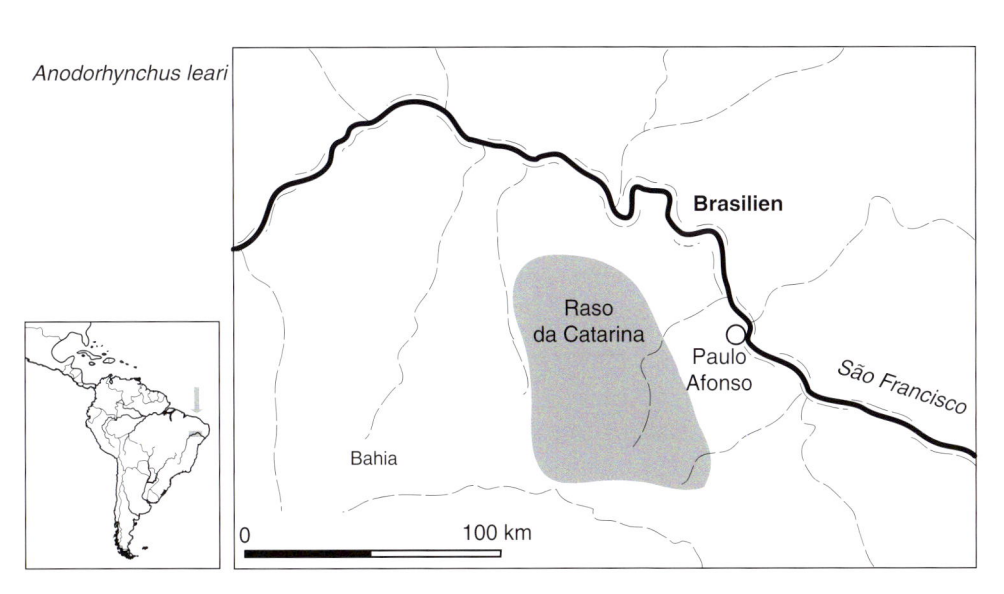

■ Verbreitungsgebiet des Lear-Arasin schwer zugänglichen, tockenen Gebieten, dem Raso da Catarina, in Brasilien.

ARTEN

curi-Palmen müssen unbedingt geschützt werden, auch vor Ziegen und Schafen, welche die Samen verzehren. Dank der Initiative des WPT konnte in Bahia eine Licuri-Palmenaufzucht gegründet werden. Wichtig ist aber auch die Erhaltung anderer Bäume, die von den Aras zuerst angeflogen werden und von denen sie Ausschau halten, um die Sicherheit des Gebietes zu überprüfen.

Von 1997 bis 2000 wurden mehr als 25 Vögel illegalerweise gefangen, was für solch kleine Populationen einen großen Aderlass bedeutet. 1997 entdeckte man über den Nisthöhlen der Aras angebrachte Fallen. Bei der ersten Kolonie im Raso de Catarina gab es schon Anzeichen von Inzucht. Immer wieder konnten auch abgebrochene Federn gefunden werden, die noch nicht vollständig entwickelt waren. Die Altvögel hatten oft ein zerschlissenes Federkleid, was aber vermutlich durch den ständigen Kontakt mit den Felsen verursacht wurde. Bei einigen Exemplaren wurden Missbildungen im Gefieder und an den Schnäbeln entdeckt, die auf genetische Schäden zurückzuführen sind. Die Bestände könnten zusammenbrechen, so wie es bereits beim Meerblauen Ara geschehen ist.

Lear-Aras sind an Felsklippen gebunden. Obwohl zur Zeit noch Lear-Aras in Freiheit leben, scheint es doch sehr fraglich, ob diese Art langfristig überleben wird, da die Wildpopulationen bis jetzt beständig abnehmen und in Menschenobhut, mit Ausnahme von zwei Exemplaren in den USA, keine Lear-Aras gezüchtet werden. Die brasilianische Naturschutzbehörde IBAMA ist allerdings sehr um den Schutz der Caatinga mit den Lear-Aras bemüht. Als Basisinfrastruktur müssen aber mindestens ein Feldforscher mit Helfern und Assistenten, ein vierradangetriebenes Fahrzeug sowie ein Basiscamp unterhalten werden können. Die Überwachung und Bewahrung des Licuri-Palmen-Bestandes ist entscheidend für den Schutz.

Haltung und Verhalten
Der Lear-Ara stellt in Menschenobhut die gleichen Haltungsanforderungen wie der Hyazinthara. Nur wenige konnten diese Art

Lear-Aras sind besonders auf die Früchte der Licuri-Palme angewiesen.

Gefährdung und Schutz
Die Hauptgefährdung stellt der illegale Handel dar, denn besonders bei den Toca Cliffs werden immer noch Altvögel mit ihren ausgeflogenen Jungen gewildert. Die Fänger verwenden leichte Netze. Die Population bei den Toca-Felsen ist nur teilweise geschützt. Gerade auch im Gebiet dieser Population scheint der Bestand an Licuri-Palmen stark zu schrumpfen, da immer intensivere Viehwirtschaft betrieben wird. Es handelt sich um eine sehr langsam wachsende Palmenart, die ein Alter von mehreren hundert Jahren erreichen kann. Die Li-

LEAR-ARA

bisher pflegen. Im nicht zugänglichen Teil des Zoos von São Paulo werden 15 Lear-Aras in einem separaten Abteil in großzügigen Hängekäfigen gehalten. Es handelt sich um beschlagnahmte Tiere aus dem illegalen Handel. Es stehen waagrechte Nistkästen aus Holz zur Verfügung, die aber bisher noch nicht besucht wurden. Gefüttert werden die Vögel am Vormittag mit einem „Spezialkuchen", bestehend aus Hundepellets, Milchpulver, Getreideflocken, wenig Phosphat B, Zucker, Mehl und Karotin, vermengt mit Früchten. Am Nachmittag erhalten sie Nüsse, Sonnenblumenkerne und Maiskolben.

Lear-Aras sind in Freiheit viel agiler, schneller und wendiger als Hyazintharas. Während Hyazintharas in Menschenobhut bei menschlicher Annäherung sofort Scheinkopulationen durchführen, neigen Lear-Aras überhaupt nicht zu diesem Verhalten. Sie zeigen kein Kopfschaukeln und sträuben die Federn weniger.

Im Zoologischen Garten Basel lebte von 1975 bis 1987 im alten Papageienhaus ein Paar, das der Zoo aus Portugal erhalten hatte. Das Paar zeitigte drei Gelege, die alle unbefruchtet waren. Als das Männchen 1978 starb, wurde das Weibchen mit einem anderen Lear-Ara, der seit 1955 im Zoo lebte, verpaart. 1982 verstarb dieser Vogel, der sich auch als ein Weibchen entpuppte. Im Jahre 1987 wurde der verbliebene Vogel, der sich inzwischen eng einem Hyazinthara angeschlossen hatte, an den Zoo von Mulhouse, Frankreich, abgegeben. Ein einzelnes Männchen in Mulhouse stammte ursprünglich aus dem Zoo von Paris. Außerdem werden Lear-Aras vermutlich in osteuropäischen Ländern und im nahen Osten illegal gehalten. In Brasilien befinden sich elf Exemplare im Zoo von São Paulo.

Zucht

Die Welterstzucht gelang 1982 in Bush Gardens in Tampa, Florida, USA (Bish, 1985). Das Männchen stammte aus dem Parrot Jungle, Miami, wo es 25 Jahre lebte. Es wurde Bush Gardens zu Zuchtzwecken ausgeliehen. Das Weibchen lebte schon 20 Jahre in Bush Gardens. Im Juli schlüpfte ein Junges, das von Hand aufgezogen wurde. Bereits im September des gleichen Jahres schlüpfte ein weiterer Jungvogel, der vom Paar problemlos aufgezogen wurde. Das Weibchen brütete in einer mit Hobelspänen gefüllten Zinkwanne im Innenraum der Voliere. Die Behausung war außerordentlich klein.

Weiter ist leider nichts über gelungene Nachzuchten der Lear-Aras in Menschenobhut bekannt.

Verschiedenes

Offiziell und legal werden nur sechs Vögel in Menschenobhut gehalten. Zwei davon leben in brasilianischen Kollektionen. Ihre Haltung wurde schon vor mehr als zehn Jahren von den brasilianischen Behörden legalisiert. Alle anderen werden illegalerweise gehalten. Es ist sehr zu begrüßen, dass die brasilianischen Behörden die Vögel nicht legalisieren, wie dies mit den Spix-Aras geschah. Als Folge davon sank der Preis der Lear-Aras auf dem Schwarzmarkt um 15 %, weil kein Sammler es sich erlauben kann, dass in seiner Kollektion ein Lear-Ara entdeckt wird. Die Folge wäre der Entzug der Bewilligung zur Haltung von Vögeln und die Auflösung der Sammlung. Zudem würde eine Gefängnisstrafe auf den skrupellosen Sammler warten. Leider hat die brasilianische Behörde keinen Zugriff auf andere Länder, wo sich illegalerweise Lear-Aras befinden.

■ In ihrem kargen und fast baumlosen Caatinga-Lebensraum (Dornbuschsavanne) brüten Lear-Aras in Felsenhöhlen.

ARTEN

Der Lear-Ara hat den ausgestorbenen Meerblauen Ara geografisch ersetzt. Es handelt sich vermutlich um Reliktpopulationen, die stammesgeschichtlich weit entfernt vom Hyazinthara sind (SICK, 1993).

Gattung Spix-Blauaras
Cyanopsitta Bonaparte, 1854

Hierbei handelt es sich um eine monotypische Gattung. Die bläulichen Vögel mit hellblauem bis weißlich blauem Kopf gleichen in ihrem Erscheinungsbild und in ihrem Verhalten eher einem Vertreter der Kleinaras wie etwa dem Marakana oder Rotrückenara.

Spix-Ara im Zoo von Sao Paulo.

Die Gattungsbezeichnung kann als „Papagei mit stahlblauen Federn" übersetzt werden. Sie kommt aus dem Griechischen, wobei „kyaneos" so viel wie stahlblau, schwarzblau oder dunkelfarbig und „pteron" Flügel oder Feder bedeutet. Die Gattung wurde 1854 von CHARLES LUCIEN LAURENT BONAPARTE (1803-1857) erstmalig beschrieben.

Spix-Ara
Cyanopsitta spixii (Wagler, 1832)

Englisch: Spix's Macaw
Französisch: Ara de Spix

Namensgebung
JOHANN GEORG WAGLER (1800-1832) beschrieb den Spix-Ara im Jahre 1832 als *Sittace spixii* in den „Abhandlungen der mathematisch-physikalischen Classe der Königlich Bayerischen Akademie der Wissenschaften" auf Seite 675. Dabei stützte er sich auf ein Typusexemplar mit der Bezeichnung *Arara hyacinthinus* von JOHANN BAPTIST VON SPIX (1781-1826), dem er auch den wissenschaftlichen Namen widmete. Es stammte aus Brasilien, und zwar aus Juazeiro, Bahia, am Rio São Francisco, der Pernambuco von Bahia trennt.

Spix forschte im Auftrag und auf Kosten des Königs MAX JOSEPH VON BAYERN drei Jahre lang im Amazonas-Gebiet und im brasilianischen Bergland. Der Balg des von ihm erlegten Exemplars gelangte dann als Typusexemplar nach München.

Habitus
Das Gefieder des Spix-Aras ist graublau gefärbt, die Handschwingen sind kobaltblau. Aus großer Entfernung sind Spix-Aras im Flug nur schwer von Marakanas zu unterscheiden, obwohl sie einen abweichenden Flugstil haben.

Das Jugendgefieder zeichnet sich durch viele, bräunliche Federn aus. Ein typisches Merkmal juveniler Vögel ist der weiße, scharf begrenzte Strich auf dem First des Oberschnabels bis zur Spitze. Diese Schnabelfärbung verliert sich im ersten Lebensjahr.

SPIX-ARA

Unterarten
Keine

Verbreitung
Der Spix-Ara kommt heute im Freiland nicht mehr vor. Diese Art war beschränkt auf Nordost-Brasilien im südlichen Piaui in der Region von Gilbues, ferner lebte sie einst im äußersten Süden von Maranhão, in einem Zipfel an der Ostgrenze Goiás sowie nördlich und südlich des Rio São Francisco in Pernambuco und Bahia. ROBILLER (1990) schreibt, dass der Spix-Ara gelegentlich auch als Strichvogel vorkam. Auch SICK (1993) berichtet von lokalen Migrationen.

Lebensraum
Der Spix-Ara bewohnte trockene Landstriche, wo Kakteen wie Opuntien oder die hoch aufragenden *Austrocephalocereus dybowskii* gedeihen und die silbrig grauen Tillandsien auf den knorrigen Bäumen wachsen. Der Lebensraum des Spix-Aras wird Caatinga genannt, was so viel heißt wie offener, lichter Wald. Die lang anhaltende Trockenheit prägt das Landschaftsbild. Die humiden Monate sind Februar bis Mai, während die Trockenzeit acht Monate währt und von den aus Nordost und Südost wehenden Passatwinden geprägt ist. Die sandigen Böden überwiegen. Besonders in Mulden ergeben sich Salzanreicherungen, wobei die dornige Buschvegetation licht wird. In der Caatinga kommen auch Wachspalmen in Fluss- und Bachtälern vor. Besonders die hohen Caraibeira-Bäume (*Tabebuia* sp.) scheinen für die Spix-Aras wichtig zu sein, da sie entlang von Flüsschen gedeihen, wo früher die Art auch angetroffen werden konnte. Zu Beginn der Regenzeit ist die Caatinga ein Blütenmeer. Früher wurden auch Spix-Aras in Gegenden mit Buriti-Palmen (*Mauritia flexuosa*) gesichtet, die aber anschei-

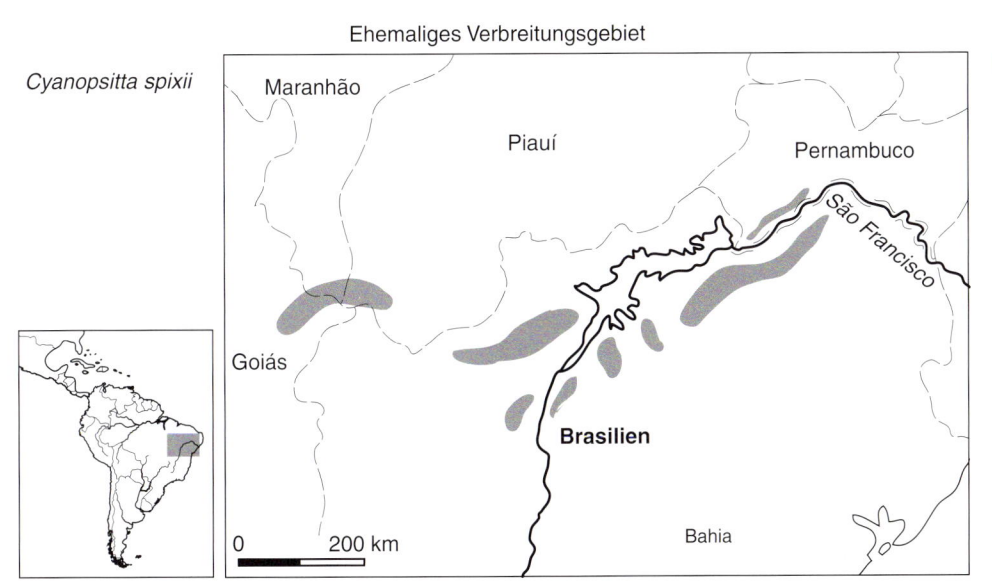

Spix-Ara	
Gewicht	332-389 g
Länge	55 cm
Innenvoliere	4 x 3 x 3 m (L x B x H)
Kombinierte Innen- und Außenvoliere	2 x 2 x 2,5 m innen, 4 x 2 x 2,5 m außen (L x B x H)
Gitterstärke	2 mm
Maschenweite	5 x 2,5 cm, 2,5 x 2,5 cm
Nistkastengröße	37 x 37 x 80 cm (L x B x H)
Einschlupfloch (Durchmesser)	8 cm
Gelegegröße	2 bis 4 Eier
Brutdauer	26 bis 27 Tage
Nestlingszeit	ca. 60 Tage
Zeit bis zum Selbstständigwerden	3 bis 4 Monate
Ringgröße (Ø) vom BNA empfohlen	9,5 mm

Cyanopsitta spixii

Ehemaliges Verbreitungsgebiet

Spix-Aras sind in der Natur ausgestorben. Eine Wiederansiedlung scheint zur Zeit schwierig.

Freileben

Gezwungenermaßen lebten Spix-Aras bis kurz vor ihrem Verschwinden im Freiland nur paarweise. Früher kamen sie in Gruppen von bis zu 15 Vögeln vor. Die Art hatte die Angewohnheit, auf hohen, kahlen Ästen zu ruhen. Bedingt durch den Umstand, dass am Ende nur noch ein Exemplar in Freiheit übrig blieb, schloss sich das verbliebene Männchen einem Schwarm von sieben Marakanas oder Rotrückenaras an.

Spix-Aras schienen sehr wachsam zu sein und schlugen mit ihren krächzenden Stimmen frühzeitig Alarm. Die Vögel nisteten von November bis März in Höhlen der Caraibeira-Bäume, die von Spechten herausgemeißelt worden waren. Die Brutbäume wurden in der Regel jahrelang von demselben Paar benutzt. Überhaupt scheint sich diese Art durch eine große Standorttreue auszuzeichnen. Es wurden mit Vorzug immer dieselben Flugrouten benutzt, ebenso verhielt es sich mit Ruhe- und Schlafbäumen (ROTH, 1990). Das konservative Verhalten der Vögel kam natürlich den Vogelfängern zu Gute.

Die Vögel ernährten sich von Früchten und Samen, besonders von Euphorbienarten wie *Jatropha* und *Cnidoscolus*. Es gibt nur wenige Berichte über Beobachtungen im Freiland wie von dem deutschen Ornithologen REISER (1926), der die Tiere auch als sehr scheu beschrieb.

Gefährdung und Schutz

Obwohl die Art wohl nie häufig vorkam, berichten ältere Einwohner der Region von Juazeiro, Bahia, von etwa 30 Vögeln, die Anfang des 20. Jahrhunderts noch entlang einiger kleinerer Zuflüsse zum Rio São Francisco lebten. Ab 1960 begannen spezialisierte Fänger die Population auszubeuten.

Im Jahre 1974 konnten sieben Spix-Aras in Formosa do Rio Preto im Fluge beobachtet werden (SICK, 1993). 1990 wurde auf einer Expedition des Council for Bird Preservation noch ein Exemplar gesichtet. Heute muss der Spix-Ara als in Freiheit ausgestorben betrachtet werden. Das letzte in Freiheit verbliebene Männchen wurde seit dem 5. Oktober 2000 nicht mehr gesehen. Es ist spurlos verschwunden. Es erlag entweder einem Feind oder verstarb an Altersschwäche.

Der Hauptgrund für das Aussterben dieser Art ist einerseits die Wilderei für den Vogelhandel. Es wurden Jungtiere den Höhlen entnommen und auch Altvögel mit Vogelleim gefangen. Die Tiere wurden zu – für brasilianische Verhältnisse – außerordentlich hohen Summen verkauft. Etliche Vögel landeten in brasilianischen Kollektionen, die meisten aber wurden außer Landes geschmuggelt, meist nach Paraguay. Von dort wurden sie potenziellen Vogelhalterländern angeboten und gelangten dann auch teilweise zu Händlern in Singapur. In dem von menschlicher Armut geprägten Lebensraum des Spix-Aras wurden früher auch viele Vögel zu Nahrungszwecken erlegt. Zudem hat aber auch das Habitat des Spix-Aras seit vielen Jahrzehnten stark durch menschliche Eingriffe gelitten. Nicht zuletzt haben auch die afrikanischen Bienen, welche die Nisthöhlen besetzten und die Vögel angriffen und gelegentlich sogar töteten, zum Aussterben der Art beigetragen.

Im Jahre 1995 gesellte man dem in Freiheit verbliebenen Männchen, das sich inzwischen einem Marakana-Weibchen angeschlossen hatte, ein ehemals wild gefangenes Weibchen zu. Bereits im zweiten Monat verpaarten sich die beiden. Kurz danach verschwand das Weibchen, ohne dass es je wieder gesichtet worden wäre. Heute kann die Art nur noch durch eine gute Koordination der in Menschenobhut lebenden Bestände gerettet werden. Es ist sehr fraglich, ob die Art jemals wieder in Freiheit angesiedelt werden kann. Jedenfalls kann es nicht gelingen, wenn nur ein Paar wieder ausgesetzt wird.

Da Spix-Aras zu Millionenbeträgen gehandelt werden, ist es unwahrscheinlich, dass ein Auswilderungsprogramm zustande kommt. Zudem werden weltweit nicht genügend Jungvögel gezüchtet. Bei den Nachzuchten handelt es sich ohnehin fast ausschließlich um handaufgezogene Vögel, die für eine eventuelle Auswilderung sowieso nicht in Frage kämen. Eine Möglichkeit wäre es, wenn im Lebensraum der Spix-Aras unter der Schirmherrschaft der brasilianischen Regierung und von Schutzorganisationen einige der sich derzeit in Menschenobhut befindlichen Tiere in verschiedenen Haltungssystemen gesammelt und gezüchtet werden könnten. Gleichzeitig sollte eine breite Zucht mit Marakanas aufgebaut werden, die als Zieheltern fungieren könnten.

Es handelt sich hierbei um eine Wunschvorstellung, da viel zu viel Geld in der Haltung und Zucht von Spix-Aras steckt und die derzeitigen Halter sich deswegen wohl nie zur Abgabe ihrer Vögel entschließen könnten. Die brasilianische Regierung legalisierte 1990 alle in Menschenobhut gehaltenen Vögel, wenn sich deren Halter dem Komitee zur Erhaltung des Spix-Aras, das zur Verwaltung der Gefangenschaftspopulationen eingesetzt wurde, anschließen würden. So wurden im Jahre 2000 bei IBAMA, der brasilianischen Naturschutzbehörde, 42 Vögel gemeldet. Das Komitee musste 2002 aufgelöst werden, da außer der Loro Parque Foundation kein Halter kooperierte.

Lange hatte man gehofft, dass noch eine weitere Population Spix-Aras in Freiheit gefunden werden könnte. Heute scheint dies aber sehr unwahrscheinlich. Zur Zeit wird das Verbreitungsgebiet der Art erforscht, die Möglichkeit des Erwerbs wichtiger Gebiete geprüft, die Bevölkerung informiert und ein Habitatmanagement in Betracht gezogen. Führend in den Bemühungen zum Schutz ist die Loro Parque Foundation. Fünf Vögel werden in einer großen im natürlichen Lebensraum stehenden Voliere an ein Leben in Freiheit gewöhnt.

Haltung und Verhalten

Offiziell werden heute bei zwei Schweizer Züchtern, im Loro Parque auf Teneriffa, Spanien, im Zoo von São Paulo, Brasilien, und in Manila auf den Philippinen Spix-Aras gehalten. Der Bestand auf den Philippinen ist am größten. 1979 wurde dort das erste Paar erworben. In São Paulo bewohnen die Spix-Aras schön beschattete, große Volieren in einem ruhigen, der Öffentlichkeit nicht zugänglichen Teil des Zoos. Im Loro Parque wurden die Spix-Aras zuerst in der Zuchtstation in Hängekäfigen gehalten, die von üppiger Vegetation umgeben waren. Da Zuchterfolge nicht gelangen, entschloss man sich, die Vögel in einem isolierten Bereich der Zuchtanlage des Loro Parques in richtigen Volieren unterzubringen. Störungen durch benachbarte Volieren konnten vermieden werden. Die Volieren haben die Maße 12 × 2 × 3 m (L × B × H). Die Seiten- und die Rückwände sind gemauert. Ein Verbindungsfenster zwischen den beiden Volieren ermöglicht den Paaren Sichtkontakt, was wichtig ist, um die Vögel in Brutstimmung zu bringen. Die Vorderfront und das Dach bestehen aus Gitter. Das Dach ist teilweise beschattet. In seitlichen Halterungen werden frische Kiefern- und Eukalyptuszweige als Lebensraumbereicherung gesteckt. Die Volieren weisen zudem eine Berieselungsanlage und je fünf Nisthöhlen auf. Während der ersten Zeit nach dem Einsetzen hingen die Vögel stets am Frontgitter und suchten den Kontakt zur Außenwelt. Deshalb wurde das Frontgitter mit einer Plastikplane verhängt. Danach änderte sich das Verhalten der Spix-Aras. Sie erkundeten ihre Volieren, genossen die Berieselung und begannen, Interesse an den Nisthöhlen zu zeigen.

> Die Brüder LOURIVAL und PAULO LIMA berichten vom Verschwinden der letzten Spix-Aras: „Wir fuhren seit einigen Tagen Richtung Lebensraum der Spix-Aras. Tatsächlich fanden wir auch eine kleine Gruppe Vögel, die wir über längere Zeit beobachteten. Wir merkten bald, dass ein Paar Junge fütterte. Wir setzten vor dem Nest eine Rute mit Vogelleim aus. Zuerst landete ein Marakana-Paar darauf, das wir fingen. Die Bruthöhle nahmen wir aus und beließen die übrigen Exemplare. Leider war aber unser dritter Bruder mit von der Partie, der nicht Wort hielt und NACIMENTO, einem berüchtigten Schmuggler und Fänger, den Standort der Gruppe bekannt gab. Kurzum begab sich NACIMENTO ins Gebiet und fing den ganzen Schwarm weg."

Die Ernährung im Loro Parque besteht aus Obst und Gemüse sowie aus gequollenen Samen, Pinienkernen, Haselnüssen, Paranüssen und etwas Kokosnussfruchtfleisch (Bueno, 2000).

Ein Großteil der Vögel in der Schweiz wird in einem lang gezogenen Vogelhaus mit Außenvolieren gehalten. Die Paare haben Sichtkontakt in den Außenvolieren, welche die Maße $5 \times 3 \times 2{,}5$ m (L × B × H) haben. In den Innenräumen werden eine Körnermischung für Großpapageien sowie verschiedenste Früchte und Gemüse aller Art gereicht. Zudem befinden sich schräge, gezimmerte Nistkästen an den Wänden der Innenvolieren und im geschützten, überdachten Bereich der Außenvolieren. In der Mitte des Vogelhauses, das mit Fluoreszenzröhren ausgeleuchtet wird, befindet sich der Wärtergang. Besonders wenn sich die Tiere in den Außenvolieren befinden, sind sie recht ruffreudig.

Hämmerli erwarb im Jahre 1978 ein Pärchen Spix-Aras. Diese Vögel waren scheu und zeitweise aggressiv gegenüber ihrem Besitzer. Bei Bedrohung legten sie sich auf den Rücken und erstarrten. Die Art ist sehr wärmebedürftig und verspielt. So erwies sich das Männchen als geschickter Ausbrecher, indem es einen Sicherungssplint des Riegels entfernte und so die Tür öffnen konnte. Da aber zu der Zeit das Weibchen brütetet, kehrte es von seinem halbtägigen Ausflug in eine hohe Eiche freiwillig zurück.

Die Tiere wurden abwechslungsreich mit kleinen Stücken von grobfaserigem Rindfleisch, Beeren, Obst und Körnerfutter bestehend aus Sonnenblumenkernen, Kardi und Zirbelnüssen gefüttert (Hämmerli, 1991).

Zucht

In Brasilien gelang wohl in den 50er-Jahren des vorigen Jahrhunderts erstmalig die Zucht. Im Verlauf mehrerer Jahre wurden acht Junge aufgezogen, von denen aber im Erwachsenenalter die meisten starben (Low, 1989).

1984 wurde dann in der Schweiz erstmalig ein Spix-Ara gezüchtet (Hämmerli, 1991). Der Jungvogel wurde von den Eltern aufgezogen. Im Alter von zehn Wochen war das Junge selbstständig. Im Alter von einem Jahr verschwanden der typische, weiße Streifen auf dem Oberschnabel und die Weißfärbung von Fuß- und Zehenunterseite. Auch die Hellfärbung von Maske und übrigem Gefieder wies nur noch einen geringen Unterschied zu den Eltern auf. Das Zuchtweibchen litt häufig an Legenot, ließ sich aber immer widerstandslos behandeln.

Im Jahre 2000 gelang in der Schweiz wiederum eine Elternaufzucht eines jungen Spix-Aras, diesmal bei R. Messer. Der Jungvogel wurde allerdings kurz nach dem Ausfliegen von den Eltern getrennt, da er nicht mehr richtig gefüttert wurde.

Elternpaare scheinen die Angewohnheit zu haben, den Jungen die Krallen abzubeißen und sie auch zu rupfen, was vermutlich auf die Nervosität der Alttiere zurückzuführen ist. In einem Dreiergelege wurden folgende Eigrößen gemessen: $38{,}1 \times 31{,}1$ mm, $39{,}9 \times 29{,}9$ mm und $42{,}1 \times 30{,}4$ mm. Diese drei Eier waren allerdings unbefruchtet.

Der Spix-Ara-Bestand in der Schweiz gründete auf einem Wildfangpaar. Durch den Austausch eines Nachzuchtvogels mit einem blutsfremden Spix-Ara wurden nicht blutsverwandte Tiere verpaart. Mittlerweile konnte so ein Bestand von 20 Vögeln aufgebaut werden.

Durch die Verbesserung der Haltungsbedingungen im Loro Parque konnte bei den Vögeln die Brutbereitschaft erheblich gesteigert werden. Sie haben zwar noch keine eigene Brut, aber erfolgreich Rotrückenaras aufgezogen und somit ihre Fähigkeit zur Jungenaufzucht unter Beweis gestellt (Bueno, 2000).

Im Jahre 2000 gelang es einem Papageienzüchter aus Recife, Brasilien, zwei Spix-Aras zu züchten. Er ist einer der ganz wenigen von der brasilianischen Regierung autorisierten Züchter, denen die Haltung dieser bedrohten Art erlaubt wurde. Seine Vögel zogen zuvor noch keine Jungen groß.

Auch bei dieser Art findet sich ein für viele Aras typisches Verhalten: Für Paare, die jahrelang keine Brutaktivitäten zeigten, kann ein Umsetzen stimulierend wirken, andere eingewöhnte, gute Zuchtpaare, die versetzt werden, können ihre Bruttätigkeit für viele Jahre einstellen.

Verschiedenes

Wenig ist über das Freileben der Spix-Aras bekannt. Zudem waren sie nie zahlreich gehalten worden. Der Vogelpark Walsrode hielt früher ein Paar Spix-Aras. Im Zoo von Neapel lebte ein Paar und in Großbritannien befand sich ein zahmes Exemplar in der Sammlung von GEORGE A. SMITH. Der einstige Präsident Jugoslawiens, TITO, hielt auf seiner Insel Brioni in der Adria ebenfalls ein Paar. Wo die Vögel nach seinem Tod hingelangten, konnte nicht mehr ausfindig gemacht werden. Auch in privaten Sammlungen in den USA wurden einzelne Spix-Aras gehalten. Im Jahre 1961 wurden zwei Spix-Aras nach Kalifornien importiert. Als der Zoodirektor von Rom im Jahre 1920 in Hagenbecks Tierpark weilte, fand er dort wohl zwanzig Aras auf Bügeln vor „vom kleinen blauen grauköpfigen Spix-Ara bis zum Großen Hyazinthara. Der kleine Spix war ein lieber Kerl, nur biss er gelegentlich, was aber nicht weiter weh tat" (KNOTTNERUS-MEYER, 1924).

Gattung Ara
Ara Lacépède, 1799

Die Angehörigen der Gattung *Ara* zeichnen sich durch eine nackte Gesichtsmaske aus, die sich von der Nase bis um die Augen und über die Wangen bis zum Unterschnabel zieht. Meist verlaufen Linien aus kleinen, feinen Federchen von der Nase zu den Wangen hin. Die Gattung umfasst zwölf rezente Arten, die hier beschrieben werden. Allerdings gibt es Taxonomen, die einige Arten mehr oder weniger zu dieser Gattung rechnen.

Besonders die großen Vertreter zeichnen sich durch eine überaus große Farbenpracht aus. Im Jahre 1799 begründete BERNARD-GERMAIN-ETIENNE DE LA VILLE-SUR-ILLON, COMTE DE LACÉPÈDE (1756-1825) in „Tableau Oiseaux" auf Seite 1 die Gattung *Ara*. Er war ein führender Politiker während der Revolution in Frankreich, ein Naturforscher und ein begnadeter Musiker. Vor der Revolution war er auch Kustos der naturkundlichen Sammlungen des königlichen Gartens, dem Jardin du Roy.

Das Wort Ara stammt von den indianischen Bezeichnungen „ara", „ararat" und „arára", die lautmalend nach den Rufen der Tiere gebildet wurden (STRUNDEN, 1986).

Gelbbrustara oder Ararauna-Ara

Ara ararauna (Linné, 1758)

Englisch: Blue and Gold Macaw oder Blue and Yellow Macaw
Französisch: Ara bleu oder Ararauna

Namensgebung

Der Gelbbrustara war bereits vor der Einführung in die Wissenschaft bekannt. LINNÉ (1707-1778) beschrieb den Gelbbrustara in seinem „Systema naturae" in der Edition 10, 1, 1758 auf Seite 96 und gab als Herkunftsgebiet Südamerika (Pernambuco) an. Er wusste aber nicht, dass „arara-una" auf eine indianische Sprache zurückgeht und „schwarzer Ara" bedeutet. Wegen des Prioritätengesetzes muss die Artbezeichnung aber beibehalten werden. In Brasilien wird der Gelbbrustara auch Arara-amarela genannt.

Gelbbrustara	
Gewicht	1040 bis 1286 g
Länge	86 cm
Innenvoliere	5 x 5 x 3 m (L x B x H)
Kombinierte Innen- und Außenvoliere	2 x 3 x 3 m innen, 8 x 3 x 3 m außen (L x B x H)
Gitterstärke	3-4 mm
Maschenweite	7,5 x 1,2 cm, 5 x 2,5 cm, 5 x 5 cm, 3 x 3 cm
Nistkastengröße	60 x 60 x 100 cm (L x B x H)
Einschlupfloch (Durchmesser)	25 cm
Gelegegröße	2 bis 4 Eier
Brutdauer	25 bis 28 Tage
Nestlingszeit	ca. 90 Tage
Zeit bis zum Selbstständigwerden	6 bis 9 Monate
Ringgröße (Ø) BArtSchV Anl. 6	14 mm

ARTEN

Gelbbrustaras sind prachtvolle Papageien.

Habitus
Die Iris ist bei Altvögeln gelblich weiß, bei Jungtieren ist sie noch dunkel. Die Art ist viel größer und stattlicher als der Blaukehlara, mit dem sie, besonders früher, oft verwechselt wurde. Die Länge beträgt durchschnittlich 86 cm, wobei der Schwanz die halbe Länge ausmacht.

Unterarten
Offiziell sind keine Unterarten beschrieben worden. Die genaue geografische Verbreitung wurde noch nie dokumentiert. Allerdings sind aufgrund des sehr großen Verbreitungsgebietes Abweichungen in Größe und Farbe festzustellen. Besonders die Färbung der Brust variiert stark. Manche Exemplare haben eine gelbe Brust, andere sind kleiner und haben eine goldene bis orangefarbene Brust. Auch die Blaufärbung ist unterschiedlich. Wo die jeweiligen Tiere herstammen, kann nur in den seltensten Fällen zurückverfolgt werden. Allerdings kann die Färbung der Federn auch durch die Ernährung beeinflusst werden und muss nicht unbedingt genetisch bedingt sein.

ABRAMSON et al. (1995) unterscheidet drei verschiedene Unterarten, wobei sie für die Nominatform ein Königsblau mit einer tieforangefarbenen Brust angibt. Eine weitere Form besitzt ein metallisches Aquamarinblau mit orangefarbener Brust, wobei sie auf Rücken und Schultern meist ein metallisches Grün aufweist. Eine andere Unterart ist pastellfarben blau gefärbt und hat eine gelbe Brust. Diese dritte Form ist kleiner und lautstarker und hat in der Regel sehr kleine braune Federn im nackten Bereich des Kopfes. In Menschenobhut sind allerdings seit Jahren verschiedenste Gelbbru-staras gemischt verpaart worden, sodass kaum eindeutige Unterschiede festgestellt werden können. Besonders die Brustfärbungen geben immer wieder Anlass zu Diskussionen unter Züchtern.

Verbreitung
Der Gelbbrustara ist in weiten Teilen des tropischen Südamerikas verbreitet. Er scheint auf das Verbreitungsgebiet der Buriti-Palme (*Mauritia flexuosa*), die in Sümpfen und Altwasserarmen gedeiht, angewiesen zu sein. Nördlicher als Zentral-Panama ist der Gelbbrustara nicht mehr zu finden, denn dort kommen auch die Buriti-Palmen nicht mehr vor. Die Art ist verbreitet vom östlichen Panama her durch Kolumbien bis West-Ekuador und Nord- und Ost-Peru bis nach Bolivien, in Nord-Argentinien, Nord-Paraguay, in weiten Teilen der nördlichen Hälfte Brasiliens besonders entlang von Flussläufen bis nach Französisch Guyana, in Surinam, Guyana sowie Venezuela, hauptsächlich im Bereich der Küste und entlang von Flussläufen bis ins Landesinnere.

Seit 1993 ist die Art auch auf Trinidad wieder heimisch, nachdem sie dort in den 60er-Jahren des vorigen Jahrhunderts ausgestorben war. Eine Wieder- ansiedlung von 18 Vögeln aus Guyana gelang.

Lebensraum
Die Art ist besonders entlang von Flüssen und Seen, häufig auch entlang von Altwasserseen und im tropischen Galeriewald zu beobachten. Bei der Aufnahme von mineralhaltigem Lehm bilden sich ganze Schwärme, die auf *Cecropia*-Bäumen, die als Pionierpflanzen auf Flussbänken gedei-

GELBBRUSTARA

hen, auf den obersten, lichten Ästen sitzen. Diese *Cecropia*-Wälder werden auch oft nach der Lehmaufnahme als Rastplatz benutzt. Gelbbrustaras sind typische Bewohner des Tieflands. Teilweise bilden saisonal überflutete Wälder den Lebensraum, selten auch Laub abwerfende Wälder. Die Art kommt auch im Cerrado vor. Immer aber sind diese Aras in der Nähe von Gewässern zu finden. Buriti-Palmensümpfe werden zur Nahrungssuche und zum Brutgeschäft aufgesucht. Buriti-Palmen gedeihen auch an den Ufern von Altwasserseen, die nach und nach zuwachsen. Dann sind Gelbbrustaras nie weit.

Freileben

Im tropischen Regenwald Westamazoniens kann man hauptsächlich Paare oder Familienverbände, bestehend aus drei Vögeln, manchmal auch aus vier bis sechs Exemplaren, beobachten. In einigen Gebieten schließen sich Gelbbrustaras auch zu großen Schwärmen aus zehn bis zwanzig Tieren zusammen.

Die Vögel geben typische kehlige, fast melodiös tönende Laute von sich. Wie andere Papageien sammeln sich auch die Gelbbrustaras morgens an der Collpa, aber meistens später als die anderen Arten. Auch sucht nicht jeder Vogel aus der Gegend täglich die Lehmlecke auf. Viele Tiere sitzen auch einfach in den Wipfeln der umliegenden Bäume und betreiben soziale Gefiederpflege. Andere, die sich an die Collpa wagen, fliegen mit Gesteinsstückchen davon, um sie dann in Sicherheit auf einem Baum sitzend im Schnabel zu zerbröseln. Nach einer knappen Stunde ziehen die Vögel paarweise oder zu Dritt wieder ab.

In den schmalen, langen Stämmen abgestorbener Buriti-Palmen nisten die Gelbbrustaras. Tagsüber kann man manchmal die Eltern beobachten, wie sie auf einem Palmwedel sitzend ruhen oder die Palmfrüchte von der Schale befreien, den Saft trinken und anschließend die Frucht meist fallen lassen.

■ Gelbbrustara mit etwas Lehm, den er sich von der Lecke geholt hat, auf einem *Cecropia*-Baum

Ara ararauna

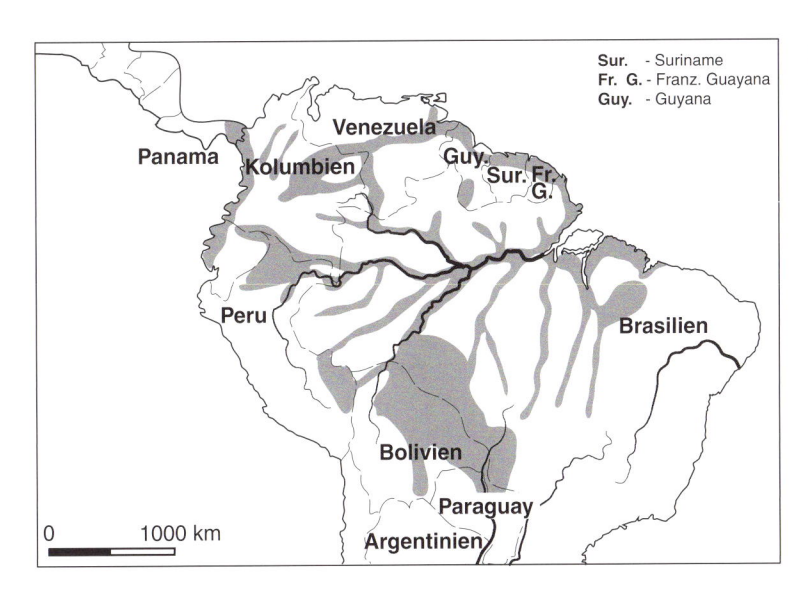

Sur. - Suriname
Fr. G. - Franz. Guayana
Guy. - Guyana

■ Gelbbrustaras sind vorwiegend entlang von Flussläufen und in Sumpfgebieten (hygrophile Palmenwälder) im gesamten, tropischen Südamerika verbreitet.

Gelbbrustaras pflanzen sich in menschlicher Obhut leicht fort.

Der Flug der Gelbbrustaras ist geradlinig und schnell. Dabei geben sie oft ihre krächzenden Laute von sich. Ihre Nahrung besteht hauptsächlich aus Palmnüssen und -früchten sowie aus verschiedenen Samen und Früchten des Regenwaldes. Sie knacken auch die harten Paranüsse auf, deren Trägerbäume weit verstreut im Regenwald wachsen. Die Anzahl der Besuche an den Lehmwänden variiert je nach Jahreszeit und Gebiet.

Gefährdung und Schutz

Der Gelbbrustara ist wohl von den großen Ara-Arten noch am häufigsten anzutreffen. Er gilt somit nicht als gefährdet. Allerdings sind etliche Populationen bereits ausgestorben, so zum Beispiel der Bestand in Südost-Brasilien, wo die Art schon um 1960 ausgerottet wurde. Die Bestände in Panama sowie im Orinocco-Delta in Venezuela und in Nord-Argentinien haben durch Fang für den Handel und Lebensraumzerstörung rapide abgenommen. Abertausende von Gelbbrustaras wurden exportiert, was an vielen Orten zu bedenklichen Bestandsrückgängen geführt hat. In unberührten Regenwaldgebieten und in Schutzzonen aber sind die Gelbbrustaras noch zahlreich vorhanden. Wenn auch Vögel bekannt sind, die in gewöhnlichen Baumhöhlen brüten, so scheint die Mehrzahl doch auf die Buriti-Palmensümpfe angewiesen zu sein. Darum ist es für das Überleben des Gelbbrustaras unerlässlich, dass diese Sumpfgebiete mit den Palmenbeständen weitflächig im tropischen Südamerika erhalten bleiben.

Haltung und Verhalten

Die Tatsache, dass Gelbbrustaras häufig gehalten werden, relativ leicht zu züchten und deshalb auch verhältnismäßig billig sind, darf nicht dazu verleiten, ihre Bedürfnisse zu unterschätzen. Es handelt sich um einen äußerst anspruchsvollen, intelligenten und fordernden Vogel. Wer aber ein Paar in einer geräumigen Voliere hält, wird von der vollendeten Schönheit und dem interessanten Verhalten fasziniert sein. Sie reagieren sehr auf Ansprache, wobei sie ihre typischen, kehligen Laute erklingen lassen, ihre Pupillen verengen, dabei den Kopf leicht vorschnellen und majestätisch auf dem Ast entlang schreiten.

Eine ideale Voliere für ein Paar Gelbbrustaras könnte folgendermaßen aussehen: Eine Außenvoliere mit den Maßen 8 × 3 × 3 m (L × B × H) ist durch eine breite Öffnung mit einer Innenvoliere, die etwas kleiner sein kann, verbunden, damit die Vögel ungehindert vom Innenraum in den Außenflug gelangen. Zur Beschäftigung sollten unbedingt Äste, Wurzelstöcke, Ketten und Ähnliches vorhanden sein, damit die Tiere nagen, hangeln, klettern und spielen können.

Die Vögel besitzen ein großes Lautrepertoire. Sie sind während eines Großteil des Tages aktiv, außer an heißen Sommertagen, die sie dösend im Schatten zubringen.

Gelbbrustaras genießen eine Dusche aus der Sprinkleranlage. Mit schlagenden Flügeln stehen sie unter der Brause, bis sie völlig durchnässt sind und die blauen Federn schwärzlich bis braun erscheinen.

Zahme Gelbbrustaras können sehr hingebungsvoll und liebebedürftig sein. Sie lassen sich gerne kraulen oder in den Arm fallen und vollbringen im Klettern reinste Kunststücke. Zärtlich lassen sie dabei ein Quietschen und Sirren erklingen und zeigen mit Pupillenkontraktionen ihre Begeisterung an. Ein Problem kann lediglich die große Eifersucht aufeinander sein. Auch elternaufgezogene Vögel entwickeln ein großes Zutrauen zu ihrem Pfleger und erbetteln Leckerbissen aus der Hand.

GELBBRUSTARA

Zucht

Werden Gelbbrustaras jung zusammengestellt und gut ernährt und gehalten, schreiten sie in den allermeisten Fällen zur Zucht. Sie sind bei der Wahl der Nisthöhlen nicht sehr wählerisch. Sie brüten in natürlichen Höhlen, in Fässern und sogar in Aluminiumnistkästen, obwohl sie in freier Natur spezifische Bedingungen zu benötigen scheinen, nämlich die langen, engen Baumstämme der Buriti-Palme. Künstliche Nisthöhlen sind sehr weit von den natürlichen Verhältnissen entfernt und trotzdem funktioniert die Zucht! Ein harmonierendes Paar Gelbbrustaras eignet sich gut zur Haltung im Freiflug.

Ein Gelege besteht meist aus drei, manchmal auch aus vier Eiern. Es werden meist aber nicht mehr als drei Jungen aufgezogen. Tote Jungen werden von den Altvögeln aufgefressen. Nur selten sterben Embryonen im Ei ab. Im gemäßigten Klima beträgt die Brutzeit 27 bis 28 Tage. Unter sehr heißen Bedingungen kann sie sich auf 24 Tage verkürzen (Low, mündl. Mitteilung 2000). Beim Verlust eines Geleges können Gelbbrustaras schon nach drei Tagen wieder befruchtete Eier legen. Manchmal schreiten sie auch schon erneut zur Brut, wenn die Jungen vom Vorjahr noch bei ihnen leben und teilweise noch gefüttert werden. Junge Gelbbrustaras sind nur mit spärlichen, weißen Dunen am Kopf und auf dem Rücken besetzt. Bei den Nistkontrollen fällt auf, wie glänzend, fast fettig, und rosarot die Kleinen sind. In der Handaufzucht sind sie viel matter.

Nur während der ersten Tage nach dem Schlupf kann man die Jungen betteln hören. Später verstummen sie, das heißt, man kann nur noch die typischen Geräusche vernehmen, die entstehen, wenn ein Altvogel den Jungen das Futter übergibt. Oft füttert nur das Weibchen. Manchmal beteiligen sich aber auch beide Elternvögel direkt an der Aufzucht der Jungen. Bei unserem Paar ist sogar während der Brut das Männchen die meiste Zeit über mit im Kasten. Wenn ich in der Voliere hantiere, streckt es nur ruckartig und aggressiv den Kopf aus der Höhle und gibt die kehligen Laute von sich.

Im Alter von etwa sechs Tagen beginnt bei den Jungen leichter Flaum zu sprießen. Mit zwölf bis 16 Lebenstagen wird der Schnabel allmählich dunkler und die Äuglein beginnen sich zu öffnen. Nach 25 Tagen wachsen erste Federkiele. Mit rund zwei Monaten sind die Jungen vollständig befiedert. Meist fliegen sie mit etwa drei Monaten, manchmal auch schon mit zehn Wochen aus.

Gelbbrustaras benötigen besonders während der Aufzucht eine trockene Sonnenblumenkernmischung, Keimfutter, Para-, Baum- und Erdnüsse sowie Eifutter, Hüttenkäse und viel Obst und Gemüse aller Art.

■ Die Buriti-Palme, die nur in Sumpfgebieten gedeiht, ist die Lebensgrundlage der Gelbbrustaras. Sie ernähren sich von den Früchten und brüten in den Stämmen abgestorbener Palmen.

> **HINWEIS** Es wurde beobachtet, dass Gelbbrustaras in der Handaufzucht dazu neigen, das Futter zu verweigern, wenn sie fast vollständig befiedert sind. Dieses Verhalten bedeutet aber keinesfalls, dass der Vogel nun selbstständig ist. Er ist weiterhin auf Handfütterungen angewiesen. Nach einer Woche ist der Spuk vorbei.

Den Rekord bei Nachzuchten hält wohl ein Gelbbrustarapaar in England, das in einem Jahr 17 Eier legte, aus denen alle Jungen schlüpften, die von Hand aufgezogen wurden (STOODLEY, 1984). Es handelt sich hier aber eindeutig um eine völlig überdehnte Zucht. In einem anderen Fall legte ein Weibchen innerhalb von sechs Monaten 18 Eier, die allerdings mit Ausnahme des letzten Eies immer unbefruchtet waren (SCHALLENBERG, 1997). Die wohl erste Zucht des Gelbbrustaras in Europa gelang in einer Zeit, als Papageienzuchten noch gänzlich unbekannt waren. Zwischen 1818 und 1822 zog ein Paar in Caën in Frankreich 15 Jungvögel auf. Es handelt sich vermutlich um den ersten Bruterfolg mit Aras überhaupt. In Deutschland gelang die Zucht erstmals 1932 im Tierpark Essen (PFEFFER, 1996).

Allgemeine Angaben

Im Jahre 1558 wurde der Gelbbrustara bereits vom Franziskaner-Mönch ANDRÉ THEVET bekannt gemacht. Der Zürcher Renaissance-Gelehrte KONRAD GESNER berichtete in seinem 1669 erschienenen Vogelbuch über den Gelbbrustara. RUSS schreibt 1881 über ihn: „Der blaue gelbbrüstige Arara (*Psittacus ararauna*) ist eine der gemeinsten, aber zugleich der schönsten Erscheinungen in den Thierschaubuden und wandernden Menagerien und zwar seit den ältesten Zeiten..."

Gelbbrustaras wurden nicht nur seit jeher in zahlreichen Zoos und Vogelparks gehalten, sondern es gab auch immer wieder äußerst zahme Heimvögel, die wenige Worte nachsprechen konnten, wie es auch der deutsche Zoodirektor des Zoologischen Gartens von Rom KNOTTNERUS-MEYER (1924) beschreibt.

Blaukehlara

Ara glaucogularis Dabbene, 1921

Andere Bezeichnungen: Caninde-Ara, Blaulatzara
Andere wissenschaftliche Bezeichnung: *Ara caninde* (alt)
Englisch: Blue-throated Macaw
Französisch: Ara canindé

Namensgebung

Ursprünglich wurde der Blaukehlara von Dr. JOHANN GEORG WAGLER (1800-1832) in den „Abhandlungen der mathematisch-physikalischen Classe der Königlich Bayerischen Akademie der Wissenschaft", Band 1, im Rahmen seiner „Monographia Psittacorum" im Jahre 1832 auf Seite 674 als *Sittace caninde* beschrieben, nach einem Balg Nr. 272, der von DON FELIX DE AZARA (1746-1811) in Paraguay gesammelt wurde. Bereits AZARA bezeichnete den Ara mit dem Namen Canindé. ANTON REICHENOW (1847-1941) benannte die Art neu im „Journal für Ornothologie", 29, im Jahre 1881 auf Seite 267, als *Sittace azarae* zu Ehren ihres Entdeckers. Einige Quellen lassen vermuten, dass AZARA den Namen für einen Ara verwandte, der nicht der Caninde-Ara war (ROBILLER, 1990). Andererseits berichtete AZARA aber genau, dass der Caninde viel kleiner sei und eine blaue Kehle habe.

Der argentinische Ornithologe DABBENE (1864-1938) beschäftige sich aufgrund der widersprüchlichen Angaben nochmals eingehend mit dem Blaukehlara und benannte den *Sittace caninde* neu, da er davon ausging, dass es sich bloß um ein Synonym

Blaukehlara	
Gewicht	750 g
Länge	85-88 cm
Innenvoliere	5 x 5 x 3 m (L x B x H)
Kombinierte Innen- und Außenvoliere	2 x 3 x 3 m innen, 8 x 3 x 3 m außen (L x B x H)
Gitterstärke	3-4 mm
Maschenweite	7,5 x 1,2 cm, 5 x 2,5 cm, 5 x 5 cm, 3 x 3 cm
Nistkastengröße	60 x 60 x 100 cm (L x B x H)
Einschlupfloch (Durchmesser)	25 cm
Gelegegröße	1 bis 3 Eier
Brutdauer	26 bis 28 Tage
Nestlingszeit	ca. 90 Tage
Zeit bis zum Selbstständigwerden	6 bis 9 Monate
Ringgröße (Ø) BArtSchV Anl. 6	14 mm

BLAUKEHLARA

für *Ara ararauna* handelt und dass daher der *Ara caninde* einen neuen wissenschaftlichen Namen benötigte. Er war am Nationalmuseum in Buenos Aires in Argentinien tätig und beschrieb die Art in „Hornero", 2, 1921 auf Seite 225. Erschwerend dürfte bei der wissenschaftlichen Benennung und Beschreibung die Tatsache gewesen sein, dass in Brasilien im Volksmund der Name Canindé auch für den Gelbbrustara verwendet wird. In Bolivien wird die Art von den Einheimischen Blaubartara genannt.

Die wissenschaftliche Artbezeichnung stammt aus dem Griechischen und Lateinischen und bedeutet so viel wie blaue Kehle.

Habitus

Der Blaukehlara kann wirklich nur bei einer äußerst flüchtigen Betrachtung mit dem Gelbbrustara verwechselt werden. Seine Gesamterscheinung ist grundverschieden, wenn auch die Farben des Rückens, der Flügel, des Schwanzes und der Brust grob mit denjenigen des Gelbbrustaras übereinstimmen. Die blaue Kehle sowie die weiße Gesichtsmaske, die auch in der unteren Hälfte von blauen Federlinien durchzogen ist, unterscheidet den Blaukehlara gut vom Gelbbrustara. Bei Erregung verfärbt sich die weiße Wachshaut rot. Jungvögel sind an der gräulichen Iris zu erkennen, die sich bis zum Alter von ungefähr einem Jahr ins Gelbliche der Adultvögel umgefärbt hat.

Vom Blaukehlara existieren nur noch wenige Exemplare in Freiheit.

Unterarten

Keine. In der Vergangenheit wurde der Blaukehlara zeitweise sogar als Unterart des Gelbbrustaras oder als Jungvogel dieser Spezies angesehen.

Verbreitung

Die Art lebt endemisch im Beni-Tiefland von Zentral-Bolivien. Sie ist auf den äußersten Südosten von Beni, südlich der Stadt Trinidad, im Abflussgebiet westlich des Rio Marmoré beschränkt und kommt

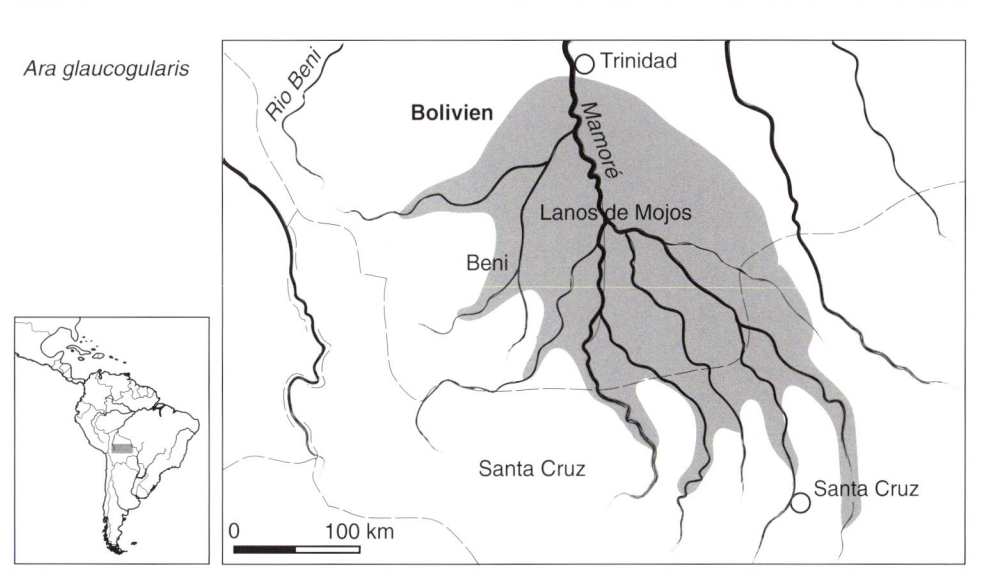

Ara glaucogularis

Der Blaukehlara lebt endemisch im Departement Beni in Bolivien.

Blaukehlaras sind auf die Motacù-Palme angewiesen, die in Grasland auf Waldinseln wächst. Sie nisten in den Stämmen und ernähren sich von den Früchten. Hier ein Paar nahe einer sogenannten Palmeninsel.

nur noch in einer sehr kleinen Population vor. Früher war die Art in Paraguay, Argentinien und auch im Süden Boliviens verbreitet.

Lebensraum

Der Lebensraum des Blaukehlaras ist saisonal überflutet und besteht hauptsächlich aus weitem, zeitweise sumpfigem Grasland, durchbrochen mit einigen Palmenbeständen, die oft auf kleinen Hügeln grüne Inseln bilden. Der Blaukehlara lebt endemisch in den Überschwemmungs-Savannen. Diese bilden ein Becken, das im Westen von den Ausläufern der Anden und im Osten von der präkambrischen oder brasilianischen Platte begrenzt wird.

Im Norden beginnt der immerfeuchte Regenwald des Amazonas-Beckens und im Süden weicht die Savanne einer trockeneren Zone, die allmählich in das Biom des Chacos Süd-Boliviens übergeht. Die auf den Waldinseln vorherrschende Baumart ist die Motacú-Palme, die den Aras Nahrung und Nistplätze bietet. Fast im gesamten Verbreitungsgebiet wird in den Grassavannen intensive Rinderhaltung betrieben. Das Land ist praktisch vollständig in Privatbesitz.

Freileben

Der Lebensraum der Blaukehlaras ist jedes Jahr über vier bis fünf Monate wegen Überflutungen kaum für Menschen zugänglich (CORDIER in ROBILLER, 1990). Diese Tatsache machte den Blaukehlara stets geheimnisvoll und nur wenige Einheimische hatten tatsächliche Kenntnisse über die Lebensweise dieser Art.

Die Amerikaner CHARLES und MARIANA MUNN arbeiteten viele Jahre daran, ins Verbreitungsgebiet des Blaukehlaras vorzudringen. Es gelang ihnen nach jahrelangen Bemühungen mit der Hilfe eines ehemaligen bolivianischen Fängers nach Flug-, Auto- und Bootsreise und nach stundenlangem Waten durch knietiefen Schlamm, die Aras ausfindig zu machen. Sie entdeckten ein Paar auf einer Palme (*Acrocomia* sp.) sitzend und es schien ihnen so, als ob es ein Nest bearbeitete (CH. und M. MUNN, 1993). In der Tat handelte es sich um eine Nisthöhle, wie eine später ins Gebiet vorgedrungene Gruppe der Wildlife Conservation Society bestätigte.

Die Aras ernähren sich fast ausschließlich von der Palme der Art *Attalea phalerata* (heute: *Orbignya phalcrata*). Sie fressen das klebrige, süße Mesokarp dieser Palmfrüchte, wenn es reif oder fast reif ist. Außerdem wurden sie auch beim Verzehren des Mesokarps der Palmfrüchte von *Acrocomia aculeata* beobachtet. Einmal sahen Beobachter wie die Vögel die Palmfrüchte öffneten und lediglich die Flüssigkeit tranken. Weitere Bäume, die als Brut- und Nahrungsquelle genutzt wurden, sind der Guayabochi (C*alycophyllum spruceanum*), die Totai-Palme (*Acrocomia totai*), die Wachspalme (*Copernicia alba*) und *Scheelea martiana* (K. UND H. LAMBERT, 2000; DUFFIELT und HESSE, 1997).

Im Allgemeinen leben Blaukehlaras sympatrisch mit den Gelbbrustaras, sie bewohnen also das gleiche geografische Gebiet. Die Gelbbrustaras kommen aber wesentlich häufiger vor. Gelegentlich konnten Blaukehlaras auch im spärlich vorhandenen Sekundär-Buschland beobachtet werden. Für gewöhnlich brennt die Sonne erbarmungslos auf die Grassavanne nieder, sodass es 35 °C im Schatten werden kann.

Die Brutzeit liegt vermutlich zwischen August und November (MORVAN, SAINT-PIE und BOUSSEKEY, 1995). Die Bruthöhlen befinden sich in etwa 8 bis 10 Meter Höhe in verschiedenen Bäumen. Die Nestlinge werden meist Ende November oder Anfang Dezember flügge. Nach Beobachtungen bleiben junge Blaukehlaras, nachdem sie ausgeflogen sind, nur kurze Zeit bei ihren Eltern.

Gefährdung und Schutz

Heute wird der Gesamtbestand in Freiheit auf 75 bis 150 Individuen geschätzt. Optimistische Schätzungen geben Zahlen von 200 Vögeln an (YAMASHITA, MACHADO DE BARROS, 1997). Der Blaukehlara hat vermutlich immer nur in einer kleinen Freilandpopulation existiert (SNYDER et al., 2000). Wahrscheinlich war der Blaukehlara dem größeren, robusteren Gelbbrustara stets unterlegen, besonders in Bezug auf die Nistplatzsuche.

Bis Ende der 70er-Jahre war die Art in der Vogelhaltung unbekannt. Erst nach 1980 gelangten die ersten Vögel nach Europa und in die USA. So setzte der Fang für den Handel der ohnehin kleinen Population arg zu, nachdem man erkannt hatte, dass es sich um eine eigene Art handelte. Heute zählt der illegale Fang für den Handel und die Abholzung und Rodung von Wald- und Buschgebieten zur Schaffung neuer Weideflächen zu den Hauptursachen der Bedrohung. Bolivianische und argentinische Händler boten lange Zeit hohe Summen für Blaukehlaras, die sie an gut zahlende Käufer aus den USA oder Europa verkaufen konnten (JORDAN, 1994).

Die bolivianische Schutzorganisation ARMONIA hat bereits gute Aufklärungs- und Überzeugungsarbeit bei der einheimischen Bevölkerung und bei den Großgrundbesitzern geleistet. Sehr wichtig ist die großräumige Erhaltung der Waldinseln, die für das Überleben der Art essenziell sind. Viehwirtschaft kann trotzdem betrieben werden. ARMONIA hat Kontakte mit den Großgrundbesitzern aufgenommen. Sie zeigen sich kooperativ. Durch das Abholzen von Waldbeständen gehen aber auch wertvolle Nisthöhlen verloren. Die wenigen verbliebenen Nisthöhlen werden dann von den stärkeren Gelbbrustaras oder auch von Dunkelroten Aras oder Tukanen benutzt.

Haltung und Verhalten

Die Haltungsbedingungen für Blaukehlaras sind vergleichbar mit denjenigen des Gelbbrustaras. Gemäß den Erfahrungen im ABRC, Florida, tendieren die Blaukehlaras dazu, etwas aggressiv untereinander zu sein. Der Zucht ist oberste Priorität einzuräumen.

Viele Blaukehlaras haben die Angewohnheit, sich mit dem Oberschnabel am Volierengitter einzuhaken und so stundenlang am Gitter hängend zu verbringen. Abhilfe schafft hier das Anbringen von Ästen am Frontgitter, die dann auch als Sitzgelegenheit zur weiteren Erkundung der Voliere benutzt werden. Frische, belaubte Äste regen die Vögel auch dazu an, frei in der Voliere herumzuturnen.

Auffallend ist, dass Keimfutter und Früchte praktisch nur genommen werden, wenn die Vögel in Brutstimmung sind, was bei uns meist im Juni, Juli und August der Fall ist. Außerhalb der Brutzeit werden fast nur eine trockene Samenmischung, Erd- und geöffnete Baumnüsse akzeptiert. Die Früchte werden dann nicht angerührt.

Bei Ansprache der Vögel erröten sie im Gesichtsbereich, verengen die Pupillen und geben ihre grellen, arttypischen Schreie, die mit keinem anderen Arageschrei verwechselbar sind, wieder. Auf einem Ast sitzend führen die Vögel ein für die Gattung *Ara* einzigartiges Balzgehabe durch, das wohl der Paarfestigung dient und ganzjährig beobachtet werden kann. Beide Vögel schnellen entweder gegengleich oder synchron den Kopf blitzschnell vor und verengen dabei ihre Pupillen. Die Gesichtsmaske verfärbt sich bei diesem Verhalten rötlich. Die Kopffedern werden bei beiden Vögeln gesträubt.

Die meisten Blaulatzaras, die heute gehandelt werden, sind Handaufzuchten. Wildfänge oder auch Elternaufzuchten scheinen sich im Gegensatz zu anderen Ara-Arten nur sehr schwer mit der menschlichen Nähe abzufinden und ver-

> Bei dem Nistkasten, der einem schmalen Baumstamm ähneln kann, reicht ein verhältnismäßig kleines Einschlupfloch aus.

ARTEN

lassen den hintersten Winkel ihrer Voliere nicht, wenn Menschen anwesend sind.

Zucht

Im Loro Parque gelang 1984 die Welterstzucht (SWEENEY, 1996). Seither konnte eine große, produktive Zuchtgruppe etabliert werden. Im ABRC, Florida, wird wohl die weltweit größte und erfolgreichste Zuchtgruppe gehalten. Die Paare sind praktisch ausnahmslos sehr produktiv und zeitigen mehrere Gelege pro Jahr. Die Eier werden alle zur Kunstbrut entnommen. Gebrütet wird in horizontalen Bretternistkästen. Die Zuchtpaare werden in Hängekäfigen mit den Maßen 2 × 1,5 × 1,5 m (L × B × H) gehalten und mit Pellets und Früchten ernährt. Es scheint, dass diese Aras sieben bis acht Jahre alt sein müssen, um die Fortpflanzungsfähigkeit zu erlangen. Es kam zwar schon vor, dass Nachzuchten im Alter von drei Jahren legten, dabei waren die Eier aber unbefruchtet (BISCHOFBERGER, mündl. Mitteilung 2001).

■ Oben: Brutwilliges Paar Blaukehlaras im ABRC, Florida, in einem senkrechten Sperrholznistkasten.

■ Rechts: Junger Blaukehlara.

In der Regel werden pro Gelege zwei bis drei Eier gelegt. Die Brutzeit beträgt 26 Tage, manchmal aber auch 28. Die Nestlingszeit beläuft sich im Allgemeinen auf etwa 90 Tage. Zu Beginn der Brutzeit werden die Vögel aggressiv. Es scheint, dass Paare, die einmal erfolgreich Junge aufgezogen haben, relativ leicht und immer wieder zur Zucht schreiten, sodass manchmal sogar zwei Bruten pro Jahr möglich sind.

Verschiedenes

Bereits RUSS (1891) erwähnt in seinem berühmten Buch „Die fremdländischen Stubenvögel" den Blaulatzara und bezieht sich auf die Ausführungen ihres Entdeckers AZARA, der im 19. Jahrhundert noch angab, dass die Art in Paraguay nicht selten sei.

Kleiner Soldatenara

Ara militaris (Linné, 1766)

Englisch: Military Macaw
Französisch: Ara militaire

Namensgebung

Die Nominatform wurde von LINNÉ in seinem „Systema naturae", 12, 1 im Jahre 1766 auf Seite 139 wissenschaftlich beschrieben. Die deutsche und englische Bezeichnung ist wohl aufgrund des vordergründig grünen Federkleides gewählt worden. Das Wort „*militaris*" stammt aus dem Lateinischen und bedeutet so viel wie „einem Soldaten vergleichbar".

Habitus

Das Grundgefieder ist olivgrün. Die Schwanzfedern sind maronenfarbig und haben einen blauen Anflug. Im Gegensatz dazu hat der Große Soldatenara, mit dem der Kleine immer wieder verwechselt wird, gelblich orangefarbene Schwanzfedern.

Unterarten

Es werden drei Unterarten unterschieden. Der Mexikanische Kleine Soldatenara (*Ara militaris mexicana*) kommt von Chiapas und Waxaca nordwärts bis Südwest-Chihuahua, Nordost-Sinaloa und Südost-Sonora in Mexiko vor. Er ist wie die Nominatform

■ Links: Kleiner Soldatenara (Ara militaris militaris) in seinem Lebensraum in Peru bei Urubamba.

■ Mitte: Mexikanischer Kleiner Soldatenara (Ara militaris mexicana) fotografiert in einer Haltung in Mexiko.

■ Rechts: Bolivianischer Kleiner Soldatenara (Ara militaris boliviana) fotografiert im Parrot Jungle, Miami.

(*Ara militaris militaris*) gefärbt, jedoch etwas dunkler und ist etwa 10 cm größer. ABRAMSON et al. (1995) zweifelt aber die Eigenständigkeit dieser Unterart an, da sich die Unterscheidung doch als äußerst schwierig gestaltet und die Größe nicht immer eindeutig ist. Wenn auch allgemein angegeben wird, dass „*mexicana*" größer ist als die Nominatform, so treten doch immer wieder Verwechslungen auf, da die Färbung praktisch gleich ist. Der Erstbeschreiber dieser Unterart war ROBERT RIDGEWAY (1850-1929), ein führender Ornithologe, Feldforscher und Systematiker aus den USA.

Der Bolivianische Kleine Soldatenara (*Ara militaris boliviana*) kommt in Südwest-Bolivien und im äußersten Nordwesten Argentiniens in den Provinzen Salta und Jujuy vor. Diese Unterart ähnelt ebenfalls sehr der Nominatform, hat aber einen rötlich braunen Hals. Bei einigen Exemplaren sind die Außenfahnen der Schwingen und Schwanzspitzen dunkler blau. Die Unterart „*boliviana*" wurde im Jahre 1908 von dem deutschen Professor ANTON REICHENOW (1847-1941) in den „Ornithologischen Monatsblättern" 16 auf Seite 13 wissenschaftlich beschrieben. REICHENOW war 43 Jahre lang am Zoologischen Museum in Berlin tätig und seit 1894 Leiter der ornithologischen Abteilung.

Verbreitung

Die Nominatform stammt aus Kolumbien und lebt entlang der Süd- und Westhänge der Ost-Anden sowie entlang der Nordhänge der Zentral-Anden bis zum mittleren Cauca-Tal. Die Sierra de Perija im Nordosten bildet ebenfalls ein Rückzugsgebiet. Auch in Nordwest-Venezuela, Ost-Ekuador und in Nord-Peru wurde der Kleine Soldatenara gesichtet. Die Art hat mit ihren Unterarten ein weites, aber unterbrochenes (disjunktes) Verbreitungsgebiet.

Lebensraum

Der Kleine Soldatenara lebt bevorzugt in Höhenlagen von 500 bis 2500 Meter über dem Meeresspiegel, kommt aber gelegentlich zur Nahrungssuche ins Tiefland. Er meidet den tropischen Regenwald und bevorzugt teilweise gerodete Gebiete, offenes Gelände mit vereinzeltem oder inselartigem Baumbestand, trockene Laub abwerfende Wälder, Eichenwälder in höheren Lagen oder auch, besonders in Mexiko, Na-

ARTEN

Kleiner Soldatenara	
Gewicht	900 g
Länge	70-75 cm
Innenvoliere	5 x 5 x 3 m (L x B x H)
Kombinierte Innen- und Außenvoliere	2 x 3 x 3 m innen, 8 x 3 x 3 m außen (L x B x H)
Gitterstärke	3-4 mm
Maschenweite	7,5 x 1,2 cm, 5 x 2,5 cm, 5 x 5 cm, 3 x 3 cm
Nistkastengröße	60 x 60 x 100 cm (L x B x H)
Einschlupfloch (Durchmesser)	25 cm
Gelegegröße	2 bis 4 Eier
Brutdauer	26 bis 28 Tage
Nestlingszeit	ca. 90 Tage
Zeit bis zum Selbstständigwerden	6 bis 9 Monate
Ringgröße (Ø) BArtSchV Anl. 6	11 mm

Frei lebende Kleine Soldatenaras in Peru.

delwälder. In West-Mexiko kommt die Art auch bis in Meereshöhe vor, was wohl durch die Nadelwälder und die Felsklippen bedingt ist, wo die Vögel gerne rasten oder sogar nisten. Es wurde auch ein Nest in einer Pinie in einer ehemaligen Spechthöhle gefunden. In Peru beobachtete man sie beim Nisten in Felshöhlen.

Freileben

Die Brutzeit in Mexiko reicht von April bis Mai. Die Vögel suchen dabei die abgelegenen Hochtäler auf. In der Regenzeit, ab Juni, verlassen die Jungen die Höhlen. Die Nominatform brütet von Januar bis März und die Unterart *boliviana* von November bis Dezember. Außerhalb der Brutzeit schließen sich die Vögel in großen Schwärmen von bis zu 40 Vögeln zusammen. Die Paare halten auch innerhalb der Gruppe engen Kontakt. Diese Aras sind sehr laut und sitzen bevorzugt auf den äußersten Ästen von Bäumen. Durch ihr grünes Gefieder sind sie bestens getarnt.

Verbreitungsgebiete der 3 Unterarten des Kleinen Soldatenaras

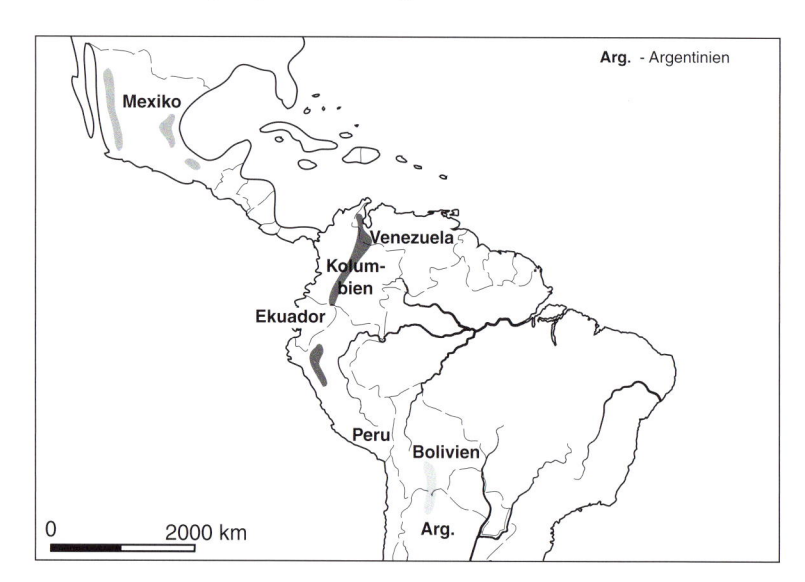

Ara militaris
- A. m. militaris
- A. m. mexicana
- A. m. boliviana

KLEINER SOLDATENARA

Die Tiere lassen sich kaum stören und besitzen eine geringe Fluchtdistanz (ARNDT, 1990-1999). Der Flug ist schnell und pfeilgerade, der Flügelschlag regelmäßig. Manche Populationen scheinen Teilzieher zu sein. Die Vögel ernähren sich von Früchten der Palme *Jessenia bataua*, außerdem von Pflanzen der Gattung *Ficus* sowie von *Melia azedarach*.

Gefährdung und Schutz

Der Lebensraum liegt in einem der am meisten vom Menschen beeinflussten Gebiet der Neotropis, den montanen Feuchtwäldern der Anden. Gerade die Tatsache, dass dieser Ara in vielen verschiedenen, meist isolierten Populationen vorkommt, führt dazu, dass durch Lebensraumzerstörung immer wieder Populationen ausgelöscht oder empfindlich gestört werden. Bis heute spielt der Kleine Soldatenara in Mexiko und anderen Ländern eine wichtige Rolle im nationalen Vogelmarkt. Bolivien war vermutlich Hauptexporteur dieser Art. Zahlreiche Populationen müssten auf Status und Lebensweise untersucht werden. Besonders die beiden Unterarten sind sehr gefährdet. In Venezuela leben einige Populationen glücklicherweise in Nationalparks, was jedoch nicht ausschließt, dass die Vögel für den illegalen Handel gefangen werden.

In Guatemala war die Art ausgestorben. Es wurden aber Wiederansiedlungsversuche unternommen. Eine Großvoliere in 1600 Meter Höhe an Vulkanhängen diente hier zur Eingewöhnung der Vögel.

Gesunde Populationen gibt es außerdem noch im Madidi und Amboró National Park sowie im Pilon Lajas Biosphärenreservat in Bolivien. In Mexiko existiert im El Cielo Biosphärenreservat noch eine gesunde Population.

Haltung und Verhalten

Die Vögel benagen sehr gerne und intensiv Holz aller Art. Hierfür geeignet sind Kiefern- oder Tannenzweige. Sie entsprechen sozusagen dem natürlichen Bewuchs im Lebensraum der Kleinen Soldatenaras. Die Körnermischung sollte von Frühling bis Herbst gekeimt angeboten werden, Obst und Gemüse aller Art werden täglich gereicht. Zirbelnüsse, Erdnüsse, Wal- und Paranüsse können täglich verfüttert werden.

Zucht

Die Welterstzucht gelang 1973 im Zoo von Wellington in Neuseeland. Die europäische Erstzucht erfolgte 1974 im Tierpark Berlin-Friedrichsfelde.

Die Zucht gelingt meist während des europäischen Sommers. Als Nistkästen werden verschiedene Einrichtungen akzeptiert wie Aluminiumnistkästen, auch gemauerte oder betonierte Nisthöhlen, da die Art in Freiheit ja auch oft in Felsen nistet, sowie gezimmerte Nistkästen oder Fässer. Obwohl die Nestlingszeit wie bei den anderen großen Aras etwa 90 Tage beträgt, sollten die Jungen nach dem Ausfliegen aber noch einige Wochen bei ihren Eltern verbleiben können, da sie noch nicht selbstständig sind.

Im Loro Parque gab es ein Paar, das drei Gelege pro Jahr zeitigte, wenn man die ersten zwei zur Kunstbrut entnommen hatte. Manche Handaufzuchten vertrugen allerdings die Entwöhnung schlecht und verweigerten das Futter, als sie in eine Voliere gesetzt worden waren. Sie mussten noch sieben Wochen weiter von Hand gefüttert werden, bis sie selbstständig Futter aufnahmen. Später wurden Jungvögel erfolgreich

Kleiner Soldatenara im Paradise Park, Cornwall.

ARTEN

von den Eltern aufgezogen. Diese wurden während der Nestlingszeit zusätzlich mit Brot und Milch mit einem Kalziumzusatz gefüttert (Low, mündl. Mitteilung 2001).

Bei erheblichen Störungen kann es vorkommen, dass die Altvögel das Junge nicht mehr ausreichend füttern, sodass es zur Handaufzucht entnommen werden muss (MEIER-WEIß, 1989).

Verschiedenes

Kleine Soldatenaras wurden immer verhältnismäßig selten gehalten. Auch in den USA, wo Aras in großen Zahlen erfolgreich gezüchtet werden, scheint der Kleine Soldatenara vernachlässigt zu werden. Vermutlich ist dies auf die über die Grenze Mexiko/USA geschmuggelten Wildfänge zurückzuführen. Im Jahre 1990 wurden in den USA von 105 Zuchtpaaren 62 Junge erfolgreich großgezogen.

Kleiner Soldatenara in einem Innenraum im Nistkasten aus Metall mit 28 Tage alten Jungen.

Unterscheidungsmerkmale zwischen dem Kleinen Soldatenara (*Ara militaris*) und dem Großen Soldatenara (*Ara ambigua*)		
Es ist außerordentlich wichtig, dass diese beiden Arten in der Zucht nicht miteinander gekreuzt werden. Darum hier eine Tabelle mit den wichtigsten Unterscheidungsmerkmalen. Die Angaben entstammen teilweise MÜLLER, (2000).		
Merkmal	**Großer Soldatenara**	**Kleiner Soldatenara**
Länge	80 cm 70 cm	
Körperform	stämmig, rundlich	längliche, schlankere Erscheinung
* Gefiederfarbe	gelblich grün	olivgrün
* Schwanzfarbe	rot-orange, grünlich gelb, leicht türkisfarben gegen die Spitze hin	rötlich braune obere Schwanzfeder
Schwanzlänge	länger als beim Kleinen Soldatenara	kürzer und schmaler als beim Großen Soldatenara
Augenringfärbung	dunkles Grau, stahlgrauer Ring grünlichem Ring nahe der Pupille	goldfarbener äußerer Ring mit
Gesichtsfärbung	kleine schwarze und rote Federn im nackten Gesichtsfeld	kleine braune und rote Federn im nackten Gesichtsfeld
* Bei der Grundfärbung, besonders die des Rückengefieders, und ganz besonders auch an der Färbung des Schwanzes lassen sich die beiden Unterarten am einfachsten identifizieren. Die Größenunterschiede der Vögel sind dagegen gering und eignen sich für eine einwandfreie Identifizierung nicht.		

GROSSER SOLDATENARA

Ynca Garcilasso de la Vega beschrieb bereits im Jahre 1609 in seiner Schrift „Historia de las antiguedades y conquista del Peru" unter dem Namen Guacamayas den Kleinen Soldatenara aus Peru (in Strunden, 1984).

Großer Soldatenara

Ara ambigua (Bechstein, 1811)

Andere Bezeichnung: Bechsteinara
Englisch: Buffon's Macaw
Französisch: Ara de Buffon

Namensgebung

Johann Matthäus Bechstein (1757-1822) beschrieb 1811 in Lathams „Allgemeine Übersicht der Vögel" 4, Th. 1 auf Seite 65 den Großen Soldatenara als *Psittacus ambiguus*. Latham gab in seinen Beschreibungen nur die englische Bezeichnung an, was dazu führte, dass er für die meisten das Recht der historischen Erstbeschreibung nicht beanspruchen konnte. So beschrieb Bechstein im Rahmen seiner Übersetzungsarbeit in den Anmerkungen und Zusätzen etliche Arten neu. Die Ausführungen über den Großen Soldatenara entnahm er jedoch den Texten des Franzosen François Levaillant (1753-1824), der die Art in seinem Werk „Histoire naturelle des Perroquets" 1 auf Seite 15, das in den Jahren 1801 bis 1805 erschien, beschrieb. Auf der kolorierten Bildtafel 6 war auch der Große Soldatenara dargestellt. Die Artbezeichnung stammt aus dem Lateinischen und bedeutet so viel wie „ungewiss, unsicher, zweifelhaft". Vermutlich wählte Bechstein diese Bezeichnung, weil er nicht sicher war, ob es sich wirklich um eine eigenständige Art handelte oder ob es lediglich eine Unterart des Kleinen Soldatenaras war.

Habitus

Die Art ist dem Kleinen Soldatenara sehr ähnlich. Wenn man allerdings beide Arten nebeneinander sieht, so ist die Unterscheidung einfach, denn der Große Soldatenara hat einen wuchtigeren Schnabel. Das Grundgefieder ist im Gegensatz zum Kleinen Soldatenara gelblich grün. Die Schwanzfedern treten in diesem Farbenspiel und in dieser Intensität beim Kleinen Soldatenara nicht auf: Sie leuchten rötlich braun mit gelblichem, orangefarbenem und grünlichem Anflug. Die Hinterseite der Schwanzfedern ist gelblich. Jungvögel sind in der Regel matter gefärbt, besonders auf der Bauchseite. Die Iris ist bräunlich, bei Erwachsenen gelblich.

Großer Soldatenara	
Gewicht	1186-1594 g
Länge	85 cm
Innenvoliere	5 x 5 x 3 m (L x B x H)
Kombinierte Innen- und Außenvoliere	2 x 3 x 3 m innen, 8 x 3 x 3 m außen (L x B x H)
Gitterstärke	3-4 mm
Maschenweite	7,5 x 1,2 cm, 5 x 2,5 cm, 5 x 5 cm, 3 x 3 cm
Nistkastengröße	60 x 60 x 100 cm (L x B x H)
Einschlupfloch (Durchmesser)	25 cm
Gelegegröße	1 bis 3 Eier
Brutdauer	26 bis 28 Tage
Nestlingszeit	ca. 90 Tage
Zeit bis zum Selbstständigwerden	6 bis 9 Monate
Ringgröße (Ø) BArtSchV Anl. 6	14 mm

Großer Soldatenara in Costa Rica an einer Nisthöhle des Almendro-Baumes.

ARTEN

Unterarten

Von der Nominatform *Ara ambigua ambigua* wird , der Ekuadorianische Große Soldatenara (*Ara ambigua guayaquilensis*) unterschieden. Er wurde 1925 von FRANK MICHLER CHAPMAN (1864-1945) in „Amer. Mus. Novit 187", No 205 auf Seite 2 beschrieben. Als Verbreitungsgebiet wurde Cerro Bajo Verde, Chongon Hügel, 20 Meilen nordwestlich von Guayaquil in Ekuador angegeben.

Die Unterscheidungsmerkmale zur Nominatform sind außerordentlich gering, sodass Vögel in Menschenobhut ohne Angabe über den Fangort nicht eindeutig der Unterart zugeordnet werden können. Die Unterart hat einen schmaleren Schnabel und die Unterseiten der Schwanzfedern und Schwungfedern sind grünlicher (FORSHAW, 1989). Sie sieht dem Kleinen Soldatenara ähnlich. Manche vermuten, dass „*guayaquilensis*" eine Hybridform zwischen dem Großen und dem Kleinen Soldatenara ist (SNYDER et al., 2000). FORSHAW (1989) streicht heraus, dass die Hybridisierung ein Ergebnis der stark geschrumpften Populationen sei und darum ein ziemlich neues Phänomen darstellen könnte. MÜLLER (2000) erwähnt, dass vorgeschlagen wurde, „*guayaquilensis*" nicht als Unterart anzuerkennen und deshalb bedeutungsgleich mit der Nominatform ist. Nach RIDGELY (in ABRAMSON et al., 1995) überlappt das Verbreitungsgebiet der beiden Arten aber nicht.

Verbreitung

Die Nominatform kommt in West-Kolumbien nordwärts über Panama und Costa Rica bis Nicaragua und Honduras in den karibischen Tieflandregenwäldern vor. Die Population in Zentralamerika existiert noch in vier isolierten Subpopulationen, die alle im atlantischen Tieflandregenwald leben. Insgesamt ist das Verbreitungsgebiet sehr klein, denn viele zentralamerikanische Länder sind flächenmäßig nicht groß und weite Teile sind abgeholzt.

Lebensraum

Feuchte, tropische Tieflandregenwälder, wenige Meter über dem Meeresspiegel, bis zu sumpfigen Brackwasserwäldern in Meeresnähe sind die Hauptlebensräume. Allerdings sind auch Laub abwerfende, saisonale Trockenwälder in Höhenlagen bis zu 650 Meter und teilweise gerodete Gebiete mit Viehwirtschaft mögliche Lebensräume. Der Lebensraum unterscheidet sich von dem des Kleinen Soldatenaras. Daher begegnen sich die beiden Arten scheinbar auch nicht. Allerdings legen die Vögel zur Nahrungsaufnahme große Strecken zurück, wobei sie meist in höhere Regionen fliegen wie zum Beispiel die Tiere auf der Azuero-Halbinsel Panamas, die bis in von Epiphyten und Moosen bewachsene tropische Eichenwälder (*Quercus* sp.) vordringen. Auch kleinere Palmenarten (*Calyptrogyne* und *Eutepe*) dominieren die Vegetation (DELGADO, 2001).

Das Verbreitungsgebiet des Großen Soldatenaras ist auf wenige Territorien in Zentralamerika zusammengeschrumpft.
Der Ekuadorianische Grosse Soldatenara kommt nur noch in einer kleinen Restpopulation vor.

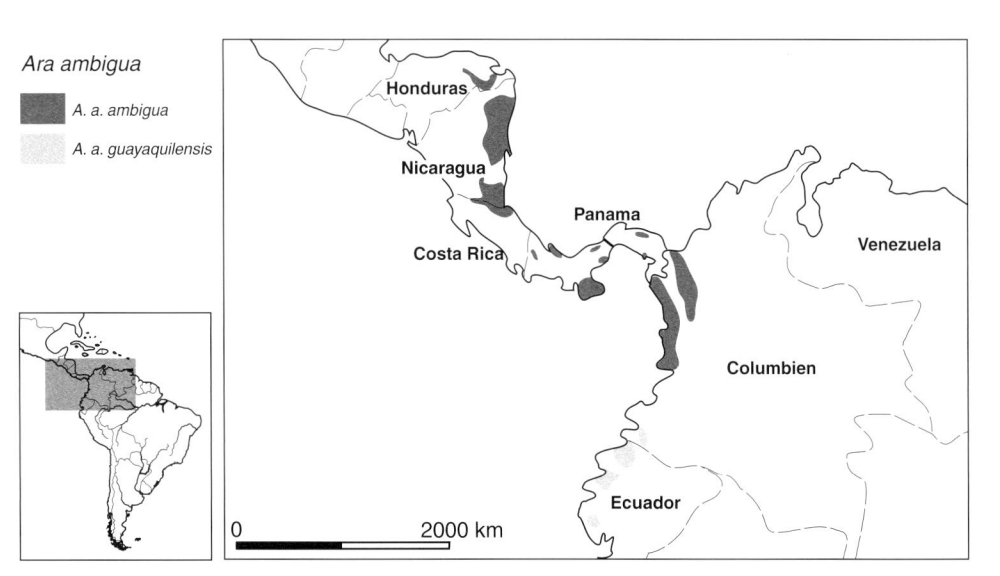

Freileben

Die großen, grünen Aras sind im üppigen Grün der Tropenwälder hervorragend getarnt. Sie sind weniger gesellig als andere Ara-Arten und es scheint, dass sie nie in großen Schwärmen umherzogen, sondern eher nur in kleinen Gruppen von bis zu 15 Exemplaren, was aber heute, bedingt durch ihre Seltenheit, kaum mehr vorkommt. Meistens kann man sie nur paarweise durch die Wälder streifen sehen. In Tortuguero im karibischen Tiefland Costa Ricas kann man manchmal einen Schwarm von etwa zwölf Vögeln beobachten. Die Vögeln ziehen aber in einem sehr großen Territorium umher und fliegen auch über die Grenze ins nördliche Nicaragua, wo noch viele Quadratkilometer Regenwald unbewohnt oder nur von Militärstützpunkten durchsetzt sind. Bei Boca Topada und weiter an der Grenze zwischen Costa Rica und Nicaragua am Fluss Rio San Carlos stößt man plötzlich auf ein Schild mit der Aufschrift „Esta comunidad protege las lapas verdes" (Unsere Gemeinde schützt die Großen Soldatenaras).

Obwohl das Gebiet besiedelt ist, gibt es immer wieder Primärurwald-Inseln, Sekundärwald und zahlreiche hohe Bäume am Flussufer. In dieser Region konnte auch KNEFELI (2000) Große Soldatenaras beobachten. Unweit einer Finca befand sich ein Nest. Es war leer. In der Nähe in einem Baum in der Lichtung saßen aber zwei Große Soldatenaras. Der Dschungel auf der gegenüberliegenden Flussseite in Nicaragua ist unberührt, da zahlreiche Minen während des Krieges dort abgesetzt wurden. Es handelt sich um das Indio-Maiz-Reservat.

Die Vögel sind auf den Almendro de montana (*Dypterix panamensis*) angewiesen, einen Baum, der bis 40 Meter hoch werden kann. Die Vögel nisten in den Höhlen und ernähren sich größtenteils von seinen Samen. Dank der intensiven Schutzbemühungen von OLIVIER CHASSOT und GUISELLE MONGE gelang es, den Almendro in Costa Rica unter Schutz zu stellen. Die Errichtung des Maquenque-Nationalparks, der das Zentrum des Brutgebietes des Großen Soldatenaras (25 000 ha) umschließt, und die Ergreifung sinnvoller Umweltschutzmaßnahmen, die den Erhalt der Wälder außerhalb des Parks gewährleisten, sind weitere Errungenschaften, die dem Engagement von CHASSOT und MONGE zuzuschreiben sind.

Der Gesamtbestand in Costa Rica wird auf 150 bis 170 Paare geschätzt (KNEFELI, 2000). Die Einheimischen bezeichnen die Aras als besonders gefährdet, da sie eine geringe Anpassungsfähigkeit aufweisen, von den Almendro-Bäumen abhängig sind und scheinbar auch eine erhöhte Krankheitsanfälligkeit besitzen.

Wenn man von San José, der Hauptstadt Costa Ricas, in die karibische Tiefebene fährt, durchquert man den Braulio Carillo Nationalpark, der größtenteils aus zahlreichen schroffen Hügelzügen besteht und nach Osten hin zur Karibik flach abfällt. Besonders auf der Ostseite kann man mit großem Glück auf Große Soldatenaras stoßen. FRENSKE (1999) konnte vom Aerial Tram aus, der Regenwaldseilbahn im Braulio Carillo, ein Paar Große Soldatenaras beim Flug beobachten. Noch nie wurden Große Soldatenaras in Schwärmen mit anderen Aras angetroffen. Die großen Vögel tummeln sich mit Vorzug in den Baumkronen der Urwaldbäume und fallen höchstens durch herabfallende, angebissene Früchte oder durch ihre grellen Schreie auf. Heute kann man sie aber auch in teilweise gerodetem Gebiet auf exponierten Ästen oder entlang von Flussläufen sitzen sehen.

In Costa Rica ernähren sich die Aras von den Früchten der *Lysiloma*-Arten und von *Dipteryx panamensis*, in Honduras auch von den Früchten oder Sämereien der Gattungen *Ficus* und *Cecropia*, von *Dalium guianesis* und sogar von den Blüten von *Symphonia globulifera*. Die Nahrung des Ekuadorianischen Großen Soldatenaras besteht nach neuesten Untersuchungen zu 71 % aus Knollen von zwei epiphytisch wachsenden Orchideen-Arten (LOPEZ-LANUS, 1999).

Brutpaare scheinen überall ein sehr großes Areal von bis zu 2000 Hektar zu benötigen, was vor allem zur Deckung des Nahrungsbedarfs erforderlich ist. Im Allgemeinen sind Große Soldatenaras ortstreu, aber bedingt durch die großen Territorien ziehen die Vögel besonders zur Nahrungssuche weit umher. Der peruanische Biologe EDWIN SALAZAR ZAPATA nahm an Feldforschungen in Costa Rica teil. Er fing vornehmlich Weibchen in den Bruthöhlen und versah sie mit Sendern. So stellte er fest, dass die Vögel aus Costa Rica bis zu 150 km nördlich ins südöstliche Nicaragua fliegen, aber nur außerhalb der Brutzeit.

In Panama wurden Große Soldatenaras auf der Azuero-Halbinsel im Bergland täglich in Gruppen von zwei bis drei Vögeln gesichtet. Die Nacht verbrachten die Vögel auf 30 bis 40 Meter hohen Schlafbäumen. In der Mittagszeit gingen sie auf Nahrungssuche und suchten dazu auch die höher gelegenen Wälder auf. Die Aras verzehrten die Früchte einer Liane und eines unbekannten, rot blühenden Baumes. Außerdem fraßen sie Pochota-Blüten. Eine Nisthöhle mit Eiern 20 Meter über dem Boden wurde in einem Pigio (*Cavanillesia platanifola*) gefunden (DELGADO, 2001).

In Ekuador fällt die Brutzeit in die Trockenzeit von Juli bis November. In Zentralamerika im karibischen Tiefland liegt die Brutzeit vermutlich zwischen Januar und April. Die zentralamerikanische Population ist aufgeteilt in vier Subpopulationen, die alle im atlantisch-karibischen Tieflandregenwald auf der regenreichen Seite Zentralamerikas liegen. Über die Population in Nordwest-Nicaragua sind so gut wie keine Details bekannt. In Ekuador nisten die Vögel in Höhlen der alten im halbimmergrünen Pigio-Wald gedeihenden Bäume der Art *Cavanillesia platanifolia*. Die Aras im Küstengebiet Ekuadors halten sich in einer Übergangszone zwischen den blätterabwerfenden und den feuchteren, immergrünen Wäldern auf.

Gefährdung und Schutz

Heute ist der Große Soldatenara außerordentlich stark gefährdet. Die Hauptursachen für den erschreckenden Bestandsrückgang sind der Verlust von Lebensraum und Nahrungsbäumen, der Raub von Nestlingen für den lokalen oder internationalen Vogelhandel oder in einigen Fällen der Fang der Vögel zu Nahrungszwecken. Ortstreue Populationen reagieren sehr empfindlich gegenüber Lebensraumzerstörungen. Im Gebiet der Grenze Costa Ricas zu Nicaragua leben noch etwa 150 Paare. Der Bestand nimmt ständig ab, besonders wegen des Verlustes von *Dypterix panamensis*. Der Große Soldatenara ernährt sich hauptsächlich von den Samen und Früchten dieses Baumes. Zudem weisen diese alten, markanten, mächtigen Hartholzbäume geeignete Nisthöhlen auf. Das Holz dieser Baumart wird jedoch stark genutzt und ist im Handel teuer (SALAZAR-ZAPATA, pers. Mitteilung 2000).

In Costa Rica bringt ein Nestling etwa 150 bis 300 US-Dollar. Es ist zwar verboten Papageien der Natur zu entnehmen, den Nesträubern drohen aber in den seltensten Fällen empfindliche Strafen. Wenn auch in Zentralamerika viele Waldgebiete einen gewissen Schutzstatus besitzen, so hindert es Holzfäller dennoch nicht am Eindringen in unberührten Wald. Bestrebungen zum effektiven Schutz wichtiger Lebensräume sind im Gange. So setzen sich die Costaricanerin GUISELLE MONGE ARIAS und der Schweizer OLIVIER CHASSOT im von GEORGE POWELL initiierten Projekt „Lapa Verde" für die Errichtung eines Nationalparks ein, der den letzten Paaren in Costa Rica Schutz bieten soll. Zudem werden Schutzbemühungen zur Erhaltung von Waldkorridoren zu anderen Nationalparks unterstützt. Die beiden Projektmitarbeiter haben erreicht, dass heute keine Großen Soldatenaras mehr abgeschossen werden. Zudem wurden das Leben und die Brutbiologie der Vögel erforscht. Die Bevölkerung wird breiträumig über die Wichtigkeit des Schutzprojektes informiert. Ehemalige Käfigvögel werden zur Aufklärung der Bevölkerung benutzt wie zum Beispiel in Ekuador. Hier scheint auch die Möglichkeit zu bestehen, ein Zuchtzentrum mit beschlagnahmten Vögeln im Lebensraum einzurichten.

Eine private Zementfirma verfügt in Guayas über ein 7500 Hektar großes Gebiet und erklärte Teile davon zu dem Naturschutzgebiet „Bosque Protector Cerro

Blanco". In dieser pazifischen Küstenregion Ekuadors konnte sich eine einzigartige Flora und Fauna entwickeln. RIDGELY und GWYNNE (1989) weisen auf die Population in Panama (Darién) hin, wo die Art verbreitet ist und einst ein großes Gebiet bewohnte. Sie erwähnen aber, dass sogar in diesem Gebiet der Bestand abnimmt, außer in abgelegenen, unberührten Gegenden. Der Ekuadorianische Große Soldatenara lebte früher in der gesamten Küstenregion Ekuadors. Heute gibt es nur noch wenige Individuen in Esmeraldas und in Guayas nahe Guayaquil. Im südlichen Honduras, wo der Große Soldatenara ebenfalls vorkam, ist fast alles abgeholzt. Zudem werden Pestizide in den Baumwollfarmen eingesetzt.

Der Große Soldatenara ist in Costa Rica eine Indikatorart, das heißt, wo er vorkommt, setzt man alles daran, das Gebiet unter Schutz zu stellen. Das Ehepaar FRISIUS, das sich 1980 in Costa Rica niedergelassen hat, kaufte verschiedene Vögel, die unzureichend gehalten wurden, von Einheimischen auf. So entstand die erste Arazucht Costa Ricas. Es bildeten sich 13 Zuchtpaare, deren Junge nun in einer Großvoliere auf die Freilassung vorbereitet werden.

Haltung und Verhalten

Der Große Soldatenara ist ein sanfter, ruhiger Riese, der bedächtig in seinem Verhalten ist und etwas Stolzes und Melancholisches an sich hat. Nur in einer großen Voliere kann er sein faszinierendes Wesen wirklich entfalten. Manche Tiere reagieren stark auf Ansprache. Zwei Tiere in unserer Anlage fliegen dann erregt ans Gitter, wobei sich die Gesichtsmaske etwas rötlich färbt. Langsam klettern sie, während man mit ihnen spricht, auf den Boden und schreiten dann miteinander umher. Dabei zeigen sie starke Pupillenkontraktionen. In kleinen Kreisen durchschreiten sie die ganze Voliere, bis sie wieder auf einen niederen Holzast fliegen. Obwohl diese Art sanft erscheint, kann es zwischen den Paarpartnern kurze Gefechte geben, die in ausreichend großen Volieren jedoch harmlos bleiben. Daher kann der Große Soldatenara nicht als aggressiv bezeichnet werden.

MARTINA MÜLLER vom Vogelpark Walsrode und ehemalige EEP-Koordinatorin für diese Art erwähnt allerdings, dass der Große Soldatenara aggressiver ist als andere Großaras und dass ein Partner besonders während der Brutzeit dominant sein kann (MÜLLER, 2000).

Der Große Soldatenara zeigt ein besonderes Verhalten in Verbindung mit einer Lautäußerung. Der Unterkopf wird dabei ruckartig nach vorne geschoben, der Hinterkopf neigt sich stark nach hinten. Dabei zieht sich die Pupille auf Stecknadelgröße zusammen und ein aus der tiefen Kehle kommender, fast röhrender, kurzer Laut ist zu hören. Bei einigen Exemplaren färbt sich dann die weiße Wangengegend rötlich. Flug und Geschrei der frei lebenden Tiere unterscheidet sich übrigens kaum von dem der Hellroten Aras.

Die Vögel fliegen gerne und oft. Viele Paare suchen das ganze Jahr über ihre Nisthöhlen auf und verbringen oft die Nacht darin. Als Futter wird in der Voliere Hyacinthinus während der Wintermonate eine trockene Samenmischung für Aras mit einem hohen Anteil an Sonnenblumenkernen verwendet. Ganzjährig erhalten die

■ Das Grundgefieder des Großen Soldatenaras erscheint gelblich grün.

Ein typisches Verhalten des Großen Soldatenara ist das sich Strecken und nach hinten Einknicken des Kopfes, während er arttypische, kehlige Laute von sich gibt.

Vögel täglich viele in Stücke geschnittene Früchte und Gemüse, Baum-, Erd- und Paranüsse sowie von Frühling bis Herbst gekeimte Kerne (Keimfutter und Arafuttermischung gekeimt). Die im früheren EEP befindlichen Vogel entstammen meist noch der freien Wildbahn. Es herrscht ein Überschuss an Männchen. Die EEP-Koordinatorin für diese Art streicht die Wichtigkeit der Zucht heraus und beurteilt diese Art als „unzweifelhaft schwierig zu züchten" (MÜLLER, 2000).

Zucht

Einige Paare können sehr produktiv sein. So zeitigte in der Voliere Hyacinthinus im Jahre 1995 ein Paar drei Gelege. Die Altvögel zogen ihre Jungen immer zuverlässig auf. In der Hoffnung auf ein Nachgelege wurden die Eier des ersten Geleges zur Kunstbrut entnommen. Beide Jungen schlüpften erfolgreich bei einer Luftfeuchtigkeit im Inkubator von etwa 50 % nach einer Brutzeit von 28 Tagen. Der Schlupfprozess dauerte ungefähr 48 Stunden. Als Brutzeit werden bei ARNDT (1990-1996/1999) aber auch 26 Tage angegeben. Zur Handaufzucht bewährte sich das fertige Handaufzuchtfutter Nutri Bird P 19 mit einem erhöhten Proteinanteil. Die beiden Jungen entwickelten sich zufrieden stellend. Das Schlupfgewicht lag bei 22 g.

Die Kopfform der Kleinen wirkt massiver im Vergleich zu der anderer Arajungen. Oft sind sie auch mit grauen Dunen bedeckt und wirken plumper. Im Alter von zwölf Tagen waren die Äuglein bereits als Striche sichtbar. Im Alter von 30 Tagen wogen die Jungen 240 g und 230 g, im Alter von 50 Tagen 574 g und 578 g bei einer Temperatur im Kükenheim von 29 °C. Im Alter von zwölf Wochen, bei Vollendung der Nestlingszeit, wurden sie in eine große Voliere gesetzt, aber noch zweimal täglich von Hand gefüttert. Als erstes wurde ein Brei bestehend aus Quark, geraspelten Paranüssen, eingemengtem Handaufzuchtfutter und beigemischten Vitaminen von den Jungvögeln angenommen. Später, im Alter von etwa 14 Wochen, wurden Früchte und gekeimte Kerne gefressen.

Die Geschlechtsreife tritt mit vier bis fünf Jahren ein. Die Bruttätigkeit wird aber erst später aufgenommen (SWEENEY, 1996; MÜLLER, 2000).

Auch FRANZ PFEFFER (1997) berichtet von einem neu zusammengestellten Paar im österreichischen Vogelpark Turnersee. Mitten im Winter zeitigte das Weibchen ein Gelege, das unbefruchtet war. Wenig später, nach Ablauf der Brutzeit, begann es mit einer weiteren Brut. Dabei war ein Ei befruchtet. Der Embryo starb aber vor dem Schlupf. Bereits 14 Tage danach wurde wieder ein Ei gelegt. Nach 27 Tagen Brutzeit schlüpfte ein Jungvogel – vermutlich der erste Österreichs.

Unter bemerkenswerten Umständen gelang die vermutliche Welterstzucht im Jahre 1974 im Tierpark Berlin-Friedrichsfelde. Ein Paar Kleine Soldatenaras wurde zusammen mit einem Paar Großer Soldatenaras gehalten. Beide Paare zogen artrein nebeneinander Junge auf (GRUMMT in ROBILLER, 1990).

In Großbritannien werden im Paradise Park regelmäßig etliche Junge von Hand aufgezogen, außerdem werden von einem anderen Paar fast jedes Jahr erfolgreich Junge selber großgezogen. Der erste Zuchterfolg gelang mit einem Paar, das im Freiflug gehalten wurde und in einem Fass

GROSSER SOLDATENARA

brütete, das in einem Baum befestigt war. Die Eier wurden aber zur Kunst- und Ammenbrut weggenommen, nachdem das erste Gelege zerbrochen wurde.

Im Palmitos Park wurde zwei Paaren nach zehn Jahren erfolgloser Haltung die Gelegenheit zur Neuverpaarung in der großen Gemeinschaftsvoliere für Aras im Park gegeben. Nach zwei Jahren wurden zwei der Vögel zunehmend aggressiver und verteidigten ihren Sitzplatz. Sie wurden zurück in die Zuchtstation in eine Voliere mit den Maßen 3 × 1,80 × 2,1 m (L × B × H) gesetzt mit einem gemauerten Nistkasten im dunkleren Bereich der Voliere. Bald darauf wurden zwei Eier gelegt. Im zweiten Ei starb der Embryo, aus dem ersten jedoch schlüpfte ein Junges nach einer Brutzeit von 27 Tagen. Das Junge wurde von den Eltern hervorragend gefüttert, sodass es im Alter von 22 Tagen mit einem 14 mm Ring beringt werden konnte. Die Altvögel selbst ernährten sich hauptsächlich von Sonnenblumenkernen, Walnüssen, frischem Mais und Karotten sowie gekochtem Mais und Früchten und Gemüse aller Art. Mineralsteine standen ihnen immer zur Verfügung. Im Alter von 90 Tagen flog der Jungvogel aus. Nach drei Monaten wurde er von den Eltern getrennt.

Es wurde festgestellt, dass junge Große Soldatenaras sehr zutraulich waren, obwohl sie von den Eltern aufgezogen wurden. Sie reagierten immer stark auf Ansprache.

Ein Brutpaar in der Schweiz, das aus einem zahmen Weibchen und einem elternaufgezogenen Männchen bestand, brütete auch erfolgreich in einem ausgehöhlten Baumstamm mit den Maßen 185 cm (Höhe), 90 cm (Durchmesser unten), 65 cm (Durchmesser oben). Gefüttert wurde mit Quellfutter, Obst, hartem Brot, Vogelbeeren, Sämereien, Nüssen, Salat, Maiskolben und Paniermehl (WILLIMANN, 1987).

Im ABRC in Loxahatchee, Florida, ist man sehr erfolgreich mit der Zucht des Großen Soldatenaras. Die Paare bewohnen geräumige Hängekäfige (größer als diejenigen für andere große Aras), die auch für Hyazintharas verwendet werden. Die Vögel akzeptieren liegende wie konventionelle Nistkästen. Da diese Art in den USA schwer verkäuflich ist, werden den Altvögeln die Jungen belassen und sie ziehen diese perfekt auf.

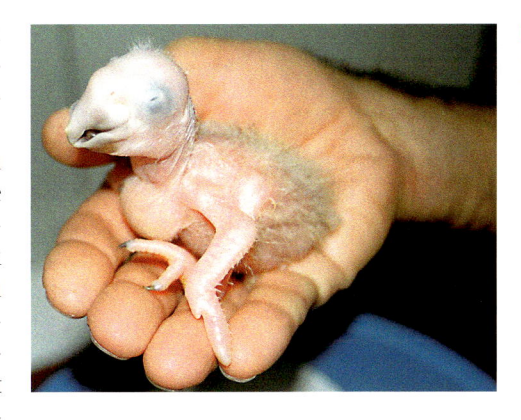

■ Frisch geschlüpfter Großer Soldatenara in der Voliere Hyacinthinus. Die Zucht dieser seltenen Art ist sehr wichtig.

Verschiedenes

Einzelvögel sind dem Menschen sehr zugetan, lernen schnell und haben ein sanftes Temperament. Handaufgezogene Vögel haben, auch wenn sie schon lange verpaart sind, ebenso eine besondere Beziehung zu ihrem Pfleger, kommen beim Füttern immer nah heran und reagieren auf Ansprache. Nach unseren Erfahrungen sind sie auch in der Brutzeit nur wenig aggressiv gegenüber dem Menschen. Im fahrenden Zoo des Schweizer National Circus Knie reisten viele Jahre ein Paar Große Soldatenaras mit. Ein Vogel flog stets frei, auch heute noch, nachdem sein Partner gestorben ist. Er kommt am Tag der Abreise immer aus den Bäumen angeflogen und bezieht seinen Wagen zusammen mit Hängebauchschweinen, zu denen er ein inniges Verhältnis pflegt. Die Art darf man heute wegen ihrer Seltenheit nicht mehr einzeln halten. Der Große Soldatenara darf nicht von Züchtern vernachlässigt werden, weil er „lediglich grün" und dafür für viele nicht attraktiv genug ist.

> **HINWEIS** Das Gefieder des Großen Soldatenaras bietet ein einzigartiges, bezauberndes Farbenspiel, wenn man es richtig betrachtet! Der Charakter und die Verhaltensweisen dieses Aras sind zudem äußerst reizvoll.

ARTEN

Hellroter Ara

Ara macao (Linné, 1758)

Andere Bezeichnung: Arakanga
Englisch: Scarlet Macaw
Französisch: Ara rouge

Namensgebung

LINNÉ (1707-1778) beschrieb den Hellroten Ara in seinem „Systema naturae", ed. 10, 1, auf Seite 96 im Jahre 1758 wissenschaftlich als Psittacus macao. Allerdings war dieser markante, farbenprächtige Ara schon lange vorher von Forschungsreisenden beschrieben worden. So zum Beispiel erwähnte ihn der spanische Historiker JOSÉ D'ACOSTA, der Provinzial des Jesuitenordens in Peru war, im Jahre 1571 in seinem Buch „Historia Natural y Moral de los Indios". Er berichtete von Guacamayac. Aus den Schilderungen geht hervor, dass die Einheimischen unter diesem Namen sowohl den Gelbbrust- als auch den Hellroten Ara verstanden. Auch FRANCISCO HERNANDES, Leibarzt PHILIPPS II von Spanien, der sich von 1570 bis 1577 in Mexiko aufhielt, beschrieb viele Vogelarten. Unverkennbar dargestellt ist auch der Hellrote Ara. Der schwedische Arzt und Naturforscher LINNÉ gilt aber als Erstbeschreiber, da er die wissenschaftliche Nomenklatur begründete und vorher die Tiere und Pflanzen noch nicht in Gattungen und Arten eingeteilt waren. Bei der Artbezeichnung ist der Ursprung ungeklärt. Sie wurde aus dem Portugiesischen übernommen und möglicherweise vom Namen „macavuana" abgeleitet, der von den Tupi-Indianern für manche Aras verwendet wurde.

Habitus

Jungvögel haben dunklere Augen und einen helleren, hornfarbenen Unterschnabel, der während des ersten Jahres ins Schwarze umfärbt.

Unterarten

Die Art galt während vieler Jahre als monomorph, das heißt, man hat keine Unterarten unterschieden, wenn auch Vogelzüchtern schon lange die Verschiedenheit in der Größe und besonders der Färbung der Flügeldecken aufgefallen waren. Man führte dies auf unterschiedliche Herkunftsgebiete zurück. Der USA-Zoologe WIEDENFELD vom Museum of Natural Sciences der Louisiana State University veröffentlichte 1994 in der Zeitschrift „Ornitologia Neotropical" einen Artikel über eine von ihm beschriebene Unterart, den Nördlichen Hellroten Ara (*Ara macao cyanoptera*). Das Typusexemplar war ein männlicher Vogel, der von J. ALAN FEDUCCIA am 7. Oktober 1962 11,2 Kilometer nordöstlich von Choluteca im Departement Choluteca in Honduras, 61 Meter über dem Meeresspiegel, geschossen wurde. Der Vogel unterscheidet sich von der Nominatform dadurch, dass bei den gelben Flügeldecken, die blaue Spitzen aufweisen, kein grünes Band die gelben und blauen Federpartien trennt. Bei der Nominatform zeigen alle gelben Deckfedern mit blauen Enden eine mehr oder weniger ausgeprägte, grüne Trennlinie. WIEDENFELD, der seit 1979 Vögel der Neotropis erforscht und sich 1990 auf Aras spezialisiert hat, untersuchte insgesamt 31 Museumsexemplare und stellte fest, dass die Unterart zudem deutlich größer ist als die Nominatform.

Ursprünglich war die Unterart im südlichen Mexiko und dem nördlichen Mittelamerika weit verbreitet, ist aber heute auf

Hellroter Ara	
Gewicht	900-1100 g
Länge	85-90 cm
Innenvoliere	5 x 5 x 3 m (L x B x H)
Kombinierte Innen- und Außenvoliere	2 x 3 x 3 m innen, 8 x 3 x 3 m außen (L x B x H)
Gitterstärke	3-4 mm
Maschenweite	7,5 x 1,2 cm, 5 x 2,5 cm, 5 x 5 cm, 3 x 3 cm
Nistkastengröße	60 x 60 x 100 cm (L x B x H)
Einschlupfloch (Durchmesser)	25 cm
Gelegegröße	1 bis 3 Eier
Brutdauer	25 bis 28 Tage
Nestlingszeit	ca. 90 Tage
Zeit bis zum Selbstständigwerden	6 bis 9 Monate
Ringgröße (Ø) BArtSchV Anl. 6	14 mm

HELLROTER ARA

zwei voneinander isolierte Populationen geschrumpft. Das Verbreitungsgebiet überschneidet sich im südlichen Nicaragua und im nördlichen Costa Rica mit demjenigen der Nominatform. Es ist jedoch nicht bewiesen, dass sich die beiden Unterarten auch miteinander kreuzen.

Es wurden weiterhin Tiere gefunden, deren Flügel ein breites, hellgelbes Band aufweisen, wobei die Federspitzen am Ende königsblau sind. Das grüne Trennband fehlt hier ebenfalls. Es handelt sich aber nicht (oder noch nicht) um eine neu beschriebene Unterart. ABRAMSON et al. (1995) stellte fest, dass diese Form in der Regel außerordentlich lang ist, sogar noch länger als der Hyazinthara.

In Tambopata konnte ich an der Collpa Hellrote Aras beobachten, die überhaupt kein Gelb auf den Flügeln aufwiesen, sondern nur Rot, Grün und Blau. Auf den ersten Blick hielt ich sie für Dunkelrote Aras. Beim genaueren Betrachten konnte ich sie aber eindeutig als Hellrote Aras bestimmen.

Verbreitung

Der Hellrote Ara hat ein insgesamt sehr großes Verbreitungsgebiet, das vom nördlichen Costa Rica südwärts bis Ost-Panama, Nordwest-Kolumbien östlich der Anden über Venezuela, Ekuador und Ost-Peru, Nord-Bolivien, der nördlichen Hälfte Brasiliens über Guyana, Surinam und Französisch Guyana reicht.

Junger Nördlicher Hellroter Ara (*ARA MACAO CYANOPTERA*).

Lebensraum

Der Lebensraum ist aufgrund des großen geografischen Verbreitungsgebietes unterschiedlich. Im Norden leben die Hellroten Aras sogar in trockenen Tiefland- und Hügelgebieten an der Pazifikküste sowie in Dornbuschgebieten. Sie überfliegen oft auch Kulturflächen mit inselartigem oder vereinzeltem Baumbestand. Die Vögel scheinen bezüglich ihres Lebensraumes recht anpassungsfähig zu sein. Der Großteil aber lebt in tropischen Regenwäldern

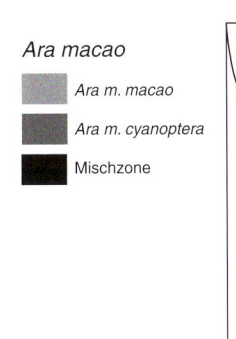

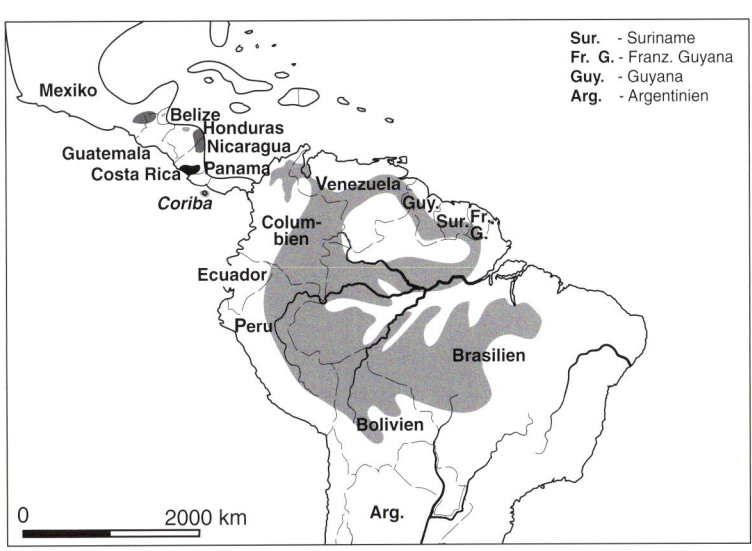

Verbreitungsgebiet des Hellroten Aras.

ARTEN

Aras sind pfeilschnelle, wendige Flieger, die oft dabei über das weite Kronendach des Regenwaldes ihre krächzenden Schreie erschallen lassen.

des Tieflandes, in offenen Wäldern und Savannen.

Der Hellrote Ara ist weniger auf Sumpfgebiete und Flussläufe angewiesen als der Gelbbrustara, da er Bruthöhlen in den unterschiedlichsten Bäumen, meist aber in markanten, alten, hohen Urwaldriesen, den so genannten Überständern, benutzt und sehr selten in den Stämmen der Buriti-Palme brütet. Allerdings ist er auch in den Varzea-Wäldern des Mamiraua-Schutzgebietes zu beobachten, das sich zwischen den Flüssen Japura und Solimoes, dem späteren Amazonasstrom, befindet. Beim Varzea-Wald handelt es sich um einen typischen Überschwemmungswald, wo der Wasserstand bis zu 12 Meter steigen kann und während vieler Monate den ganzen Wald überschwemmt, sodass sich alles Leben auf die Baumkronen konzentriert.

Freileben

Im geschlossenen Regenwaldgebiet in der Tambopata-Candamo-Schutzzone können häufig Schwärme von 20 bis 30 Exemplaren den Regenwald überfliegend beobachtet werden, aber auch einzelne Paare, die sich abgesondert haben. Oft trifft man auf gemischte Schwärme von Hellroten Aras, Gelbbrustaras und Dunkelroten Aras. Besonders am frühen Morgen bei der Collpa sammeln sich unzählige dieser Vögel in den *Cecropia*-Bäumen auf der Flussbank.

Es wurde häufig beobachtet, dass die Hellroten Aras dazu neigen, später am Morgen an die Collpa zu kommen als andere Arten. Oft wählen sie auch einen anderen Platz an der Lehmwand aus. Manche fliegen dann mit Brocken im Schnabel über den Fluss fort.

Meistens brüten Hellrote Aras in normalen Baumhöhlen alter, kapitaler Urwaldbäume wie von der Art *Dipteryx micrantha*. Manchmal akzeptieren sie aber auch lange, schmale, künstliche Nistkästen. Die Reproduktionsrate der Hellroten Aras scheint im Allgemeinen besonders gering zu sein, da Nestlinge durch Nesträuber getötet werden, wegen misslichem Wetter oder an Krankheiten sterben oder nach dem Ausfliegen erbeutet werden. Paare brüten längst nicht jedes Jahr, sondern ungefähr nur alle drei Jahre. Es ist auch ein Mangel an geeigneten Nisthöhlen zu beklagen.

Die Brutsaison liegt in Südamerika und Panama zwischen Oktober und März, in Mittelamerika zwischen Februar und Mai. Wenn auch bis zu drei Eier gelegt werden, wird in den meisten Fällen doch nur ein Junges großgezogen und fliegt nach einer Nestlingszeit von etwa 90 Tagen aus. Die Vögel ernähren sich von einer Vielzahl reifer und unreifer Früchte von Arten wie *Spondias mombin, Hura crepitans, Caryocar* sp., von Palm- und Paranüssen, Samen, Beeren, Blüten und epiphytisch wachsenden Pflanzen. Mangos bieten einen besonderen Leckerbissen.

In der Tambopata Lodge stehen einige Mango-Bäume, an deren Früchte sich immer die so genannten Chicos, die einst von Hand aufgezogenen Hellroten Aras, gütlich tun. Sie haben sich interessanterweise bestens in die frei lebenden Bestände integriert. Ein ehemals zahmer Vogel bezog mit einem „wilden" Weibchen eine künstliche Nisthöhle am Rande der Lichtung in einem Baum. Die Nisthöhle wurde heftig gegenüber den auf den Ästen ruhenden Geiern (*Coragyps atratus*) verteidigt. Auch konnte beobachtet werden, wie Goldbürzel- oder Weißbrusttukane (*Ramphastos culminatus*) ein Nest der Hellroten Aras plünderten und frisch geschlüpfte Junge herauswarfen. Die Araeltern warfen dann ihrerseits einige Tage später die Tukaneier aus der Höhle und nahmen diese wieder in Besitz (DRAGOWITZ, pers. Mitteilung 2000).

DELGADO (2001) berichtete von einer Beobachtung eines Paares im Tief- und Hügelland Panamas auf der Azuero-Halbinsel. Die Vögel hielten sich in den küstennahen Wäldern auf. Sie konnten auf Pigio (*Cavanillesia platanifola*) und Kaschubaum (*Anacardium occidentale*) sowie auf *Pochota sessili*, einem hochwüchsigen Vertreter der Kapokbaumgewächse, beobachtet werden. Die Hellroten Aras fraßen sehr gerne die Pochota-Blüten.

Gefährdung und Schutz

Durch seine spektakuläre Gefiederfärbung ist der Hellrote Ara einer der wohl begehrtesten und deshalb am meisten gefangenen und gehandelten Aras. Er wird von der einheimischen Bevölkerung häufig gehalten und gelangt in großen Stückzahlen in den internationalen Handel.

In unzugänglichen Gebieten wie etwa dem westamazonischen Regenwald kommt der Hellrote Ara noch häufig vor, allerdings nicht annähernd in so großen Zahlen wie etwa der Gelbbrustara. Überall dort, wo die Menschen vorgedrungen sind, sind die Bestände stark durch Lebensraumzerstörung, durch Mangel an geeigneten Nisthöhlen und durch den Fang für den Handel und manchmal auch wegen der Jagd zurückgegangen. Besonders in Mittelamerika ist das Überleben nicht gesichert. Die Populationen in El Salvador, an der Pazifikküste von Honduras und Nicaragua wurden bereits ausgerottet. In Belize im Chiquibul-Waldreservat leben noch etwa 250 Vögel, die aber akut durch ein Staudammprojekt (Stromerzeugung) gefährdet sind. Es handelt sich hierbei um eine typische tropische Schwemmlandebene, wo die für Belize größte Population des Hellroten Aras lebt. In Guatemala wird die Art von der ARCAS (Conservation de Vid Silvestre) geschützt, indem in einem Rehabilitations- und Zuchtzentrum beschlagnahmte Exemplare auf ein Leben in Freiheit vorbereitet werden. Sie werden in einer Großvoliere gehalten, aber auch in Gitterkäfigen, die in die Kronenschicht des Regenwaldes gezogen werden, damit die Vögel Kontakte mit ihren frei lebenden Artgenossen knüpfen können (BRADSHAW et al., 1995).

Die Aras, die nicht mehr für eine Auswilderung geeignet sind, werden in einem Zuchtprogramm eingesetzt. Es gibt nur noch kleinere Vorkommen in Costa Rica und Guatemala. Costa Rica scheint es gelungen zu sein, die Aras als Leitart zu etablieren und setzt auf sanften Ökotourismus, was nicht nur dem Land, sondern auch dem gesamten Lebensraum zugute kommt. Auf der einstigen Gefängnisinsel Coiba in Panama soll noch eine große Population vorkommen (KNEFELI, 1996).

Haltung und Verhalten

Hellrote Aras sollten in großzügigen Volieren gehalten werden. Besonders gut kommt ihre Farbenpracht zur Geltung, wenn die Volieren von üppiger Vegetation umgeben sind.

Damit die Tiere gesund bleiben und das Gefieder in einem Topzustand bleibt, benötigen die Aras viel Abwechslung, regelmäßige künstliche Berieselung oder Regenduschen, zahlreiche Reize in ihrer Umgebung und ausreichende Flugmöglichkeiten. Es handelt sich um lebhafte, zum Teil lautstarke Vögel. Die Ernährung sollte aus Nüssen aller Art, einer Sonnenblumenkernmischung und aus Früchten und Gemüse bestehen.

■ Die Nominatform des Hellroten Aras im Tambopata-Schutzgebiet, an Blüten naschend.

Eine Familie Hellroter Aras.

Zucht

Wie der Gelbbrustara ist diese Art in Menschenobhut scheinbar relativ einfach zu züchten. Voraussetzung ist ein gutes Zuchtpaar. Hellrote Aras schreiten unter den verschiedensten Haltungsbedingungen und in zahlreichen Ländern zur Zucht. Im Parc des Oiseaux in Villars-les-Dombes, Frankreich, wird ein Paar Hellrote Aras mit gestutzten Schwingen jeweils während des Sommers auf einer vegetationsreichen Insel im See gehalten. Als Nistkästen dienen natürliche, hohle Baumstämme, die etwas erhöht vom Boden aufgestellt sind. Zu den Eingängen führen starke Holzäste. Dieses Paar brütet jährlich. Ein Gelege kann aus ein bis vier Eiern bestehen. Der Legeabstand beträgt meist zwei Tage, wobei vom ersten Ei an gebrütet wird. Der Legeabstand kann aber auch drei Tage betragen (KÜNNE, 1990). Das Paar in Villars-les-Dombes legt meist im Mai, etwa drei bis vier Wochen, nachdem es von einer Innenvoliere auf die Insel gesetzt wurde. Das

HELLROTER ARA

Weibchen lässt sich dann nur noch zum Absetzen des Kotes und zur kurzen Nahrungsaufnahme blicken. Oft wird es vom Männchen gefüttert. Der Gefiederzustand verbessert sich zusehends, da beide während des Winters im Innenraum immer zu großen Rupfern werden. Am Ende des Jahres nach einem Aufenthalt in Wind, Sonne und Regen sind beide wieder perfekt befiedert.

Die Inkubationszeit ist jeweils etwas abhängig von den Klimaverhältnissen. Meist aber schlüpfen die Jungen nach 25 Tagen. Ab dem 10. Lebenstag beginnen sich die Äuglein zu öffnen. Mit 17 Tagen treten Federkiele auf. Die Umfärbung des hornfarbenen Schnabels beginnt ab dem 25. Lebenstag. Er wird dann langsam schwarz. Mit 42 Tagen brechen die farbigen Federn von Kopf, Rücken und Flügel auf. Bis zum 70. Lebenstag ist der Körper noch vorwiegend beflaumt.

Bei einem Zuchtpaar in Barcelona, Spanien, wurde das dritte Junge immer beiseite geschoben, sodass es zur Handaufzucht entnommen werden musste. Die anderen beiden Junge verließen das Nest mit etwa zehn Wochen. Die Elterntiere bevorzugten tierische Nahrung (SCHWARZWÄLDER, 1999). Manchmal kann die Brutzeit auch nur 24 oder sogar nur 21 Tage betragen (LOW, 1990).

Frisch geschlüpfte Junge weisen wenige aprikosenfarbene Dunen auf. Auch das Männchen füttert gelegentlich die Jungen. Unbefruchtete Gelege entfernen erfahrene Paare nach Ablauf der Brutzeit selber. Im Alter von zwölf Wochen sind die Jungen voll befiedert. Mit 100 Tagen, manchmal auch schon eher, fliegen sie aus. Nach dem Ausfliegen dauert es mindestens fünf Wochen, bis die Jungen selbstständig sind, wenn sie auch bereits wenige Tage nach dem Ausfliegen mit den Eltern bei den Futternäpfen beobachtet werden können. Sie erlernen langsam das Öffnen der Kerne und Nüsse und versuchen sich zuerst an den weichen Früchten.

Die Ernährung der Altvögel entspricht derjenigen anderer großer Ara-Arten. In Villars-les-Dombes wurden erstaunlicherweise Nüsse spärlich gereicht. Die Vögel schritten trotzdem gut zur Brut. Sie erhielten während des Sommers gekeimte Sonnenblumenkerne sowie Früchte und Gemüse aller Art.

Verschiedenes

Der Hellrote Ara wurde bereits in präkolumbianischen Siedlungen gehalten, war seit jeher bei den Urvölkern Südamerikas beliebt und bezauberte durch seine vollendete Schönheit und Farbenpracht natürlich sofort die europäischen Seefahrer nach deren Ankunft in der Neotropis. So wurde er bald nach der Entdeckung und Erkundung des neuen Kontinents nach Europa gebracht. Bereits ALEXANDER VON HUMBOLDT lernte den Hellroten Ara bei Einheimischen als Hausvogel kennen. Der Dominikaner JEAN-BAPTISTE LABAT (in MÜLLER-BIERL, 1992), der Ende des 17. Jahrhunderts auf den Antillen war, schreibt über den Hellroten Ara: „Er lernt sehr gut sprechen, wenn man es ihm beibringt, solange er jung ist; Liebkosungen mag er sehr." Labat berichtete auch von einem französischen Geistlichen auf den Antillen, der einen Hellroten Ara besaß, der so sehr an seinem Herrn hing, dass er eifersüchtig wurde, wenn sich ihm jemand näherte. Man war gezwungen, den Vogel einzusperren, wenn der Geistliche die Messe las. Wenn man es vergaß, so setzte sich der Vogel auf die Altarstufe. Eines Tages entkam er, als sein Herr beim Barbier saß. Er blieb ruhig bei seinem Herrn, bis dieser sich zur Rasur zurechtsetzte. Sogleich sträubte der Ara seine Federn, sodass man ihn mit Futter freundlich stimmen musste. So ließ er es zu, dass der Barbier seinen Herrn wusch. Als er aber das Messer ansetzte, stürzte sich der Hellrote auf den Barbier, schrie und biss ihn ins Bein. Danach hüpfte er seinem Herrn erst aufs Knie, dann auf die Schulter, von wo aus er die Welt siegesbewusst betrachtete. Der Geistliche musste seinen Vogel in ein Zimmer einsperren, sodass der Barbier seine Wunde verbinden und ihn doch noch rasieren konnte. Dieses Exemplar war seinem Herrn außerordentlich zugetan. Oft sind aber gerade zahme Hellrote Aras etwas rabiat, spätestens wenn sie in die Geschlechtsreife kommen. Noch heute sind Hellrote Aras bei den Einheimischen in den Ursprungsländern beliebte Hausgenossen.

Dunkelroter Ara

Ara chloroptera Gray, 1859

Andere Bezeichnung: Grünflügelara
Englisch: Green-winged Macaw
Französisch: Ara chloroptère

Namensgebung

Die Art wurde von GEORGE ROBERT GRAY (1808-1872) in die Wissenschaft eingeführt. Er beschrieb sie im dritten Teil seiner „List of Specimens of Birds, *Psittacidae*", der den Papageien gewidmet war. Es handelte sich um einen Katalog der Vögel des Britischen Museums aus dem Jahre 1859. GRAY gab der Art damit einen neuen, richtigen wissenschaftlichen Namen, denn vorher wurde der Dunkelrote Ara als *Macrocercus macao* geführt, was auf VIEILLOT (1748-1831) zurückging. Er verfasste diese Arbeit in seiner Eigenschaft als Verwalter der Vogelsammlung des Britischen Museums.

Die Bezeichnung „chloro" bedeuten „grün" und stammt aus dem Griechischen (chloros); „ptera" heißt Flügel (griechisch „pteron"). KONRAD GESNER beschrieb die Art allerdings schon 1557, natürlich damals noch nicht nach den Regeln der wissenschaftlichen Nomenklatur.

Habitus

Jungvögel sind ganz besonders an den hornfarbenen Unterschnäbeln zu erkennen. Sie verfärben sich aber noch im ersten Lebensjahr und bekommen die typische schwarze Farbe der Altvögel. Zudem haben Jungvögel in den ersten Wochen nach dem Ausfliegen dunkle Augen.

Unterarten

Offiziell gibt es keine Unterart. ABRAMSON et al. (1995) führt aber einen beachtlich größeren Typ des Dunkelroten Aras an, dessen Gewicht das der Nominatform um 200 bis 300 Gramm übertrifft. Dieser große Typus ist gleich groß oder größer als der Hyazinthara.

Das Herkunftsgebiet dieser Vögel ist aber unbekannt. Zudem weist ABRAMSON noch auf eine weitere Form hin, die sich besonders durch einen mächtigen Kopf und einen kräftigen Körper auszeichnen soll.

Verbreitung

Das geografische Verbreitungsgebiet ist groß. Es reicht von Ost-Panama am nördlichsten Ende in den Süden bis nach Paraguay und in die argentinische Provinz Formosa. In Nordwest-Kolumbien, Venezuela südwärts über Ekuador, Peru, Guyana, Surinam und Französisch Guyana und in den brasilianischen Provinzen Parana und Mato Grosso kommt die Art ebenfalls vor. Das Verbreitungsgebiet überlappt mit denen vieler anderer großer Ara-Arten.

Lebensraum

Die Art lebt hautsächlich in feuchten Tieflandregenwäldern, kann aber bis in eine Höhe von 1500 Meter über dem Meeresspiegel in Hügelgebieten, beispielsweise in den Vorläufern der Anden, tief im verborgenen Innenland angetroffen werden. Im südlichen Teil seines Verbreitungsgebietes lebt der Dunkelrote Ara in offeneren Laub abwerfenden Wäldern, teilweise gar in semi-ariden Zonen, in Galeriewäldern und manchmal auch in halboffenen, sumpfigen Gebieten, die von Bauminseln durchzogen sind, wie beispielsweise im Pantanal. Auch im Trockenwald Brasiliens, dem Cerrado, kommt er vor. Dieser Lebensraum ist von Sumpfgebieten mit Buriti-Palmen durchzogen. Rote, schroffe Tafelberge, die große Höhlen beherbergen, prägen neben der strauchartigen Vegetation, die sich gegen natürliche Brände durch tiefe Wurzeln und borkige Rinde schützt, das Landschaftsbild. Als Hauptlebensraum kann aber doch der typische tropische Tieflandregenwald bezeichnet werden.

Freileben

Außer in der Nähe der Lehmlecken sieht man Dunkelrote Aras nicht in großen Schwärmen. Meist trifft man sie paarweise oder im Familienverband von drei, manchmal bis fünf Exemplaren an. Am Morgen tauchen Dunkelrote Aras immer später auf, wenn *Pionus*-Arten und Amazonen sowie Gelbbrustaras bereits an der Collpa waren. Oft kommen sie in Schwärmen mit Hellroten Aras angeflogen und sitzen zusammen auf den *Cecropia*-Bäumen auf der Flussbank oder lassen sich paarweise auf den hohen Bäumen oberhalb der Collpa, auf der Krete, nieder. Zum Zeitpunkt meines Aufenthaltesin Tambopata im März und April gingen nur sehr wenige Dunkelrote Aras, und lange nicht an allen Tagen, an die Lehmlecke. Sie schienen eine Stelle weiter unten am Fluss zu bevorzugen, mischten sich in seltenen Fällen aber auch unter die Hunderten von kleinen Aras und Amazonen. In Posada, etliche Kilometer flussabwärts am Rio Tambopata soll es jedoch ganz anders sein, denn dort gibt es eine kleinere Lehmlecke in einem kleinen Tälchen mitten im Regenwald. Hier versammeln sich zu bestimmten Jahreszeiten, meist im Juli und August, zahlreiche Dunkelrote Aras. Lianen und Luftwurzeln hängen von der überhängenden Erde mit Wurzelwerk über die Lehmlecke. Sie bieten den Aras gute Halte- und Klettermöglichkeiten. Die heißen Mittags- und Nachmittagsstunden verbringen Dunkelrote Aras meist im Schatten spendendem Laubwerk der Bäume, wobei sie paarweise oder in Familienverbänden dicht zusammen sitzen.

Der Dunkelrote Ara brütet meist nicht in Palmenstämmen, sondern ist auf größere Höhlen in stattlichen, alten Urwaldriesen, den Überständern, angewiesen. Oft hängen Wurzeln von Würgefeigen oder Lianen von diesen Bäumen. Hoch oben im Astwerk, dort wo sich die Höhlen befinden, gedeihen meistens Epiphyten. Mangels Baumhöhlen nisten Dunkelrote Aras auch in Höhlen in Felsklippen wie es beispielsweise in Bolivien im Madidi-Schutzgebiet beobachtet wurde (KEMPER, 2000).

Dunkelroter Ara	
Gewicht	1100-1400 g
Länge	90-100 cm
Innenvoliere	5 x 5 x 3 m (L x B x H)
Kombinierte Innen- und Außenvoliere	2 x 3 x 3 m innen, 8 x 3 x 3 m außen (L x B x H)
Gitterstärke	3-4 mm
Maschenweite	7,5 x 1,2 cm, 5 x 2,5 cm, 5 x 5 cm, 3 x 3 cm
Nistkastengröße	60 x 60 x 100 cm (L x B x H)
Einschlupfloch (Durchmesser)	25 cm
Gelegegröße	1 bis 4 Eier
Brutdauer	25 bis 28 Tage
Nestlingszeit	ca. 90 Tage
Zeit bis zum Selbstständigwerden	6 bis 9 Monate
Ringgröße (Ø) BArtSchV Anl. 6	14 mm, besser ist 16 mm

■ Links: Dunkelroter Ara in der Aussenvoliere der Plantaria in Kevelaer.

■ Rechts: Dunkelrote Aras fliegend über dem amazonischen Tieflandregenwald in Peru.

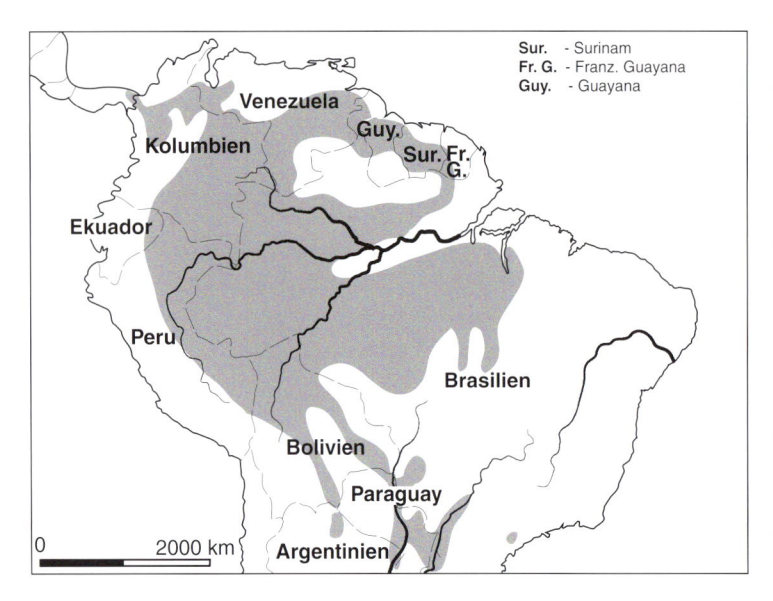

Ara chloroptera

■ Das Verbreitungsgebiet des Dunkelroten Aras erstreckt sich vom Tieflandregenwald bis in Palmen- und Trockensavannen über weite Teile des tropischen Südamerikas.

Im Alto-Madidi-Nationalpark am Tuichi-Fluss in Peru befindet sich die Caquiahuara Forschungsstation, wo sich ganz in der Nähe Sandsteinfelsen von 60 bis 90 Metern Höhe befinden, die zahlreiche Höhlen aufweisen. Hier konnte eine Kolonie von 34 Dunkelroten Aras beobachtet werden, die in diesen Felshöhlen brütete (Soos, 1996). Jeden Abend kehrten die Vögel in die Höhlen zurück, um die Nacht darin zu verbringen. Im Durchschnitt hielten sich immer vier Paare während des Tages in den Höhlen auf. Im Juni und Juli zeigten die Vögel aggressives Verhalten, was auf die kommende Brutsaison im Oktober hindeutete. Die Felshöhlen waren in der Regel zwei Meter lang, 15 cm breit und 25 cm hoch. Einige hatten gar tunnelartige Eingänge, die den Aras eine hervorragende Verteidigung ermöglichten. Paare, die Höhlen besetzten, jagten andere Vögel, die in der Nähe landen wollten, sofort weg. Ein Paar verteidigte etwa einen Monat lang sogar drei Höhlen. Am Schluss bewachten drei Paare ihre Felshöhlen. Interessant ist die Beobachtung, dass ein Paar bei Abwesenheit der anderen Paare deren Höhlen ebenfalls gegen Eindringlinge verteidigte.

Diese Beobachtung stellt die These, dass Dunkelrote Aras individualistischer oder paarbezogen sind, wieder etwas in den Hintergrund und lässt eher vermuten, dass sie als Gruppe agieren.

In der trockenen Dornbuschsavanne im nordöstlichen Brasilien nisten Dunkelrote Aras in Felsen. Sie lassen sich bei der Futtersuche auf niederen Bäumen nieder und verzehren häufig die Samen von *Copaifera langsdorffi* und *Hymenaea courbaril* (OLMOS, 1997). Es handelt sich um zwei häufige Arten der Caatinga und des Cerrados. Die minimale Distanz zwischen den Felsklippen, in denen die Vögel ihre Höhlen haben, und den Futterplätzen beträgt 10 Kilometer. Auch OLMOS streicht die äußert geringe Reproduktionsrate dieser meist paarweise oder im Familienverband fliegenden Aras heraus.

Brutbeginn ist im Norden des Verbreitungsgebietes im Februar oder März, im Süden im November und Dezember meist während der Regenzeit. Oft wird nur ein Jungvogel aufgezogen, obwohl das Gelege bis zu drei Eier umfassen kann. Aufgrund des großen, wuchtigen Schnabels sind diese Aras in der Lage auch die härtesten Kerne zu öffnen. Sie ernähren sich von Palmnüssen, Sämereien, Körnern und Früchten aller Art. Besonders konnten sie beim Verzehr von *Hymenaea*-Arten sowie *Endopleura uchi* und *Bertholletia excelsa*, der hartschaligen Paranuss, beobachtet werden.

Gefährdung und Schutz

Die Gesamtpopulation zeigt rückläufige Tendenz. Es ist nur eine Frage der Zeit, bis der Bestand des Dunkelroten Aras auch stark gefährdet sein wird. Bisher kam ihm noch das große Verbreitungsgebiet zu Gute. Es scheint, dass die Art empfindlich auf menschliche Nähe und deren Beeinflussungen des Lebensraumes reagiert. Nur in absolut unberührten Gebieten sind die Bestände noch intakt und entwickeln sich gut. Dieser große Ara hat eine sehr geringe Reproduktionsrate und reagiert deswegen anfällig auf Fang, Bejagung oder Lebensraumzerstörung. Im nördlichen Argentinien war die Art wohl zahlenmäßig nie häufig und ist dort seit 1917 ausgestorben. Auch in Südwest-Brasilien kommt dieser Ara nicht mehr vor. In Panama sind nur noch kleine, isolierte Bestände in unzugänglichen Gebieten übrig geblieben. Dass die Vögel einen großen Lebensraum benötigen, zeigt auch die Tatsache, dass sie im Sooretama-Reservat im nördlichen Espirito Santo in Brasilien 1964 ausgestorben sind. Das Gebiet umfasst 22 000 Hektar und war wohl nicht groß genug. Der Dunkelrote Ara sollte bald in den Anhang 1 des CITES aufgenommen werden, bevor der Bestand noch mehr abnimmt.

Haltung und Verhalten

Beim Schwarm in der Großvoliere des Tierparks Hagenbeck, wo die Vögel Bäume, Sträucher, Felsen, Wasser, Gras und sehr viel Raum haben, ist jedes Exemplar tadellos befiedert. In The Tropical Bird Gardens, Rode, England, wurden zwei Paare in Volieren im Wald gehalten. Der kleine Innenraum mit Nistkasten war gemauert. In der Voliere befand sich ein Türchen, das während des Tages offen stand, sodass die Vögel den Freiflug genießen konnten. Mit Vorliebe hielten sie sich im Wald auf und kletterten auf Kiefern umher, wo sie mit den Zapfen spielten. Große Innen- und Außenvolieren sind Bedingung zur Haltung dieser lautstarken, majestätischen Aras.

> **HINWEIS** Diese großen Aras brauchen sehr große, geräumige Volieren und viel Abwechslung und Beschäftigung. Zu viele Tiere verursachen durch partielles Rupfen Gefiederschäden.

Zucht

Einige Quellen wie HOPPE (1983) und LOW (1989) geben die Erstzucht im Jahre 1962 beim verstorbenen Britischen Züchter J. S. RIGGE an. ROBILLER (1990) nennt als Erstzucht das Jahr 1926 im Zoo San Diego. Wenn man in Betracht zieht, dass der Dunkelrote Ara schon seit einigen hundert Jahren ein Gefährte des Menschen ist, so ist die regelmäßige Zucht erst sehr spät gelungen. So hat ein Paar im südafrikanischen Vogelpark World of Birds, das mit gestutz-

Seite 174/175:
Dunkelrote Aras an einer Lehmlecke im Manu-Nationalpark in Peru.

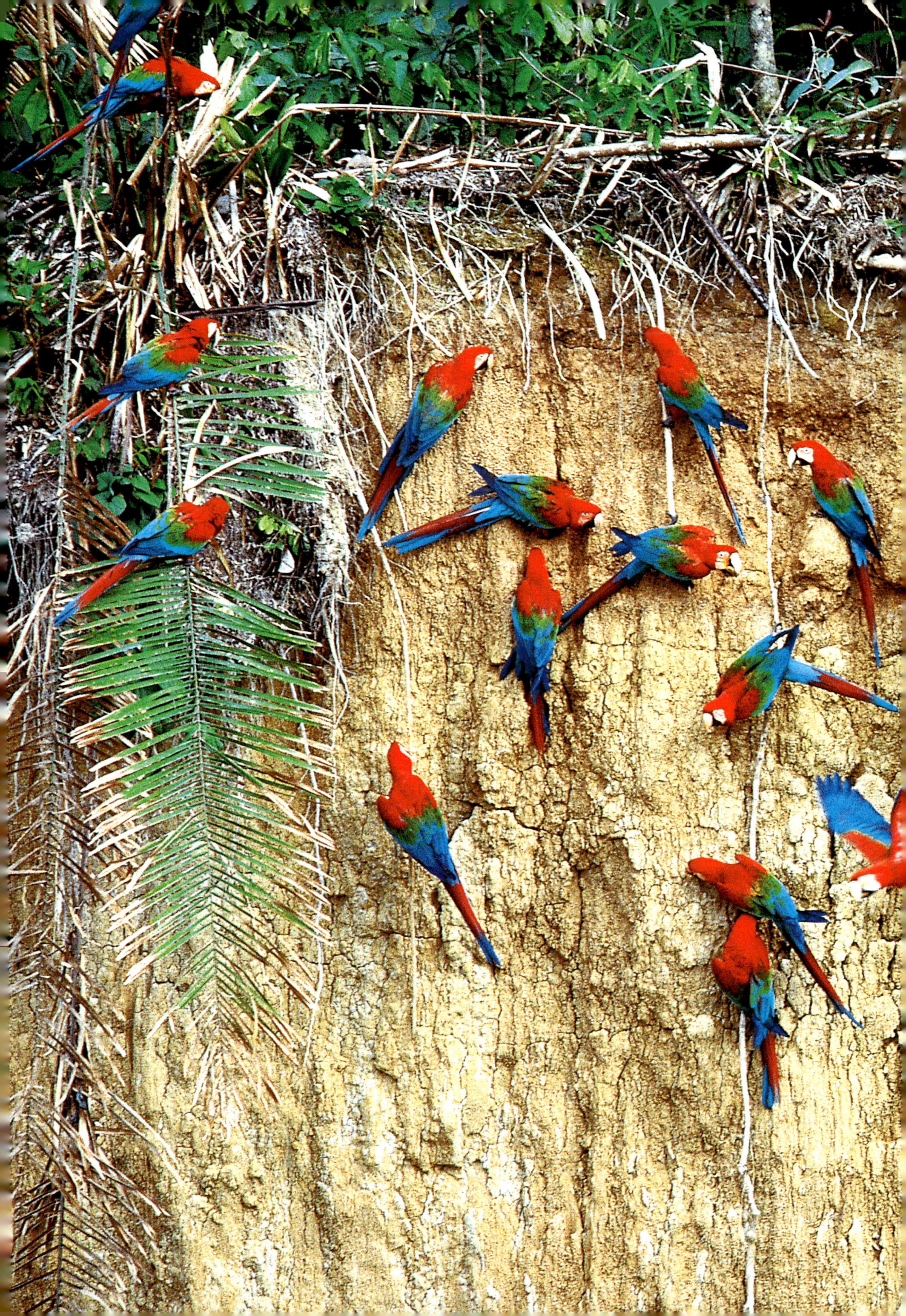

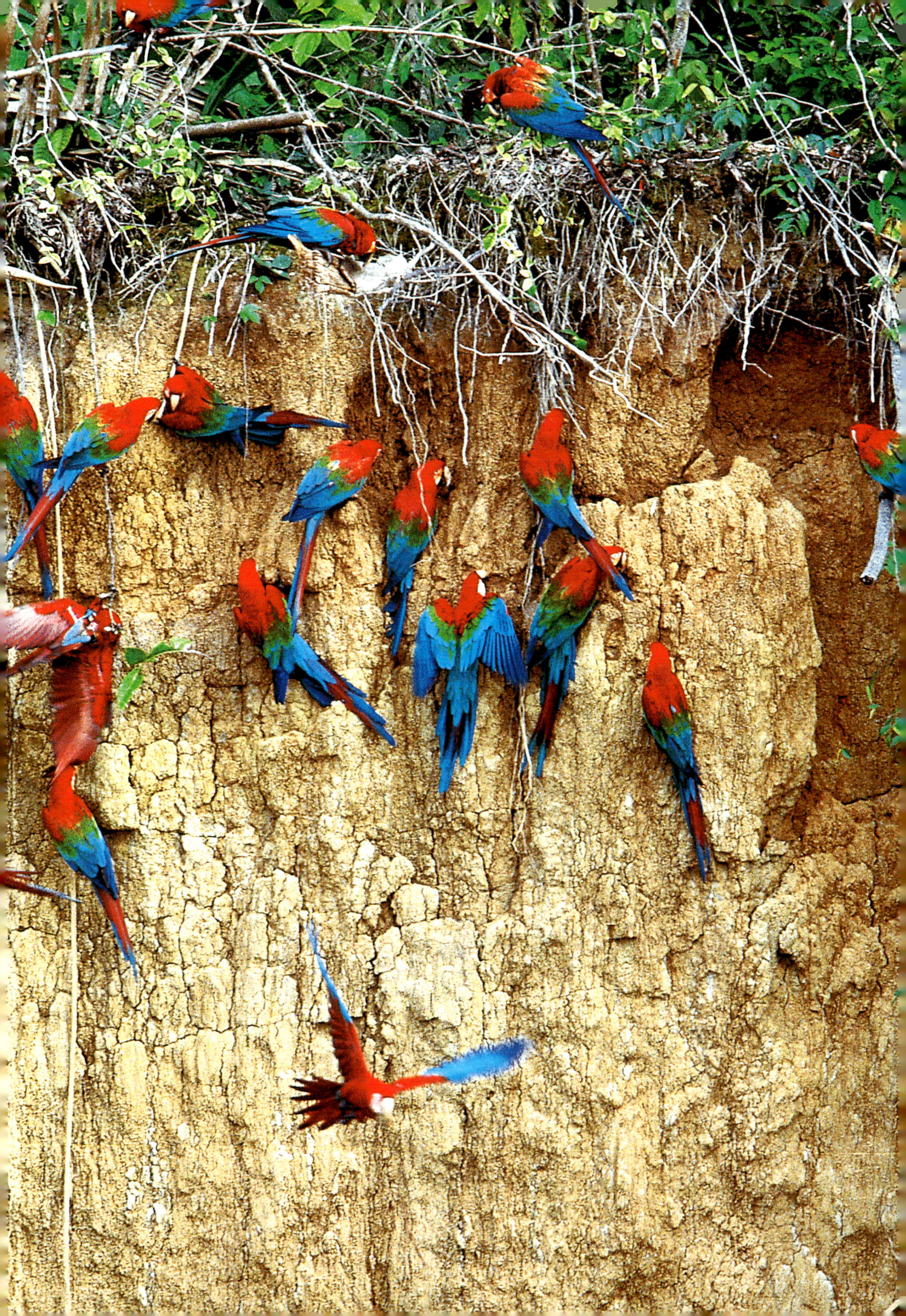

ARTEN

Soziale Gefiederpflege bei Dunkelroten Aras.

HINWEIS Der Dunkelrote Ara gilt allgemein als eine schwierig zu züchtende Art. Besonders Wildfänge benötigen viel Zeit, bis sie sich mit den neuen Lebensumständen zurechtfinden.

Nachzuchten schreiten leichter zur Zucht.

ten Schwingen auf Ästen in herrlicher, tropischer Vegetation gehalten wird, erst nach acht Jahren Haltung aus einem Zweiergelege ein Junges großgezogen. In den Vorjahren wurden lediglich unbefruchtete Eier gelegt. Das genaue Alter der Vögel ist unbekannt. Als Nist- und teilweise auch als Übernachtungsmöglichkeit dient ihnen ein Holzfass.

Unsere Paare in der Voliere Hyacinthinus bevorzugten Betonnistkästen, obwohl wir ihnen auch liegende, an die Volierenwand geschraubte Fässer anboten. Um die Vögel nach vier Jahren erfolgloser Haltung zur Zucht zu stimulieren, wurden sie drei Monate aus den Zuchtvolieren genommen und in zwei kleineren Volieren mit Sichtkontakt gehalten. Diese Maßnahme war ausschlaggebend für den anschließenden Bruterfolg. Im Jahre 2000 zeitigte ein Paar ein Zweiergelege, das andere hatte zuerst auch zwei Eier. Die beiden Eier waren jeweils im Abstand von drei Tagen gelegt worden. Nach vier oder fünf Tagen wurden zwei weitere Eier gelegt. Die Legetermine lagen bei beiden Paaren sehr dicht zusammen (16. Mai und 18. Mai 2000). Die Inkubationszeit betrug 28 Tage. Die Weibchen brüteten gut, wenn sie auch bei einem ihnen unbekannten Geräusch kurz die Nisthöhle verließen, um wieder zurückzueilen, sobald sie sich überzeugt hatten, dass keine Gefahr drohte. Die Männchen gingen jeweils zum Füttern und anfangs oft über Nacht ebenfalls in die Nisthöhlen. Beim ersten Paar schlüpfte ein Junges (es war auch nur ein Ei befruchtet). Beim zweiten Paar schlüpften zwei Junge (zwei Eier, die später gelegten, waren vermutlich unbefruchtet). Die überzähligen Eier wurden durch die Altvögel „entsorgt".

Die Vögel reagieren äußerst heftig bei Nestkontrollen, deshalb sollte man so wenig Kontrollen wie möglich durchführen, um den Zuchterfolg nicht zu gefährden.

Etwa mit 17 Tagen beginnen sich die Äuglein der Jungen zu öffnen. Ab der 3. Lebenswoche stoßen die ersten Federkiele durch die Haut. Ab der 5. Lebenswoche beginnen die Federn am Kopf zu sprießen. Im Alter von zehn Wochen sind die Jungen vollständig befiedert. Im Alter von gut zwölf Wochen äugen sie schon neugierig aus dem Kasten und in der 13. Woche fliegen sie aus. Nachts kehrten sie bei uns während der ersten zehn Tage aber immer gerne in ihre Nisthöhle zurück. Oft hielten sie sich auch tagsüber noch zeitweise darin auf. Mit 14 Wochen öffneten die Jungen ihre ersten Baumnüsse, die allerdings noch relativ weich und deshalb leicht zu öffnen waren. Die Jungen wiesen bereits einige Tage nach dem Ausfliegen eine gute Fertigkeit auf und koordinierten ihre Flugbewegungen bestens.

Während der Brut- und Aufzuchtzeit sind die Altvögel sehr still, wenn sie auch während der übrigen Monate des Jahres recht laut sein können. Im Gegensatz zu Elternaufzuchten benötigen Handaufzuchten viel länger, um selbstständig Futter aufzunehmen und sich in einer Voliere zurechtzufinden.

Rotohrara

Ara rubrogenys Lafresnaye, 1847

Englisch: Red-fronted Macaw
Französisch: Ara de Lafresnaye

Namensgebung

Noel Frédéric Arm. André, Baron de Lafresnaye (1783-1861) beschrieb den Rotohrara in „Revue Zoologique", 1847, als *Macrocercus rubrogenys*. Als Herkunftsort gab er Bolivien an. Gesammelt wurde das Typusexemplar vom französischen Naturforscher Alcide d'Orbigny (1802-1857) zwischen 1826 und 1833. Lafresnaye war Ornithologe und besaß eine umfangreiche Vogelsammlung. Er war ein hervorragender Kenner der Vögel Südamerikas. Die Artbezeichnung *rubrogenys* setzt sich zusammen aus „ruber", was aus dem Lateinischen stammt und „rot" bedeutet und aus dem griechischen Wort „genys", was „Wange" oder „Kehle" heißt. Es handelt sich also um den „Ara mit roten Wangen". In der spanischen Sprache wird der Ara Guacamayo demejillas rojas (Rotwangenara) genannt, in Bolivien wurde der Name Guacamayo dorado (Goldara) verwendet. Oft spricht man in Bolivien aber auch nur von „Loro" oder „Paraba",

Pfeffer (2000) berichtet von einer Handaufzucht, weil das Weibchen die beiden Jungen der ersten Brut nicht fütterte und sie folglich starben. Beim Nachgelege klappte es und es schlüpften drei Junge. Das Schlupfgewicht bei einem Jungen belief sich auf 24 Gramm. Mit zehn Tagen wog es 70 Gramm, mit 20 Tagen 238 Gramm, mit 30 Tagen 490 Gramm, mit 41 Tagen 740 Gramm und mit 75 Tagen 1250 Gramm. Interessant war im Verlauf der Handaufzucht zu beobachten, wie die beiden älteren Jungen das kleinere immer in die Mitte nahmen.

Im Alter von fünf Monaten wurden die drei Handaufzuchten in eine Freivoliere gesetzt und auf feste Nahrung umgestellt. Während die beiden Älteren schnell entwöhnt waren, musste das Jüngste noch etwas von Hand nachgefüttert werden.

Weitere Erfahrungen mit der Zucht sind bei Berger (2001) nachzulesen. Ein von Hand aufgezogenes Paar war trotz anfänglicher gegenseitiger Ablehnung beim Legen nicht mehr zu bremsen. Berger ist überzeugt, dass die Altvögel mit etwas Erfahrung genau wissen, ob eine Brut erfolgreich sein wird oder nicht, denn die Vögel warfen selber die unbefruchteten Eier aus dem Kasten. Das Paar legte und brütete unentwegt so lange, bis sich ein Erfolg einstellte. Gelegt wurde immer im Abstand von drei Tagen. Die Brutdauer betrug 27 Tage. Auch das Männchen fütterte den Nestling vom ersten Tag an.

Verschiedenes

Russ schrieb 1891: „Aus dem Neste geraubt und aufgezogen soll er sehr gut sprechen lernen und auch zahm und zutraulich werden; alt eingefangen ist er dagegen nicht selten bösartig und gefährlich."

Abschließend noch eine treffende Bemerkung von Rosemary Low (1990): „Dem Dunkelroten Ara wird selten genügend Wertschätzung angetan. Ich denke, dass er der am wenigsten gehaltene Vertreter der Aras ist. Seine Schönheit, das sanfte Temperament und seine Intelligenz machen aus ihm einen bemerkenswerten Vogel."

Rotohrara	
Gewicht	500-550 g
Länge	60 cm
Innenvoliere	5 x 5 x 3 m (L x B x H)
Kombinierte Innen- und Außenvoliere	2 x 3 x 3 m innen, 8 x 3 x 3 m außen (L x B x H)
Gitterstärke	3-4 mm
Maschenweite	7,5 x 1,2 cm, 5 x 2,5 cm, 5 x 5 cm, 3 x 3 cm
Nistkastengröße	60 x 60 x 100 cm (L x B x H)
Einschlupfloch (Durchmesser)	25 cm
Gelegegröße	2 bis 3 Eier
Brutdauer	26 bis 28 Tage
Nestlingszeit	ca. 75 Tage
Zeit bis zum Selbstständigwerden	6 bis 7 Monate
Ringgröße (Ø) BArtSchV Anl. 6	12 mm

einer bolivianischen Benennung für große Aras.

Habitus
Jungvögel zeichnen sich besonders durch ihre dunklen Augen aus. Zudem haben sie bräunlich rote Federn am Vorderkopf, die aber erst auftreten, wenn die Vögel sechs bis zwölf Monate alt sind (LOW, 1990).

Unterarten
Keine

Verbreitung
Die Art lebt endemisch in einem kleinen Gebiet im östlichen Zentral-Bolivien, im südlichen Teil der Provinz Cochabamba und im südwestlichen Santa Cruz. LANNING (in ROBILLER, 1990) hat herausgefunden, dass sich das Verbreitungsgebiet der Art auch auf die Provinzen Potosi und Chuquisaca, die den 20. südlichen Breitengrad überschreiten, entlang des Rio Pilcomayo erstreckt. Der Schweizer Tierfänger CHARLES CORDIER stellte fest, dass sich die Nord-Süd-Ausdehnung des Verbreitungsgebietes auf nur 100 Kilometer Länge und etwa 50 Kilometer Breite erstreckt.

Lebensraum
Der Lebensraum ist für eine Papageiengruppe, die normalerweise in den feuchtwarmen Waldgebieten der tieferen Lagen zu finden ist, eher ungewöhnlich. Im Gebiet herrscht ein Klima der Steppe oder Halbwüste mit trockenen Wintern. Nur zwischen November und April fällt wenig Regen. Messungen haben in der Zeit von Ende Oktober bis Anfang November einen Temperaturunterschied von mehr als 20 °C und eine Luftfeuchtigkeitsschwankung von 45 % ergeben (BOUSSEKEY, SAINT-PIE und MORVAN, 1992). Die Umweltbedingungen im Lebensraum sind also ziemlich lebensfeindlich. Es gedeihen nur wenige Pflanzenarten. Das Fehlen von natürlichen Sitzpunkten zum Rasten und von schützendem Laub sowie die kärgliche Vegetation haben einen wichtigen Einfluss auf das Verhalten sowie die Ernährung der Aras. Die Art lebt in halbtrockenen Tälern, beispielsweise im Tal des Rio Caine auf einer durchschnittlichen Höhe von 2000 Meter über dem Meeresspiegel. Das Landschaftsbild ist karg. Es wachsen nur an die Trockenheit angepasste Pflanzen wie Kakteen (*Cleistocactus* sp.), Knollengewächse, Opuntien und Laub abwerfende Gehölze. Auch MÜLLER-BIERL und CORDIER berichteten 1991 von gewaltigen „Säulen-Kandelaber-Kakteen", die im Habitat des Rotohraras dominieren. Als epiphytisch wachsende Pflanzen sind vor allem die Tillandsien mit ihren silbergrauen Blättern zu finden. Der am meisten verbreitete Strauch ist *Prosopis kuntzel*. Weiter gedeihen stachelige Akazien und Euphorbien. Bäume sind selten.

Freileben
Der Rotohrara ist zwar sozial, lebt aber meist nicht in großen Schwärmen. So hat ROMERO (in MÜLLER-BIERL und CORDIER, 1991) die Art nur paarweise beobachtet. RIDGELY (in MÜLLER-BIERL und CORDIER, 1991) hingegen beobachtete im Flug 30 bis 80 Vögel. Die Art lebt aber überwiegend paarweise oder in kleinen Gruppen von einigen Paaren. Die Ruhebäume befinden sich meist in der Nähe der Nahrungsplätze. Nester können aber bis zu 20 Kilometer weit von den Nahrungsplätzen entfernt liegen. Die Nacht verbringen vermutlich nur junge und unverpaarte Tiere auf den Bäumen. Paare ziehen sich meist in ihre Bruthöhlen in den Felswänden der Täler zurück. Es wurden Nistplätze beobachtet, die in nicht zugänglichen, fast senkrechten, hohen Felswänden lagen, die eine Schlucht bildeten,

Rotohrara in perfektem Gefiederzustand. Diesbezüglich heikle Pfleglinge.

durch welche ein Wasserlauf floss (BOUSSE-KEY, SAINT-PIE und MORVAN, 1994). Die Nester liegen manchmal weit auseinander, können aber auch kolonieartigen Charakter haben. Dies hat der Schweizer Sammler und Beobachter CORDIER bereits 1988 brieflich Herrn Dr. STEINBACHER mitgeteilt. Er berichtete: „Ich möchte noch hervorheben, dass ich in Aiguile in einer Wirtschaft vernahm, dass die Lóros manileros in Felswänden nisten, praktisch unmöglich auszunehmen seien, weil der Nesteingang eine Röhre bilde mit einem Gewirr von Dornzweigen und Kaktusstücken, die beinahe unmöglich zu beseitigen seien." Er merkt selber noch an: „Ob mir da ein Bär aufgebunden wurde, bleibe dahingestellt." Er berichtet weiter von einem Tal, wo es eine Bergwand geben soll, in der die Lóros manileros in großer Zahl nisten.

Viele Höhlen sind ziemlich tief. Ein Indianer berichtete, dass in einer Höhle mit einer Öffnung von 1 Meter Breite und 0,6 Metern Höhe jedes Jahr an Weihnachten ein Paar nistet und er vergebens versucht hatte, das Jungtier zu fangen.

Meist haben die Rotohraras nur ein Junges, was sicher auch auf den kargen Lebensraum zurückzuführen ist. Besonders während der lang andauernden Trockenzeit versammeln sich viele Rotohraras auf den Feldern der Indianer. Trotzdem scheinen die Indianer diese Aras nicht zu jagen. Dies bestätigt auch die Tatsache, dass sie bis zu 100 Meter an die Häuser herankommen und sich im Allgemeinen nicht sehr vor dem Menschen fürchten. Während der feuchteren Zeit scheinen sich die Aras hauptsächlich von wilden Früchten zu ernähren.

Der Tagesablauf der Aras verläuft nach einem bestimmten Rhythmus. Nach Sonnenaufgang um etwa 5.30 Uhr fliegen sie von ihren Schlafplätzen auf 2500 Metern Höhe zu den Nahrungsplätzen. Sie fressen

■ Rotohraras leben in kargen, vegetationsarmen Gebieten.

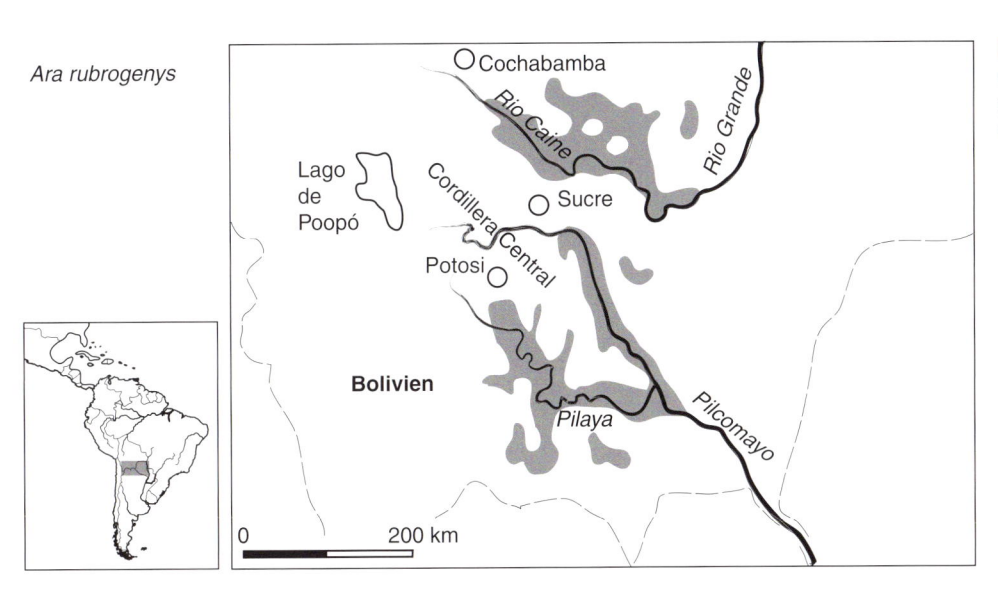

Ara rubrogenys

■ Verbreitungsgebiet des Rotohraras in höher gelegenen Zonen Boliviens.

■ Trinkende Rotohrraras in Bolivien. Auch für Vögel in der Volierenhaltung scheint der Kontakt zu natürlichem Boden wichtig zu sein.

ungefähr zwei bis drei Stunden und trinken in der Nähe des Flusses. Anschließend fliegen sie zu ihren Ruhebäumen, die talabwärts oder -aufwärts liegen können, um die heiße Mittagszeit zwischen 10.00 und 14.30 Uhr dösend im Geäst zu verbringen. Um ungefähr 15.00 Uhr kehren die Aras zu ihren Futterplätzen zurück. Als Nahrung dienen die Früchte des Korallenstrauches (*Erythrina crista-galli*) sowie Samen mehrerer Leguminosen. Kurz bevor die Nacht hereinbricht, circa 18.30 Uhr, verlassen sie endgültig die Nahrungsgebiete und kehren zu den Schlaffelsen zurück.

Eine der Hauptnahrungsquellen sind teilweise auch die Felder der Quechua-Indianer (Erdnüsse und Mais).

Gefährdung und Schutz

Der Fang für den Handel stellte eine große Bedrohung für die ohnehin kleinen Bestände dar. Die Aufnahme der Art in den Anhang 1 des CITES scheint beispielsweise im Rio-Caine-Tal Erfolg gebracht zu haben, denn dort wurden keine Vögel mehr gefangen. Der Status ist allerdings nicht kritisch. Jedoch stellen die Lebensraumzerstörung und die touristische Erschließung der Lebensräume wegen archäologischer Sehenswürdigkeiten eine Bedrohung dar. 40 % des Lebensraumes mag bereits zerstört sein (CLARKE und DURAN PATINO, 1991). Deshalb sollte als erste Priorität der Lebensraum streng geschützt werden. Obwohl die Art teilweise lokal häufig vorkommt, kann die Situation plötzlich kritisch werden, da es sich immer nur um kleinere Populationen handelt und die Zivilisation und Gewinnung von neuem Ackerland entlang von Flussläufen stark voranschreiten. Wichtig für das Überleben ist, dass auch die natürliche Busch- und Trockenwaldvegetation erhalten bleibt. Die Haltung von Ziegen, Schafen und Rindern ist der Grund für die Wandlung des Habitats. Sie veranlasst die Aras auch dazu, sich ihr Futter auf den Plantagen zu suchen.

Haltung und Verhalten

> **HINWEIS** Die Haltung von Rotohraras kann schwierig sein. Es handelt sich um sensible Vögel, denen eine ganz bestimmte Umgebung geboten werden muss, damit sie sich wohl fühlen. Sonst können sie zu hoffnungslosen Rupfern werden.

Von den Indianern wird dieser Ara scheinbar nicht gerne als Haustier gehalten, da er nicht gut spricht. Bis 1973 war die Art in der Vogelhaltung unbekannt. Dann gelangten einige Exemplare in die USA und auch nach Europa. Die Importzahlen stiegen danach rapide an.

Der britische Arazüchter CHRIS MASON (pers. Mitteilung, 2000) hielt vier Paare in vorbildlichen, großen Volieren. Praktisch alle Vögel rupften sich. Anschließend brachte er sie in dunklen, kleineren Volieren unter, die unter einem Futtergang, ähnlich einer Brücke, lagen und an einen großen Flug für Jungaras angrenzten. Er konstruierte mit Brettern unterhalb der Decke regelrechte Höhlen, wo die Vögel hindurchklettern konnten. Als ich die Aras sah, waren sie alle in bester Verfassung und machten gerade Anstalten zu nisten. Es kommt dem natürlichen Verhalten der Vögel entgegen, wenn man ihnen außer dem Nistkasten Versteckmöglichkeiten aus Brettern oder besser noch Steinen bietet.

Im ABRC, Florida, stellte man fest, dass bei Rotohraras oft Nierenprobleme auftreten. Darum werden sie mit fett- und proteinärmeren Pellets gefüttert als die anderen Aras. Zudem werden ausschließlich Früchte gereicht und kein Gemüse.

Zucht

Die Rotohraras zeigen ein komplizierteres Balzverhalten als andere Arten. Das Männchen lässt seine Flügel hängen und demonstriert seinen orangeroten Flügelbug. Dabei läuft es auf einem Ast hin und her. Die Pupille wird stark verengt. Schrille Pfeiftöne werden ausgestoßen. Die bis zu 15 Minuten anhaltende Balz wird mit dem Füttern des Weibchens und der anschließenden Kopulation beendet.

Die Welterstzucht gelang 1978 im Zoologischen Garten Wuppertal. Das betreffende Paar brütete zwischen 1978 und 1987 jedes Jahr. In den meisten Zuchten wurden nie mehr als vier Eier pro Gelege festgestellt. Eine Ausnahme bildet ein Paar im Chester Zoo, England, das ein Gelege von fünf Eiern zeitigte, die alle befruchtet waren. Alle fünf Jungen wurden erfolgreich aufgezogen!

Der Schweizer Züchter WALTER OSER (pers. Mitteilung, 2001) hielt zwei Paare in einem umgebauten Stall zusammen mit anderen Ara-Arten und Kakadus. Der Raum war sehr groß, jedoch auch recht dunkel. Dies schien den Vögeln zu behagen, besonders einem Paar, das zusehends dominanter wurde. Die Aggressionen richteten sich gegen das andere Paar Rotohraras, daher wurden diese Tiere herausgefangen. Die Anwesenheit der anderen Arten störte das brutlustige Paar nicht sonderlich, wenn sie auch recht dominant waren. Da der Raum aber sehr groß war, ging alles gut. Im Stall, in dem eine gleich bleibend hohe Luftfeuchtigkeit herrschte, befanden sich mehrere Nistkästen. Plötzlich zeitigte das Weibchen in einem schrägen Nistkasten ein erstes Gelege bestehend aus drei Eiern, wovon zwei befruchtet waren. Doch als man schon die Jungen aus den Eiern rufen hörte, verließ das Weibchen das Gelege, sodass es erkaltete und die vollständig entwickelten Embryonen abstarben. Interessanterweise entfernten oder vernichteten die Altvögel während des Brutprozesses das unbefruchtete Ei. Einige Wochen später legte das Weibchen in einem auf der gegenüber liegenden Seite angebrachten Bretternistkasten im Längsformat ein Ei, das ganz klein war, ähnlich einem Kleinaraei. Es war unbefruchtet. Wieder einige Wochen später bezogen die Vögel einen Bretternistkasten mit würfel-

■ Rotohraras in der Plantaria bei der gegenseitigen Gefiederpflege

artigem Format (Seitenlänge 80 cm) mit einem sehr großen Einschlupfloch von 30 cm. Ein Ei wurde gelegt, aus dem nach ungefähren 26 Tagen ein Junges schlüpfte, das anstandslos aufgezogen wurde. Ab dem 28. Lebenstag waren die stoßenden Kiele an Schwingen und Schwanz bereits gut zu erkennen. Im Alter von 35 Tagen war das Köpfchen schon grün gefärbt. Die Eltern wurden während der Aufzuchtzeit mit trockenen Sämereien, gekochten Bohnen und Samen sowie viel Früchten und Gemüse gefüttert. Im Alter von ungefähr 70 Tagen flog das Junge aus.

> **HINWEIS** Durch das raue Klima, das auch im Herkunftsgebiet der Aras herrschen kann, vertragen Rotohraras besser Kälte als manch andere Art. Das sollte aber nicht dazu verleiten, den Tieren keinen geheizten Schutzraum zu gewähren!

Verschiedenes
Die Rotohraras sind systematisch irgendwo zwischen den großen und den kleinen Aras einzuordnen. Sie sind angenehme und gelehrige Pfleglinge. Handaufzuchten können äußerst zutraulich werden. Eine Einzelhaltung ist allerdings nicht gerechtfertigt.

Rotbugara

Ara severa (Linné, 1758)

Englisch: Chestnut-fronted Macaw oder Severe Macaw
Französisch: Ara vert

Namensgebung
LINNÉ führte die Art in seinem „Systema naturae" in der 10. Ausgabe im Jahre 1758 auf Seite 97 unter dem Namen *Psittacus severus* in die Wissenschaft ein. GEORG MARCGRAF (1610-1644), Kandidat der Medizin und Mathematik aus Liebstadt bei Pirna, war einer der Wissenschaftler, die sich im Auftrag des Statthalters der neuen brasilianischen Besitzungen der holländischen Westindischen Compagnie in Nord-Brasilien auf Forschungsreise begaben. Vier Jahre nach seinem Tod erschien in Antwerpen das Ergebnis der Auswertungen seiner in einer Geheimschrift auf Zetteln abgefassten Aufzeichnungen unter dem Titel „Historiae Rerum Naturalium Brasiliae". Im fünften des mit Holzschnitten illustrierten Buches wurden die Vögel behandelt. Dabei war auch der Rotbugara.

Das lateinische Wort „severa" bedeutet „streng, herb, ernst aussehend".

Habitus
Im Freiland im Flug sind die Vögel leicht von den ihnen ähnlichen Rotbaucharas an den roten Flügelunterseiten zu unterscheiden. Jungvögel erkennt man an einer insgesamt matteren Gefiederfärbung und durch die dunkle Iris.

Unterarten
Der Lafresnayes Rotbugara (*Ara severa castaneifrons*) wurde im Jahre 1847 von LAFRESNAYE (1783-1861) in „Revue Zoologique" in die Wissenschaft eingeführt. Er unterscheidet sich von der Nominatform nur dadurch, dass er ein wenig größer ist (48 cm anstatt 46 cm). Die Unterart ist mehr im Westen des nördlichen Südamerikas verbreitet von Ost-Panama und West-Kolumbien über Ost-Kolumbien, Süd-Venezuela, Ekuador, Ost-Peru bis nach Nord-Bolivien und dem nördlichen Mato-Grosso-Gebiet in Nordwest-Brasilien.

Verbreitung
Die Nominatform kommt nördlich und südlich des Orinokko in Venezuela über Guyana, Surinam und Französisch-Guyana bis Maranhão und Nordost-Brasilien vor. In der tropischen Zone im Osten Panamas befindet sich das nördlichste Verbreitungsgebiet.

Lebensraum
Die Art lebt sowohl in unberührtem, tropischem Tieflandregenwald und in Überschwemmungswald als auch in offenen Waldgebieten, in Galeriewäldern, Savannen und Rändern von Regenwäldern. Auch Sumpfgebiete und Sekundärwälder zählen zum Lebensraum dieses Kleinaras. Mit Vorzug nisten die Vögel in den Stämmen ab-

gestorbener Buriti-Palmen (*Mauritia* sp.) in Sümpfen. Auch im Strandgebiet sind die Rotbugaras anzutreffen. Es handelt sich um eine anpassungsfähige Art, die viele verschiedene Lebensraumtypen bewohnt, und es scheint, dass sie sich auch noch immer neue erschließt.

Freileben

Rotbugaras gehören zusammen mit den Rotbaucharas zu den ersten Arten, die sich morgens an der Collpa einfinden, wobei sie in weit geringerer Anzahl (vier bis sechs) als die Rotbaucharas auftreten. Sie unterscheiden sich von den Rotbaucharas durch ihre rauen Schreie.

In Tambopata, im westlichen Verbreitungsgebiet, kommt die Unterart *Ara severa castaneifrons* vor. Wo die Tiere dort nächtigen oder nisten, ist nicht bekannt. Selbst tagsüber sind sie nur selten fliegend zu beobachten und scheinen sich in den Tropenwald zurückzuziehen. Manche verschwinden immer in Richtung Anden, wo sie sich vermutlich in den hügeligen Vorläufern aufhalten.

JUNIPER und PARR (1998) geben als Nahrungspflanzen die Samen von *Hura crepitans*, *Sapium aereum*, *Cedrela odorata* und *Cupania cinerea* an. Außerdem fressen die Rotbugaras das Fruchtfleisch und die Samen von *Inga latifolia*, *Micropholus melinoneana*, *Euterpe precatoria* und *Guilielma* sp. sowie die Früchte von *Ficus* sp., *Cecropia feulla*, *Caraniana* und verschiedener Palmen. Bei der Nahrungsaufnahme in der Kronenschicht des Regenwaldes verhalten sich die Vögel ruhig.

So konnte ich die Art auch im Mamiraua- und Amana-Schutzgebiet am Oberlauf des Amazonasstromes zwischen den Flüssen Solimoes und Japura beobachten. Schwärme aus bis zu sechs Vögeln überflogen laut quäkend den bis zu 11 Meter hoch überfluteten Wald. Ich befand mich im April in diesem Gebiet und konnte manchmal auch Paare ausmachen, jedoch immer nur fliegend.

Man weiß nicht viel über das Freileben der Rotbugaras. Die Brutzeit liegt am Oberlauf des Amazonas vermutlich zwischen November und März. Für Kolumbien wird

Rotbugara	
Gewicht	340-410 g
Länge	46-49 cm
Innenvoliere	4 x 3 x 3 m (L x B x H)
Kombinierte Innen- und Außenvoliere	2 x 2 x 2,5 m innen, 4 x 2 x 2,5 m außen (L x B x H)
Gitterstärke	2 mm
Maschenweite	5 x 2,5 cm, 2,5 x 2,5 cm 0,5 x 5 cm, 3 x 3 cm
Nistkastengröße	37 x 37 x 80 cm (L x B x H)
Einschlupfloch (Durchmesser)	8 cm
Gelegegröße	3 bis 4 Eier
Brutdauer	26 bis 27 Tage
Nestlingszeit	ca. 90 Tage
Zeit bis zum Selbstständigwerden	4 bis 5 Monate
Ringgröße (Ø) BArtSchV Anl. 6	9,5 mm

Rotbugaras sind liebenswerte Pfleglinge, die auch sehr zahm werden.

ARTEN

Ara severa

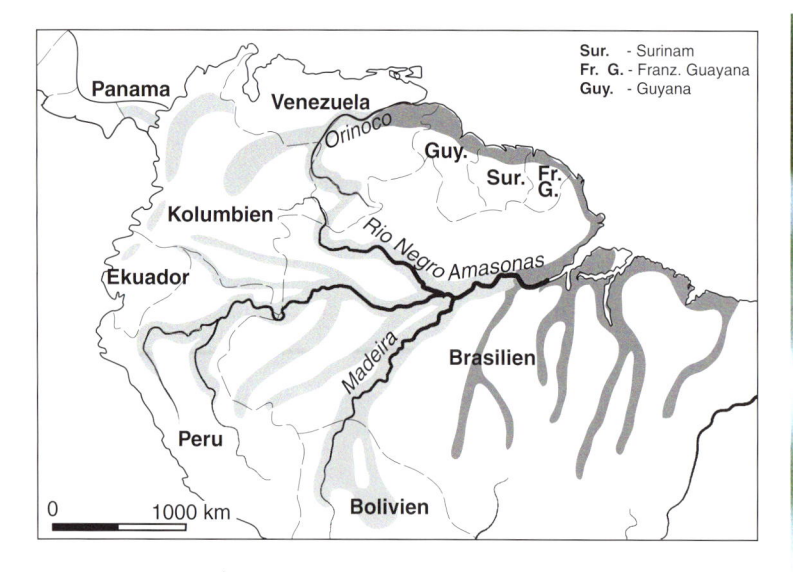

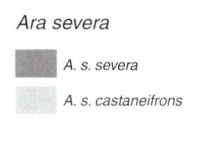

▪ *A. s. severa*
▪ *A. s. castaneifrons*

▪ Verbreitungsgebiet des Rotbugaras.

▪ Rechte Seite: Lafresnayes Rotbugaras an der Nisthöhle in einem abgestorbenen Palmenstamm im bolivianischen Departement Beni.

eine Brutzeit von März bis Mai, für Panama von Februar bis März und für Surinam von September bis Dezember angegeben (Juniper und Parr, 1998).

Gelegentlich wird von großen Ansammlungen dieser Vögel berichtet wie in Panama am mittleren Tuira-Fluss, wo 40 bis 50 Vögel in einem halb gerodeten Areal beobachtet wurden (Ridgely in Forshaw, 1989). Brockner (1999) konnte auf dem Weg von Caracas in den Henri Pittier Nationalpark in Venezuela abends in einem Schlafbaum zwischen 120 und 150 Vögel ausmachen. Dort sah er auch ein Paar in einem abgestorbenen Palmenstrunk nisten.

Obwohl sich die Rotbugaras hauptsächlich von Palmenfrüchten, Samen, Feigen, Beeren und Nüssen ernähren, fallen sie manchmal auch über Felder und Plantagen her. In manchen Gebieten sind sie auch Nahrungskonkurrenten der großen Aras.

Gefährdung und Schutz

Dank ihrer Anpassungsfähigkeit werden örtlich begrenzte Bestandsabnahmen bedingt durch Totalrodungen, wie etwa in Teilen Ekuadors, durch Zuwachs in neuen Gebieten ausgeglichen. Dazu kommt, dass dieser Ara von den Einheimischen meist unbehelligt bleibt, da er eher als Sittich angesehen wird (Robiller, 1990). Der Gefährdungsgrad ist aber trotz allem nicht ganz klar, denn Nores und Yzurieta (in Robiller,

ROTBUGARA

ARTEN

Oben: Fliegende Rotbugaras sind von den ihnen ähnlichen Rotbaucharas an den rötlichen Flügelunterseiten zu erkennen.

Rechts: Rotbugaras können auch im Freiflug gehalten werden.

1990) geben zu bedenken, dass ein weiterer, intensiver Handel die Bestände negativ beeinflussen könnte. Für den internationalen Handel spielt dieser Kleinara allerdings nur eine untergeordnete Rolle, da er wegen seiner schlichten Färbung längst nicht so begehrt ist wie die großen, farbenprächtigen Aras.

Haltung und Verhalten

Als Nahrung sollte man ein Samengemisch aus Sonnenblumenkernen, Kardi, Weizen, Hafer, Glanz und verschiedenen Hirsesorten reichen. Erdnüsse werden gerne genommen. Baumnüsse bietet man halbiert an. Früchte und Gemüse aller Art und der Saison sollten täglich verfüttert werden. Es handelt sich in der Regel um recht laute, ruffreudige Vögel. Besonders abends und morgens geben sie ihre Laute von sich.

Dieser kleine Ara ist sehr intelligent und kann auch außerordentlich zutraulich werden sowie Vorlieben für besondere Personen ausbilden. Wenn man sich intensiv mit ihm beschäftigt, kann er ein angenehmer Heimvogel werden, der auch bei täglichem Freiflug im Wohnbereich gehalten werden kann. Allerdings muss man sich der lauten, Mark durchdringenden Stimme stets bewusst sein. Leider geben deswegen viele Halter diesen äußerst reizvollen Kleinara wieder ab.

JAMES und DALE SUTTON halten seit Jahren auch Rotbugaras im Freiflug. Die Vögel orientieren sich an den ebenfalls im Freiflug gehaltenen Großaras. Die Freiflughaltung wurde auch in Tropical Bird Gardens, Rode, praktiziert.

Zucht

Die Erstzucht gelang 1940 im Zoo San Diego, USA (ROBILLER, 1990). Die Zucht der Rotbugaras ist schon vielfach geglückt. Gewöhnlich werden drei, manchmal aber auch nur zwei Eier gelegt. Die Brutzeit dauert 26 Tage. Die Jungen haben zunächst spärliche gelbe Dunen. Die Augen beginnen sich im Alter von etwa zwölf Tagen zu öffnen. Die Jungen verbringen meist zwölf Wochen im Nest.

In der Zuchtanlage des Vogel- und Blumenparks Plantaria in Kevelaer werden Rotbugaras in Innenvolieren von $3 \times 3 \times 2$ m gehalten. Sie brüten jedes Jahr in Bretternistkästen. Gefüttert wird vom Frühjahr bis zum Herbst ein Keimfutter sowie Früchte und Gemüse. Zudem erhalten die Aras ein trockenes Körnerfuttergemisch.

Wenn immer möglich werden den Altvögeln die Jungen belassen. In der Zuchtstation des Palmitos Parkes wurden mehrere Paare gehalten, die in eingebauten Holznistkästen im alten Vogelhaus brüteten. Die Jungvögel wurden jeweils im Schwarm zusammen mit anderen Kleinaras gehalten.

Verschiedenes

Bereits BUFFON (1707-1788) hatte auf seinem Landgut einen Rotbugara gehalten und beschrieb ihn trefflich: „Dieser ebenso schöne und seltene Vogel ist auch wegen seiner geselligen Sitten und seines sanften Naturells liebenswürdig; er wird bald mit Personen, die er oft sieht, bekannt, liebt ihre Schmeicheleien und scheint sie erwidern zu wollen." Wenn man die schrillen, lauten Schreie erträgt, eignet sich der Rotbugara auch zur Haltung im Wohnbereich. Die Vögel können sehr zahm werden und entwickeln eine Vorliebe für ihren Pfleger. Fremden Leuten gegenüber sind sie mitunter zurückhaltend. Rotbugaras zusammen mit großen Aras gehalten, gliedern sich gut in die Gemeinschaft ein und unterscheiden sich durch ihr Verhalten, besonders auch durch das Sozialverhalten, in keiner Weise von den großen Arten.

Rotbauchara

Ara manilata (Boddaert, 1783)

Andere wissenschaftliche Bezeichnung: *Orthopsittaca manilata*
Englisch: Red-bellied Macaw
Französisch: Ara macavouanne

Namensgebung

PIETER BODDAERT (1730-1795) wurde in Middelburg geboren und verstarb in Utrecht, Niederlande. Seit 1793 hielt er als Privatdozent Vorlesungen in Naturgeschichte an der Universität von Utrecht. Ihm gehörte eine große Naturaliensammlung. Er beschrieb 1783 den Rotbauchara als *Psittacus manilatus* in „Table Planches Enlum" auf Seite 52. Dabei ersetzte er die von JOHANN FRIEDRICH GMELIN aus Göttingen geschaffene Bezeichnung *Ara macavuanna*. BODDAERT beschrieb die Art nach einer Darstellung des französischen Naturforschers EDMÉE-LOUIS DRAUBENTON. Der Sinn der Artbezeichnung ist unklar.

Habitus

Die Jungtiere haben einen hellen Streifen auf dem Oberschnabel und weniger Rotbraun auf dem Bauch. Im Freiland im Flug kann man die Rotbaucharas gut von den ihnen ähnelnden Rotbugaras an den gelben Flügelunterseiten unterscheiden.

Unterarten

Keine

Verbreitung

Das Verbreitungsgebiet ist äußerst groß und erstreckt sich über Kolumbien, Ost-Ekuador, Peru und Bolivien entlang der Anden und deren Ausläufern über weite Teile des mittleren und nördlichen Brasiliens, über Venezuela, Trinidad, ganz Guyana, Französisch-Guyana und Surinam.

Lebensraum

Die Art lebt bevorzugt in Feuchtgebieten sowie in der Nähe von Flussläufen und Altwasserseen, wo auch die Buriti-Palmen (*Mauritia flexuosa*) gedeihen, auf deren Bestände dieser Kleinara angewiesen ist. Der

Rotbauchara	
Gewicht	280-300 g
Länge	46-50 cm
Innenvoliere	4 x 5 x 3 m (L x B x H)
Kombinierte Innen- und Außenvoliere	2 x 2 x 2,5 m innen, 4 x 2 x 2,5 m außen (L x B x H)
Gitterstärke	2 mm
Maschenweite	5 x 2,5 cm, 2,5 x 2,5 cm
Nistkastengröße	37 x 37 x 80 cm (L x B x H)
Einschlupfloch (Durchmesser)	8 cm
Gelegegröße	3 bis 4 Eier
Brutdauer	25 bis 27 Tage
Nestlingszeit	ca. 80 Tage
Zeit bis zum Selbstständigwerden	5 bis 6 Monate
Ringgröße (Ø) von BNA empfohlen	8 mm

ARTEN

▮ Rotbaucharas sind anspruchsvolle Pfleglinge, die fettarmes Futter brauchen.

Varzea-Wald beim Mamiraua-Schutzgebiet beherbergt keine Buriti-Palmenbestände. Folglich bleibt auch der Rotbauchara aus. Der Lebensraum kann sehr unterschiedlich sein. Einerseits ist der Rotbauchara in offenen, eigentlich vegetationsarmen Grassavannen mit inselartigen Buriti-Palmenhainen anzutreffen, andererseits lebt er aber auch im Tieflandregenwald in dichter Vegetation. Er fällt gelegentlich auch in Plantagen ein.

Im Trockenwald, dem Cerrado, in den brasilianischen Bundesstaaten Piaui und Bahia konnten Schwärme von bis zu 15 Exemplaren beobachtet werden. Die strauchartige Vegetation wird durchzogen von ausgetrockneten Flussbetten mit leuchtend rotem, eisenhaltigen Sand. In dieser offenen Landschaft bilden sich immer wieder Flächen mit ausschließlich Grasbewuchs. Sie weisen meist auf einen Wasserlauf und ein Sumpfgebiet hin. Im Hintergrund gedeihen gruppenweise hohe, schlanke, elegant wirkende Buriti-Palmen, aus dessen Kronen nicht selten die Rotbaucharas bei menschlicher Annäherung auffliegen.

▮ Der Rotbauchara hat ein großes Verbreitungsgebiet entlang von Flußläufen und Sumpfgebieten mit Beständen von Buriti-Palmen.

Ara manilata

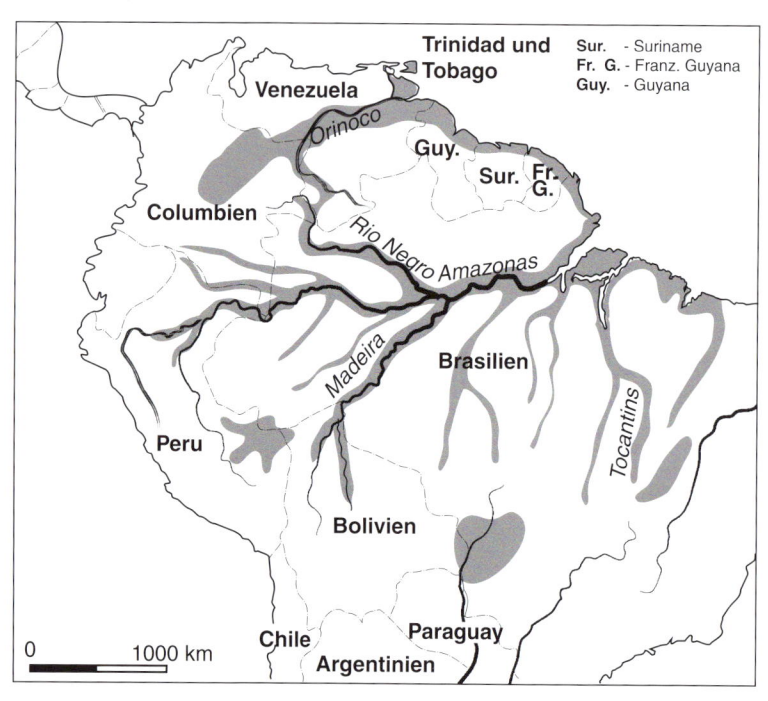

ROTBAUCHARA

Freileben

Mit ihrem vornehmlich grünen Gefieder sind Rotbaucharas gut getarnt, wenn sie in der nachmittäglichen Hitze in den Palmwedeln ruhen. Sie sondern sich vom Schwarm ab, wenn sie wie die Gelbbrustaras in den Stämmen abgestorbener Buriti-Palmen brüten. Nur abgestorbene Palmen haben hohle Stämme, die als Nisthöhlen geeignet sind. Die Brutzeit in West-Amazonien erstreckt sich von November bis Dezember, in Venezuela beginnt sie ab Mai, in Brasilien ab September. Auf Trinidad nisten einige Paare im September (BROCKNER, 1996).

Im Tambopata-Schutzgebiet in Peru konnte ich jeweils große Schwärme Rotbaucharas von bis zu 40 oder mehr Exemplaren frühmorgens in der Dämmerung aus allen Richtungen anfliegen sehen. Sie versammelten sich auf Bäumen vor der Lehmlecke. Die Schreie sind hell und gellend bis quäkend, besonders dann, wenn sie durch einen Raubvogel aufgescheucht werden und einen großen Kreis über dem breiten Flussbett fliegen, um sich anschließend wieder an der Collpa festzukrallen und Lehm zu knabbern. Nach dem Besuch der Lehmlecke fliegen sie jeweils in Gruppen von 20 Vögeln und mehr wieder ab. Während des Tages kann man immer mal wieder kleine Schwärme von bis zu sechs Vögeln im Flug beobachten. Der Flügelschlag ist schnell und rhythmisch, der Flug zielgerade. Im Palmensumpf sieht man die Rotbaucharas meist paarweise.

In Tambopata waren die Rotbaucharas den Rotbugaras zahlenmäßig weit überlegen, traten jedoch immer in deren Gesellschaft auf. Woanders halten sich die Rotbaucharas auch in Gesellschaft von Venezuela-Amazonen (*Amazona amazonica*) auf.

Rotbaucharas sind fast nur im Flug zu beobachten, es handelt sich um scheue Vögel. Vermutlich sind sie Nahrungsspezialis-

■ Rotbaucharas sind Nahrungsspezialisten, die sich fast ausschließlich von den Früchten der Buriti-Palme ernähren. Schwarm im Tambopata-Schutzgebiet, gut an den gelblichen Flügelunterseiten zu identifizieren.

ARTEN

Ein Paar Rotbaucharas.

ten, die sich fast ausschließlich von den Früchten der Buriti-Palmen ernähren. Der Schweizer Ornithologe ROTH (in ROBILLER, 1990) stellte fest, dass die Jungen gerade zur Reifezeit der Früchte dieser Palmenart ausfliegen. Während sechs Monaten im Jahr ist die Verfügbarkeit reifer Früchte sehr hoch. Allerdings wird auch vermerkt, dass sich die Art teilweise von den Früchten von *Roystonea oleracea* und *Euterpe* sp. ernährt (JUNIPER und PARR, 1998).

Je nach Herkunftsgebiet scheinen diese Aras teilweise auch zu ziehen. ROTH (in STÜMPKE, 1996) sah am Rio Aripuana fliegende Gruppen, die für den Weg zur Lehmlecke eine Strecke von 60 Kilometer (Hin- und Rückflug) täglich zurücklegten.

Gefährdung und Schutz

Im Allgemeinen scheint der Status dieser Art stabil zu sein. Allerdings hängt sie sehr von den Buriti-Palmen ab. Als im nordöstlichen Brasilien die Früchte dieser Palmen geerntet, verarbeitet und Palmen zur Bauholzgewinnung geschlagen wurden, nahmen auch die Bestände des Rotbaucharas rapide ab. Glücklicherweise sind aber in vielen Teilen des tropischen Südamerikas die Buriti-Palmenbestände noch unberührt geblieben und zwar sowohl im tropischen Regenwald wie auch in den eigentlichen Feuchtsavannen.

Haltung und Verhalten

Diese Vögel sind in Menschenobhut recht selten anzutreffen. Sie gelten auch als sehr anfällig; besonders weibliche Vögel sind in der Minderheit. Bei Importen überleben kaum mehr als 10 %. Warum diese Art so heikel ist, ist bisher noch nicht restlos geklärt. Interessant ist allerdings das Sektionsergebnis von ANDREW GREENWOOD, einem auf Papageien spezialisierten britischen Tierarzt, der zwei Rotbaucharas, die unabhängig voneinander plötzlich starben, untersuchte. Er entdeckte, dass die Tiere extrem fett und an Herzversagen gestorben waren (LOW, 1990).

ROSEMARY LOW setzte drei Jungvögel im Loro Parque in einen drei Meter langen Hängekäfig. Die Tiere wurden mit der gleichen Futtermischung ernährt wie die übrigen neotropischen Papageien des Loro Parques. Im Alter von sechs Monaten waren die jungen Rotbaucharas so fett, dass sie nicht mehr fliegen konnten. Man vermutet zudem, dass den Vögeln in Menschenobhut ein besonderer lebenswichtiger Ernährungsstoff fehlt oder dass die Vögel äußerst stressanfällig sind. LOW beispielsweise bezeichnet sie als Vögel mit einem sehr nervösen Temperament. Besonders Wildfänge sind heikel vom Wesen und auch die Nachzuchten zeigen sich meist als sehr zurückhaltend. Importe sind aus tierschützerischen Gründen nicht mehr gerechtfertigt.

> **HINWEIS** Wegen der großen Gefahr der Verfettung sollten die Tiere nur mit fettarmen Sämereien und viel Früchten ernährt werden. Sonnenblumenkerne und Erdnüsse dürfen nur sparsam und als Leckerbissen gereicht werden. Keinesfalls darf diese Art ein herkömmliches Arafutter erhalten.

Interessant ist allerdings der Hinweis eines Züchters, dass seine neu erworbenen Tiere mit Vorliebe Erdnüsse verspeisten. Sie waren trotz der fetthaltigen Nahrung in bester Verfassung und überlebten auch eine Nacht, in der das Wasser gefror, problemlos. Die Vögel schritten im Frühjahr sogar zur Brut (JAHN, 1995).

Bei zwei Vögeln, die 1992 in Surinam gefangen wurden und seit 1996 in Deutschland leben, besteht ein Größenunterschied von 4 cm. Beim größeren Vogel ist das Blau viel weiter ausgedehnt und intensiver. Die Rufe sind nur morgens und abends zu hören oder wenn gefüttert wird. Die Tiere zeigen eine Vorliebe fürs Baden, sogar im Winter im Innenraum, wenn nur eine Temperatur von 8 °C herrscht. Die Tiere fühlten sich immer wohl. Die Futterration, die beim Händler nur aus Sonnenblumenkernen bestand, wurde auf Keimfutter und Quicko-Forte sowie Kolbenhirse umgestellt. Zudem wird Obst gereicht. Nach einer Eingewöhnungsphase nahmen die Vögel dieses Futter sehr gerne an. Aufgrund der Verhaltensweisen – ein Vogel duckt sich bei Annäherung des anderen ab – nimmt der Züchter an, dass er ein Paar hält (HERRMANN, 1997).

Zucht

Die Zucht ist bisher selten gelungen. Die erste verzeichnete Zucht gelang 1982 in Florida. Drei Junge schlüpften Anfang Juli. In Großbritannien hatte PHYLLIS VAHRMAN aus Cornwall den Erstzuchterfolg. Ihre Vögel lebten in einem großen, ungewöhnlichen Papageienhaus von 13 Meter Länge und mehr als drei Meter Breite, bestückt mit Pflanzen und zahlreichen Ästen. Als zusätzliches Futter reichte sie ein Aufzuchtfutter bestehend aus Eigelb, aufgetauten Gefriererbsen, geraffelten Kartoffeln, Vollkornbrot, ungesüßtem Biskuit, Pinienkernen und Honigwasser. Zudem fügte sie der weichen Mischung ein pulverisiertes Mineral- und Vitaminpräparat bei. Nistkästen sollten im Hochformat angebracht werden. Das Futter versteckte die britische Züchterin an mehreren Plätzen in der Voliere, sodass es die Vögel fliegend suchen mussten (LOW, 1990).

Der Loro Parque beherbergte ein äußerst produktives Paar in einer Voliere von 4 × 1 × 2,1 m (L × B × H). Die Nistkästen maßen 31 × 33 × 76 cm (L × B × H). Es gelangen Ammen-, Hand- und sogar Elternaufzuchten. Im April 1987 wurden erstmals vier Eier gelegt. Zwei schlüpften erfolgreich und wurden einem guten Marakana-Paar zur Aufzucht, neben seinen beiden eigenen Jungen, gegeben. Das Schlupfgewicht betrug 13,2 Gramm. Das Junge hatte gelbliche Dunen. Mit 13 Tagen waren die Äuglein offen, die Schwung- und Schwanzfedern begannen zu sprießen. Mit 26 Tagen durchbrachen die Schwanzfedern die Kiele. Mit 40 Tagen waren die Flügel voll befiedert, Rücken und Hals aber waren noch nackt. Mit 45 Tagen waren die Jungen fast vollständig befiedert. Die beiden Rotbaucharajungen gediehen prächtig, sodass sie im Alter von 77 und 79 Tagen ausflogen. Nach rund einem Monat wurden sie von den Eltern getrennt. Die Inkubationszeit gibt LOW (1990) mit 25 Tagen an.

Bereits im Mai 1993 legte das Weibchen des Züchters MANFRED JAHN (1995) drei Eier. Erst ein Jahr zuvor wurde das Paar erworben. Ein Jungvogel schlüpfte erfolgreich. Ein Embryo starb in einem frühen Stadium ab, der andere, fertig entwickelt, kurz vor dem Schlupf. Das Junge hatte während der ersten 20 Tage eine wässrige, durchsichtige Flüssigkeit im Kropf. Nachher erschien der Kropfinhalt dicker und schrotartig durchsetzt. Wenn auch das Wachstum während der ersten zehn Tage etwas langsam war, so wurde das Junge nachher kugelrund und schwer. Bei Kontrollen lag das Junge stets auf dem Rücken oder auf der Seite. Nach 30 Tagen war der relativ kurze Schnabel weißlich bis hornfarben und die Füße und Beine dunkelgrau. Der Jungvogel hatte graue Flaumfedern. Im Alter von 46 Tagen war das Kleine teilweise befiedert, der Bauch aber war völlig nackt. Bei Kontrollen lag es im-

■ Ungefähr 40 Tage alter Jungvogel des Rotbaucharas.

mer wieder auf dem Rücken und wehrte sich mit den Füßen.

Nach 73 Tagen Nestlingszeit saß der Jungvogel erstmals mit seinen Eltern auf dem Kasten. 14 Tage danach fing er an, selbstständig Nahrung aufzunehmen. Die Ernährung der Vögel erfolgte auf einer erstaunlich fettreichen Basis, wurde aber im Verlaufe der Haltung etwas reduziert. Trotzdem wurden immer noch zusätzlich Sonnenblumenkerne gereicht.

Auch Koch gelang die Zucht mit einem Paar, das eine völlig abgeschirmte Innenvoliere mit Fensterfront bewohnt. Die Vögel können durch einen Spion beobachtet werden. Das Nest kann von außen kontrolliert werden und auch das Futter wird störungsfrei gereicht. Die Tiere wurden nicht besonders fettarm gefüttert und bekamen während der Aufzuchtphase auch halbierte Walnüsse gereicht.

Verschiedenes
Erstmals wurde die Art 1845 im Zoologischen Garten Berlin gehalten. Im Jahre 1872 gelangten Rotbaucharas auch in die Artis, den Zoologischen Garten von Amsterdam. Joannes de Laet gab die erste mit Holzschnitten illustrierte Naturgeschichte Brasiliens „Historiae Rerum Naturalium Brasiliae" aufgrund der Aufzeichnungen von Georg Marcgraf (1610-1644) heraus. In diesem Werk, das 1648 in Antwerpen erschien, war auch der Rotbauchara oder Macawuanna abgebildet.

Richard Schomburgk beschrieb 1847/48 ein besonderes Warnverhalten des *Psittacus makavuanna* oder Rotbaucharas in Britisch Guyana: „Bei jeder Palmengruppe, der wir uns näherten, wurde die tiefe Stille, die besonders den Mittag in den Tropen bezeichnet, wo sich die meisten Tiere ruhig in den Schatten der Bäume verhalten, durch ein eigentümliches Knurren unterbrochen, das sich als Warnungsruf nach allen Seiten verbreitete, bevor sich die zahlreiche Schar unter wildem Gekreische erhob und die Palmengruppe schreiend umflog."

Rotbaucharas weichen in ihrem Verhalten in Menschenobhut etwas von den anderen Kleinaras ab. Es handelt sich um ei gentümliche, sensible Vögel. In Freiheit aber scheinen sie, flüchtig betrachtet, fast identisch im Verhalten und Flugbild mit den Rotbugaras zu sein.

Blaukopfara oder Gebirgsara

Ara couloni Sclater, 1876

Andere wissenschaftliche Bezeichnung: *Propyrrhura couloni*
Englisch: Blue-headed Macaw oder Coulon's Macaw
Französisch: Ara de Coulon

Namensgebung
Philip Lutley Sclater (1829-1913), der von 1859 bis 1902 Geschäfts- und Schriftführer der Zoological Society in London war, benannte 1876 den Gebirgsara oder Blaukopfara zu Ehren des aus Neuchâtel in der französischsprachigen Schweiz stammenden Louis Coulon (1804-1894), der Museumsdirektor in Neuchâtel war. Das Typusexemplar lagert im Musée d'histoire naturelle de Neuchâtel (siehe auch Seite 10).

Habitus
Jungtiere unterscheiden sich hauptsächlich durch ihre dunkle Iris und einen dunklen Schnabel sowie durch die dunkel gefärbten Füße von den Alttieren.

Unterarten
Keine

Verbreitung
Die Art kommt in Ost-Peru bis zum oberen Huallaga-Tal vor, in West-Brasilien in der Provinz Acre bis zum äußersten Nord-Bolivien.

Lebensraum
Der Blaukopf- oder Gebirgsara bewohnt einerseits den Tieflandregenwald entlang von Flüssen, wobei er aber offenes oder zumindest teilweise offenes, gerodetes Land bevorzugt. Häufiger kommt er aber in den Vorläufern der Anden in Ost-Peru bis zu einer ungefähren Höhe von 1550 Meter über dem Meeresspiegel bevorzugt in

Flusstälern vor. Yuri Machado de Barras (1995) gibt die Obergrenze bei 1300 Meter Höhe an, wo sehr feuchte Bergnebelwälder gedeihen. Im Allgemeinen wachsen in diesem, bevorzugten Lebensraum bedeutend mehr Epiphyten, Flechten und Farne als im Tieflandregenwald. Der montane Wald geht hier langsam in den Nebelwald über.

Die Art wird auch vielfach in Dorf- und Stadtnähe gesichtet. So scheint sie zahlreich in der Umgebung von Puerto Maldonado, der Hauptstadt des peruanischen Departements Madre de Dios vorzukommen. Die Vögel bewohnen aber ebenso Rodungsflächen in menschlicher Zivilisation und Sekundärwald. Manchmal wurden sie außerdem in Sumpfgebieten mit Palmenbeständen gesichtet.

Blaukopfara	
Gewicht	keine Angaben
Länge	41 cm
Innenvoliere	4 x 3 x 3 m (L x B x H)
Kombinierte Innen- und Außenvoliere	2 x 2 x 2,5 m innen, 4 x 2 x 2,5 m außen (L x B x H)
Gitterstärke	2 mm
Maschenweite	5 x 2,5 cm o. 2,5 x 2,5 cm
Nistkastengröße	37 x 37 x 80 cm (L x B x H)
Einschlupfloch (Durchmesser)	8 cm
Gelegegröße	3 bis 4 Eier
Brutdauer	24 bis 26 Tage
Nestlingszeit	ca. 90 Tage
Zeit bis zum Selbstständigwerden	5 bis 6 Monate
Ringgröße (Ø) BArtSchV Anl. 6	9,5 mm

Freileben

Die Art ist meist nur im Fluge zu beobachten. Dabei sieht man zwei bis drei Vögel zusammen. Es scheint, dass dieser Kleinara nur in geringer Populationsdichte vorkommt und nicht schwarmweise auftritt. Lautäußerungen gibt dieser Ara nicht sehr häufig von sich, und wenn, dann meist im Fluge. Ein weiches, nasales Schnarren, das leicht überhört werden kann, ist dann zu vernehmen.

Der Flug ist zielstrebig mit regelmäßigen Flügelschlägen. Am Rande von Puerto Maldonado, wo Kulturflächen vom Menschen bewirtschaftet werden und große Gärten liegen, werden regelmäßig Gebirgsaras gesichtet. Wo die Vögel brüten, ist nicht klar. Die Brutzeit kann ganzjährig sein. Anfang Oktober wurde das Betteln eines Jungvogels nach Futter beobachtet (Arndt, 1990-1996/1999).

Die Vögel ernähren sich vermutlich wie die anderen Kleinaras von Früchten, Samen und Nüssen. Bei Kiriguete, Peru, konnte K.-H. Lambert auch einen Blaukopfara an einer Collpa beobachten.

Gefährdung und Schutz

Die Art profitiert von der teilweisen Rodung von Waldflächen durch die menschliche Besiedlung. Sie kommt aber nur örtlich häufig vor. Allerdings scheint die Reproduktionsrate in Freiheit gering zu sein. Im

■ Blaukopfara

ARTEN

Verbreitungsgebiet des Blaukopfaras, der wohl nie in großer Zahl verbreitet war.

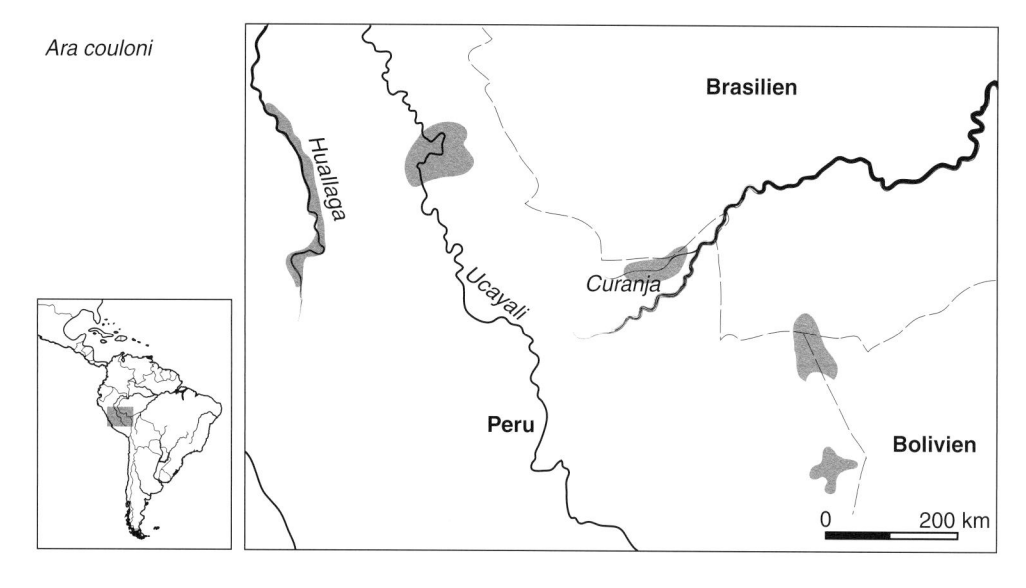

Ara couloni

Manu-Nationalpark in Atalaya und Salvacion wurde 1994 von zehn Paaren nur ein Paar mit einem ausgeflogenen Jungvogel beobachtet. Die übrigen scheinen ihre Eier oder Brut verloren zu haben (DEL HOYO, ELLIOT und SARGATAL, 1997).

Haltung und Verhalten

In den 90er-Jahren des vorigen Jahrhunderts kamen spärliche Importe nach Europa und in die Ostländer Europas sowie nach Russland. So lebt nachweislich ein Paar in Pinerolo in Park Martinat in Oberitalien in einer Außenvoliere, das auch regelmäßig den Nistkasten aufsucht. Auch im Zoo von Brno in der Tschechischen Republik leben Blaukopfaras.

Dieser Ara ist robust und nicht empfindlich. Im Südamerikahaus in der Plantaria in Kevelaer wurden mehrere Paare in bester Kondition gehalten. Die Vögel hatten eine optimale Unterbringung mit großzügigen Innen- und Außenvolieren, die allesamt sehr interessant für die Vögel gestaltet und von Bäumen und Sträuchern umgeben waren. Sie wurden vom Frühjahr bis in den Herbst mit einem reichen Gemüse- und Früchtecocktail, mit Keimfutter, trockenen Sämereien und Nüssen versorgt. Im Winter wurde die Fütterung von Früchten und Gemüse stark reduziert, das Keimfutter wurde ganz ausgelassen.

Gemäß dem Schweizer Arazüchter KOCH, (mündliche Mitteilung, 2000) sind die Verhaltensweisen sowie teilweise auch die Lautäußerungen dem Rotrückenara am ähnlichsten.

Zucht

Die Zucht ist zwischenzeitlich mehrfach geglückt und scheint, hat man einmal ein gutes, eingewöhntes, ruhiges Paar, recht gut zu gelingen. So schlüpften bei KOCH am 4. September 2000 drei Junge aus einem Dreiergelege nach einer ungefähren Brutzeit von 24 Tagen in einem schräg angebrachten Nistkasten. Bereits am 16. September konnten die älteren beiden Jungen beringt werden. Es war zu befürchten, dass das jüngste, kleinste Junge zurückbleibt und nicht mehr richtig gefüttert würde. Die Angst war aber unberechtigt, denn das Paar zog alle drei problemlos auf. Gefüttert wurden die Jungen vom Weibchen, obwohl das Männchen auch manchmal in den schrägen Nistkasten schlüpfte. KOCH hielt das Zuchtpaar störungsfrei in einer Innenvoliere mit den Maßen 3 × 2 × 2,5 m (L × B × H). Das Abteil konnte mittels eines Spions eingesehen werden. Der Nistkasten aus Holz hing schräg und konnte von außen kontrolliert werden. Der Züchter vermied jegliche Störungen. Auch beim Füttern wurden die Vögel praktisch nicht gestört, da die Näpfe über einen Drehtisch in den Futtergang gewendet werden konnten. Als Futter wurde ein Samengemisch aus Sonnenblumenkernen, Kardisaat, verschiedenen Hirsesorten,

Hafer, Hanf und wenig Zirbel- und Erdnüssen gereicht. Zudem wurden Keimfutter, Äpfel und Karotten sowie das Eifutter CeDe Mix für Papageien verfüttert.

Bei einem österreichischen Züchter gelang die Zucht in einer Innenvoliere von 1 × 3,6 × 2 m (L × B × H) in einem aus PVC-Kanalrohr gefertigten Nistkasten der 80 cm tief war und einen Durchmesser von 30 cm hatte. Er wurde oben in der rechten Ecke der Voliere montiert. Die Aras waren sehr scheu, flüchteten und schliefen im PVC-Nistkasten. Darum wurde ein liegender Kasten aus Holz von 90 × 30 × 60 cm angefertigt. Das Einschlupfloch war 10 cm breit. Die Aras schliefen weiterhin im alten Kasten. Am 15. Januar 1999 konnte das erste Ei festgestellt werden. Es folgten zwei weitere. Am 9. Februar, nach 26 Tagen Brutzeit, schlüpfte das Kleine. Am nächsten Tag fand man es mit abgebissenem Schnabel tot auf. Deshalb wurden die beiden anderen Eier zur Kunstbrut entnommen. Im Abstand von zwei Tagen schlüpften die Jungen, starben dann aber in der Handaufzucht mit zwei Wochen. Mitte März waren beide Altvögel wieder im Holzkasten und bebrüteten zwei Eier. Der österreichische Züchter hatte zugleich ein Paar Goldnackenaras, das ein Gelege bebrütete. Die Eier wurden ausgetauscht. Leider töteten die Blaukopfaras die Jungen wieder. Die Goldnackenaras aber zogen ihre Adoptivjungen problemlos bis zum Selbstständigwerden auf. Die Blaukopfarajungen flogen im Alter von zehn Wochen aus. Eine weitere Brut missglückte. Erst beim dritten Versuch klappte es und die Blaukopfaras zogen ihre drei Jungen selber auf (Anon., 1999).

In Tschechien konnten Nachzuchttiere zur Zucht gebracht werden. In einem Sperrholznistkasten (35 × 35 cm × 90 cm) wurden jeweils zwei bis vier Eier gelegt. Die Brutzeit betrug 24 Tage. Die Jungen wurden alle von Hand aufgezogen. Bemerkenswert ist, dass die Befruchtungsrate bei einem Paar 100 % und beim anderen 50 % betrug. Die Vögel wurden normal mit Samen, Nüssen, Früchten und Gemüse ernährt. Bei einem anderen Züchter haben die Elternvögel als Aufzuchtfutter nur gekeimte Sonnenblumenkerne, Weizen, milchreifes Getreide sowie Grünfutter verzehrt. Eifutter wurde nicht angenommen. Es glückte eine Naturbrut und -aufzucht (Vit, 1998).

Im Loro Parque legte das Paar in der Zuchtstation. Das erste Junge schlüpfte am 30. Juni 1998 selbstständig, bei den beiden anderen musste nachgeholfen werden. Die Jungvögel wurden zur Handaufzucht entnommen, da das vierte Junge nach dem Schlupf tot im Kasten lag. Die Handaufzucht verlief problemlos und ist vergleichbar mit der anderer Kleinaras.

■ Oben: In Timpia, Peru traf der Fotograf Karl-Heinz Lambert auf einen halbzahmen Blaukopf- oder Gebirgsara, der einer einer Machiguenga-Familie angehörte.

■ Unten: Blaukopfaras im Vogel- und Blumenpark Plantaria.

Verschiedenes

1913 wurde die Art im Zoologischen Garten Berlin gehalten. DAVID WEST, ein Züchter aus Kalifornien, USA, hielt 1959 ein einzelnes Männchen. In die USA gelangten vermutlich in den frühen 80er-Jahren des vergangenen Jahrhunderts Importe (MILLS, 1983). RIDGELY (in ROBILLER, 1990) vermerkte, dass er in Peru keinen einzigen dieser Aras bei Einheimischen vorfand. Es ist darauf zu achten, dass heute auf Importe verzichtet und ausschließlich mit den vorhandenen Exemplaren gezüchtet wird.

Rotrückenara oder Marakana

Ara maracana (Vieillot, 1816)

Andere wissenschaftliche Bezeichnung: *Propyrrhura maracana*
Englisch: Illiger's Macaw oder Blue-winged Macaw
Französisch: Ara d'Illiger

Namensgebung

LOUIS-PIERRE VIEILLOT beschrieb den Marakana erstmals wissenschaftlich nach Angaben von Don FELIX DE AZARA als *Macrocercus maracana* in „Nouveau Dictionaire d'Histoire Naturelle", 2, 1816 auf Seite 260.

Die Artbezeichnung *maracana* geht auf ein indianisches Wort für große Sittiche und kleine Aras zurück.

Habitus

Jungvögel fallen besonders durch das Fehlen der orangeroten Färbung an Kopf und Bauch auf. Zudem besitzen sie einen weißen Streifen über dem First des Oberschnabels.

Unterarten

Früher wurde eine Unterart *Ara maracana serrana* von STOLZMANN 1926 beschrieben (PETERS, 1961). Diese Bezeichnung verlor aber ihre Gültigkeit wieder, sodass heute keine Unterart mehr geführt wird.

Verbreitung

Die Art kommt noch in Ost-Brasilien von Para und Maranhão südwärts bis Mato Grosso und Rio Grande do Sul vor. Weiter lebt sie in Paraguay und Nordost-Argentinien.

Lebensraum

Die Art des Lebensraumes und des Pflanzenbewuchses können sehr unterschiedlich sein, denn der Marakana lebt an Waldrändern des tropischen Tieflandregenwaldes, in Galeriewäldern, in Palmen- hainen und in Laub abwerfenden Trockenwäldern der Caatinga. Die Art kommt auch im atlantischen Küstenwald sowie in Höhenlagen bis zu 1000 Meter über dem Meer vor.

Freileben

Während diese Art 1969 noch in großen Schwärmen umherzog, so können heute leider nur noch Schwärme von höchstens 20 Exemplaren beobachtet werden. Meist fliegen die Vögel aber paarweise. Das Flugbild unterscheidet sich von demjenigen der anderen kleinen Ara-Arten. Der Marakana fliegt ruckartig auf und ab und stößt dabei raue Rufe aus. Im Allgemeinen vermeiden es die Vögel, über offenes Gelände zu fliegen und halten sich an baumbestandene Gebiete. Teilweise lebt der Marakana oder Rotrückenara im gleichen Gebiet und Lebensraum, in dem auch der Spix-Ara einst

Rotrückenara	
Gewicht	250-280 g
Länge	42-43 cm
Innenvoliere	4 x 3 x 3 m (L x B x H)
Kombinierte Innen- und Außenvoliere	2 x 3 x 2,5 m innen, 4 x 2 x 2,5 m außen (L x B x H)
Gitterstärke	2 mm
Maschenweite	5 x 2,5 cm, 2,5 x 2,5 cm
Nistkastengröße	37x 37x 80 cm (L x B x H)
Einschlupfloch (Durchmesser)	8 cm
Gelegegröße	4 bis 5 Eier
Brutdauer	21 bis 28 Tage
Nestlingszeit	ca. 90 Tage
Zeit bis zum Selbstständigwerden	5 bis 6 Monate
Ringgröße (Ø) BArtSchV Anl. 6	9,5 mm

ROTRÜCKENARA

gelebt hat. Über die Ernährungsgewohnheiten ist wenig bekannt. Es wurden aber Vögel beobachtet, die sich von den Samen der eingeführten Bäume der Art *Melia azedarach* ernährt haben. Es wird auch berichtet, dass diese Kleinaras gelegentlich in Getreide- und Maisfelder einfallen (ARNDT, 1990-1996/1999).

Die Brutzeit erstreckt sich vermutlich von Dezember (Brasilien) bis Februar (Argentinien). Die Bruthöhle liegt in alten, kapitalen Bäumen, mit Vorzug in Trompetenbäumen (*Catalpa* sp.) in Vertiefungen, die durch das Abbrechen von Ästen entstanden sind. Ein Gelege in Freiheit kann bis zu vier Eier umfassen. OLMOS (1997) bezeichnet die Art im brasilianischen Bundesstaat Piaui als äußerst selten. In einem bewaldeten Cañon, inmitten der Dornbuschsavanne, beobachtete er ein einzelnes Paar. In der Nähe des Flusses Piaui bis in den Nordwesten des Gebietes ist die Art aber häufiger. Das Verhalten eines Vogels ließ darauf schließen, dass er ein Gelege hatte. Es war in der zweiten Hälfte des Novembers, gerade nach schweren Regengüssen. Ein Vogel flog am frühen Morgen in Büsche der eingeführten Pflanze *Melia azedarach*, wo er sich an den Samen gütlich tat. Wenig später kehrte er wieder zurück. Weiterhin werden als Nahrungspflanzen *Cnidoscolus phyllacanthus*, *Jatropha* sp. und *Guazuma ulmifolia* angegeben (BirdLife International, 2000)

■ Marakanas sind attraktive Kleinaras.

Gefährdung und Schutz

Da bis heute noch immer wenig über das Freileben sowie die Ernährungsweise, eventuelles Zugverhalten und die Brutbiologie bekannt ist, können auch schwer Schutzmaßnahmen eingeleitet werden. Als aber im Jahre 1992 von einem neu errichteten, 58 000 Hektar großen Schutzgebiet von Mbaracayu in Paraguay berichtet wurde, war auch klar, dass somit dem Marakanabestand in Paraguay ein Teil des atlantischen, subtropischen Küstenwaldes erhalten bleibt.

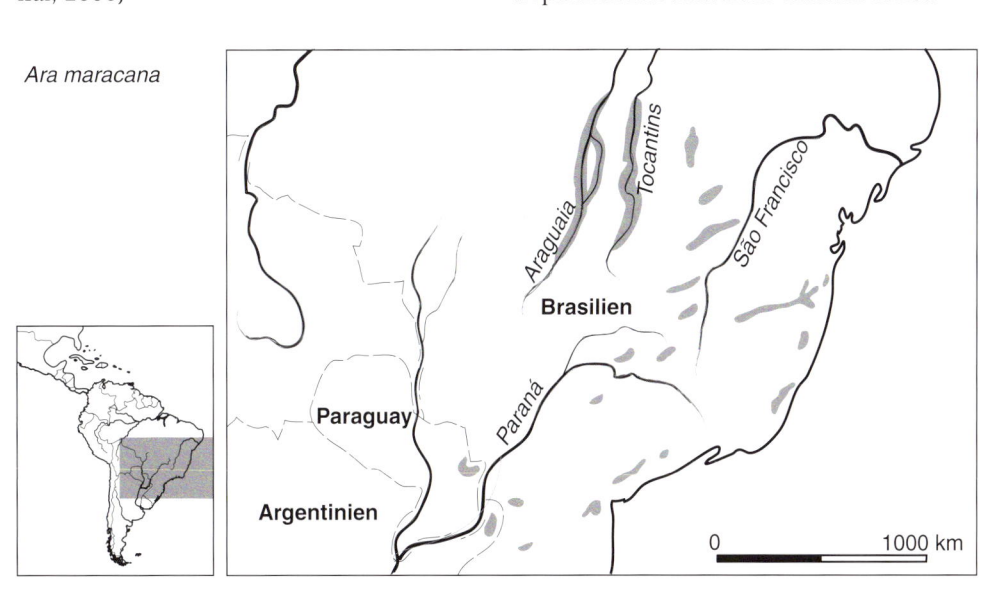

Ara maracana

■ Der Rotrückenara oder Marakana kommt nur noch selten in seinem ursprünglichen Verbreitungsgebiet vor.

ARTEN

Junge Rotrückenaras in der Plantaria, wo sie sehr gut gezüchtet werden. Man beachte den weißen Streifen auf dem Oberschnabel.

In Argentinien ist die Art vermutlich größtenteils ausgestorben. Da der Marakana mit dem Spix-Ara im gleichen Lebensraum vorkommt, können Parallelen gezogen werden. Beide Arten leiden unter der Lebensraumzerstörung, dem Fang und der fortschreitenden menschlichen Zivilisation. Im Jahre 1997 wurden 20 Marakanas vom Loro Parque zur Auswilderung in den Staat Bahia gesandt. Es handelte sich um eine Gruppe von Eltern- und Handaufzuchten, die veterinärmedizinisch getestet und sorgsam akklimatisiert wurden. Es war ein Experiment, denn man wollte untersuchen, wie sich die Vögel langfristig entwickeln, um Erkenntnisse auf ein etwaiges Programm für den Spix-Ara anzuwenden (WAUGH, 1997). Zuerst wurden fünf Tiere ausgewildert, danach folgten die restlichen vier. Die verbliebenen Exemplare eigneten sich nicht für ein Leben in Freiheit. Nach einem Monat verschwand ein Vogel spurlos, ein anderer wurde von einem Raubtier erbeutet. Die verbliebenen Vögel aber gliederten sich nach und nach in die Natur ein und ernährten sich immer mehr von wild wachsenden Früchten und Sämereien. Das Experiment kann als gelungen angesehen werden.

Es müssen dringend Schutzmaßnahmen ergriffen werden, wenn die Art nicht das gleiche Schicksal wie das des Spix-Aras ereilen soll. Ein Lichtblick ist die Population im brasilianischen Bundesstaat Rio de Janeiro, wo sich der Bestand gar erholt und die Art nun zahlenmäßig wohl in dieser Region am häufigsten vorkommt. Interessant ist, dass Marakanas meist in Höhlen nächtigen (ENDERS, 1998). Ein Hoffnungsschimmer ist zudem auch die relativ leichte Züchtbarkeit und der dadurch recht hohe Bestand dieser Art in Menschenobhut. Man schätzt die noch verbliebene Anzahl Vögel in Freiheit auf 2500 bis 10 000.

Haltung und Verhalten

Der Marakana ist in Menschenobhut recht weit verbreitet, sodass die Nachfrage heute mit Nachzuchttieren vollständig gedeckt werden kann. Zu berücksichtigen ist allerdings, dass die Tiere recht laut sein können.

Die Plantaria in Kevelaer, Deutschland, hält verschiedene Paare, zum einen im Südamerikahaus in großzügigen Innen- und Außenvolieren, wo während der warmen Monate eine Tür ganz geöffnet werden kann, sodass der Flugraum für die Vögel noch verlängert wird. Andererseits werden dort Zuchtpaare in einer außerhalb des Parkes gelegenen Zuchtstation in verhältnismäßig dunklen Innenvolieren gehalten. Dies scheint der Art gut zu bekommen, wenn man die guten Zuchtergebnisse betrachtet.

Die Ernährung basiert in der Zuchtsaison auf einem Keimfutter, Früchten und Gemüse sowie Eifutter. Auch Kolbenhirse wird gereicht. Im Winter erhalten die Vögel trockene Sämereien und weniger Früchte. Die Ernährung entspricht derjenigen für die übrigen Kleinaras.

Zucht

Die ersten Nachzuchten gelangen vermutlich im Papageienhaus des Londoner Zoos. Erstmals kam es dort 1931 zu einer Aufzucht (HOPPE, 1983). In der Schweiz gelang im Winter 1980/1981 die Zucht. Der Züchter erwarb 1976 zwei Paare, die zuerst zusammen gehalten wurden. Als sich Streitereien zwischen den Männchen anbahnten, wurden die Paare getrennt. Die Nistkästen wurden vom ersten Tag an zur Übernachtung aufgesucht. Nach ersten Misserfolgen kam es dann zu einer glücklichen Elternaufzucht (GRÜNIG, 1981).

Der Marakana gehört sicher zu den am besten in Menschenobhut züchtenden kleinen Aras. Viele Paare können sehr produktiv werden. Ein Paar in Großbritannien zog 120 Jungvögel in der Zeit von 1978 bis 1989 auf (Low, 1990).

In Deutschland ist die Plantaria sehr erfolgreich mit der Haltung und Zucht von Marakanas. Etliche Paare werden jährlich zur Zucht gebracht. Sie haben meistens drei bis vier Junge. Das Jüngste schlüpft oft vier Tage nach dem ersten. Gebrütet wird manchmal ab dem ersten Ei, wobei sich eine Brutzeit von 21 Tagen ergibt. Andere Weibchen brüten erst ab dem vierten Ei, sodass die Brutzeit 28 Tage beträgt.

Im Palmitos Park hingegen wurde festgestellt, dass die Eier üblicherweise in Intervallen von drei Tagen gelegt werden! Die Inkubationszeit wurde mit 24 bis 26 Tagen angegeben. Low (1990) berichtet auch von einer Brutzeit von 23 und 24 Tagen.

Ein frisch geschlüpftes Junges wiegt ungefähr 11 Gramm. Im Alter von zwölf bis 14 Wochen fliegen die Jungen aus und sind bald selbstständig. Der Bretternistkasten im Querformat wird zweimal wöchentlich gereinigt und mit Hobelspänen eingestreut. Das Futter besteht aus gekeimten Kernen, Eifutter und trockenen Sämereien mit Sonnenblumenkernen.

Verschiedenes
JOHANN GEORG WAGLER (1800-1832) hat Marakanas bereits lebend in Europa gesehen. Heute werden auch einige Exemplare als zahme Heimvögel gehalten, die sich ihrem Pfleger eng anschließen. Gerade aber Handaufzuchten können sehr dominant werden. Elternaufgezogene Vögel, die nach dem Selbstständigwerden zum Menschen kommen, eignen sich in etlichen Fällen besser zur Haltung im Wohnbereich.

Goldnackenara
Ara auricollis (Cassin, 1853)

Andere wissenschaftliche Bezeichnung: *Propyrrhura auricollis*
Englisch: Yellow-collared Macaw
Französisch: Ara à collier jaune

Namensgebung
JOHN CASSIN (1813-1869) war sowohl amerikanischer Geschäftsmann als auch Ornithologe und lebte an der Ostküste der USA. Er erhielt die Möglichkeit zur Arbeit an einem unglaublich großen Balg- und Präparatmaterial. Eine der berühmtesten Vogelsammlungen ihrer Zeit war diejenige von VICTOR MASSENA, Prince d'Essling, Duc de Rivoli, von Paris. 1846 kaufte sie ein Mäzen, der 1857 auch die australische Vogelsammlung JOHN GOULDS erwarb und beide dem Museum in Philadelphia schenkte. Als ornithologischer Kurator und Vizepräsident der Philadelphia Academy of Natural Sciences konnte CASSIN das umfangreiche Material bearbeiten. Darum konnte er auch den von JOHANN NATTERER (1781-1843) entdeckten Goldnackenara in „Proc. Acad. Nat. Sci. Philadelphia", 6, 1853 erstmals wissenschaftlich beschreiben. Der Österreicher NATTERER war den Papageien sehr zugetan und ein äußerst erfolgreicher Vogelsammler für das Wiener Naturalienkabinett. Er hielt sich 18 Jahre in Südamerika auf.

"Auri" heißt „Gold", „collis" bedeutet „Nacken" (lateinisch).

Habitus
Die Iris ist orangerot. Jungvögel haben ein schmaleres Nackenband und dunkelbraune

Goldnackenara	
Gewicht	250 g
Länge	38-40 cm
Innenvoliere	4 x 3 x 3 m (L x B x H)
Kombinierte Innen- und Außenvoliere	2 x 2 x 2,5 m innen, 4 x 2 x 2,5 m außen (L x B x H)
Gitterstärke	2 mm
Maschenweite	5 x 2,5 cm, 2,5 x 2,5 cm
Nistkastengröße	37 x 37 x 80 cm (L x B x H)
Einschlupfloch (Durchmesser)	8 cm
Gelegegröße	3 bis 4 Eier
Brutdauer	26 Tage
Nestlingszeit	ca. 90 Tage
Zeit bis zum Selbstständigwerden	5 bis 6 Monate
Ringgröße (Ø) BArtSchV Anl. 6	7,5 mm

ARTEN

Goldnackenaras im Palmitos Park auf Gran Canaria.

Augen. Die Schnabelspitze ist ausgedehnt hornfarben.

Unterarten
Offiziell sind keine bekannt. Allerdings hat BROCKNER (1994) bei seinen Exemplaren festgestellt, dass drei Vögel ein gelbes Nackenband, das mit orangefarbenen Federn durchsetzt ist, besitzen. Diese Tiere hatten eine sehr dunkle Iris. Sie waren auch wesentlich kleiner als die anderen Goldnackenaras. Unter den so gefärbten Exemplaren waren Männchen wie Weibchen. Dagegen haben die im Nackenbereich gelb gefärbten Tiere eine sehr helle Iris und um diese einen silberfarbenen Ring. Auch DE-COTEAU (1982) spricht von zwei Typen und erwähnt die von BROCKNER festgestellte, unterschiedliche Färbung des Nackenbandes.

Verbreitung
Der Goldnackenara ist im zentralen Südamerika, in Zentral-Brasilien in Nord-Goiás und Nordost-Mato-Grosso sowie in Nord- und Ost-Bolivien und Südwest-Mato-Grosso über Nord-Paraguay bis Nordwest-Argentinien in den Provinzen Jujuy und Salta verbreitet.

Lebensraum
Die Art scheint sehr anpassungsfähig zu sein. Es wurden Vögel in trockenen Gebieten mit Laub abwerfenden Bäumen gesichtet, in Galeriewäldern im Pantanal und entlang von Flussläufen, in höher gelegenen Tropenwäldern sowie in halboffenen Gebieten, teilweise sogar auch im Kulturland. Wenn es auch hauptsächlich eine Art des Tieflandes ist, so sind doch Sichtungen in bis zu 2000 Metern Höhe bekannt.

Freileben
GOODFELLOW (in LOW, 1990) lebte eine gewisse Zeit in Bolivien und beschrieb 1933 das Leben des Goldnackenaras in diesem Land. Er berichtete von Hunderten von Goldnackenaras, die morgens und abends in ein Gebiet mit einer Anzahl kleiner Wasserlöcher und teilweise Sumpfzonen einflogen und auf den umliegenden Bäumen siedelten, sodass sie die Zweige und Äste regelrecht bedeck-

Verbreitungsgebiet des Goldnackenaras.

Ara auricollis

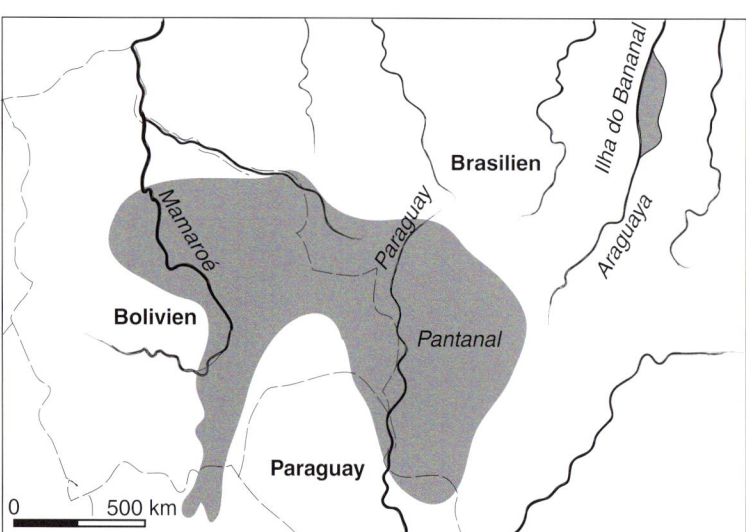

ten. So zahlreich kann dieser Kleinara heute leider nicht mehr beobachtet werden. Heute sieht man ihn meist paarweise oder in kleinen Gruppen. Es bilden sich nur noch gelegentlich größere Schwärme.

Die Nahrung in Freiheit besteht aus Palmfrüchten, Feigen, Samen und Knospen. JUNIPER und PARR (1998) geben als Nahrung an: Früchte von *Byrsonima*, Blüten von *Erythrina* sowie *Ficus*, Samen von *Guazuma tomentosa* (= *G. ulmifolia*), *Spondias lutea*, *Adelia mesembinifolia*, *Astronium* sp. Zudem fallen die Kleinaras gelegentlich in Mais- und Getreidefelder ein. Gelegentlich suchen sich die Vögel die Nahrung auch auf dem Boden.

Die Schreie sind laut und schrill, besonders der Alarmruf erinnert an Angehörige der Gattung *Aratinga*. Der Flug ist direkt und schnell. Wenn die Vögel wegen einer Störung nur kurz auffliegen und anschließend wieder in den Baum zurücksegeln, kreisen sie spiralförmig.

Brutbeginn ist im Dezember. Die Gelege umfassen meist zwei bis vier Eier. Die Nisthöhlen befinden sich in abgestorbenen Ästen und Bäumen in großer Höhe.

Gefährdung und Schutz

Wegen der großen Anpassungsfähigkeit ist die Art immer noch häufig in ihrem Verbreitungsgebiet anzutreffen, obwohl in früheren Jahren zahlreiche Vögel für den internationalen Handel gefangen wurden. Vor 1984 wurden in Bolivien im Durchschnitt pro Jahr 3204 Goldnackenaras exportiert. Dies führte zu einer drastischen Bestandsabnahme. Teilweise profitiert dieser Kleinara auch von Habitatveränderungen durch den Menschen. In einigen Gebieten ist die Art sogar auf dem Vormarsch und kolonialisiert neues Terrain. Allerdings muss auch angemerkt werden, dass zu dieser Art keine genauen Bestandserhebungen erarbeitet wurden.

Haltung und Verhalten

Bis Anfang der 70er-Jahre war der Goldnackenara in Europa einer der selten gehaltenen Zwergaras. Zwischen 1973 und 1979 kamen größere Importe nach Europa. Wegen der geringen Größe und seinem zutraulichen Verhalten ist der Goldnackenara auch zur Haltung in Wohnungen geeignet. Die laute Stimme, von der auch zahme Exemplare immer wieder Gebrauch machen, kann allerdings zu Problemen mit der Nachbarschaft führen. Die Vögel können gut einige Worte und Geräusche nachahmen und sind gemeinhin sehr verspielt. Junge Elternaufzuchten werden recht schnell zutraulich.

Auch im Wohnbereich bedürfen diese bewegungsfreudigen Aras viel Freiflug. Nachzuchten sind robuste Vögel. Das Badebedürfnis ist nicht sehr ausgeprägt. Wie alle Aras benagt aber auch der Goldnackenara gerne frische Zweige.

Zucht

Die Erstzucht in Deutschland gelang 1976 im Vogelpark Walsrode. Der Brutbeginn kündigt sich durch eine erhöhte Aggressivität und durch lautes Schreien sowie vermehrten Kastenbesuch an. Einige Tage vor der Eiablage werden die Vögel stiller. Die Verständigung der Paarpartner erfolgt nur noch mittels leiser Stimmfühlungslaute. Das Männchen füttert sein Weibchen häufiger. Oft wird bei der Partnerfütterung auch die Kopulation eingeleitet. Die Paarung verläuft wie bei den großen Ara-Arten. Während der Bebrütung des Geleges leistet das Männchen dem Weibchen zeitweise Gesellschaft (ROBILLER, 1990).

> **HINWEIS** Goldnackenaras sind zierliche, schöne, interessante Volierenbewohner. Sie sind sehr fluggewandt und sollten darum eine lange, geräumige Voliere bewohnen dürfen.

Bei ARMIN BROCKNER glückte die Zucht mehrfach. Die Brutzeit betrug 26 Tage bei der ersten Brut im April 1989, die Nestlingszeit 70 Tage. Im Jahr 1990 begannen die Goldnackenaras im Juli mit dem Brutgeschäft. Bei dieser Brut, die nicht mehr in einer Naturstammnisthöhle, sondern in einem selbst gefertigten Kasten, der gut kontrollierbar war, gelang, konnte Folgendes beobachtet werden: Aus einem Dreiergelege schlüpften zwei Junge. Mit sieben Tagen verloren sie den Erstlingsflaum. Mit neun Tagen verfärbte sich der hornfarbene Schnabel schwarz, die Äuglein öffneten sich im Alter von 14 Tagen. Zu diesem Zeitpunkt wurde mit 7,5-mm-Ringen beringt. Die zweiten Dunen brachen im Alter von etwa 16 Tagen auf, Schwung- und Schwanzfedern am 24., Kopf- und Wangenfedern am 26. Tag. Nach 66 Tagen Nestlingszeit verließ der erste Jungvogel den Nistkasten (BROCKNER, 1994).

Diese Art brütet bereitwillig in Menschenobhut und ist auch nicht wählerisch bezüglich des Nistkastens. Im Palmitos Park brütete ein Paar in einem Kasten mit den verhältnismäßig geringen Maßen von 25 cm Durchmesser und 61 cm Höhe. Die frisch geschlüpften Jungen hatten kleine, weiße Dunen auf Kopf und Körper. Die Dunen wurden aber bald abgeworfen, sodass die Kleinen nackt waren, bis die Federn im Alter von etwa drei Wochen wieder zu sprießen begannen. Im Palmitos Park riefen die Embryos bereits 48 Stunden vor dem Schlupf.

Verschiedenes

Zu Zeiten von KARL RUSS war der Goldnackenara nur von wenigen Museumsbälgen her bekannt und galt als eine Seltenheit. MAJA MÜLLER-BIERL (1992) berichtet von ihrem zahmen Goldnackenara, der vom Vorbesitzer verwöhnt wurde und laut und aufdringlich schreit, wenn er einen bestimmten Leckerbissen haben will. Auch ROSEMARY LOW bezeichnet diesen Kleinara als „exzellenten Heimvogel". Handaufgezogene Vögel schmiegen sich eng ihrem Besitzer an, sind verspielt und lernen Pfiffe, Geräusche und Töne nachzuahmen. Seine laute, schrille Stimme darf aber nicht vergessen werden, auch wenn sich dieser Vogel schon aufgrund seiner Größe gut zur Haltung in der Wohnung eignet.

Gattung Zwergara
Diopsittaca (Ridgway, 1912)

Diese Gattung wurde von ROBERT RIDGWAY (1850-1929) erst im Jahre 1912 begründet. Er war ein berühmter amerikanischer Systematiker, Feldforscher und Ornithologe. Ab 1880 hatte er das Amt des Kuratoriums für Vögel der Smithsonianinstitution inne.

Bei *Diopsittaca* handelt es sich um eine monotypische Gattung, die nur für den Hahns Zwergara begründet wurde. Früher wurde diese Art der Gattung *Ara* zugerechnet. Wegen der sehr kleinen Gesichtsmaske und der geringen Größe wurde dieser Zwergara dann in eine eigene Gattung eingeteilt. Er wird als Bindeglied zwischen den Keilschwanzsittichen und den Aras angesehen. Andererseits kann er aber mehr zu den letzteren gerechnet werden, wofür auch seine Verhaltensweisen in einer gemischten Aragruppe sprechen. Wenn man die kleine, weiße Gesichtspartie wegdenkt, so würde man die Art allerdings ohne Zweifel den Keilschwanzsittichen zurechnen. Zudem verbringen junge Hahns Zwergaras nur acht Wochen im Nest wie Keilschwanzsittich-Junge und nicht wie die Jungen der Kleinaras, die mindestens zehn bis zwölf Wochen im Nest verbringen, bevor sie ausfliegen. Die Gattungsbezeichnung entstammt dem Griechischen und bedeutet so viel wie „stattlicher, erhabener Papagei".

Hahns Zwergara
Diopsittaca nobilis Linné, 1758

Andere Bezeichnung: Blaustirn-Zwergara
Andere wissenschaftliche Bezeichnung: *Ara nobilis*
Englisch: Red-shouldered Macaw oder Hahn's Macaw
Französisch: Ara noble

Namensgebung
LINNÉ hat diese Art 1758 in seinem „Systema naturae", ed. 10, 1 auf Seite 97 erstmals wissenschaftlich beschrieben. Anders als bei vielen anderen Papageienarten, bei denen er als Erstbeschreiber galt, weil er die

von ihm begründeten Regeln der binären Nomenklatur anwandte, die aber schon vor ihm bekannt waren, hat er den Hahns Zwergara als wirklich neue Art erstmals beschrieben. Die Artbezeichnung nobilis ist lateinisch und bedeutet soviel wie „edel" oder „vortrefflich". Der volkstümliche Name in deutscher und englischer Sprache ist CARL WILHELM HAHN (1786-1835) gewidmet. Er war Privatgelehrter in Nürnberg, Insektenforscher und Ornithologe. Er veröffentlichte das Werk „Ornithologischer Atlas, Abteilung 1: Papageien".

Habitus
Der Schnabel ist dunkelgrau bis schwärzlich, die Iris braunrot und die Füße sind dunkelgrau. Bei den Jungtieren ist das Rot weniger ausgedehnt, das Blau auf der Stirn fehlt und der Schnabel ist heller gefärbt.

Unterarten
Zum einen wird der Lichtensteins Hahns Zwergara (*Diopsittaca nobilis cumanensis*) (engl. Noble Macaw), der 1823 von MARTIN HINRICH CARL LICHTENSTEIN (1780-1857) in „Verz. Doubl. Zool. Mus. Berlin" auf Seite 6 beschrieben wurde, unterschieden. Der wissenschaftliche Erstbeschreiber wurde in Hamburg geboren und reiste jung nach Südafrika, wo er verschiedene naturkundliche und botanische Expeditionen durchführte. Später wurde er Direktor des Zoologischen Museums in Berlin und fertigte eine Liste mit allen in Berlin lagernden Vogelarten an. Er war auch Inhaber des Lehrstuhls für Zoologie und wurde später Gründer des Zoologischen Gartens von Berlin. Das Aussehen des Lichtensteins Hahns Zwergaras unterscheidet sich nur geringfügig von dem der Nominatform. Die Unterart zeichnet sich aber deutlich durch den hellen, hornfarbenen Oberschnabel und durch ein ausgedehnteres Blau auf der Stirn aus. Das Verbreitungsgebiet befindet sich südlich des Amazonas in den brasilianischen Staaten Para, Maranhao, Piaui und Bahia.

JÜRGEN OERTEL hat sieben Zwergaras bei Tambopata in Peru beobachtet (mündliche Mitteilung, 2000). Es handelte sich vermutlich um den Lichtensteins Hahns Zwergara, der ein unterbrochenes Verbreitungsgebiet hat und sogar bis in den äußersten Osten Südost-Perus vorkommt. Die Unterartbezeichnung „*cumanesis*" lässt sich geografisch erklären und ist von der Bucht von Cuman an der Küste des nordbrasilianischen Staates Maranhao hergeleitet. Erstmals kam dieser Zwergara 1872 nach Europa, wo er im Zoo von London zu sehen

Hahns Zwergara	
Gewicht	129-169 g
Länge	30-31 cm
Innenvoliere	4 x 3 x 3 m (L x B x H)
Kombinierte Innen- und Außenvoliere	2 x 2 x 2,5 m innen, 4 x 2 x 2,5 m außen (L x B x H)
Gitterstärke	2 mm
Maschenweite	5 x 2,5 cm, 2,5 x 2,5 cm
Nistkastengröße	37 x 37 x 80 cm (L x B x H)
Einschlupfloch (Durchmesser)	8 cm
Gelegegröße	4 bis 6 Eier
Brutdauer	23 Tage
Nestlingszeit	ca. 60 Tage
Zeit bis zum Selbstständigwerden	3 Monate
Ringgröße (Ø) BArtSchV Anl. 6	7,5 mm

Hahns Zwergaras, Nominatform.

ARTEN

Links: Neumanns Hahns Zwergara (*Diopsittaca nobilis longipennis*) in der Plantaria.

Rechts: Hahns Zwergara (*Diopsittaca nobilis nobilis*).

war. 1915 gelangten die ersten Exemplare nach Berlin. Im Jahr 1949 glückte VANE in England die Erstzucht.

Als weitere Unterart gilt der Neumanns Hahns Zwergara (*Diopsittaca nobilis longipennis*), der im Jahre 1931 von OSCAR NEUMANN (1867-1946) in „Mitt. Zool. Mus. Berlin 17" erstmals beschrieben wurde. Der Neumanns Hahns Zwergara sieht genauso aus wie der Lichtensteins Hahns Zwergara, nur ist er größer (Gesamtlänge etwa 35 cm , 33 cm beim Lichtensteins Hahns Zwergara). Auch diese Art stammt aus Brasilien aus den Bundesstaaten Goias, Mato Grosso, São Paulo und Espirito Santo. In Zentral-Goias kommt diese Unterart sympatrisch mit dem Lichtensteins Hahns Zwergara vor. Die Bezeichnung longipennis bedeutet lateinisch so viel wie „langer Flügel". In Deutschland ist diese Unterart beispielsweise in einer kombinierten Innen- und Außenvoliere im Südamerikatrakt des Vogelparks Plantaria zu bewundern.

Verbreitung

Die Nominatform hat ein unterbrochenes Verbreitungsgebiet, beschränkt sich aber auf den nördlichen Bereich Südamerikas, und zwar auf Nord-Brasilien, Französisch-Guyana, Surinam, Guyana und Venezuela.

Lebensraum

Dieser kleinste Ara ist eher ein Bewohner von offenen Gebieten mit Buriti-Palmen-

Verbreitungsgebiet der drei Unterarten des Hahns Zwergara.

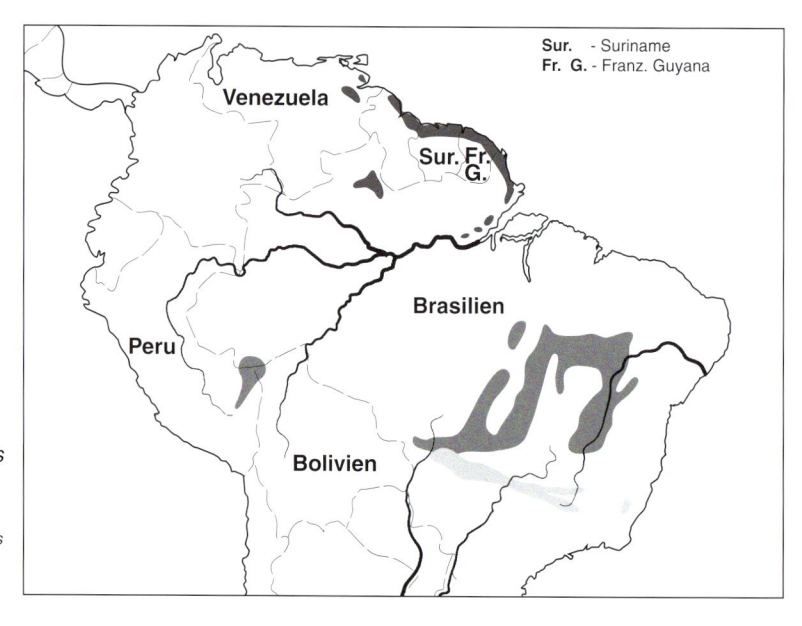

Diopsittaca nobilis
- D. n. nobilis
- D. n. cumanensis
- D. n. longipennis

Sur. - Suriname
Fr. G. - Franz. Guyana

HAHNS ZWERARA

beständen, Galeriewald und sogar auch der Caatinga-Vegetation, die aus lichtem Dornenwald in trockeneren Gebieten besteht. Gerade in Gebieten mit viel Buriti-Palmenhainen lebt die Art auch in sumpfigen Gegenden und in Grassavannen, die durchsetzt sind mit Baum- oder Palmeninseln. Im Allgemeinen ist der Zwergara ein Bewohner des Flachlandes.

Freileben

Außerhalb der Brutzeit leben diese kleinen Aras in Gruppen von zehn Vögeln und mehr, oft bilden sich aber auch viel größere Schwärme. Dabei sind die Zwergaras sehr ruffreudig. Helle, hohe, quäkende bis kreischende Laute werden von sich gegeben. In den Randgebieten der Städte Georgetown und New Amsterdam in Guyana sind sie in großen Schwärmen zusammen mit Pavuasittichen (*Aratinga leucophthalmus*) zu beobachten (HOPPE, 1983).

Das Verhalten der Zwergaras in Freiheit gleicht in mancher Hinsicht demjenigen der Keilschwanzsittiche. Je nach Futterangebot sind sie standorttreu, ziehen aber auch weit umher. Zu Beginn der Brutzeit sondern sich Paare ab und beziehen Höhlen in Palmen oder selten in anderen Bäumen. ARNDT (1990-1996/1999) berichtet von zwei Nestern, die in einem Palmenstamm gefunden wurden. Gelegentlich benutzen die Vögel auch Termitenbauten. Die Brutsaison liegt zwischen Februar und Juni. Die Männchen sind häufig in der Höhle zu beobachten und brüten vermutlich teilweise mit (ROBILLER, 1990).

Zwergaras ernähren sich von Sämereien, Früchten, Beeren und kleinen Nüssen. Zudem bildet das Ektokarp von Palmnüssen einen wichtigen Bestandteil ihrer Ernährung. JUNIPER und PARR (1998) weisen besonders auf die Blüten von *Terminalia argentea* (heute: *Myrobalanus argentea*) und *Erythrina glauca* (heute: *E. fusca*) sowie auf Beeren von *Cordia* hin. Zudem finden noch die Früchte von *Euterpe* Erwähnung.

Gefährdung und Schutz

Besonders die Nominatform ist häufig, im größten Teil des Verbreitungsgebietes manchmal sogar zahlreich. Die Populationsdichte der beiden Unterarten scheint nicht so groß zu sein wie diejenige der Nominatform. Der Art wird so weit nicht nachgestellt.

■ Lichtensteins Hahns Zwergara (*Diopsittaca nobilis cumanensis*). Auch diese Unterart wird in der Plantaria gehalten.

Haltung und Verhalten

Zahme Tiere eignen sich hervorragend zur Haltung im Wohnbereich, wenn auch auf die sehr lauten, schrillen Schreie aufmerksam gemacht werden muss. Dieser Zwergara ist einer der wenigen Vertreter der Aras, der sich zur Haltung als zahmer Hausgenosse eignet. Zwergaras sind gute Imitatoren und vollbringen akrobatische Kunststücke. Ohne besonderes Training nehmen die Hahns Zwergaras einige Worte auf und beginnen sie deutlich nachzusprechen (MATTHEWS, 2000). LOW (2000) erwähnt ein zahmes Exemplar, das jung mit viel Mühe zum Sprechen trainiert wurde, jedoch ohne Erfolg. Erst im Alter von etwa zwei Jahren begann der Vogel seine ersten Sätze nachzusprechen. Dann plötzlich nahm sein Vokabular rasant zu!

Als Volierenvogel kann sich diese Art recht scheu und gar nervös verhalten. Beim Betreten der Voliere lassen manche so lange ihre Alarmschreie ertönen, bis man die Voliere wieder verlässt. Wenn man die Tiere aber in Volieren hält, die man selten muss, werden sie automatisch ruhiger und verhalten sich bald wie man-

> Diese Vögel haben ein ausgeprägtes Nagebedürfnis. Auch das Fliegen durch die Wohnung ist wichtig für diese pfeilschnellen Flieger.

che andere südamerikanische Papageienarten.

Die Volieren sollten aus Metallkonstruktionen bestehen. Bei der Ernährung muss auf eine breite Palette von Früchten und Gemüse geachtet werden. Die Zwergaras baden und duschen gerne. Außerhalb der Brutzeit können sie in größeren Volieren mit Sittichen der Gattungen *Aratinga* oder *Pyrrhura* vergesellschaftet werden.

Zucht

Die Welterstzucht gelang vermutlich 1939 in den USA, 1949 glückte eine Zucht in Großbritannien. Dann schlossen sich immer mehr Zuchten in etlichen Ländern an.

Ein Paar muss sich in seiner Voliere sicher fühlen, bevor es zur Brut schreitet. Ein Nistkasten sollte einen Durchmesser von etwa 23 cm und eine Höhe von 38 cm haben. Das Einschlupfloch sollte etwa einen Durchmesser von 8 cm haben. Die Eier werden im Zweitagesrhythmus, selten auch im Dreitagesrhythmus gelegt, sodass die Jungen auch nach einer Brutzeit von 23 Tagen in denselben Intervallen schlüpfen. Es können vier bis sechs Eier gelegt werden. Im Alter von 15 Tagen sind die Äuglein der Kleinen bald voll geöffnet. Die Nestlingszeit dauert sieben bis acht Wochen. Bereits vier Wochen nach dem Ausfliegen sind die Jungen unabhängig.

Interessant ist der Hinweis von Low (2000), dass handaufgezogene Vögel später die Tendenz haben, ihre menschlichen Partner zu dominieren, während Elternaufzuchten, gerade nach Erlangen der Selbstständigkeit in die menschliche Nähe genommen, die angenehmeren, zahmeren Hausgenossen sind.

Ein weiterer Zuchterfolg fand in einem kleinen Käfig von 1 × 1 m Grundfläche statt. Im Mai wurden drei Eier in den Kasten gelegt. Zwei Junge schlüpften. Mit 16 Tagen öffneten sich die Äuglein. Mit 40 Tagen waren alle Federn aufgebrochen. Nach 59 Tagen Nestlingszeit flog der erste Jungvogel aus. Bereits nach elf Tagen waren beide Jungtiere am Futtergefäß zu beobachten (HAASE, 1994).

Verschiedenes

Guyana ist das einzige Land im Verbreitungsgebiet, das immer noch den Export erlaubt. Die meisten zum Verkauf angebotenen Tiere sind aber glücklicherweise Nachzuchten. In seinem Herkunftsgebiet wird der Zwergara selten von Einheimischen gehalten.

Die Unterart *cumanesis* wurde 1872 erstmalig im Zoo London gezeigt, 1915 im Zoo Berlin. Eine Schwester von CARL HAGENBECK und Herr MÖLLER zeigten 1879 auf der Ausstellung des Vereins „Ornis" in Berlin erstmals diese Art. KARL RUSS nennt diesen Papagei 1881 „der kleine grüne Arara". Er berichtet weiter, dass Prinz MAX VON WIED, NATTERER und SPIX diese Art in ihrem Verbreitungsgebiet erlegten. VON WIED hat den Zwergara sogar in Städten beobachtet. Eine Frau HEDWIG VON BROSCHET hielt bereits im 19. Jahrhundert in Wien ein zahmes Paar im Käfig und schilderte sein überaus intelligentes Verhalten. Gemäß ihren Ausführungen entspricht die Sprach- und Imitationsbegabung des Männchens derjenigen des Graupapageis (*Psittacus erithacus*) (RUSS, 1881).

Ausgestorbene Aras

Meerblauer Ara

Anodorhynchus glaucus (Vieillot, 1816)

Die erstmals 1816 von LOUIS JEAN PIERRE VIEILLOT beschriebene Art hat vermutlich nie in großer Zahl existiert und starb wegen der Vernichtung der Yatay-Palmenbestände (*Butia yatay*) aus (PITTMANN, 1995). Die Vögel ernährten sich fast ausschließlich von den Früchten dieser Palme und lebten in Nordost-Argentinien, Nordwest-Uruguay und im äußersten Süden bis Südwesten Brasiliens. PITTMANN, der sich intensiv mit dieser Art auseinander setzte findet: „....auch jüngere Hinweise, die Art wäre Mitte dieses Jahrhunderts noch gesehen worden, erwiesen sich im Laufe unserer Nachforschungen als unhaltbar."

Das letzte Exemplar verstarb 1912 im Zoo von London (SANFILIPPO und PRUDERTE

DO AMARAL, 1999). Bereits im Jahre 1860 wurde die Art in London gehalten, 1868 war ein Exemplar in der Artis in Amsterdam, 1878 stellte Fräulein HAGENBECK auf der Vogelausstellung in Berlin einen Vogel aus.

Kuba-Ara oder Dreifarbener Ara

Ara tricolor (Bechstein, 1811)

JOHANN MATTHÄUS BECHSTEIN (1760-1826) beschrieb erstmals diese Art, deren Existenz durch verlässliche Beobachtungen wie anhand von Bälgen bewiesen ist. Die Vögel lebten mit Vorzug in Sumpfgebieten Kubas und starben gegen Ende des 19. Jahrhunderts wegen starker Bejagung durch Einheimische aus. Die Aras wurden nicht nur gerne von den Einheimischen gehalten, welche die Jungen den Höhlen entnahmen, sondern sie gelangten vereinzelt auch nach Europa. So wurde beispielsweise ein Pärchen in der Menagerie im Park des kaiserlichen Schlosses Schönbrunn in Österreich gehalten, das 1760 dorthin gelangt war.

Hypothetische Arten

Bei den folgenden Arten gibt es aufgrund des Fehlens von Museumsmaterial oder zuverlässigen Beschreibungen keine Kriterien für die Wahrheitsfindung. Eventuell handelte es sich auch um Beschreibungen entflogener, bekannter Festlandaras. Es sind dies:

- Guadeloupe-Ara, *Ara guadeloupensis* CLARK, 1905
  Guadeloupe, Martinique, evtl. Dominica; dem Hellroten Ara ähnlich

- Gelbstirnara, *Ara gossei* ROTHSCHILD, 1905
  Eventuell endemisch auf Jamaika; rot mit gelber Stirn

- Martinique Ara, *Ara martinica* (Rothschild, 1905)
  Jamaika; blau-gelb ähnlich dem Gelbbrustara

- *Ara autochthones*
  St. Croix; keine weiteren Angaben

- *Ara erythrocephala* Rothschild, 1905
  Brütete angeblich in Mexiko und überwinterte in Jamaika; ähnlich dem Soldatenara

- *Ara atwoodi* Clark, 1908
  Dominica; ähnlich dem Soldatenara

- *Anodorhynchus purpurascens* Rothschild, 1905
  Guadeloupe, violetter Vogel

Verzeichnisse

Literatur

Abramson, J. (1994): Preventative management in avicultura. Psitta Scene 1, 4 – 5.

Abramson, J. & Speer B. L. & Thomsen J. B. (1995): The Large Macaws. Raintree Macaws, Fort Bragg.

Adler, K. (Hrsg.) (1989): Constributions to the History of Herpetology. Ithaca, New York.

Albrecht, E. (1989): Käfig- und Volierenbau. Rasch und Röhring Verlag, Hamburg.

Alderton, David (1998): Forschung in Kanada mit internationalen Auswirkungen. Papageien 5, 162 – 164.

Aldrovandi, U. (1599 – 1603): Ornithologiae, Hoc est de Avibus Historial Libri, Bononiae.

Allgemeine Deutsche Biographie (1894): 38. Band. Duncker & Humblot. Berlin 1971.

Althaus, T.: Knie Zoo. Gebrüder Knie, Rapperswil.

Amlong, A. (2000): Gelungene Zucht eines Gelbbrustaras. WP-Magazin 4, 22 – 23.

Anders, F. (1984): Johann Jakob von Tschudi, Forscher, Reisender, Diplomat. Katalog Museum zu Allerheiligen, Schaffhausen.

Anderson Brown, A. F. (1988): Kunstbrut. Verlag M. & H. Schaper, Alfeld-Hannover.

Anonymous (1999): Aras müssen es sein! Aktuelles aus der Vogelwelt 10, 333 – 336.

Armitage, H. (1997): Expedition Tambopata. Just Parrots 4, 40 – 43.

Armitage, H. (1998): Visit to the Pantanal Area of Western Brazil. Psitta Scene 4, 14 – 15.

Armitage, S. und H. (1999): Bolivia, Bluethroated Macaws and Macaw Wings for Sale. Psitta Scene 4, 10 – 11.

Armitage, H. (2000): Bolivia, Brother Andrés and the Burrow Macaws. Parrots 33, 28 – 30.

Arndt, T. (1986): Papageien – ihr Leben in Freiheit. Horst Müller Verlag, Bomlitz.

Arndt, T. (1995): Warten auf den Mann fürs (Über)Leben. WP-Magazin 3, 26 – 28.

Arndt, T. (1995): Der Lear-Ara – ein neues Papageien-Drama? WP-Magazin 4, 33 – 36.

Arndt, T. (1995): Papageien-Leserreise in den Pantanal. Papageien 7, 209 – 211.

Arndt, T. (1998): Der Pantanal. WP-Magazin 1, 16 – 21.

Arndt, T. (1990 – 1996, 1999): Lexikon der Papageien. Arndt-Verlag, Bretten.

Arnould, O. (1996): Der Gebirgsara (*Ara couloni*). Papageien 5, 134 – 137.

Austermühle, S. (2000): Die Regenbögen von Peru. Natur und Kosmos 9, 30 – 38.

Ayensu, E. S. (Hrsg.) (1981): Der Dschungel. Christian Verlag, München.

Bärtels, A. (1990): Farbatlas Tropenpflanzen. Eugen Ulmer Verlag, Stuttgart.

Barnicoat, F. (1993): A specialist Macaw breeding Facility. Avicultural Magazine 3, 112 – 117.

Beissinger, S. R. & Bucher, E. H.(1992): Can Parrots be conserved through Sustainable Harvesting? Bio Science 42, 164 – 173.

Benitez, V. & Toral, F. (1997): Zum Status seltener Papageien Ecuadors. Die Voliere 12, 378 – 380.

Berger, T. (2001): Haltung und Zucht des Dunkelroten Aras. Papageien 5, 152 – 155.

Bezzel, E. & Prinzinger, R. (1997): Ornithologie. Verlag Eugen Ulmer , Stuttgart.

Billian, M. (1996): Haltung und Zucht des Gelbbrustaras. Papageien 6, 166 – 169.

Billing, W. (2000): Hand-rearing Macaws. Parrots 33, 52 – 53.

BirdLife International (2000): Threatened birds of the world. Lynx Edicions und BirdLife, Barcelona und Cambridge.

Bish, Ed. (1985): Breeding Lear's Macaw Anodorhynchus leari at the Busch Gardens (Tampa, Florida). Avicultural Magazine 1/2, 30 – 31.

Blaskiewitz, B. (2001): Aus dem Tierpark Berlin-Friedrichsfelde – Nachzucht beim Blaulatzara. Gefiederte Welt 5, 155.

Blancke, R. (1999): Farbatlas Pflanzen der Karibik und Mittelamerikas. Verlag Eugen Ulmer, Stuttgart.

Bollmann, K. (2000): Naturschutz in XL. Ornis 5, 13 – 16.

Boosey, E. J. (1960): Parrots, Cockatoos & Macaws. Barrie and Rockliff, London.

Boussekey, M. & Saint-Pie, J. & Morwan, O. (1992): Beobachtung an einer Population des Rotohraras (*Ara rubrogenys*) im Rio-Caine-Tal, Zentral-Bolivien. Papageien 2, 54 – 57, 3, 95 – 99 (2 Teile)

Boussekey, M. & Saint-Pie, J. & Morwan, O. (1994): Weitere Beobachtungen an einer Population des Rotohraras (*Ara rubrogenys*) im Rio-Caine-Tal, Zentral-Bolivien. Papageien 3, 84 – 88.

Bradshaw, C. J. A. & Lightfort, A. E. & Acedo, V. M. (1995): Scaring Macaws to survive. Psitta Scene 2, 6 – 7.

Brandt, A. & Machado, R. B. (1990): Area de Alimentação e comportamento alimentar de *Anodorhynchus leari*. Ararajuba 1: 57 – 63.

Brightsmith, D. (2000): Macaw Reproduction and Management in southeastern Peru I: Blue-and-gold Macaws. Unveröffentlicht.

Brockner, A. (1994): Der Goldnackenara. Papageien 7, 206 – 209.

Brockner, A. (1996): Papageien auf Trinidad. Papageien 7, 210 – 213.

Brockner, A. (1997): Handaufzucht von Papageien. Papageien 5, 145 – 147.

Brockner, A. (1997): Papageienhaltung in einer Großvoliere – erste Erfahrungen. Papageien 10, 302 – 304.

Brockner, A. (1998): Zuchterfolg mit Rotbugaras (*Ara severa*). Papageien 3, 82 – 83.

Brockner, A. (1999): Freilandbeobachtungen von Rotbugaras in Venezuela. Papageien 1, 23 – 27.

Brucker, R. (1999): Der Manu-Nationalpark in Peru. Papageien 3, 97 – 101.

Bueno, M. (1999): Die neue Zuchtstation der Loro Parque Fundación. Gefiederte Welt 7, 262 – 265.

Bueno, M. (2000): Die Spix-Aras des Loro Parque, Teneriffa. Papageien 3, 84 – 89.

Bueno, M. (2001): Der Spix-Ara im Loro Parque. Gefiederter Freund 4, 8 – 9.

Bundesverband für fachgerechten Natur- und Artenschutz e. V. (2000): BNA-Artenschutzbuch. BNA, Hambrücken.

McCarthy, M. (2000): The loneliest bird in the world. The Independent, 6 July, 1.

Clarke, R. O. S. & Duran Patiño, E. (1991): The Red-fronted Macaw *Ara rubroge-*

nys in Bolivia: Ist distribution abundance biology and conservation. Unveröffentlicht.

Claus, J. (1998): Eine neue Unterart des Hellroten Aras. Papageien 5, 169 – 171.

Clubb, S. L. & Karpinski, L. (1998): Der Alterungsprozess der Aras, *Cyanopsitta* 49, 45.

Csaky, K. (1994): Hyacinth Macaws. Psitta Scene 3, 8.

Decoteau, A. E. (1982): Handbook of Macaws. T. F. H. Publ., Neptune.

Delgado, F. S. (2001): Die Papageienarten der Azuero-Halbinsel in Panama. Papageien 4, 138 – 141.

Denzer, W. (1997): Reiseführer Natur – Costa Rica. BLV-Verlagsgesellschaft, München.

Desfayes, M. (1994): Catalogue des Types du Musée d'histoire naturelle de Neuchâtel. IV Oiseaux. Extrait du Bulletin de la Sociéte neuchâteloise des Sciendes naturelles.

Dittrich, L. & Rieke-Müller, A. (1998): Carl Hagenbeck. Peter Lang, Frankfurt.

Dorge, R. (1997): Bau einer Volierenanlage – was muss bei der Planung berücksichtigt werden? Papageien 3, 73 – 78.

Dubs, B. (1992): Birds of Southwestern Brazil. Betrona Verlag, Küsnacht, Schweiz.

Dühr, D. (1996): Im Dschungel der Papageien – der Parrot Jungle in Miami, Florida. Papageien 5, 146 – 148.

Duffield, G. E. & Hesse, A. J. (1997): Ecology and Conservation of the Blue-throated Macaw. Psitta Scene 2, 10 – 11.

Dufour, Ch. & Haenni, J.-P. (1995): Musée d'histoire naturelle de Neuchâtel. Editions Gilles Attinger, Hauterive.

Ehlenbröker, J. & Ehlenbröker, R. & Lietzow, E. (1997): Rotsteißpapageien. Eigenverlag, Eickum/Enger.

Ehlenbröker, J. (2001): Wenig bekannt – Teil 2: Lichtenstein's Zwergara. AZ-Nachrichten 1, 5.

Emmons, L. H. (1997): Neotropical Rainforest Mammals. University of Chicago Press, Chicago.

Enders, F. (1998): Die tiermedizinische Vorbereitung des Rotrückenara-Auswilderungsprojektes der Loro Parque Fundacion. Papageien 2, 61 – 64.

Enders, F. (1998): Ein Besuch beim Rotrückenara-Auswilderungsprojekt in Brasilien. Papageien 11, 385 – 388.

Favre, L. (1894): Louis Coulon, 1804 – 1894. Notice biographique. Bulletin de la Société des sciences naturelles de Neuchâtel.

Forshaw, J. (1989): Parrots of the World. Lansdowne Editions, Willoughby, Australien.

French, H. (1994): Macaws project at Tambopata. Psitta Scene 4, 8 – 9.

Frenske, R. (1999): Costa Rica – Beobachtungen der einheimischen Vogelwelt. Gefiederte Welt 3, 106 – 108.

Freud, A. (1980): The discovery of the Home of Lear's Macaw. Avicultural Magazine 4, 261 – 263.

Fritz, D. (1997): Die Papageien des Zoos von Macouria in Französisch Guyana. Papageien 9, 272 – 275.

Gall, B. & Wikelski, M. (1993): Reiseführer Natur – Brasilien Venezuela. BLV-Verlagsgesellschaft, München.

Gentry, A. H. (1996): A Field Guide to the Families and Genera of Woody Plants of Northwest South America. University of Chicago Press, Chicago.

George, U. (1987): Regenwald. GEO, Gruner und Jahr, Hamburg.

Gilardi, J. D. & Duffey, S. S. & Munn, Ch. A. & Tell, L. A.: Biochemical Functions of Geophagy in Parrots: Detoxification of Dietary Toxins and Cytoprotective Effects. (Internet).

Gilardi, J.& Munn, Ch. A. (1998): Patterns of activity, blocking and habitat use in parrots of the Peruvian Amazon. the Condor 100: 641 – 653.

Gittner, C. H. (2000): Miami's Parrot Jungle and Gardens. University Press Florida, Gainsville, USA.

Glatzel, H. (2000): Vollzug des Artenschutzrechtes in Deutschland. Die Voliere 6, 187 – 189.

Glatzel, H. (2000): Was bringt die Bundesartenschutzverordnung für den Vogelhalter und Vogelzüchter Neues? Gefiederte Welt 9, 313 – 315.

Göldi, E. A. (1900 – 1906): Die Vogelwelt des Amazonenstromes. Polygraphisches Institut, Zürich.

Goerck, J. & Guedes, N. & Munn, Ch. A. & Yamashita, C. (2000): Hyacinth Macaw, P. 119 – 120. In Parrots Status Survey and Conservation Action Plan 2000 – 2004, Gland.

Greenway, J. E. Jr. (1967): Extinct and vanishing Birds of the World. Dover Publications Inc., New York.

Grünig, E. (1981): Der erste in der Schweiz gezüchtete Marakana oder Rotrückenara. Gefiederter Freund 7, 171 – 173.

Grunebaum, D. H. (1976): Breeding the Blue and Yellow Macaw. Avicultural Magazine 2, 67 – 69.

Grunebaum, D. & Grunebaum W. (1984): Breeding the Hyacinthine Macaw. Avicultural Magazine 1, 11 – 16.

Guedes, N. M. R. & Harper, L. H. (1995): Hyacinth macaw in the Pantanal. Pp. 128 – 132. In: J. Abramson, B. L. Speer, J. B Thomsen (Eds): The Large Macaws. Fort Bragg.

Güntert, M. (1981): Morphologische Untersuchungen zur adaptiven Radiation des Verdauungstraktes bei Papageien (*Psittaci*). Zool. Jb. Anat. 106, 471 – 526.

Güntert, M. & Grossenbacher, K. & Huber, Ch. & Aerni, A. & Morgenthaler, H. U. (1990 – 1992): The E. A. Goeldi zoological collection in the Natural History Museum Bern: Comments on an inventory. Jahrbuch des Naturhistorischen Museums Bern 11, 147 – 1661.

Haase, M. (1994): Haltung und Zucht des Blaustirn-Zwergaras *Ara nobilis*. Papageien 6, 166 – 169.

Hämmerli, J. (1991): Haltung und Zucht des Spix-Aras (*Cyanopsitta spixii*). Gefiederter Freund 5, 135 – 145.

Hämmerli, J. (1998): Schlupfprobleme bei Aras. Gefiederter Freundl 4, 10 – 11.

Hagenbeck, C (1908): Von Tieren und Menschen. Deutsches Verlagshaus, Berlin.

Halford, J. (1974): The Red-cheeked Macaw Ara rubrogenys. Avicultural Magazine 3, 92 – 93.

Hartley, R. (1998): Request for funding to protect newly discovered population of Lear's Macaw and exploratory missions to find other unknown populations. Psitta Scene 4, 5.

Haut, L. (2002): Der BNA informiert: Zuversichtlich ins neue Ringjahr. Papageien 12, 414 – 415.

Hebel, N. (2002): Erkenntnisse bei der Haltung und Zucht von Hyazintharas. Gefiederte Welt 4, 114 – 119.

Hediger, H. (1948): Der Zoologische Garten als Asyl und Forschungsstätte. Gute Schriften, Basel.

Hediger, H. (1949): Exotische Freunde im Zoo. Friedrich Reinhardt Verlag, Basel.

Hediger, H. (1961): Tierpsychologie im Zoo und im Zirkus. Friedrich Reinhardt Verlag, Basel.

Hediger, H. (1977): Zoologische Gärten gestern – heute – morgen. Hallwag-Verlag, Bern.

Hediger, H. (1990): Ein Leben mit Tieren im Zoo und in aller Welt. Werd-Verlag, Zürich.

Herrmann, K. (1997): Mein erstes Jahr mit Rotbaucharas. Kakadu United 2, 12 – 14

Hesse, A. (1996): Alarmstufe eins für die Rettung des Blaulatzaras (*Ara glaucogularis*). Papageien 9, 278 – 280.

Hick, U. (1962): Beobachtungen über das Spielverhalten unseres Hyazinth-Ara. Freunde des Kölner Zoo 5.

Hilty, S. L., Brown, W. L. (1986): A Guide to the Birds of Colombia. Princeton University Press, Princeton, New Jersey.

Hoppe, D. (1983): Aras. Verlag Eugen Ulmer, Stuttgart.

Hoppe, D. (1997): Aras farbige Stars im Grün der neotropischen Wälder. Kakadu United 3, 14 – 19.

Hoppe, D. (1997): Die roten Aras in ihren Lebensräumen. Kakadu United 5, 10 – 15.

Hoppe, D. (1998): Die gelbblauen Aras, Ararauna und Co. Kakadu United 1, 12 – 16.

Hoppe, D. (1998): Die großen grünen Aras. Kakadu United 3, 10 – 15.

Hoppe, D. (1998): Die kleinen Aras. Kakadu United 4-5, 17 – 22.

Hoppe, D. (1999): Papageien lebten bereits im Zeitalter der Dinosaurier. Papageien 3, 78.

Horstmann, E. (1996): Update of the Guayaquil Macaw Conservation Project. Ecuador. Psitta Scene 2, 11.

del Hoyo, J. & Elliott, A. & Sargatal, J. eds (1997): Handbook of the Birds of the World. Vol. 4 Sandgrouse to Cuckoos. Lynx Edicions, Barcelona.

Humboldt, A. v. (1969): Ansichten der Natur. Neudr. Stuttgart. (Orig. 1849).

Humboldt, A. v. (1980): Vom Orinoko zum Amazonas. Wiesbaden.

Humboldt, A. v. (1996): Die Reise nach Südamerika. Bearbeitet und herausgegeben von Jürgen Starbatty. Lamuv Verlag, Göttingen.

Huxley, Th. (1861): On the classification of birds. Zitiert aus Stresemann, 1951.

Iseli, W. (2000): Bemerkungen zur Systematik. Tierwelt 46, 23.

Jahn, M. (1995): Seltener Zuchterfolg mit Rotbaucharas *Ara manilata*. Papageien 2, 41 – 43.

Janeczek, F. (2000): Geschlechtsbestimmung bei Papageien. Papageien 7, 233 – 236.

Janzen, D. H. (1974): Tropical blackwater river animals.

Jehl, M. und I. (2000): Eine Reise zu den Hyazintharas. Papageien 9, 310 – 317.

Job, B. (1992): Papageien in Not, weil sie so schön sind. Geo 3, 14 – 34.

Johnson B. und L. (1996): Habitat Immersion – The new Wave. Psitta Scene 3, 7.

Jordan, O. C., Munn, Ch. A. (1994): First conservations in the wild of the Blue-throated Macaw in Bolivia. Psitta Scene 1, 3.

Jung, W. (1998): Haltung und Zucht der kleinen Ara-Arten. Papageien 7, 233 – 235.

Juniper, T., Parr, M. (1998): Parrots A Guide to the Parrots of the World. Pica Press, Mountfield.

Kaleta, E. F. (1998): Herpesviruses of free-living and pet birds. In: A laboratory manual for the isolation and identification of avian pathogens. Fourth edition, Eds. D. S. Swayne et al. Rose Printing, Tallahassee, USA, 129 – 136.

Kaleta, E. F. (2000): Was hat die Wissenschaft für Vorteile von der Vogelhaltung? Gefiederte Welt 11, 379 – 381.

Kemper, S. (2000): Madidi – Will Bolivia drown its new National Park? National Geographic 3, 6 – 27.

Kirchhofer, R. (Hrsg.)(1966): Zoologische Gärten der Welt – Die Welt des Zoo. Pinguin Verlag, Innsbruck.

Klös, H.-G., Frädrich, H., Klös, U. (1994): Die Arche Noah an der Spree. FAB Verlag, Berlin.

Knauss, H. (1995): Eine neue Ethik in der Vogelhaltung. Gefiederte Welt 2, 42 – 44.

Knefeli, T. (1996): Ein Gelbbrustara. Gefiederte Welt 3, 77.

Knefeli, T. (1996): Panama – ein Reisebericht. Papageien 9, 274 – 275.

Knefeli, T. (1997): Eine Reise zu den Papageien des Madre de Dios in Peru. Papageien 8, 246 – 251.

Knefeli, T. (1998): Im Pantanal – eine Reise auf eigene Faust. Gefiederte Welt 2, 68 – 69.

Knefeli, T. (1999): Reisen im wenig erforschten Papageienland Kolumbien. Papageien 2, 60 – 63.

Knefeli, T. (2000): Der Große Soldatenara in Costa Rica, Papageien 12, 428 – 429.

Knottnerus-Meyer, Th. (1924): Tiere im Zoo, Verlag Dr. Werner Klinthardt, Leipzig.

Koch, K.-H. (1995): Hyazinthara. Kakadu United 4, 85 – 87.

Kolb, E. & Seehawer J. (1999): Die optimale Versorgung mit Vitaminen. Papageien 12, 415 – 418.

Kourist, W. (1976): 400 Jahre Zoo. Rheinisches Landesmuseum, Bonn.

Kraft, A. (1997): Liebe auf den dritten Blick. WP-Magazin 1, 36 – 37.

Kummerfeld, N., Meyer, W., Herrmann, R. (2002): Praxisnahe Hilfen zur Idenfikation von Vögeln und Reptilien: Der "Fingerabdruck" als Verbindung moderner Kriminalistik mit Tier- und Artenschutz. Die Voliere 10, 305 – 310.

Künne, H.-J. (1990): Haltung und Zucht des Hyazintharas *Anodorhynchus hyacinthinus*. Papageien 2, 38 – 42.

Künne, H.-J. (1990): Meine Hellroten Aras *Ara macao* – ein Erfahrungsbericht. Papageien 5, 138 – 142.

Künne, H.-J. (1993): Beobachtungen über das "Hamstern" von Papageien. Papageien 1, 20 – 21.

Künne, H.-J. (1993): Rund ums Papageien-Ei. Papageien 6, 173 – 177.

Künne, H.-J. (1996): Schlupfprobleme bei Aras und anderen Papageien. Papageien 2, 46 – 48.

Künne, H.-J. (1996): Wird dem Hyazinthara der Schnabel zu groß? Gefiederte Welt 10, 336 – 337.

Künne, H.-J. (2000): Die Ernährung der Papageien und Sittiche. Arndt-Verlag, Bretten.

Labat, R. P. (1972): Nouveau Voyage aux Isles de l'Amerique. Paris. Orig. 1742.

Lamaroux (1823): Mémoire sur les Aras bleus nés en France et acclomates dans le Départ du Calvados. Mémoire de la Societé Linnèenne de Paris, Vol II.

Lambert, K. und H. (2000): Unterwegs in Bolivien. Papageien 7, 238 – 243.

Lantermann, W. (1984): Aras. Horst Müller Verlag, Bomlitz.

Lantermann, W. (1996): Bemerkungen über grabende Papageien. Die Voliere 5, 147 – 149.

Lantermann, W. (1997): Berühmte Persönlichkeiten der Papageienkunde: Helmut Sick (1910 – 1991) – Der Detektiv des brasilianischen Dschungels. Papageienkunde 2, 287 – 293.

Lantermann, W. (1999): Papageienkunde. Parey Buchverlag, Berlin.

Leder, M. (1997): Voliereneinrichtung. Kakadu United 5, 16 – 19.

Lepperhoff, L. (1993): Der Palmitos Park auf Gran Canaria. Gefiederter Freund 1, 20 – 23.

Lepperhoff, L. (1993): Die Vögel im Zoologischen Garten von Antwerpen. Gefiederter Freund 6, 181 – 188.

Lepperhoff, L. (1994): Bemerkenswerte Zuchterfolge mit Aras im Gatwick-Zoo, England. Gefiederter Freund 1, 9 – 15.

Lepperhoff, L. (1994): Der World Parrot Trust. Gefiederter Freund 8, 243 – 249.

Lepperhoff, L. (1994): Eine Oase in den Bergen. Deutsche Geflügel Zeitung 20, 34 – 35.

Lepperhoff, L. (1995): Südenglische Vogelparks und Zoos. Deutsche Geflügel-Zeitung 21, 41 – 43.

Lepperhoff, L. (1996): The Tropical Bird Gardens in Rode. Gefiederte Welt 1,

21 – 24.
Lepperhoff, L. (1996): Gute Zuchterfolge im Parc des Oiseaux. Gefiederter Freund 5, 131 – 137.
Lepperhoff, L. (1996): Gelbbrustara. Deutsche Geflügel-Zeitung 12, 41 – 43.
Lepperhoff, L. (1996): Emil August Göldi (1859 – 1917) – Schweizer Naturforscher und Sammler zahlreicher Papageien in Brasilien. Papageien 6, 178 – 181.
Lepperhoff, L. (1997): Gebirgsara oder Blaukopfara (*Ara couloni*) – benannt nach Professor Louis Coulon. Papageien 1, 23 – 24.
Lepperhoff, L. (1997): Der Paradise Park. Papageien 6, 177 – 180.
Lepperhoff, L. (1997): Ein Vogelpark der besonderen Art. Deutsche Geflügel-Zeitung 17, 38 – 39.
Lepperhoff, L. (1997): Arterhaltung von Papageien durch Zucht im Palmitos Park, Gran Canaria. Die Voliere 7, 214 – 219.
Lepperhoff, L. (1997): Aras in The Tropical Bird Gardens. WP-Magazin 5, 50 – 53.
Lepperhoff, L. (1998): Schlupfprobleme bei Aras – Erfahrungen in der Voliere Hyacinthinus. Gefiederter Freund 1, 14 – 17.
Lepperhoff, L. (1998): Die Welt der Tiere hinter Gittern – Die Geschichte der zoologischen Gärten. Der kleine Bund 61, 1 – 3.
Lepperhoff, L. (1998): Johann Jakob von Tschudi und seine Verdienste in der Papageienkunde. Papageien 8, 270 – 274.
Lepperhoff, L. (1999): Besuch von The National Zoological Gardens in Pretoria, Südafrika. Gefiederter Freund 2, 14 – 16.
Lepperhoff, L. (1999): Der Parc des Oiseaux in Villars-les-Dombes. Gefiederte Welt 4, 147 – 150.
Lepperhoff, L. (1999): Arinos Große Reise. Blaukreuz-Verlag, Bern.
Lepperhoff, L. (1999): Der Gelbbrustara – seine Haltung und Zucht. Gefiederte Welt 11, 406 – 409.
Lepperhoff, L. (2000): Tambopata Research Center (TRC), Madre de Dios, Peru. Psitta Scene 2, 16 – 17.
Lepperhoff, L. (2000): Unter Papageien und Sittichen in Costa Rica. WP-Magazin 4, 16 – 21.
Lepperhoff, L. (2000): Unter Aras im tiefen Regenwald Amazoniens. Gefiederter Freund 7, 10 – 13.
Lepperhoff, L. (2001): World of Birds – ein Vogelpark in Südafrika. Gefiederte Welt 2, 60 – 63.

Lima, P. C. & dos Santos, S. (1999): Illegal Traffic in Brazil's Wildlife. Psitta Scene 4, 8 – 9.
Lindholm, J. H. (1999): A Historic Review of Parrots bred in Zoos in the USA. Avicultural Magazine 4, 145 – 184.
Linné, C. (1758): Systema naturae (Classis, Ordo, Genus, Species). Gedruckt in Leiden, zitiert aus Stresemann, 1951.
López-Lanús, B. (1999): The biology of Great Green Macaw *Ara ambigua* in Southwest Ecuador. Papageienkunde 2, 147 – 169.
López-Lanús, B. (2000): Collared Forest-Falcon *Migrastur semitorquatus* courtship and mating with take-over of a macaw nest. Cotinga 14, 9 – 11.
Low, R. (1987): Breeding the Red-Bellied Macaw *Ara manilata* at Loro Parque. Avicultural Magazine 4, 194 – 197.
Low, R. (1989): Das Papageien Buch. Verlag Eugen Ulmer, Stuttgart.
Low, R. (1990): Macaws – A complete Guide. Merehurst Limited, London.
Low, R. (1991): Hand-rearing Parrots and other Birds. Blandford, London.
Low, R. (1994): Endangered Parrots. Blandford, London.
Low, R. (1995): The endangered Buffon's Macaw. Psitta Scene 1, 5 – 7.
Low, R. (1996): Der Große Soldatenara *Ara ambigua*. Papageien 1, 6 – 9.
Low, R. (1997): Behandlung dehydrierter Nestlinge. Papageien 1, 17.
Low, R. (1998): Felsensittiche verdienen mehr Aufmerksamkeit. Papageien 6, 188 – 191.
Low, R. & Lepperhoff, L. (1999): Der NiederRheinPark Plantaria in Kevelaer. Papageien 11, 379 – 382.
Low, R. (1999): The Lovin Care of Pet Parrots. Hancock House Publishers Ltd, Surrey und Blaine.
Low, R. (2000): Hahn's Macaws. Parrots 1, 37 – 39.
Low, R. (2000): Papageien-Zucht. Verlag Michael Biedenbänder, Dietzenbach.
Low, R. (2001): Rettet den Großen Soldatenara (*Ara ambigua*). Gefiederter Freund 3, 16 – 18.
Low, R. (2001): Die Zucht großer Aras. Papageien 6, 193 – 198.
Lücker, H. (1995): Beobachtungen zum kooperativen Verhalten zwischen Hyazintharas und Nagetieren im Pantanal. Papageien 6, 177 – 179.
Lücker, H. (1995): Biology, Breeding and Keeping of the Hyacinthine Macaw (*Anodorhynchus hyacinthinus*). Zoo-Pädagogie-Unterricht 3, Vol III.
Lücker, H., Patzwahl, S. (2000): The European Endangered Species Programme (EEP) for the Hyacinth macaw *Anodorhynchus hyacinthinus* from 1989 to 1998. Int Zoo Yb. 37, 178 – 183.
Luther, D. (1986): Die ausgestorbenen Vögel der Welt. A Ziemsen Verlag, Wittenberg Lutherstadt.
Machado de Barros, Y. (1995): Der Gebirgsara *Ara couloni* – Beobachtungen im Manu-Nationalpark. Papageien 8, 241.
Manderscheid, C. (1998): Schnabeldeformationen bei Papageien. Papageien 6, 198 – 200.
Martin, J.-J. (1998): Die automatische Schaltung der Volierenbeleuchtung. Die Voliere 2, 53 – 59.
Matthews, G. und G. (2000): Hahn's Macaws in Australia. Australian Birdkeeper 12, 616 – 618.
Matuschak, R. (2000): Gut Holz. WWF Magazin 5, 16 – 17.
Mayr, G. (2000): Ein eozäner Papagei aus Messel. Papageien 12, 416 – 417.
Mearns, B. und R. (1988): Biographies for Birdwatchers. Academic Press, London.
Mearns, B. und R. (1992): Audubon to Xánthus. London.
Mearns, B. und R. (1998): The Bird Collectors. Academic Press, London.
Meier-Weiss, H. und M. (1989): Schweizer Erstzucht des Kleinen Soldatenaras. Gefiederter Freund 5, 137 – 141.
Mettke-Hofmann, C. & Hofmann, G. (1999): Ist UV bei der Vogelhaltung wichtig? Die Voliere 6, 176 – 179.
Mills, C. (1983): Dwarf macaws. AFA Watchbird, 10 (3), 22 – 25.
Monge Arias, G., Chassot, O., Wright P., Powell, G., Adamek, Ch. (2001): Der Große Soldatenara – in Costa Rica bald ausgestorben ? Papageien 6, 208 – 210.
Morvan, O. & Saint-Pie, J. & Boussekey, M. (1995): Beobachtung des Blaukehlaras (*Ara glaucogularis*) im Freiland. Papageien 4, 121 – 125.
Mühlleitner, A. (1998): Gestresste Papageien. Papageien 6, 204 – 207.
Müller, M. & Neumann N. (1998): Haltung und Zucht des Blaulatzaras im Vogelpark Walsrode. Papageien 10, 335 – 339.
Müller, M. (1996): Großer Soldatenara. Kakadu United 1, 7 – 9.
Müller, M. (1999): Aus dem Vogelpark Walsrode: Die Haltung des Hahns Zwergaras. WP-Magazin 4, 34 – 35.
Müller, M. (2000): Review of the in situ status of the Great green or Buffon's macaw *Ara ambigua* and the European Endangered Species Programme (EEP). Int. Zoo Yb., 37, 183 – 190.

Müller-Bierl, M. & Cordier, Ch. (1991): Auf den Spuren des Rotohraras *Ara rubrogenys*. Gefiederte Welt 12, 413 – 416.

Müller-Bierl, M. (1992): Sprechende Papageien. Verlag Eugen Ulmer, Stuttgart.

Munn, Ch. A. (1988): Macaw biology in Manu National Park, Peru. Parrotletter 1, 18 – 21.

Munn, Ch. A. (1999): Projekt blauer Vogel. Geo 11, 50 – 68.

Munn, Ch. A. (1990): Die Aras im Manu-Nationalpark. Papageien 1, 22 – 25.

Munn, Ch. A. (1991): Eine kurze Studie über nistende Hyazintharas im Pantanal. Papageien 5, 145 – 148; 6, 178 – 181.

Munn, Ch. A. & Valqui, M. (1992): Warum nehmen Papageien Lehm zu sich? Papageien 6, 190 – 195.

Munn, Ch. und M., (1993): Die Wiederentdeckung des Blaukehlaras. Papageien 5, 148 – 152.

Munn, Ch. A. (1994): Aras die Pop-Stars Amazoniens. Geo 7, 116 – 136.

Munn, Ch. A. (1995): Lears Macaw: A second Population Convirmed. Psitta Scene 4, 1 – 3.

Munn, Ch. A. (1995): The bigger they are the harder they fall, or how body size affects the conservation status of new world parrots. Psitta Scene 2, 1 – 5.

Munn, Ch. A. und M. (1996): Die Aras von Tambopata. WP-Magazin 3, 24 – 28.

Neugebauer, W. (1993): Die Wilhelma. Konrad Theiss Verlag, Stuttgart.

Niemann, R. und H. (1996): Die Papageien von Puerto Jiménez in Costa Rica. Papageien 8, 245 – 247.

Oertel, J. (2000): Ein Spektakel der Farben und des Lärms: Ara-Lehmlecke am Tambopata-Fluss in Peru. Ziergeflügel und Exoten 5, 321 – 325.

Olmos, F. (1997): Parrots of the Caatinga of Piauí. Papageienkunde 2, 173 – 182.

Patzwahl, S. (1996): EEP's am Beispiel des Hyazinthara. Kakadu United 4, 12 – 14.

Penhallurick, J. (2001): Bulletin of the British Ornithologists' Club, Vol. 121, 38.

Peters, J. L. (1961): Check-List of Birds of the World. Volume III. Harvard University Press, Cambridge.

Pfeffer, F. (1996): Ein beliebter Südamerikaner – der Gelbbrustara. Gefiederte Welt 9, 294 – 296.

Pfeffer, F. (1997): Der Große Soldatenara. Gefiederte Welt 4, 114 – 117; 5, 153 – 154.

Pfeffer, F. (2000): Der Grünflügelara oder Dunkelrote Ara. Gefiederte Welt 1, 14 – 18.

Pies-Schulz-Hofen, R. (1992): Die Tierpflegerausbildung. Paul Parey Verlag, Berlin und Hamburg.

Pittmann, T. (1994): Über die Ernährung der *Anodorhynchus*-Arten im Freileben. Papageien 2, 54 – 56.

Pittmann, T. (1994): Höhlenmalereien in Brasilien. Papageien 8, 242.

Pittmann, T. (1995): Existiert der Meerblaue Ara (*Anodorhynchus glaucus*) noch? Papageien 2, 54 – 58; 3, 87 – 89.

Pittmann, T. (1996): Nistkästen für Hyazintharas im Pantanal. Papageien 2, 50 – 51.

Pleticha, H. & Schreiber, H. (1993): Die Entdeckung der Welt. Ueberreuter, Wien.

Pleticha, H. (1999): Lexikon der Abenteuer- und Reiseliteratur. Edition Erdmann, Stuttgart – Wien – Bern.

Poley, D. (Hrsg.) (1993): Berichte aus der Arche. Trias Georg Thieme Verlag, Stuttgart.

Porter, R. (1997): Visiting the Hyazinth Macaw Conservation Site. Psitta Scene 3, 1 – 3.

Proença, C. & Oliveira, R. S. & Silva, A. P. (2000): Flores e Frutos do Cerrado. Imprensa Oficial, Sao Paulo.

Radicke, S. (1998): Neue Wege in der Papageienernährung. Papageien 6, 195 – 197.

Raos, B. (2000). Ganz legal illegal. WWF Magazin 5, 10 – 11.

Reinschmidt, M. (1996): Der Jurong Birdpark in Singapur. Papageien 10, 307 – 310.

Reinschmidt, M. (2000): Kunstbrut und Handaufzucht von Papageien und Sittichen. Arndt-Verlag, Bretten.

Reinschmidt, M. (2000): "Trennkost" für Papageien und Sittiche. Papageien 12, 420 – 423.

Reintjes, N. & Kunz, B. & Blomenkamp, A. (1997): Situation of the Great Green Macaw *Ara ambigua guayaquilensis* in West Ecuador. Papageienkunde 1, 141 – 150.

Reiser, O. (1926): Vögel. Ergebnisse der Zool. Exped. der Akad. d. Wiss. nach Nordostbrasilien im Jahre 1903. Denkschr. d. Akad. d. Wiss. in Wien, Math.-naturwiss. Kl.

Reynolds, M. (1994): Getting it right. – Capturing the elusive qualities of Lear's Macaw. Psitta Scene 1, 8 – 9.

Reynolds, M. (1995): Any Excuse to visit Italy. Psitta Scene 4, 6.

Reynolds, M. (1997): Lear's Macaw – next in line for Extinction? Psitta Scene 2, 1 – 3.

Reynolds, M. (1998): Lear's Macaw – Some history, the current situation and proposals for its preservation. Psitta Scene 4, 24.

Ridgely, R. S. (1980): Notes on some rare or previously unrecorded birds from Ecuador. American Birds 34, 242 – 248.

Ridgely, R. S. & Gwynne, J. A. Jr. (1989): A Guide to the Birds of Panama with Costa Rica, Nicaragua and Honduras. Princeton University Press, Princeton, New Jersey.

Rieke-Müller, A. & Dittrich, L. (1998): Der Löwe brüllt nebenan. Böhlau Verlag, Köln.

Rieke-Müller, A. & Dittrich, L. (1999): Unterwegs mit wilden Tieren. Basilisken-Presse, Marburg/Lahn.

Risdon, D. H. S. (1967): Cage & Aviary Birds. Whitstable, Kent.

Risdon, D. H. S. (1980): The Macaws at Rode. Avicultural Magazin 4, 249 – 251.

Risdon, B. (1998): The Road to Rode. Rode Tropical Bird Gardens, Rode near Bath.

Robiller, F. (1990/1991): Papageien, Bände 1 bis 3. Deutscher Landwirtschaftsverlag und Verlag Eugen Ulmer, Berlin und Stuttgart.

Robiller, F. (1991): Vogelkäfige + Volieren. Deutscher Landwirtschaftsverlag, Berlin.

Romer, Ch. (2000): Three Months-three Continents. Avicultural Magazine 3, 99 – 103.

Rose, H. (1997): Gedanken zur Befruchtung bei Vögeln. Die Voliere 7, 206 – 209.

Roth, P. (1990): Spix Ara *Cyanopsitta spixii*. Was wissen wir heute über diese seltenen Vögel? Bericht über ein 1985 – 1988 durchgeführtes Projekt, Papageien 3, 86 – 88; 4, 121 – 125.

Russ, K. (1891): Die fremdländischen Stubenvögel. Die Papageien III. Carl Rümpler, Hannover.

Sabel, Karl (1999): Die Vögel der Erde. Gefiederte Welt 10, 382 – 383.

Salentiny, F. (1995): Dumont's Lexikon der Seefahrer und Entdecker. DuMont Buchverlag, Köln.

Salerne, M. (1767): L'Histoire Naturelle, l'Ornithologie des Oiseaux de Terre, de mer et de Riviere. Paris.

Sandkühler, M. L. (1996): Erfahrungen mit Papageienhaltung im Innenraum – Schlupfprobleme ja oder nein? Papageien 5, 140 – 141.

Sanfilippo, L. F. & Prudente do Amaral, P. (1999): Committe for the Recovery and Management of the Lear's Macaw. uvpack Editora, Sao Paulo.

Schallenberg, K.-H. (1993): Kennzeichnung von Papageien gegenwärtig und künftig. Papageien 1, 12 – 15.

Schallenberg, K.-H. (1997): Zucht eines Gelbbrustaras *Ara ararauna*, Papageien 262 – 265.

Schatzmann, P.-E. (1956): Johann Jakob von Tschudi Forscher, Arzt, Diplomat. Verlag Mensch und Arbeit, Zürich.

Schierz, G. (1998): Geschlechtsbestimmung durch Endoskopie. Papageien 4, 128 – 130.

Schifter, H. (1996): Präparate ausgestorbener Papageien in der Vogelsammlung des Naturhistorischen Museums Wien. Papageien 1, 21 – 24.

Schischakin, N. (1999): Das Spix-Ara-Erhaltungsschutzprogramm: Eine Erfolgsgeschichte. Cyanopsitta 53/54, 18 – 29.

Schmidt, D. (2000): Der Dusit Zoo in Bangkok. Gefiederte Welt 8, 278 – 281.

Schnorbach, O. (2000): Haltung und Zucht des Gelbbrustaras. Papageien 11, 372 – 375.

Schomburgk, R. (1847/48): Reisen in British-Guyana in den Jahren 1840 – 1844 I/II. Leipzig.

Schubot, R. M. & Clubb, K. J. & Clubb, S. L. (1992): Psittacene aviculture. ABRC, Loxahatchee.

Schwarzwälder, E. (1997): Haltung und Zucht von Hellroten Aras (*Ara macao*). Papageien 1, 6 – 9.

Schwarzwälder, E. (1999): Bruterfolge mit meinen Hellroten Aras. Papageien 5, 159 – 161.

Seibert, P. (1996): Farbatlas Südamerika. Verlag Eugen Ulmer, Stuttgart.

Seitre, R. (1992): Der Lear-Ara (*Anodorhynchus leari*). Papageien 5, 163 – 166.

Seitre, R. und J. (1995): Wo Aras noch frei fliegen. WP-Magazin 1, 14 – 19.

Seitre. R. (1998): Lear's Macaw (*Anodorhynchus leari*). Psitta Scene 4, 6 – 7.

Seitre, R. (1998): Der Ekuadorianische Große Soldatenara. Papageien 12, 418 – 422.

Sibley, C. G. & Ahlquist, J. E. (1990): Phylogeny and classification of birds of the world, a study in Molecular Evolution, Yale University Press, New Haven und London.

Sibley, C. G. & Monroe, B. L. (1990): Distribution an dTaxonomy of Birds of the World. Yale University Press, New Haven & London.

Sick, H. (1993): Birds in Brazil, Princeton, Chichester.

Silva, T. (1990): Der Spix-Ara (*Cyanopsitta spixii*) – gelingt seine Rettung durch Gefangenschaftszucht? Papageien 2, 57 – 59.

Silva, T. (1991): Der Hyazinthara – Status und Fortpflanzung in Menschenobhut. Gefiederte Welt 9, 298 – 301.

Silva, T. (1993): Zur Situation und Zucht des Spix-Aras *Cyanopsitta spixii*: Papageien 7, 206 – 211.

Smith. G. A. (1976): Notes on some Species of Parrots in Captivity. Avicultural Magazine 3, 143 – 150.

Snyder, N. & McGowan, P. & Gilardi, J. & Grajal, A. (eds.)(2000): Parrots. Status Survey and Conservation Action Plan 2000 – 2004. IUCN, Gland, Switzerland and Cambridge.

Sonnenschmidt, R. (1997): Neue Wege der Vogelheilkunde – Sexualität und Kreativität bei Papageienvögeln. Gefiederte Welt 2, 61 – 64.

Sonnenschmidt, R. (1995): Farbtherapie für Vögel, Gefiederte Welt 11, 379 – 382.

Sonnenschmidt, R. & Wagner, M. (1996): Neues Heilen – Vögel. Verlag Eugen Ulmer, Stuttgart.

Sonnenschmidt, R. & Wagner, M. (1997): Kraulschule für zahme Vögel. Verlag Eugen Ulmer, Stuttgart.

Soos, C. (1996): Macaw Behaviour in the Alto-Madidi National Park, Bolivia. Psitta Scene 2, 4 – 5.

Steinbacher, J. (1997): Charles Cordier – ein Gedenken. Gefiederte Welt 12, 407.

Steinigeweg, W. (1996): Ethische Überlegungen zur Berechtigung der Tierhaltung und der Kennzeichnung von Tieren. Die Voliere 3, 76 – 78.

Stelzner, M. (2000): Lebende Regenbogen im Manú-Park. WP-Magazin 6, 50 – 53.

Stiles, F. G. & Skutch, A. F. (1989): A Guide to the Birds of Costa Rica. Cornell University Press, Ithaca und New York.

Stoodley, P. (1984): Broadhalfpenny down Conservation Sanctuary – 1983. Avicultural Magazine 1, 41 – 48.

Stoodley, J. (1993): Parrot eggs under the microscope. Cage and Aviary Birds 4, 6/11.

Stresemann, E. (1951): Die Entwicklung der Ornithologie von Aristoteles bis zur Gegenwart.Aula-Verlag, Wiesbaden.

Strunden, H. (1984): Papageien einst und jetzt. Horst Müller Verlag, Bomlitz.

Strunden, H. (1986): Die Namen der Papageien und Sittiche. Horst Müller Verlag, Bomlitz.

Strunden, H. (1992): Lear-Ara (*Anodorhynchus leari*) benannt nach Edward Lear. Papageien 1, 22 – 23.

Strunden, H. (1992): Spix Ara (*Cyanopsitta spixii*) benannt nach Professor Dr. Johann Baptist von Spix. Papageien 4, 116 – 117.

Strunden, H. (1993): Andensittich Bolborhynchus orbygnesius – benannt nach Alcide d'Orbigny. Papageien 3, 92.

Stümpke, S. (1996): Brutbiologische Unterschiede in Feucht- bzw. Trockenbiotopen und der Einfluss der Nahrungsquellen auf die Brutgebiete freilebender Papageien. Die Voliere 6, 164 – 172.

Stümpke, S. (2000): Aufgaben der Ernährung und der Grundnährstoffe bei Papageien. Die Voliere 12, 356 – 361.

Stümpke, S. (2001): Papageien: Arterhaltung und Artenschutz. Die Voliere 1, 12 – 18.

Sweeney, R. (1996): The Blue-throated Macaw EEP Scheme. Avicultural Magazine 2, 79 – 81.

Sweeney, R. (1996): Ein sanfter, grüner Riese – Zuchterfolge beim Großen Soldatenara im Loro Parque. Gefiederte Welt 11, 377 – 378.

Sweeney, R. (1999): Die blaue Farbmutation des Hellroten Aras. Gefiederte Welt 1, 9.

Them, P. H. (1997): Die größte Ara-Zuchtanlage in Südafrika. Papageien 10, 305 – 307.

Tonelli Munhoz, T. M. (1991): Rund um den Spix-Ara. Gefiederter Freund 5, 130 – 134.

Traby, H. und H. (1989): Seltener Zuchterfolg mit Hellroten Aras. Gefiederter Freund 3, 72 – 75.

Tschudi, J. J. (1844 – 1846): Untersuchungen über die Fauna Peruana. 5 Bände. Scheitlin und Zollikofer, St. Gallen.

Tschudi, J. J. (1963): Peru, Reiseskizzen aus den Jahren 1838 – 1842. Akademische Druck- u. Verlagsanstalt, St. Gallen/Graz.

Tudge, C. (1993): Letzte Zuflucht Zoo. Spektrum Akademischer Verlag, Heidelberg – Berlin – Oxford.

Veser, F. (1991): Zucht des Großen Soldatenaras *Ara ambigua*. Papageien 1, 18 – 19.

Vins, T. (1996): Grundlegende Dinge zur Ernährung unserer Vögel. Die Voliere 19, 122 – 124.

Vins, T. (1997): Licht ist lebensnotwendig. Die Voliere 1, 15 – 17.

Vins, T. (1999): Grundlagen zur Ernährung der Vögel, Die Voliere 11, 327 – 330.

Vit, R. (1996): Der Blaukopf- oder Gebirgsara. Gelungene (Welterst-?) Zucht in der Tschechischen Republik. Gefiederte Welt 11, 375 – 376.

Vit, R. (1997): Der Gelbbrustara – ein far-

benprächtiger Südamerikaner. Gefiederte Welt 3, 81 – 82.
Vit, R. (1997): Der Blaukopf- oder Gebirgsara. Nachtrag zu meinem Artikel in der Gefiederten Welt 11/96, Gefiederte Welt 6, 193 – 194.
Vit, R. (1998): Neues über den Blaukopf- oder Gebirgsara. Gefiederte Welt 8, 300 – 302.
Volkemer, G. (1984): Notes on breeding the Hyacinthine Macaw. Avicultural Magazine 1, 17.
Wagner, R. K. (1997): Beleuchtungsergänzung mit einer Höhensonne. Papageien 5, 144.
Wagner, R. K. (1998): Das Handwerkzeug für meine erfolgreiche Handaufzuchten von Papageien. Die Voliere 10, 299 – 304.
Wagner, R. K. (1998): Optimale künstliche Lichtverhältnisse für die Papageienhaltung und Papageienzucht. Die Voliere 11, 334 – 338.
Wagner, R. K. (1998): Handaufzucht von Papageien. Verlag Michael Biedenbänder, Dietzenbach.
Waugh, D. (1995): Buffon's Macaw in Ecuador: the urgency for conservation action. Psitta Scene 1, 1 – 4.
Waugh, D. (1997): Loro Parque Foundation to return Illiger's Macaws to Brazil. Avicultural Magazine 1, 34 – 35.
Wedel, A. (1999): Ziervögel – Erkrankungen – Haltung – Fütterung. Paul Parey, Berlin.
Wege, D. C. & Long, A. J. (1995): Key Areas for threatened Birds in the Neotropics. BirdLife International, Cambridge.
Wertz, F. A. (1999): Von Mäusen, Ratten und anderen ungebetenen Volierengästen, Gefiederte Welt 11, 428 – 429.
Wiedenfeld, D. A. (1994): A new subspecies of Scarlet Macaw and its Status and Conservation. Ornithologia Neotropical 5, 99 – 104.
Wilkinson, R. (1996): Birdwatching in Brazil. Avicultural Magazine 2, 68 – 75.
Willimann, P. (1987): Gelungene Zucht des Großen Soldatenaras. Gefiederter Freund 10, 305 – 310.
Wolf, P. & Kamphues J. (2001): Samenmischungen = "Vollwertkost" für Papageien? Papageien 2, 56 – 60.
Wolters, H. E. (1975): Die Vogelarten der Erde, Parey, Hamburg.
Wright, P. & Powell, G. & Palminteri, S. (2000): Great-green macaw – Conservation in Central America. Psitta Scene 3, 2 – 3.
Würth, V. (1999): Das leidige Problem mit den Kleinnagern. Papageien 1, 19 – 21.
Würth, V. (2000): Und es werde Licht. Papageien 11, 382 – 386.
Wüst, R. (2000): Fermentierte Milchprodukte für Papageien. Papageien 10, 344 – 345.
Yamashita, C. & Machado de Barros, Y. (1997): The Blue Throated Macaw *Ara glaucogularis*: Characterization of its distinctive habitats in savannas of the Beni, Bolivia. Ararajuba 5, 141 – 150.
Ziemer, P. (1999): Für Vögel gefährliche Pflanzen I. Papageien 12, 419 – 422.
Ziemer, P. (2000): Für Vögel gefährliche Pflanzen II. Papageien 1, 19 – 22

Adressen und Bezugsquellen

Europäisches Erhaltungszuchtprojekt:

Blaukehlara (*Ara glaucogularis*)
Loro Parque
Wolfgang Kiessling
38400 Puerto de la Cruz
Teneriffa
Spanien

Hyazinthara (*Anodorhynchus hyacinthinus*)
Parc Paradisio
Steffen Patzwahl
Domaine de Cambron 1
7940 Cambron-Casteau
Belgien

Großer Soldatenara (*Ara ambigua*)
Zoo des Sables d´Olonne
Sandrine Silhol
Le Ouy d´Enfer
85100 Les Sables d´Olonne
Frankreich

Mexikanischer Soldatenara (*Ara militaris mexicana*)
Koninklijke Maatschappij voor Dierkunde van Antwerpen
Steven Vansteenkiste
Koningin Astrid Plein 26
2000 Antwerpen
Belgien

Papageienschutzorganisationen

World Parrot Trust WPT
Glanmour House
Hayle
Cornwall TR27 4HB
Großbritannien

Fonds für bedrohte Papageien
Walter Schulz
Goethestraße 21
75050 Gemmingen
Deutschland

Loro Parque Fundación
Loro Parque S. A.
38400 Puerto de la Cruz
Spanien

BirdLife International (vormals ICBP)
Wellbrook Court
Girton Road
Cambridge CB3 0NA
Großbritannien

Fachzeitschriften und Vogelzüchtervereinigungen

Aktuelles aus der Vogelwelt
Edeltrud Geistlinger
Waidach 153
5421 Adnet
Österreich

Australian Birdkeeper
POB 6288
South Tweed Heads
NSW 2486
Australien

Avicultural Magazine
The Avicultural Society
The hon. Secretary and Treasurer
c/o Bristol Zoological Gardens
Clifton
Bristol BS8 3HA
Großbritannien

AZ-Nachrichten
Organ der Vereinigung für Artenschutz, Vogelhaltung und Vogelzucht (AZ) e. V.
Geschäftsstelle
Postfach 11 68
71501 Backnang
Deutschland

Bird Talk Magazine
P. O. Box 57347
Boulder
CO 80322-7347
USA

Cage and Aviary Birds
Quadrant Subscription Services Ltd
P O Box 272
Haywards Heath

West Sussex RH16 3FS
Großbritannien

Deutsche Geflügelzeitung
Deutscher Bauernverlag
Postfach 31 04 48
10634 Berlin
Deutschland

Die Voliere
Verlag M. & H. Schaper
Kalandstraße 4
31061 Alfeld (Leine)
Deutschland

Gefiederte Welt
Verlag Eugen Ulmer GmbH & Co.
Postfach 70 05 61
70574 Stuttgart
Deutschland

Gefiederter Freund
Organ der Exotis (Schweizerischer Verband für die Haltung und Zucht sowie für Artenschutz exotischer Vögel)
Abonnementsdienst
Hugo Götti
Rebenstraße 52
9320 Arbon
Schweiz

Geflügel-Börse
Verlag Jürgens KG
Postfach 1529
82102 Germering
Deutschland

La revue des Oiseaux Exotiques
Paul Lacournet
35 rue Giffard
19100 Brive
Frankreich

Papageien
Arndt Verlag
Brückenfeldstraße 30
75015 Bretten
Deutschland

Papageienkunde / Parrot Biology
Arndt Verlag
Brückenfeldstraße 30
75015 Bretten
Deutschland

Parrots
Imax Publishing
Unit B2
Dolphin Way
Shoreham-by-Sea
West Sussex BN43 6NZ
Großbritannien

Tierwelt
Organ der Schweizerischen Gesellschaft für Kleintierzucht (SGK)
Zofinger Tagblatt AG
Tierwelt-Verlag
4800 Zofingen
Schweiz

Der Vogelfreund
Hanke Verlag GmbH
Postfach 10 40
75110 Pforzheim
Deutschland

WP-Magazin
Arndt Verlag
Brückenfeldstraße 30
75015 Bretten
Deutschland

Ziergeflügel und Exoten
Vereinigung "Ziergeflügel- und Exotenzüchter e. V."
Vereinigung für Zucht und Erhaltung einheimischer und fremdländischer Vogelarten
Hans-J. Wöhrmann
Spreeaue 14
03130 Spremberg
Deutschland

Reisen in die Herkunftsgebiete der Aras

Duma Natur-Studienreisen
Geislinger Straße 33
70327 Stuttgart
Deutschland
Tel. 0049 (0)711-8387930 / Fax 0049 (0)711-8386582
(Vermittelt auch Reisen im Auftrag von Biobrasil)

Rainforest Expeditions
Aramburu 166 – 4B
Lima 18
Peru
Fax: 0051-14 21 81 83

Zoologische Gärten und Vogelparks

Belgien
Antwerpen: Zoo Antwerpen, Konigin Astidplein 26, 2018 Antwerpen
Cambron-Casteau: Parc Paradisio, Domaine de Cambron, 7940 Cambron-Casteau

Brasilien
Brasilia: Jardin Zoologico, Av. das Nacoes, Via L4 Sul, Brasilia, Distrito Federal 70.610-100
Rio de Janeiro: Fundação Jardim Zoológico do Rio de Janeiro (Riozoo), Parque da Quinta da Boa Vista, São Cristóvão, Rio de Janeiro, RJ, CEP 20940-040
São Paulo: Fundação Zoológico de São Paulo, Av. Miguel Stéfano, 4241 CEP 04301-905 São Paulo

Costa Rica
Alajuela: Zoo AVE, Wildlife Conservation Park, Apartado 1327-4050 Alajuela
San José: Parque Zoologico Simon Bolivar, POB 11594-1000 San José

Deutschland
Berlin: Tierpark Berlin-Friedrichsfelde, Am Tierpark 125, 10319 Berlin; Zoologischer Garten Berlin, Hardenbergplatz 8, 10787 Berlin
Dettmold: Vogel- und Blumenpark, Heiligenkirchen, Detmold-Heiligenkirchen
Dresden: Zoologischer Garten, Tiergartenstrasse 1, 01219 Dresden
Frankfurt: Zoologischer Garten Frankfurt, Alfred-Brehm-Platz 16, 60316 Frankfurt am Main
Hamburg: Tierpark Carl Hagenbeck, Stellingen, 22059 Hamburg
Kevelaer: Plantaria, Am Scheidweg 1-5, 47624 Kevelaer-Twisteden
Lörrach: Vogelpark Wiesental, 79540 Lörrach
Metelen: Vogelpark Metelen, Samberg 60, 48629 Metelen
Stuttgart: Wilhelma, 70342 Stuttgart
Walsrode: Vogelpark Walsrode, Am Rieselbach, 29664 Walsrode
Wuppertal: Zoologischer Garten Wuppertal, Hubertusallee 30, 42117 Wuppertal

Frankreich
Mulhouse: Parc Zoologique et Botanique Mulhouse, 51, rue du Jardin Zoologique, 68100 Mulhouse
St. Martin de la Plaine: Espace Zoologique, St. Martin de la Plaine
Villars les Dombes: Parc des Oiseaux, 01330 Villars les Dombes

Großbritannien
Charlwood: Gatwick Zoo, Russ Hill, Charlwood, Surrey RH6 0EG geschlossen
Farnham: Birdworld Bird Park, Holt Pound, Farnham, Surrey GU10 4LD
Hayle: Paradise Park, Hayle, Cornwall TR27 4HY
London: London Zoo, Regent's Park, NW1 4RY London
Maidstone: Leeds Castle, The Aviary, Maidstone, Kent

VERZEICHNISSE

Paignton: Paignton Zoological and Botanical Gardens, Totnes Road, Paignton TQ4 7EU
Rode near Bath: The Tropical Bird Gardens, Rode near Bath, Somerset (existiert nicht mehr)
Romsey: Paultons Park, Ower, Romsey, Hampshire SO51 6AL

Italien
Neapel: Giardino Zoologico di Napoli, Viale Kennedy 70, 80125 Napoli
Pinerolo: Parco Ornitologico Martinat, Via San Antonio, 10064 Pinerolo
Rom: Giardino Zoologico e Museo di Zoologia, Viale Giardino 20, Roma

Niederlande
Amsterdam: Artis, Plantage Kerklaan 38 – 40, 1018 CZ AMsterdam
Arnhem: Burgers Zoo, Schelmseweg 85, 6816 Arnhem

Peru
Lima: Patronato Nacional del Parque de las Leyendas, Av. La Marina Cuadra 24, POB 170079 Lima 32

Schweden
Stockholm: Skanson-Akvariet, 11593 Stockholm (keine Aragehege für die Öffentlichkeit)

Schweiz
Basel: Zoologischer Garten Basel, 4000 Basel
Bern: Tierpark Dählhölzli, Tierparkweg 1, 3005 Bern (leider keine Aras mehr)
Rapperswil: Knies Kinderzoo, Oberseestrasse 15, 8640 Rapperswil
Studen: Zoo und Freizeitpark Seeteufel, 2557 Studen-Biel
Zürich: Zoo Zürich, Zürichbergstrasse 221, 8044 Zürich

Singapur
Singapur: Jurong Bird Park, 2, Jurong Hill, Singapore

Spanien
Gran Canaria: Los Palmitos Park, Apto 107, Maspalomas, 35109 Gran Canaria
Teneriffa: Loro Parque, 38400 Puerto de la Cruz, Teneriffa

Südafrika
Hout Bay near Cape Town: World of Birds, Wildlife Sanctuary, Valley Road, Hout Bay, 7806 Cape Town
Pretoria: National Zoological Gardens of South Africa, POB 754, Boom Street, Pretoria 0001

USA
Loxahatchee: Avicultural Breeding and Research Center ABRC, 1471 Folsom Road, Loxahatchee FL-33470-4942 (der Öffentlichkeit nicht zugänglich)
Miami: Parrot Jungle and Gardens, 1000 S. W. 57th Ave., Miami, FL 33156
San Diego: San Diego Zoo, POB 551, 2920 Zoo Drive, San Diego, Ca 921120551
Tampa: Busch Gardens, POB 9158, Tampa, Florida 33674-9158

Register

Volkstümliche Namen

Arakanga 164
Araraunaara 143
Bechsteinara 157
Blaukehlara 148
Blaukopfara 192
Caninde-Ara 148
Dreifarbener Ara 207
Dunkelroter Ara 170
Gebirgsara 192
Gelbbrustara 143
Goldnackenara 199
Großer Soldatenara 157
Grünflügelara 170
Hahns Zwergara 202
Hellroter Ara 164
Hyazinthara 122
Kleiner Soldatenara 152
Kuba-Ara 207
Lafresnayes Rotbugara 183
Lear-Ara 133
Lichtensteins Ara 203
Marakana 196
Meerblauer Ara 206
Neumanns Ara 204
Nördlicher Hellroter Ara 164
Rotbauchara 187
Rotbugara 182
Rotohrara 177
Rotrückenara 196
Spix-Ara 138

Wissenschaftliche Namen

Anodorhynchus glaucus 206
Anodorhynchus hyacinthinus 122
Anodorhynchus leari 133
Ara ambigua 157
Ara ararauna 143
Ara auricollis 199
Ara chloroptera 170
Ara couloni 192
Ara glaucogularis 148
Ara macao 164
Ara macao cyanoptera 164
Ara manilata 187
Ara maracana 196
Ara militaris 152
Ara nobilis 202
Ara rubrogenys 177
Ara severa 182
Ara severa castaneifrons 183
Ara tricolor 207
Cyanopsitta spixii 138
Diopsittaca nobilis 202
Diopsittaca nobilis cumanensis 203
Diopsittaca nobilis longipennis 204
Orthopsittaca manilata 187
Propyrrhura auricollis 199
Propyrrhura couloni 192
Propyrrhura maracana 196

Sachregister

Abramson 9
ABRC 151ff., 163, 181
ABRC 152
Absetzkäfig 106
Acer sp. 56
Acrocomia aculeata 150
Acrocomia sp. 125, 127, 150
Acrocomia totai 68, 70, 150
Acrocomia-Nüsse 70
Acrylanbindung 99
Acuri-Palme 68, 126
Adelia mesembinifolia 201
Affe 20
Aggressionen 90
Aggressivität 83 ff., 112
Aguti 41
Ahorn 56
Akazien 178
Akklimatisationsgarten Paris 133
Aktivitätsphasen 13
Aller, Gloria 131
Almendro de montana 159
Ahlquist 10
Alterungsprozess 61 ff.
Alto-Madidi-Nationalpark 172
Altwassersee 144 ff., 188
Aluminiumnistkasten 30, 147
Amana-Schutzgebiet 184
Amana-Sustainable Development Reserve 22
Amazona 6
Amazona amazonica 189
Amazonas 12
Amazonasbecken 12, 22
Amazonaswald 13
Amazonen 60, 171
Amazonien 12, 15, 18 ff.
Amboro National Park 155
Amisosäuren 71
Ammenaufzucht 191
Ammenbrut 92, 163

REGISTER

Amtstierarzt 38
Anacardium occidental 70, 167
Anden 10, 14
Anodorhynchus 6, 9, 11, 109
Anodorhynchus glaucus 206
Anodorhynchus hyacinthinus 122
Anodorhynchus leari 133
Anodorhynchus purpurascens 207
Äquatorklima 12
Ara 6, 8, 143
Ara ambigua 1, 157
Ara ararauna 143, 149
Ara atwoodi 207
Ara auricollis 9, 199
Ara autochthones 207
Ara chloroptera 170
Ara couloni 10, 192
Ara erythrocephala 207
Ara glaucogularis 148
Ara gossei 207
Ara guadeloupensis 207
Ara macao 164
Ara manilata 9, 187
Ara maracana 9, 196
Ara martinica 207
Ara militaris 152
Ara rubrogenys 177
Ara severa 9
Ara tricolor 207
Arahandel 21
Ararauna-Ara 143
Aratinga 6, 8 ff., 202, 206
Aratinga leucophtalmus 205
ARCAS 167
Archis hypogaea 69
Arini 6
Armonia 151
Arthrose-Erscheinungen 62
Artis 192, 207
Arthritis 63
Aspergillose 120
Aspergillus 120
Asplenium nidus 49
Astrocaryum 70, 126
Astronium sp. 201
Atemapparat 120
Attalea 25, 70, 126
Attalea phalerata 150
Auffangstationen 113
Aufzuchtbox 95
Aufzuchtgerät 96, 104
Ausfliegen 89
Aussenvoliere 29, 42, 45, 52, 82, 84, 115, 142, 146, 194, 198
Ausstellungen 110
Austrocephalocereus dybowskii 139
Autopsie 64
AZ 35
Azara, Don Felix de 148
Bahia 24
Bahuaja-Sonene-Nationalpark 21
Balz 14, 83

Bambus 49
Baumnuss 106, 108, 162, 176, 186
Bechstein, Johann Matthäus 157, 207
Befruchtung 85
Behavioral Enrichment 42
Beleuchtung 47
Beleuchtungsdauer 47
Beleuchtungssystem 48
Belüftung 51
Belüftungssystem 51
Bepflanzung 48
Berberis vulgaris 56
Berberitze 56
Bergnebelwälder 193
Bergregenwald 12
Berieselungsanlage 82, 108, 141
Beringung 106 ff.
Bertholletia excelsa 69, 173
Beschäftigungsförderung 42
Bestandesaufnahme 22
Betonnistkasten 50
Bevölkerungswachstum 19
Bewässerung 51
Bewegungseinschränkung 63
Bezirkshauptmannschaft 36
BioBrasil 127
Bioenergetik 113
Biosphärenreservat 22
Bischofberger, Dölf 152
Blauara 6, 8
Blaukehlara 33, 144, 148
Blaukopfara 10, 192
Blutprobe 34, 79
BNA 35, 107
Bocaiuva-Palme 68
Bocaiuva-Palmfrüchte 70
Boddaert, Pieter 187
Bohnen 131, 182
Bonaparte, Charles Lucien Laurent 9, 133 ff., 138
Brackwasserwald 158
Brasilien 24
Braulio Carillo Nationalpark 159
Brei 101
Britisches Museum 170
Britisches Museum Tring 109
Bromelia sp. 49
Brüche 120
Brut 72, 76
Brutapparat 91, 93 ff.
Brutphase 51
Bruttrieb 83
Brutzeit 86
Buffon 187
Bundesamt für Naturschutz in Bonn 35
Bundesamt für Veterinärwesen 36
Bundesartenschutzverordnung 35
Bundesnaturschutzgesetz 35
Buriti-Palme 46, 70, 139, 144, 147,166, 171, 183, 187 ff., 204 ff.
Buriti-Palmenbestand 126
Buriti-Palmenhain 25, 188, 189

Buriti-Palmensumpf 24, 145 ff.
Buschland 124
Buschwaldvegetation 180
Bush Gardens 137
Butia yatay 206
Caatinga 134, 136, 139, 173, 196, 205
Cacatua galerita 45
Callonetta leucophrys 56
Calycophyllum spruceanum 150
Calyptrogyne 158
Caquiahuara Forschungsstation 172
Caraibeira-Bäume 139, 140
Caraniana 184
Carl Hagenbeck Hamburg 56
Carlinhos dos Araras 24
Caryocar sp. 166
Cashewkern 70
Cassin, John 199
Catalania Bird Park 109
Catalpa sp. 197
Cavanillesia platanifola 20,160, 167
Cecropia 159
Cecropia fuella 184
Cecropia-Baum 14, 144, 166, 172
CeDeMix 195
Cedrela odorata 184
Cerrado 24 ff., 124, 126, 171, 173, 188
Cerro-Blanco-Naturreservat 20
Chaco 150
Chapman, Frank Michler 158
Chassot, Olivier 159 ff.
Chester Zoo 181
Chile 10
Chlamydiose 119
Chromosomenuntersuchungen 9
Churchill, Sir Winston 62
Circovirus 116
Circus Knie 79, 163
CITES-Bescheinigung 35 ff., 38, 65
Clay lick 14
Cleistocactus 178
Cnidoscolus 140
Cnidoscolus phyllacanthus 197
Cocos nucifera 70
Collpa 14 ff., 18, 145, 165 ff., 171, 184, 189, 193
Conurus illigeri 10
Cook, James 124
Copaifera langsdorffi 173
Copernicia alba 150
Copernicia prunifera 70
Coragyps atratus 166
Cordia 205
Cordier, Charles 178 ff.
Corylus sp. 70
Coulon, Louis 10, 192
Council for Bird Preservation 140
Cupania cinerea 184
Curcon, Mike 59
Cyanoliseus 11
Cyanopsitta 9
Cyanopsitta spixii 138

217

VERZEICHNISSE

D'Acosta, José 164
Dabbene 148
Dalium guianensis 159
Dämmerungssystem 48
Dari 71
Darmflora 99
de Azara, Don Felix 196
de Dios, Antonio 109
de la Vega, Ynca Garcilasso 157
de Laet, Joannes 192
de Lafresnaye, Baron 177
de Miranda-Ribeiro, Alipio 9
Dendrocygna viduata 56
Desinfektion 98, 115, 120
Dessalines d'Orbigny Alcide 133, 177
Diopsittaca 8 ff., 202
Diopsittaca nobilis 202
Dipteryx alata 18
Dipteryx micrantha 166
Dipteryx panamensis 159
DNA-Analyse 34, 79
DNA-DNA-Hybridisierung 10
Dolton, Ken 61
Doppelgitter 107, 82
Dornbuschgebiet 165
Dornbuschsavanne 173
Dragowitz, Marc 167
Draubenton, Edmée-Louis 187
Dreifarbener Ara 207
Dschungel 12
Dunkelroter Ara 9, 14 ff., 25, 27, 40, 44, 55 ff., 58 ff., 60 ff., 70, 78, 82, 84 ff., 99, 105, 107, 109, 117,170
Durchleuchten 85, 97
Dypterix panamensis 159 ff.
Echosittich 130
Edelholzgewinnung 19
Edelstahlring 107
Edmond 10
EEP 109, 161 ff.
Efeutute 49
Ei 85 ff., 91, ff., 98 ff., 132, 135, 147, 162, 168, 176, 181 ff., 194, 201, 206
Eiablage 82, 85
Eichenwald 13, 154, 158
Eidotter 98, 132
Eifersucht 30
Eifutter 73, 88, 147, 195, 198 ff.
Einschlupfloch 81, 89, 93,
Einzelhaltung 29, 113
Eira barbara 20
Eiweiss 72
Eiwendung 94
Eizahn 96
Eizerstörer 87
El Cielo Biosphärenreservat 155
Elaeis guineensis 70
Elektrosmog 46, 48
Elternaufzucht 86, 104, 105, 108, 130, 132, 176, 191, 198 ff., 201, 206
Embryo 76, 85 ff., 91, 93,ff., 96 ff., 130, 132, 147, 162 ff., 181, 191, 202

Embryonalentwicklung 84
Embryotod 97 ff.
Endopleura uchi 173
Endoskopie 31, 34, 79, 105, 107, 116, 120
Endoskopiering 106, 114
Energiebedarf 66
Energiegehalt 99
Entstehungsgeschichte 6
Entwicklung 6
Entwöhnung 104
Entwöhnungsphase 32, 132
Entwurmung 113
Enzym 101
Epiphyten 49, 158, 166, 171, 193
Erdnüsse 68 ff., 105, 147, 155, 162, 186, 190, 195
Erhaltungszuchtprogramm 108
Ernährung 68, 84, 103
Ersatznahrung 66
Erythrina 201
Erythrina crista-galli 180
Erythrina fusca 205
Erythrina glauca 205
Esnault 26
EU-Recht 39, 107
Euphorbien 178
Euphorbienarten 140
Euterpe 158, 190, 205
Euterpe precatoria 184
Fachzeitschrift 32, 65, 79, 108
Fang 173
Fänger 22
Farne 49, 193
Fatsia japonica 49
Federlinge 114
Feduccia, J. Alan 164
Fehlernährung 73
Fehlverhalten 76
Feigen 201
Feind 19
Felsensittiche 11
Feuchtgebiete 187
Feuchtsavanne 190
Ficus 49, 155, 159, 184, 201
Ficus benjamina 49
Ficus elastica 49
Fischer, Rolf 30
Fitschen Marianne 131
Flechten 193
Fledermaus 24
Fleischknochen 73
Fluggesellschaft 38
Flugmuskulatur 105
Flugübungen 105
Fluoreszenzröhre 45 ff., 142
Folsäure 69
Fonds für bedrohte Papageien 21
Forshaw 9
Frakturen 120
Französische Mauser 116
Freiflug 57, 62, 112, 147, 162 ff., 186
Freiflugvoliere 55

Freisitz 31
Frisius 161
Früchte 72, 74, 105, 114, 131, 151 ff., 159, 162 ff., 166, 168 ff., 173, 181 ff., 186 ff., 193, 198, 206
Frustration 76
Furcht 69
Fussring 114
Futter 73 ff., 85, 107, 110, 114
Futterbedarf 66, 101
Futtergefäss 49
Fütterung 66, 68, 82, 99, 104, 116
Galeriewald 124, 144, 171, 182, 196, 200, 205
Ganglioneuritis 118
Gatwick Zoo 80
Gebirgsara 10, 192
Gefährdung 18
Gefäßpflanzen 18
Gefieder 112
Geflügelpest 39, 119
Gefriererbsen 191
Gelbbrustara 9, 14 ff., 24, 26, 29, 40, 57 ff., 70, 84, 86, 89, 91 ff., 109, 113, 143, 149 ff., 164, 166 ff., 171, 189
Gelbohrsittich 11
Gelbstirnara 207
Gelege 84 ff., 93, 168, 181
Gelenksteife 63
Gemeinschaftsvoliere 61
Gemüse 72, 84, 87, 147, 155, 162 ff., 168 ff., 181 ff., 186 ff., 195, 206
Gemütszustand 28
Genova, Gianni 87
Geophagie 14 ff., 18
Gerlach, Helga 130
Gerste 71
Geschlechtsbestimmung 79
Geschlechtsdimorphismus 34
Geschlechtsdrüse 79
Geschlechtsreife 31
Geschlechtsunterschied 34
Gesetz 35
Gesner, Konrad 148, 170
Gesundheitsvorsorge 110
Gesundheitszeugnis 38
Gewächshausleuchte 47
Geweihfarn 49
Gewichtsentwicklung 102 ff.
Gewichtskontrolle 95
Gewichtsverlust 63
Gewichtszunahme 104
Gift 115
Glanz 68, 186
Glühbirne 48
Glykogen 130
Gmelin, Johann Friedrich 187
Goldbürzeltukan 166
Göldi, Emil August 124
Goldnackenara 9, 29, 194 ff., 199
Gould, John 199

218

Grasland 150
Grassavannen 150, 188
Graupapagei 60, 206
Graurücken-Trompetervogel 56
Gray, George Robert 170
Greenwood, Andrew 190
Greifvögel 14
Grenztierarzt 38 ff.
Großer Gelbhaubenkakadu 45
Großer Soldatenara 20, 62, 79, 85, 152, 157
Grundfutter 68
Grunebaum, Walter und Daphne 131
Guadeloupe-Ara 207
Guayabochi 150
Guayas 20
Guazuma tomentosa 201
Guazuma ulmifolia 197, 201
Guilielma sp. 184
Gummibaum 49
Hafer 71, 131, 186, 195
Hagenbeck, Carl 206 ff.
Hagenbecks Tierpark 55, 143, 173
Hahn, Carl Wilhelm 203
Hahns Zwergara 6, 8, 29, 61, 202
Halbwüste 178
Hämmerli, Josef 142
Hamstern 126 ff.
Handaufzucht 32, 76, 89, 91, 99, 101, 107 ff., 120, 130, 132, 147, 169, 176, 191, 195 ff., 198 ff., 206
Handaufzuchtfutter 103
Handel 20, 167, 201
Handfütterung 101, 104 ff.
Hanf 195
Hanfsaat 71
Hängekäfig 54, 137, 141, 163
Harpia harpyja 19
Haselnuss 70, 142
Heath, John 94
Hebel, Norbert 69, 87
Hellroter Ara 9, 14 ff., 26, 57 ff., 61 ff., 84, 107, 109, 111, 164, 171
Hemipsittacus 9
Henri Pittier Nationalpark 184
Herausfangen 37
Hernandes, Francisco 164
Herpesvirus 119
Hirse 68, 186, 194
Höhlenzeichnungen 26
Homöopathie 113
Hoppe 9
Hunn, Heinz 133
Hura crepitans 166, 184
Hüttenkäse 73, 88, 131, 147
Huxley 10
Hyazinthara 6, 23 ff., 29, 30, 49, 51, 54, 60 ff., 68 ff., 76, 81, 83 ff., 90, 92 ff., 99 ff., 106, 110, 122, 134, 143, 163, 165, 170
Hybridara 40, 109
Hylaea 12

Hymenaea courbaril 173
Hymenea sp. 18
IATA 39
IBAMA 136, 141
Importbewilligung 38
Indianer 10, 180
Indianerstamm 26
Indio-Maiz-Reservat 159
Industrialisierung 19
Infrarotkamera 87
Inga latifolia 184
Inkubationszeit 86
Inkubator 162
Innenraum 30, 31, 44, 46, 48 ff., 52, 57, 65, 80, 83, 115, 142, 173, 191
Innenvoliere 82, 146, 169, 186, 192, 194, 198
Insektenfresserfutter 73
Inzucht 109, 136
Ionisator 52
Iris 63
Iseli, Eduard 131
Itocoatiara 21
Jahresbericht 65
Japura 21
Jardin du Roy 143
Jatropha 134, 140, 197
Jessenia bataua 154
Jod 130
Johnson, Bob und Liz 61
Juggesellenvoliere 90
Juglans regia 69
Jungara 90, 104, 106, 108
Jungenaufzucht 73, 76, 88, 112
Junggesellenvoliere 108
Jungvogel 105, 107
Jurong Bird Park 42
Käfig 30
Kakadu-Federverlustsyndrom 116
Kakteen 178
Kalk 86
Kalzium 14, 70, 73, 87, 98, 156
Kalziumpräparat 88
Kanavit 74, 99
Kappen-Waldfalken 20
Kardi 68, 71, 142, 186, 194
Kaschubaum 167
Käse 73
Kastenkontrolle 80
Katze 41
Kawall, Nelson 109
Keilschwanzsittiche 8 ff., 202, 205
Keimfutter 70 ff., 88, 147, 151, 187, 191, 194 ff., 198
Keimprozess 70 ff.
Keimzellenreifung 72
Kennzeichnung 106 ff.
Kennzeichnungspflicht 35 ff.
Kerbtiere 73
Kescher 37
Kiefernwald 13
Klee, Edward 10

Kleiner Soldatenara 26, 59, 62, 85, 152, 158
Kletterbaum 31
Knollengewächse 178
Koch, Karl-Heinz 61, 192, 194
Kochsalzlösung 97
Kokosflocken 132
Kokosnuss 70
Kokosnussfruchtfleisch 128, 142
Kolbenhirse 191, 198
Kölner Zoo 133
Kolumbus, Christoph 26
Komitee zur Erhaltung des Spix-Aras 141
Königspalme 70
Konservierungsstoffe 84
Kopulation 84
Korallenstrauch 180
Körnerfutter 73, 74, 114
Krallen 110, 112
Kraniogramm 107
Krankheiten 110, 116
Krankheitsübertragung 78
Krebs, Kurt 76
Krebsleiden 132
Kropfmilch 99
Kuba-Ara 26, 207
Kulturgeschichte 26
Kunstbrut 91 ff., 112, 128, 130 ff., 162 ff., 195
Kürbiskerne 71
Küstenwald 196, 197
La Vera 42
Lacépède, Compte de 143
Lafresnaye 182
Laktobazillen 99
Lambert, K.-H. 193, 195
Langflügelpapageien 48
Lapa Verde 160
Latham, John 122, 133, 157
Lear, Edward 133 ff.
Lear-Ara 9, 61, 68, 133
Lebensraum 12
Lebensraumbereicherung 10, 42, 68, 78, 112, 141
Lebensraumzerstörung 18, 173, 180
Legenot 118, 142
Lehm 14
Lehmlecke 14 f., 18, 56, 171 ff., 189 ff.
Lehmwand 146
Leitungswasser 75
Leopardus pardalis 20
Leopoldinia 126
Levaillant, François 157
Leverian Museum 124
Licht 82
Lichtenstein, Carl 203
Lichttherapie 48
Licuri-Palme 134 ff.
Lima 10
Lima, Paolo 24, 141
Lima, Lourival 24, 141
Linné Carl 10, 143, 152, 164, 182, 202

219

Lockvogel 21
Löffel 101
Londoner Zoo 26, 61, 84, 133, 198, 203, 206 ff.
Lorenz, Konrad 62
Loro Parque 42, 71, 141 ff., 152, 155, 190 ff., 195, 198
Loro Parque Fundation 141
Louis, Jean Pierre 206
Low, Rosemary 11, 202
Luftfeuchtigkeit 24 ff., 50 ff., 75, 83, 91, 94 ff., 97, 130 ff., 162, 181
Luftkammer 96 Ei 96
Luftreinigungsgerät 52
Luftröhre 101
Lysiloma-Arten 159
Macadamia integrifolia 70
Macadamianuss 70
Macaw Wasting Disease 118
Machado, Armando 24
Maden 73
Madidi National-Park 155
Madidi-Schutzgebiet 171
Madre de Dios 14, 22
Magenlähmung 118
Magensteinchen 74
Magnesium 14
Mais 68, 71
Mamiraua-Schutzgebiet 166, 184, 188
Manaus 21
Mandel 70
Mango 54, 166
Manu-Nationalpark 194
Maquenque-Nationalpark 159
Marakana 140 f., 196
Maranomais 71
Marcgraf, Georg 182, 192
Martinique Ara 207
Mason, Chris 181
Massena, Victor 199
Masson, Geoff 92
Mauritia flexuosa 70, 139, 144, 187
Mauritia sp. 183
Mäuse 113, 115
Mäusebekämpfung 115
Mauser 72, 83, 112, 116, 118
Max Joseph, König von Bayern 138
Meerblauer Ara 9, 20, 134, 136, 206
Meerschweinchen 41
Megatherium 125
Mejia, Octavio 108
Meldepflicht 36
Melia azedarach 155, 197
Melocactus sp. 134
Melonenkerne 68
Messer, Roland 142
Micrastur semitorquatus 20
Micropholus melinoneana 184
Mikrochip 34, 36, 38, 79, 107 f., 121
Milchprodukte 73
Mineralfelsen 14
Mineralien 71

Mineralmangel 18
Mineralstoffe 74
Möller 206
Monge, Guiselle 159 f.
Monroe 9
Mörderbiene 128, 140
Motacu-Palme 150
Müller, Martina 161
Mungobohnen 72, 104
Munn, Charles und Mariana 25, 150
Musée d'Histoire Naturelle Paris 133
Muskelrückbildung 63
Mutation 109
Mykosen 120
Myrobalanus argentea 205
Nabel 99
Nachgelege 85, 91, 93
Nachtlicht 47
Nacimento 141
Nadelwald 154
Nahrungsaufnahme 104
Nahrungsbäume 18
Nahrungsspektrum 66
Nahrungssuche 66
Napoleon 134
Nationalmuseum Buenos Aires 149
Natrium 14
Natterer, Johann 199
Naturbrut 132
Naturschutzbehörde 35 f.
Nebelwald 12, 193
Nephrolepis sp. 49
Nervenkrankheit 63
Nervenstörungen 119
Nestfarn 49
Nestkontrolle 132
Nestlingszeit 88 f.
Nesträuber 93, 166
Neumann, Oscar 204
Neuropathische Magendilatation 118
Newcastle Disease 39, 119
Niacin 69
Nierenleiden 63
Nisthöhle 14, 18, 106, 176
Nistkasten 50, 79 ff., 85, 87, 89 f., 93, 95, 128, 150, 155, 168, 181, 191, 194, 206
Nomenklatur 9, 203
Nominatform 11
Nussarten 132
Nüchter, L. und U. 124, 131
Nüsse 68 ff., 74 f., 82, 88, 106, 110, 112, 114, 120, 126, 128, 168 f., 193 f., 205
Nussortiment 130
Nutri Bird 132
Oberschnabel 99
Oberschnabelverkrümmung 99, 132
Obst 72, 84, 87, 147, 155, 191
Oertel, Jürgen 203
Ognorhynchus 11
Ökotourismus 22
Olmos 173
Ölpalme 70

Opuntien 134, 139, 178
Orbignya martiana 70
Orbignya phalerata 150
Orchideen 159
Orford, Lord 124
Organschäden 113
Organschwächen 113
Ornithose 119
Orthopsittaca manilata 9
Oser, Walter 181
Ozelot 20
Paarbindung 13
Paarungsverhalten 83
Pacheco'sche Papageienkrankheit 119
Palicourea rigida 24
Palmenbestand 193
Palmenhain 196
Palmeninseln 124, 205
Palmensumpf 189
Palmenwälder 13
Palmfrüchte 68, 125, 150, 201
Palmitos Park 42, 101, 186, 199, 202
Palmnüsse 25, 128, 166, 173
Pantanal 73
Papageienhandel 24
Papageienkrankheit 119
Papaya 101
Papillomatose 118
Paradise Park 61, 130, 155, 162
Paramyxovirus 119
Paranuss 69, 74, 106, 108, 131, 142, 146 ff., 155, 162, 166, 173
Parc des Oiseaux 57, 168
Parco Ornithologico Martinat Pinerolo 194
Parrot Junge 62, 84, 132, 153
Partnerfüttern 83
Paultons Park 92
Pavuasittiche 205
PBFD 39
Pekanuss 70
Pellets 73 f., 152, 181
Persönlichkeitsentwicklung 90
Philipp II von Spanien 164
Philodendron scandens 49
Phosphor 70, 99, 132
Piaui 24 f.
Pigio 160, 167
Pilon Lajas Biosphärenreservat 155
Pilz 69
Pilzerkrankung 39, 120
Pilzsporen 120
Pinienkerne 142, 191
Pionus menstruus 14
Pionus-Arten 171
Plantaria 49, 186, 194, 198 f., 204
Platycerium bifurcatum 49
Pochota-Blüten 160
Pochote sessili 167
Poicephalus sp. 48
Polyomavirus 39, 116
Protein 72

REGISTER

Powell, George 160
Prachthaubenadler 20
Präkolumbianisch 20
Precious Woods 21
Pretty Bird 162
Primärurwald 159
Primolius 9
Problemvogel 34
Produktivität 84, 93
Propyrrhura auricollis 9
Propyrrhura maracana 9
Prosopis kuntzel 178
Protein 73
Prunus amygdalus 70
Pseudogeflügelpest 119
Psittacine Beak and Feather Disease PBFD 116
Psittacula echo 130
Psittacus erithacus 60, 206
Psittakose 34 f., 39, 119 f.
Psittakose-Nachweisbuch 36
Psophia crepitans 56
Psyche 112
Pueblo 20
Pueblo-Siedlung 26
Pyrrhura 206
Quarantäne 39 f.
Quarantäneraum 35
Quercus sp. 158
Quick0-Forte 191
Rachitis 88
Ramphastos culminatus 166
Ratten 113, 115
Raubkatze 20
Regenzeit 81 f.
Reichenow, Anton 148, 153
Reinigungsarbeiten 52
Reproduktionsrate 14, 18 f., 126, 166, 173, 194
Reproduktionszeitspanne 84, 112
Reynolds, Mike 130
Ridgeway, Robert 153, 202
Riesenfaultier 125
Rigge, J. S. 173, 176
Ring 34 f., 38, 106 ff., 115
Ringer-Laktat-Lösung 99
Ringtrauma 121
Rio Branco 22
Risdon, Donald 58
Rodungsfläche 193
Rohprotein 71
Romanzoffianische Kokospalme 70
Rotbauchara 9, 14 f., 24, 99, 182, 184, 187
Rotbugara 9, 14 f., 29, 61, 187, 189
Roth, Paul 190
Rotohrara 40, 43, 177
Rotrückenara 9, 138, 140, 142, 191, 194, 196
Rotschulterente 56
Roystonea oleracea 70, 190
Rudolf II von Habsburg 133

Rupfen 57, 88, 112 f.,
Rupfer 113, 169
Ruß, Karl 202, 206
Sachkunde 35
Salix sp. 56
Salzlösung 99
Salzmangel 18
Sämereien 69 f., 128
San Diego Zoo 173, 186
Sao Goncalo do Gurguéira 24
Sapium aereum 184
Savannen 124, 182
Scheelea 68, 125 ff.
Scheelea martiana 150
Schefflera arboricola 49
Scheinkopulationen 128
Schieren 85, 97
Schlange 24
Schlupf 85, 87, 94, 97
Schlupfhilfe 96 f.
Schlüpfmuskel 96
Schnabel 110, 112
Schnabelabwetzung 74
Schnabelfrakturen 121
Schneider, Holger 29
Schomburgk, Richard 192
Schönbrunn, Tierpark 61, 207
Schutz 18
Schutzhaus 28, 42
Schutzmassnahme 21, 23
Schwarzohrpapageien 14
Scindapsus aureus 49
Sclater, Philip Lutley 10, 192
Seefahrer 169
Sehvermögen 63
Sekundär-Buschland 150
Sekundärwald 159, 182, 193
Selbständigwerden 90
Selektion 89
Serique Gil 124
Sexualhormon 85
Sexualverhalten 55
Sibley 9
Sick, Helmut 134
Sittiche 15
Smith, George A. 143
Smithsonian Institution 202
Sojabohnen 71 f., 104
Sonnenblumenkerne 68, 71, 88, 104, 128, 131, 142, 147, 161, 163, 168 f., 186, 190, 194, 199
Sonnenschmidt, Rosina 113
Sooretama-Reservat 173
Sorgho 71
Sozialverhalten 13
Sparmannia africana 49
Speicherkohlenhydrate 70
Spix-Ara 6, 8 f., 20, 71 f., 137 f., 197 f.
Spizeatus ornatus 20
Spondias lutea 201
Spondias mombin 166
Sprinkleranlage 51, 128, 146

Spritze 101
Spulwurm 114
Spurenelemente 71, 74
Squindo, Esther 132
Staub 52
Steppe 178
Sterberate 21
Stereotypien 42
Stimmrepertoire 18
Störungen 112
Stress 101, 120
Stresslinien 103, 113
Stutzen 57
Sumpfgebiet 182, 193
Sutton, James und Dale 186
Syagrus romanzoffiana 70
Syagrus 25, 70, 126
Syagrus coronata 134 f.
Symphonia globulifera 159
Systema naturae 11
Systematik 6, 10
Tabebuia sp. 139
Tambopata 18, 22, 89, 139, 265, 171, 184, 189, 203
Tambopata Research Center 14
Tambopata-Candamo-Schutzzone 14 f., 166
Tambopata-Schutzgebiet 189
Taubenerbse 71
Tayra 20
Temminck 10
Temperatur 95, 99, 101 ff., 112, 131
Terminalia argentea 205
Termitenbauten 205
Thevet, André 148
Tieflandregenwald 12, 158, 171, 182, 188, 192, 196
Tiergartenbiologie 55
Tierpark Berlin-Friedrichsfelde 155, 162
Tierpark Essen 148
Tierspital Bern 63
Tiertiär 6
Tillandsien 49, 139, 178
Tito 143
Tod 63
Totai-Palme 150
Totalin 74
Transport 37 f.
Transportbox 35, 37, 39
TRC 14
Trinkwasser 75, 114
Trockenwald 13, 24, 158, 188
Trockenwaldvegetation 180
Trockenzeit 82
Trompetenbaum 197
Tropenholzgewinnung 18
Tropical Bird Gardens Rode 54, 58 f., 62, 109, 173, 187
Tukan 20
Typusexemplar 10
Überschwemmungs-Savanne 150
Überschwemmungswald 12, 182

221

Überständer 171
Umsetzen 83
Unesco 22
Unterarten 11, 12
Unterflügelsyndrom 69
Urvölker 169
Urwaldbäume 18
Urzeit 6
UV-Licht 47
Vahrman, Phyllis 191
Vane 204
Varzea-Wald 166, 188
Venezuela-Amazone 189
Ventilation 94 f.
Ventilator 51
Verdauungstrakt 120
Verfettung 190
Verhaltensstereotypien 112
Verhaltensstörung 112 f.
Verwaltung 64
Vieillot, Louis-Pierre 133, 170, 196
Vitamine 71 ff., 86 f., 118, 132, 162, 191
Vitamingehalt 71
Vitaminmangel 120
Vogelpark Turnersee 162
Vogelpark Walsrode 143, 161, 201
Vogelpark Wiesental 62
Vogelstube 30
Vogeltuberkulose 39
Vogelzimmer 29
Voliere Hyacinthinus 45, 46, 47, 60, 62, 73, 91, 93, 115, 130, 161 f., 176
Volierenausstattung 49
Volksgruppen 18
von Broschet, Hedwig 206
von Humboldt, Alexander 170
von Spix, Johann Baptist 122, 138
von Wied, Prinz Max 206
Wachspalme 139, 150
Wagler, Johann Georg 138, 148, 199
Wahlström, Jonas 30, 59, 84, 99
Waldbrände 126
Waldinsel 150
Waldkorridor 160
Walnuss 155, 163
Walnussbaum 69
Walser, Hans 115
Wand 49
Washingtoner Artenschutzübereinkommen 34 f.
Wasserschale
Weide 56
Weizen 68, 71, 186, 195
West, David 196
Whitney 9
Wicken 71
Wiedenfeld 164
Wiederansiedlung 23
Wilderer 22
Wildfang 21 f.
Wildlife Conservation Society 150
Wilhelma 61, 131

Wintergarten 29
Witwenpfeifgans 56
Wolters, Walter 55
World of Birds 173, 176
World Parrot Trust (WPT) 21, 130, 131, 136
Würgefeige 171
Wurmerkrankungen 113 f.
Wurmmittel 114
Yatay-Palme 206
Yucca elephantipes 49
Zapata, Edwin Salazar 160
Zebraampelkraut 49
Zebrina pendula 49
Zentralverband Zoologischer Fachbetriebe 35
Zieradler 20
Zimmeraralie 49
Zimmerlinde 49
Zimmervoliere 30, 40
Zirbelnüsse 68, 142, 155, 195
Zollvorschrift 38
Zoo Amsterdam 133
Zoo Berlin 133
Zoo Hannover 62
Zoo Kobe 133
Zoo Rio de Janeiro 56
Zoo San Diego 176
Zoo Sao Paulo 56
Zoo von Brno 194
Zoo von Mulhouse 137
Zoo von Neapel 143
Zoo von Paris 137
Zoo von Pretoria 54
Zoo von Sao Paulo 137, 141
Zoo von Wellington 155
Zoologische Gärten 26, 30
Zoologischer Garten Basel 137
Zoologischer Garten Berlin 192, 196, 206
Zoologischer Garten Wuppertal 109, 181
Zoologisches Museum Berlin 153, 203
Zucht 30, 76, 80
Zuchtbuchführer 108
Zuchtbuchführung 36
Zuchtkondition 41, 79
Zuchtprogramm 22, 109
Zuchtvogel 43
Zugluft 52
Zürcher Zoo 57
Zwergara 9, 2

Impressum

Bibliografische Information
Der Deutschen Bibliothek
Die Deutsche Bibliothek verzeichnet diese Publikation in der Deutschen Nationalbibliografie; detaillierte bibliografische Daten sind im Internet über http://dnb.ddb.de abrufbar.

ISBN 3-8001-3821-2

Das Werk einschließlich aller seiner Teile ist urheberrechtlich geschützt. Jede Verwertung außerhalb der engen Grenzen des Urheberrechtsgesetzes ist ohne Zustimmung des Verlages unzulässig und strafbar. Das gilt insbesondere für Vervielfältigungen, Übersetzungen, Mikroverfilmungen und die Einspeicherung und Verarbeitung in elektronischen Systemen.

© 2004 Verlag Eugen Ulmer GmbH & Co.
Wollgrasweg 41, 70599 Stuttgart (Hohenheim),
internet: www.ulmer.de
Printed in Germany
Lektorat: Dr. Gabriele Lehari, Dr. Eva-Maria Götz
Herstellung & DTP: Ulla Stammel
Druck und Bindung: aprinta, Wemding

Bildquellen

Der Autor dankt folgenden Fotografen für ihre Bilder:
Karl-Heinz Lambert, Schafflund: Umschlagfotos (4), Seite 14, 15 unten, 16/17, 20, 90, 125, 136, 137, 147, 150, 153 links, 154, 167, 168/169, 174/175, 179, 180, 184/185, 186 unten, 195 oben
Rosemary Low, Mansfield, Großbritannien: Seite 152 unten, 153 Mitte, 156, 190, 191, 205
Markus Lüscher, Hallwil, Schweiz: Seite 176
Franz Pfeffer, Plattling: Seite 43, 67, 77, 111, 117, 188
Aschi Widmer, Bern, Schweiz: Seite 26
Steve Winter, USA: Seite 114, 157, 166
Alle übrigen Fotos stammen vom Autor.

Die Zeichnungen Seite 12/13, 29, 37, 45, 53, 86, 96, 107, 128, 162 fertigte Eva Styner, Liebefeld bei Bern, Schweiz.
Die Verbreitungskarten fertigte Artur Piestricow, Stuttgart, nach Vorlagen des Autors.

Gefiederte Welt – die monatlich erscheinende Zeitschrift für Vogelfreunde und Züchter

Lebendige Berichte und Tipps

Erfahrene Privatzüchter geben ihre Tipps weiter. Werfen Sie einen Blick auf die Zucht und Haltung der Tiere in den Zoos und Vogelparks und lernen Sie so die Lebensräume interessanter Vögel kennen.

Rundherum versorgt

Erleben Sie unsere Leserreisen entweder vor Ort oder in spannenden farbigen Berichten. Nehmen Sie teil an Seminaren, bei denen Ihnen Fachleute zur Seite stehen. Wir bieten Ihnen alle wichtigen Termine: Messen, Ausstellungen und Vogelschauen auf einen Blick.

www.gefiederte-welt.de

Erfahrung und Tradition

Über 125 Jahrgänge und viele treue Leser aus über 20 Ländern für welche die **Gefiederte Welt** ein unentbehrliches Nachschlagewerk ist, sprechen für sich. Profitieren Sie von den Erfahrungen und dem Wissen der Praktiker und Fachleute!

Freuen Sie sich auch auf den attraktiven Wandkalender in jeder Januarausgabe!

Überzeugen Sie sich selbst und fordern Sie gleich Ihr kostenloses Probeheft der Gefiederten Welt an!

Bestellen Sie Ihr persönliches Probeheft bei: Verlag Eugen Ulmer • PF 70 05 61 • 70574 Stuttgart
Fax: 0711/4507-120 • Homepage: www.gefiederte-welt.de

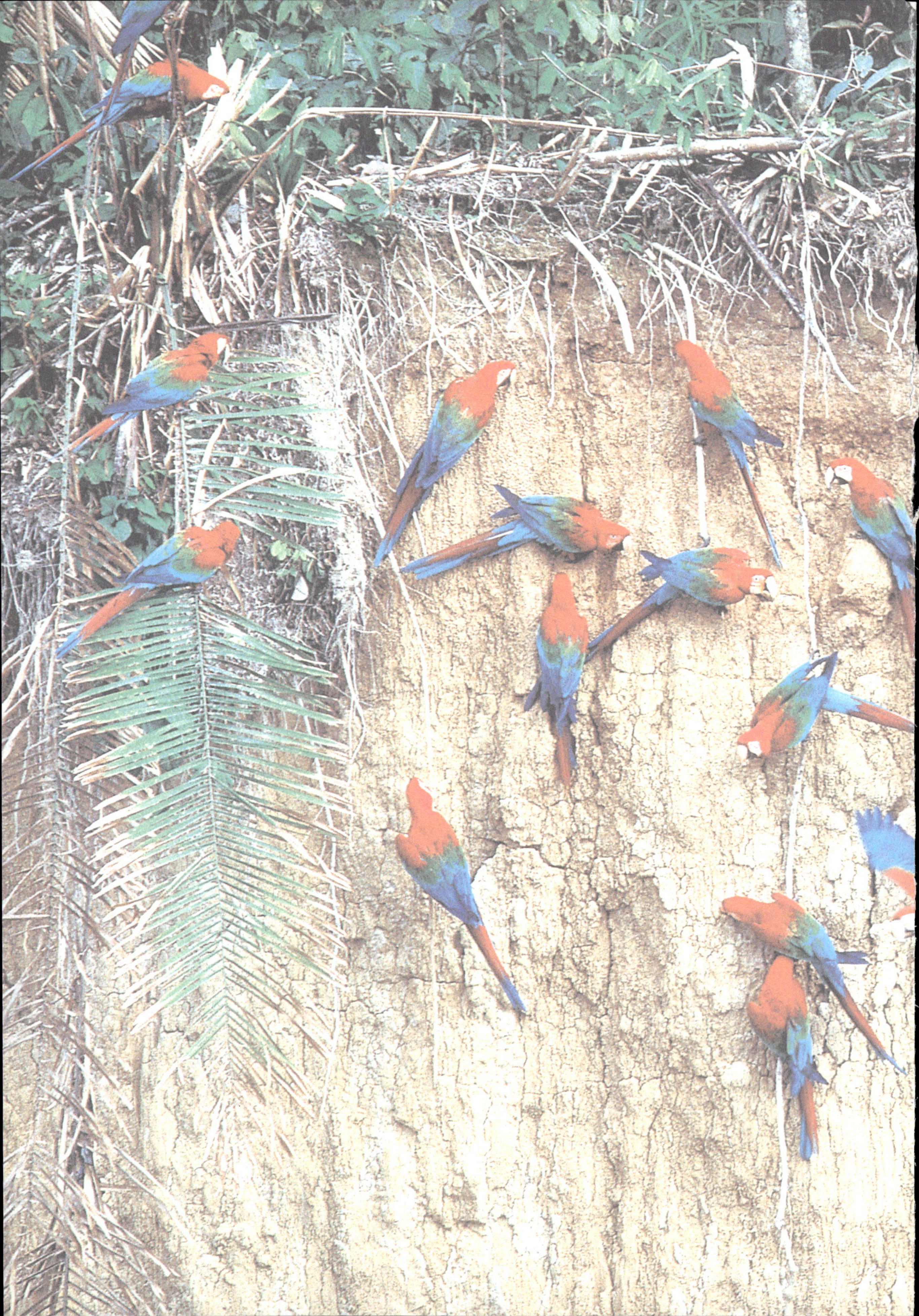

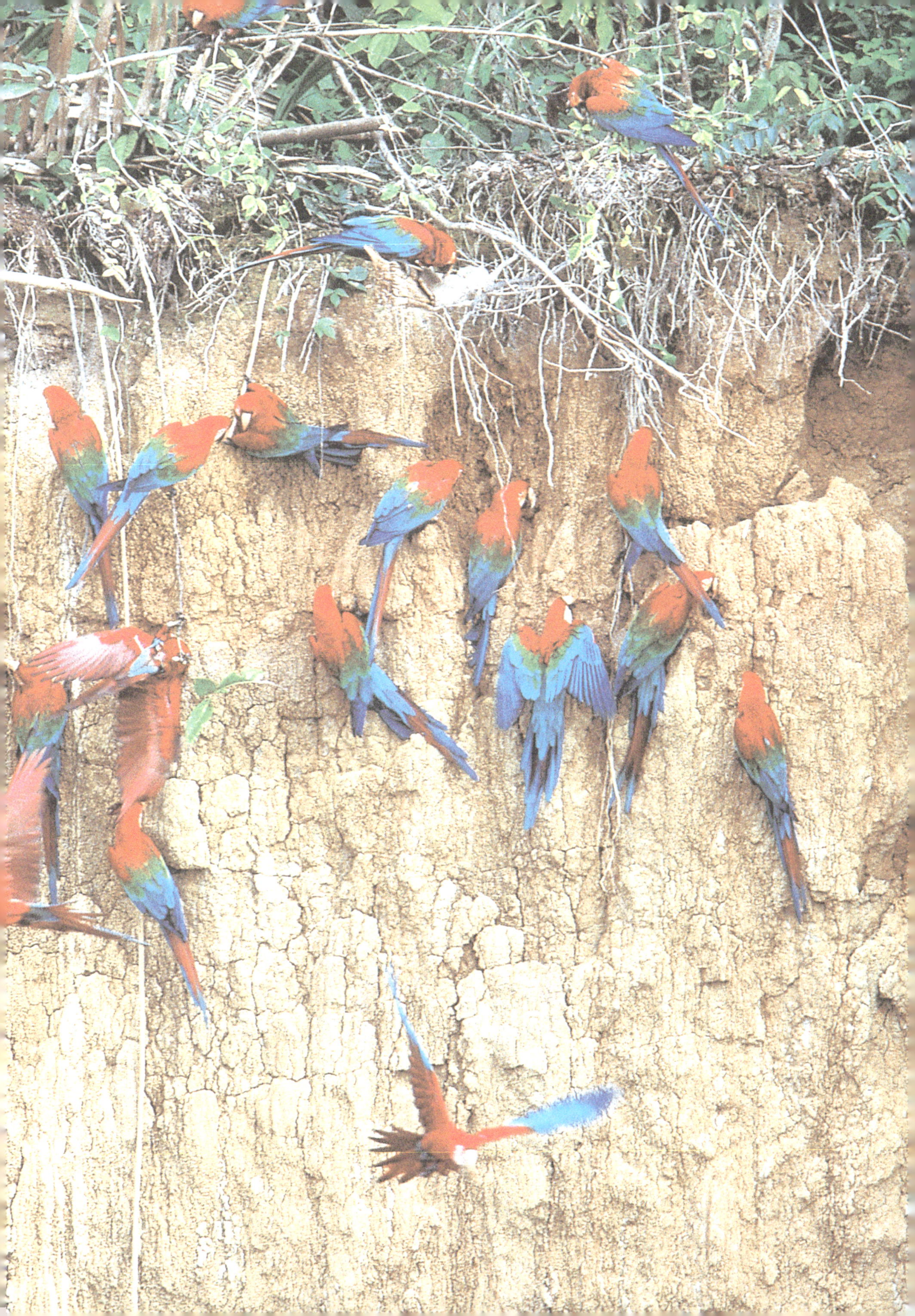